# ADVENTURE FINANCE

© 2025. AUNNIE PATTON POWER
EDICIONES UNIVERSIDAD DE NAVARRA, S.A. (EUNSA)
CAMPUS UNIVERSITARIO • UNIVERSIDAD DE NAVARRA • 31009 PAMPLONA • ESPAÑA
+34 948 25 68 50 • WWW.EUNSA.ES • EUNSA@EUNSA.ES

ISBN 978-84-313-4031-5
DL NA 948-2025

*Traducción:* Luis Antonio de Larrauri
*Revisor técnico:* José Luis Murga
*Ilustración de portada:* NeMaria

EMPATTHY
Filantropía Estratégica e Inversión Social

*Printed in Spain – Impreso en España*
Imprime Podiprint

# Cupón para la Biblioteca Virtual

Accede a la versión eBook de este título por solo **1,99 €**. Con la compra de este libro puedes utilizar el siguiente cupón para la lectura en *streaming*\* desde la Biblioteca Virtual. **Sigue estas instrucciones** para visualizar tu libro:

1. Dirígete a la web de la Biblioteca Virtual **https://ebooks.eunsa.es/library**.

2. En la web ve a **Iniciar sesión** e introduce tu email y contraseña. Si no estás registrado, deberás completar el proceso en **Registrarse**.

3. Tras registrarte, accede a la página del libro o lee el QR de esta página. Bajo el precio podrás **insertar el código oculto en el siguiente cupón** para activar la promoción.

Despegue para visualizar

Acceso directo al eBook

# Canjéalo en ebooks.eunsa.es

\*Con acceso a internet desde cualquier navegador.

Aunnie Patton Power

# ADVENTURE FINANCE

## Cómo construir una estrategia de financiación que combine propósito y rentabilidad

EUNSA

EDICIONES UNIVERSIDAD DE NAVARRA, S.A.
PAMPLONA

# ÍNDICE

# NOTA DE EMPATTHY

## ◼ *La llegada de* Adventure Finance *en español:* *un puente entre el capital y el impacto en Iberoamérica*

La traducción de Adventure Finance al español no es simplemente un ejercicio lingüístico. Es, ante todo, un acto estratégico y profundamente simbólico: un paso decidido hacia la democratización del conocimiento financiero en el ecosistema de impacto de Iberoamérica.

En Empatthy creemos firmemente que el acceso a herramientas innovadoras de financiamiento no debe ser un privilegio reservado para unos pocos, sino un derecho fundamental para todos aquellos —emprendedoras y emprendedores sociales, filántropos, empresas con propósito, fundaciones visionarias, family offices y start-ups— que trabajan día a día por transformar el mundo alineando rentabilidad con propósito.

Desde nuestros inicios, en Empatthy nos hemos dedicado a tender puentes entre quienes cuentan con los recursos y quienes tienen las soluciones. Acompañamos a inversores, fundaciones, empresas y emprendimientos en el diseño de estrategias donde el impacto no es un apéndice, sino parte central de su ADN. Como fundadora, y con más de dos décadas de experiencia en este ecosistema, he sido testigo del poder transformador que surge cuando el capital se pone al servicio de una causa mayor.

En este contexto, la llegada de Adventure Finance, escrito por la brillante y generosa Aunnie Patton Power, es mucho más que la publicación de un libro. Es una hoja de ruta, una brújula para todos aquellos que desean reimaginar el financiamiento desde una perspectiva ética, práctica e innovadora. Aunnie no solo comparte conocimientos técnicos, sino que invita a explorar nuevas formas de canalizar recursos hacia lo que realmente importa. Su obra es, sin duda, una guía indispensable para quienes buscan financiar el cambio que el mundo necesita.

La decisión de traducir este libro nace de un sueño compartido: acercar conocimiento técnico de calidad a quienes están generando impacto real, muchas veces sin acceso a herramientas financieras adecuadas que les permitan escalar sus soluciones.

Agradezco profundamente a Aunnie y a su equipo por confiar en nosotros para llevar este mensaje al mundo hispanohablante. También extiendo un agradecimiento muy especial a Open Value Foundation, por creer en esta visión y ayudarnos a hacerla realidad. Este sueño empezó a gestarse hace más de un año, y ha contado con el apoyo de muchas personas y organizaciones que aportaron entusiasmo, generosidad y valiosos comentarios durante el proceso.

Gracias de corazón a Javier Balibrea, director general de EUNSA, por creer en esta nueva aventura editorial de Empatthy.

Y un agradecimiento entrañable a Guillermo Mascaró Navarrete, mi gran compañero de ruta, cuya visión, compromiso y apoyo incondicional hicieron posible que esta iniciativa cobrara vida y hoy esté al alcance de ustedes.

Para Empatthy, esta traducción representa una pieza clave en nuestro compromiso con el fortalecimiento del ecosistema de impacto en Iberoamérica. Estamos convencidos de que la economía de impacto no es una moda, sino una respuesta urgente y necesaria ante los desafíos sociales, económicos y ambientales que enfrentamos como humanidad. Es la vía para canalizar recursos hacia donde más se necesitan y para construir un futuro más justo, equitativo y sostenible.

Invito a cada lector, cada emprendedor, cada inversor y cada soñador que se adentre en estas páginas, a sumarse a esta conversación, a desafiar los modelos tradicionales, a explorar nuevas estructuras financieras y a imaginar formas audaces de colaboración. Seamos todos voces de impacto hablando desde la convicción no desde el ego, denunciando lo urgente pero también proyectando lo posible, con el coraje de decir lo que incomoda y la sensibilidad de escuchar lo que duela. Ser una voz de impacto es entender que cada palabra puede sembrar una idea, abrir una puerta o encender una acción, en un mundo saturado de ruido lo que más falta no es volumen sino dirección.

Porque sí, otro tipo de financiamiento es posible. Y juntos, lo estamos haciendo realidad.

Con mucho cariño,

ROSA MADERA NÚÑEZ
*FUNDADORA Y CEO DE EMPATTHY*

# Agradecimientos

Había tomado la decisión de escribir este libro en el 2019. Sin embargo, no fue hasta marzo del 2020 —en que tuve que volver apresuradamente a Sudáfrica desde el Reino Unido—, cuando me di cuenta de que, de repente, tenía tiempo. Pasé de enseñar y dirigir talleres en 13 países, en el curso 2019/2020, a vivir entre las cuatro paredes de nuestra casa de Ciudad del Cabo (con el respiro, gracias a Dios, de un pequeño jardín). No negaré que esas primeras semanas y meses de encierro fueron estresantes, incluso angustiosas. Sin embargo, la titánica tarea de gestar el libro sirvió para centrarme, de lo cual no puedo estar más agradecida. No sólo *Adventure Finance* me ayudó a conservar la cordura: mi marido, Sean, se reveló como una auténtica joya durante el encierro y todo el proceso de escritura. Siempre me has apoyado de manera increíble, pero este último año ha sido algo realmente inolvidable (tanto en lo malo como en lo bueno) y estoy muy agradecida de tenerte a mi lado.

Escribir un libro no es un camino de rosas. Pero hacerlo con las náuseas del embarazo de tu primer hijo no es difícil, sino lo siguiente. Querida hijita, aún no te conocíamos, pero sin duda has formado parte de esta aventura de escribirlo, y estoy deseando contártela algún día (aunque probablemente comenzaremos con *Winnie the Pooh* antes de pasar a los libros de Economía financiera).

No puedo precisar cuándo me enamoré del mundo financiero, pero probablemente fue en mi primera infancia: en algún momento entre los dos añitos, edad a la que mi padre me enseñó la secuencia de Fibonacci (como entretenimiento en una fiesta), hasta la época del parvulario, cuando le hacía informes diarios sobre cotizaciones y noticias que encontraba en el *Wall Street Journal*. Puede que yo sea la profesora de universidad, pero mi padre será siempre mi maestro de referencia. Tampoco soy la primera que empezó a escribir en mi familia. Mi madre abrió el camino con sus libros de sexualidad y espiritualidad (y ahora con una serie de exitosos podcasts). A decir verdad, quizá sea yo la escritora más aburrida de la familia...

Jessica Pothering, te estaré eternamente agradecida por tu agudeza y tus increíbles dotes de edición. Tomaste mi revoltijo de palabras y pensamientos y lo moldeaste hasta hacerlo parecer algo verdaderamente notable.

Eelco Bennick, Kusi Hornberger y Lisa vanEck, gracias de todo corazón por leer concienzudamente el original y ayudarme a reestructurar y reescribir el libro por completo. Habéis dejado una gran huella en él. John Berger, Brian Mikulencak, Chintan Panchal y Juliette Thirsk, habéis formado un equipo jurídico de ensueño. Gracias por vuestra capacidad para pensar con originalidad y vuestra disponibilidad para hacer «tormentas de ideas» y responder a todas mis preguntas absurdas. Karin Iten, Lina Rothman y Maegan Lillis, vuestro trabajo en las primeras fases de investigación y estudio de casos resultó fundamental para que el libro empezara a tomar forma. Os estoy muy agradecida por todos vuestros esfuerzos. Y gracias a Mike Stopworth por animarme a ponerlo todo por escrito.

Natasha Dinham, Adi Zuk, Lee Zuk, Lianne Du Toit, Kelvin Ivankovic, Marie Ang, Tamara Rose, Bianca Fisher, Sagar Tandon, Cameron St. Ong y Akhil Pawar, vuestro empeño y vuestros comentarios sobre los distintos borradores del glosario han sido fundamentales. Gracias por vuestra sinceridad y vuestras ideas. Natalie Buckham, tu revisión de todo el libro ha sido un verdadero regalo. Te agradezco tu atención al detalle.

Alex Kuehl, Alexandra Smith, Alison Lingane, Allie Burns, Aner Ben-Ami, Andrea Coleman, Anita Kover, Antonia Opiah, Antonio Díaz, Bernardo Afonso, Bhavik Basa, Bjoern Strauer, Caroline Bressan, Clemente Villegas, Dami Thompson, Dan Miller, Daniel Goldfarb, Daniel Fireside, Dhun Davar, Ed Diener, Elizabeth Boggs-Davidson, Ella Peinovich-Griffith, Emily Stone, Gene Homicki, Ginny Reyes Llamzon, Jim Villanueva, John Kohler, Jorge de Angulo, Joy Olivier, Karla Gallardo, Kate Cochran, Lars Ortegren, Lilian Mramba, Luke Crowley, Luni Libes, Maggie Cutts, Mariella Belli, Max Slavkin, Michael Bryon, Miguel Garza, Morgan Simon, Nichole Yembra, Rahil Rangwala, Richard Fahy, Rodrigo Villar, Rory Tews, Ross Baird, Ruben Doboin, Sachi Shenoy, Sarah Gelfand, Sietse Wouters, Susan De Witt, Ted Levinson, Tetsuro Narita, Tom Hockaday, Tracy Karty, Tyler Tringas yWes Selke, gracias por vuestro tiempo y vuestra dedicación. Todas las historias del libro se basan en el trabajo que habéis realizado y que habéis querido narrar en las entrevistas. Estoy muy agradecida por vuestra contribución como pioneros y por vuestra generosidad al contar vuestra historia y corregir los innumerables borradores.

Aaron Fu, Adam Boros, Alessia Gianoncelli, Alexandra Chamberlin, Amanda Cotterman, Andrea Armeni, Annie Roberts, Antony Bugg-Levine, Astrid Scholz, Alex Nicholls, Bill Stodd, Brendan Cosgrove, Brent Kessel, Bruce Campbell, Camille Canon, Candler Young, Cathy Clark, Chris Garner, Christine Looney, Deborah Burand, Debra Schwartz, Dirk Holshausen, Elina Sarkisova, Esme Verity, Fran Seegull, Heather

Matranga, Jamie Finney, Janice St Onge, Jed Emerson, Jeff Batton, Jenny Kassan, Jesse Simmons, Joe Silver, John Katovich, Jonathan Bragdon, Jonny Page, Josh Adler, Kirsten Andersen, Laurie Spengler, Lewam Kefela, Liesbet Peeters, Lise Birikundayvi, Lorenzo Bernasconi, Maex Ament, Mark Cheng, Neil Yeoh, Olvia Lloetonma, Priscilla Boiardi, Ravi Chopra, Rob Tashima, Robert Boogaard, Ross Tasker, Scott Taitel, Soushiant Zanganehpour, Stu Fram, Timothy Kyepa, Tom Powell y Wayne Moodaley, este libro se basa en vuestra sabiduría y experiencia en la creación de estructuras de financiación innovadoras. Gracias por transmitirme esa sabiduría con tanta generosidad. Vuestra dedicación a la innovación y al impacto social o medioambiental es extraordinaria. Estoy muy contenta de haberos conocido y espero seguir colaborando con vosotros en el futuro.

Tula Weis, me has ido desbrozando el camino de la publicación y has conseguido que el proyecto superara la línea de meta. Te estoy muy agradecida por ello.

Y, por último, Pamela Hartigan, estoy absolutamente segura de que no estaría donde estoy hoy de no ser por tu orientación y tu ayuda. Me hubiera gustado tanto poder compartir este libro contigo... Echo de menos tu sabiduría y tu compañía.

# INTRODUCCIÓN

Hola a todos. Bienvenido, querido lector, al mundo de la financiación innovadora. Si has tomado este libro de la librería, supongo que es porque quieres levantar capital para tu organización, o estás viendo la manera de invertir capital en empresas, o quizás eres simplemente un observador curioso que quiere aprender sobre nuevas formas de invertir en **startups** y **pequeñas empresas**. Pues bien, me alegra informarte que has venido al lugar adecuado.

Este libro te guiará por un largo viaje de financiación, un recorrido en el que exploramos distintas opciones que se adaptan a las necesidades de organizaciones muy diversas. Por el camino nos detendremos a evaluar distintos tipos de estructuras financieras que, con ciertas dosis de imaginación y un poco de tecnología, permiten distribuir sabiamente el capital, satisfaciendo a los financiadores, emprendedores y comunidades. También estudiaremos las herramientas que debes aprender a usar para identificar y planificar tus propios objetivos de financiación e inversión.

Espero que la lectura de los capítulos que siguen te recuerde un poco a aquella memorable escena del Mago de Oz: ¿te acuerdas que, al principio, todo estaba en blanco y negro, hasta que la casa de Dorothy aterriza, abre la puerta y, entonces, todo aparece en brillante technicolor? En este momento puedes pensar que el **venture capital**, los **préstamos del banco** y las **donaciones (grants)** son las únicas opciones de financiación que existen. Pero, en realidad, hay todo un arco iris de opciones que puedes explorar.

## ■ ¿Por qué estamos aquí?

Si has escogido precisamente este libro, quizá tengas ya cierta idea de por qué tenemos que emprender este viaje juntos.

Como **emprendedor, quizá no sepas** qué hacer, desanimado por no encontrar financiación adecuada para tu empresa. Tal vez no quieras acudir al modelo tradicional de *venture capital*, pero ocurre que tampoco tienes los activos o el historial adecuados para optar a un préstamo bancario. Tal vez estés iniciando una empresa con propósito que desea mantenerse fiel a su misión, una entidad sin fines de lucro que busca abrir canales de ingresos sostenibles, o una organización para servir a la comunidad que no quiere depender de accionistas externos.

Como **financiador, quizá** las herramientas de que dispones se te queden cortas. Ves fundadores prometedores cuyas visiones no encajan en las categorías tradicionales de *equity*, deuda o donaciones (grants), y quieres encontrar métodos y formas de ayudarles a levantar sus empresas.

Tal vez seas un *político, un profesor universitario, un estudiante o un asesor,* has visto los problemas que debe abordar la financiación en fase temprana y deseas encontrar una mejor forma de apoyar a empresas jóvenes y prometedoras, que son verdaderos motores de la creación de empleo y el crecimiento económico.

Llevo más de una década ayudando a empresas con propósito a conseguir capital y sé exactamente cómo te sientes. Para este libro he entrevistado a más de 150 fundadores y financiadores, y puedo asegurarte que en nuestras conversaciones todos han manifestado preocupaciones parecidas.

### ■ *Las luchas para financiarse de Creative Action Network*

Pienso, por ejemplo, en Aaron Perry Zucker y Max Slavkin, de Creative Action Network (CAN), una empresa social con fines de lucro creada en torno a una comunidad mundial de artistas y diseñadores que hacen arte «con propósito». CAN es exactamente el tipo de compañía que inspiró este libro: una empresa con propósito que no encajaba bien en el *venture capital* tradicional, pero que necesitaba capital y financiadores que le ayudaran a crecer.

Aaron y Max eran diseñadores gráficos y, además, unos apasionados de la política. En 2008 tuvieron la brillante idea de lanzar un sitio web en el que cualquiera pudiera cargar carteles de la campaña presidencial estadounidense, o descargarlos e imprimirlos, todo gratis. Tuvo un éxito bestial. (¿Recuerdas *El* póster de Obama? Se hizo en el sitio web de Aaron y Max. En realidad se denominaba *Design for Obama*[1]). Pues ese sitio web fue la semilla de CAN.

Como muchos emprendedores, Max y Aaron pensaron que conocían la receta para el éxito de una startup: entrar en un programa acelerador, conseguir *abundante* financiación de *venture capital*, crecer, crecer y crecer y, luego, vender su negocio a una empresa más grande o salir a bolsa. Así que probaron esa vía. Les aceptaron en una acelerado-

---

[1]    Sí, *ese* famoso póster de Obama.

ra (Matter.Vc, un programa para empresas que «cambian los medios de comunicación para hacer el bien»). Prepararon una **presentación de proyecto de inversión (investment pitch deck)**. Se abrieron camino hasta la puerta de los fondos de *venture capital* de San Francisco. Pero, tras cincuenta reuniones y cincuenta «no, gracias», Max y Aaron se dieron cuenta de que CAN no encajaba con esos inversores. **Las empresas de venture capital** con las que se reunieron no estaban muy entusiasmadas con el potencial de CAN para lograr economías de escala (y beneficios) en el mercado de arte con **impacto social,** y tampoco entendían el compromiso de Max y Aaron con la **misión social** de su empresa, que implicaba que los artistas mantendrían a largo plazo la propiedad de la empresa.

Los problemas de captación de fondos a los que tuvo que enfrentarse CAN son comunes a las **empresas sociales,** o incluso a organizaciones de crecimiento moderado; muchos inversores de riesgo convencionales simplemente no entienden cómo pueden conjugarse impacto social y rentabilidad.

### ■ *El momento Eureka*

Cuando Aaron y Max habían pasado tres años **financiando** a CAN **con sus propios recursos** y facturando más bien poco, descubrieron el mundo de la **inversión de impacto**, un tipo de financiación que *comprende perfectamente* que las empresas pueden seguir ganando dinero mientras hacen el bien, y no sólo pueden, sino que deben. Los fundadores de CAN conocieron una empresa de *venture capital* llamada Purpose Ventures, donde Max y Aaron oyeron hablar por primera vez de un modelo de propiedad único para empresas que necesitan capital, pero desean seguir siendo independientes y dejar la propiedad en manos de los trabajadores. Este modelo, denominado **propiedad responsable**, era ideal para empresas como CAN, que no se limitan a maximizar los beneficios de los accionistas. Purpose se ofreció a acompañar a Aaron y Max en el proceso de instrumentar una serie de medidas económicas que proporcionaran a CAN el capital que necesitaba, pero preservando al mismo tiempo su misión.

Si estás leyendo esta historia y piensas: «¡Sí! Necesito encontrar un Purpose Ventures», o «¡Sí! Quiero ser un Purpose Ventures», genial, eso es exactamente lo que la mayoría de las empresas necesitan y la mayoría de financiadores no son. En el panorama general de captación de recursos, **la financiación con venture capital** equivale a **capital de riesgo**, y muchos suponen que es la única forma de obtener fondos para empresas del estilo de CAN (dejando aparte el préstamo bancario, que tampoco está disponible para la mayoría de las empresas). El problema es que la **financiación con capital de riesgo (***venture capital***)** **a que estamos acostumbrados** es limitada: le gustan las empresas **asset-light**, tecnológicas y **de crecimiento exponencial**. La mayoría de las empresas no cumple esos requisitos.

Por eso existe este libro. Como emprendedor o financiador, deberías ser capaz de trazar tu propio itinerario de financiación, uno que funcione para ti y para lo que quieres construir. Eso es exactamente lo que este libro pretende ayudarte a hacer, a través de una serie de historias como las de Max y Aaron, y de un arsenal de herramientas, recursos y útiles marcos de referencia. Fanáticos de la estructuración de «*deals*» y amantes de los apéndices en los libros de estudio: el complemento *online* de este libro es para vosotros.

### ■ *Una solución de financiación centrada en la comunidad*

Antes de empezar, ¿quieres saber cómo les fue a Max y Aaron en su viaje de financiación para CAN de la mano de Purpose Ventures? Conocer a Purpose Ventures fue obviamente el gran avance que los fundadores de CAN andaban buscando: se trataba de un inversor dispuesto a estructurar una financiación acorde con su visión y su misión. Juntos llegaron a un acuerdo sobre un modelo de inversión que permitía a CAN acceder a capital de riesgo para crecer, al tiempo que Max y Aaron conservaban la propiedad de la empresa a largo plazo gracias a la posterior recompra de las acciones a los inversores, con las utilidades de la empresa.

Sin duda, concretar los detalles de este modelo no fue rápido ni sencillo. Se necesitaron seis meses para conseguir el compromiso de los inversores, y otros seis más de trámites legales. Pero, al final, esta nueva estructura permitió a CAN reunir 380.000 dólares, 30.000 más de lo que Max y Aaron habían previsto para cubrir sus necesidades de financiación en fase temprana.

Si a alguien le parece abrumador dedicar todo un año a negociar condiciones, como hicieron Max y Aaron, debe saber que ambos lo consideran un tiempo y un esfuerzo muy bien invertidos. He aquí por qué: «Con este modelo hemos conseguido que sean nuestros artistas y la comunidad los que tengan la sartén por el mango, y no los inversores, en caso eventual de que los socios fundadores abandonen Creative Action Network», explica Max.

Es cierto que a primera vista estas opciones de financiación «alternativas» pueden abrumarte y hagan que te sientas un poco perdido. No temas, ¡vamos juntos en este viaje! Algunos de estos instrumentos están al alcance de la mano de cualquiera, otros requerirán un poco más de iniciativa tanto por parte de los fundadores como de los financiadores. Y, como ya he dicho, en este libro no sólo analizaremos los instrumentos, también exploraremos el propio proceso de financiación, para entender cómo podría ser más inclusivo y tener más propósito. Pues a veces la dificultad de la financiación de riesgo no estriba en la estructura: también puede ocurrir que sea el propio proceso el que excluya a fundadores promisorios.

# CÓMO UTILIZAR
# ESTE LIBRO

El material de este libro procede de toda una década de mi experiencia en docencia e investigación. Pero como no soy una investigadora muy paciente, también proviene de mucha práctica (me gusta llamarme a mí misma «practiprofe», es decir, una profesora práctica). Una cosa es segura: no tienes en tus manos un libro de texto. Es más bien un conjunto de historias de fundadores y financiadores que han ido adaptando los métodos de financiación tradicionales, logrando que un 99% de las empresas y organizaciones sin fines de lucro a las que no les encajaba ni el modelo de **venture capital** tradicional ni el de **préstamo bancario**, pudieran beneficiarse de **la venture finance** . Estas historias quieren servir de inspiración y dar a conocer el gran abanico de posibilidades existentes. En ellas el lector hallará herramientas y algunos marcos de referencia que le ayudarán a evaluar sus propias opciones y a acortar el tiempo que necesita para iniciar su propio recorrido de financiación.

Como saben bien mis alumnos y colegas, por mis clases y talleres desfilan muchos fundadores y financiadores. Así el tema de las finanzas, que de otro modo sería un tanto árido, resulta más cercano y concreto, lo que, a su vez, estimula el intercambio de conocimientos y el aprendizaje integrado. En este libro trato de dirigirme a ambos públicos, pero el público por defecto es el de los fundadores, pues sus necesidades deben constituir la base de las opciones de financiación en fase temprana.

También he intentado que el material sea lo más sencillo y accesible posible, para que lo entiendas independientemente de tu nivel de conocimientos y experiencia financieros. No obstante, si eres nuevo en la financiación temprana o en las finanzas en general, el **Glosario** (Capítulo 31) te servirá de referencia. Contiene una lista de definiciones de todas las **palabras que aparecen en negrita** a lo largo del libro, así como información adicional que puede resultarte útil.

**Emprendedor:** siento decir que no existe una fórmula sencilla para determinar qué tipo de financiación se ajusta mejor a cada situación, pero espero que la información de estos capítulos te sirva como guía para tomar decisiones importantes sobre la financiación que más te conviene. Seguro que este libro aumentará tu confianza cuando quieras trazar tu propio itinerario de financiación. Saber qué necesitas y qué tipo de financiadores pueden apoyar mejor tu crecimiento te ayudará sin duda a identificarlos y a conectar con esos futuros compañeros de viaje.

**Financiador:** quizá algunas de las definiciones de los primeros capítulos te parezcan demasiado simples, pásalas por alto sin problema. No obstante, quizá quieras volver a ellas cuando te pongas en contacto con los fundadores, pues he observado que no son raros los malentendidos y la falta de comunicación entre vosotros a la hora de negociar los acuerdos de financiación. Muchos financiadores suponen que los fundadores entienden los conceptos básicos de la inversión y, por tanto, no explican en un lenguaje llano y sencillo lo que conllevan los contratos que están negociando o estudiando.

Cuando hayas asimilado el material de este libro, puede que te apetezca meterte a fondo en la preparación de contratos. En el complemento en línea[1], he preparado una serie de recursos que te ayudarán a estructurar y negociar contratos de financiación, con la posibilidad navegar entre los distintos modelos. Este material se actualizará continuamente en función de los cambios contables, fiscales y normativos que se produzcan en todo el mundo.

¡Muy bien! Pues empecemos ya.

---

[1]   https://www-adventure-finance.translate.goog/online-companion?_x_tr_sl=en&_x_tr_tl=es&_x_tr_hl=es&_x_tr_pto=tc

# Lectura previa:
# Tu mapa del viaje

Si vamos a adentrarnos en el recorrido de financiación que han realizado otros, hemos de reflexionar un momento sobre nuestro propio itinerario. ¿Qué sabes (y qué necesitas aprender) sobre tu organización, sus necesidades de financiación y los tipos de financiadores con los que quieres contactar? Financiar tu empresa podría equipararse a observar atentamente un sendero completamente desconocido y decidir... avanzar de todos modos. Antes de empezar a comprarte el equipo necesario, asegúrate de tener cierta idea de dónde empiezas, a dónde quieres llegar y cómo vas a hacerlo.

A continuación encontrarás una lista de preguntas que te servirán para que te autoevalúes. Deberás tenerlas en cuenta mientras lees el libro. Volveremos sobre esta lista de autoevaluación, primero en el Capítulo 4, donde las desgranaremos juntos (*si necesitas más información para responder a estas preguntas, no dudes en adelantarte en el libro*) y, por último, en la Parte VI, donde volveremos sobre ellas basándonos en todos los viajes que ya habremos hecho juntos y en todas las opciones de financiación que habremos explorado (Tabla 1).

**Tabla 1**
Lista de autoevaluación del emprendedor

| ¿Quiénes somos? | ¿Qué forma jurídica tiene nuestra empresa? |
| --- | --- |
| | ¿Cómo ganamos dinero? ¿Quiénes son nuestros clientes? |
| | ¿En qué fase se encuentra la empresa? |
| | ¿Qué previsiones de crecimiento tenemos? |
| ¿Hasta qué punto nos mueve nuestra misión? | ¿En qué medida está arraigada nuestra misión en la empresa? |
| | ¿Contamos con un historial de impacto? |
| ¿Cuáles son nuestras necesidades de financiación? | ¿Cuánta financiación necesitamos? |
| | ¿En qué necesitamos emplearla? |
| | ¿Cómo queremos devolverla? |
| | ¿Cuáles son nuestras expectativas de propiedad a corto/medio plazo? ¿A largo plazo? |
| | ¿En qué medida queremos que se impliquen nuestros financiadores? |
| ¿Qué tipo de financiador nos conviene? | ¿Qué tipos de financiadores existen? |
| | ¿Qué tipo de recursos pueden proporcionar? |
| | ¿Con qué nivel de riesgo se sienten cómodos? |
| | ¿Qué tipo de rentabilidad exigen, y para cuándo? |

Ahora que ya tienes las preguntas que debes hacerte mientras lees el libro, vamos a hacer un mapa de la aventura que iremos viviendo en los próximos capítulos. En cada uno de ellos se presentará una nueva opción de financiación que puedes tomar en consideración (Fig. 1).

Varios de los capítulos también exploran opciones para hacer que el propio proceso de inversión sea más inclusivo y esté más centrado en la misión (Tabla 2).

Ya tienes todas las herramientas que necesitas para iniciar esta aventura financiera. Ahora, ¡en marcha!

| *Equity* | Deuda | | Donaciones (grants) |
|---|---|---|---|
| *Capítulo 1:* Acciones | | | |
| *Capítulo 1:* SAFE / KISS | *Capítulo 1:* Notas convertibles | | |
| | *Capítulo 2:* Préstamos sin garantía | *Capítulo 2:* Préstamos con garantía | |
| | *Capítulo 2: Venture debt*, Deuda mezzanine | | |
| | *Capítulo 3:* Factoring, Financiación de la cadena de suministro | | |
| *Capítulos 7 y 8:* Acciones rescatables | | | |
| | *Capítulos 9 y 10:* Financiación convertible basada en ingresos (RBF convertible) | | |
| | *Capítulo 11:* Financiación basada en ingresos (RBF) | | |
| | *Capítulo 13:* Inversiones relacionadas con programas (PRI) | | |
| | | *Capítulo 14:* Garantía | |
| | | *Capítulo 15:* Donaciones (grants) recuperables | |
| | | *Capítulo 16:* Préstamos condonables | |
| *Capítulo 17:* Donaciones (grants) convertibles | | | *Capítulo 17:* Donaciones (grants) convertibles |
| *Capítulos 19 y 20:* Financiación de impacto | | | |
| *Capítulo 21:* Bonos de impacto social | | | |
| *Capítulo 23:* Crowdfunding de equity | *Capítulo 23:* Crowdfunding de deuda | *Capítulo 23:* Crowdfunding basado en recompensas | *Capítulo 23:* Crowdfunding basado en donaciones |

Fig. 1 Mapa del viaje de Adventure finance

**Tabla 2**

Capítulos sobre el proceso de inversión

| Capítulo 23. Crowdfunding | Capítulo 24: Toma de decisiones entre iguales | Capítulo 25: Transición a la propiedad en manos de los trabajadores |
|---|---|---|

# LISTA DE FIGURAS

# LISTA DE TABLAS

# PARTE I

# ¿Y SI... QUIERES ENTENDER QUÉ SON *EQUITY* Y DEUDA?

En esta primera parte, vamos a explorar los fundamentos de la financiación mediante **deuda** y *equity*, cambiando ligeramente la perspectiva habitual. En el capítulo 1, haremos un viaje de financiamiento a través de *equity* junto a los fundadores de Helium Health. Lo diré en pocas palabras: *equity* significa propiedad de una empresa. Cuando captas capital a través de *equity*, estás vendiendo la propiedad de tu empresa.

En los capítulos 2 y 3, emprenderemos viajes de financiación de **deuda** con los fundadores de SOKO, Powered by People e Equal Exchange. Hablamos de **deuda** cuando se ha pedido prestado capital para la empresa y se promete devolver el préstamo, generalmente con algún tipo de interés. Los proveedores de deuda suelen exigir un **colateral** en forma de activos físicos de valor, que podrán retener y enajenar si la empresa incumple su obligación, es decir, deja de pagar el préstamo. Los proveedores de **deuda** también examinan tu **historial de crédito**, por ejemplo, varios años de estados financieros auditados o un historial de reembolso de otros préstamos. Como veremos en estos capítulos, existen formas innovadoras de estructurar la deuda sin el colateral tradicional, gracias al **factoring** y a la **financiación de la cadena de suministro**. También veremos las opciones de **deuda mezzanine** y **de riesgo**, que incentivan a los proveedores de deuda a asumir el riesgo adicional propio de las empresas de rápido crecimiento, prometiéndoles un **retorno económico** adicional (una rentabilidad adicional).

# 1
# Helium Health: un recorrido por el *equity*

Bien, vamos allá. Nuestro primer viaje nos lleva a Nigeria, donde, en 2016, Dimeji Sofowora, Tito Ovia y Adegoke Olubusi fundaron Helium Health basándose en sus propias experiencias con el sistema de salud nigeriano y en las carencias que se encontraron. Caminaremos a su lado mientras van tanteando qué opciones tienen de captar capital vendiendo *equity* de su negocio.

Como verás a continuación, la empresa Helium Health va como un cohete, es decir, proyecta un **crecimiento exponencial** y está captando capital de los *venture capital* (**VC**). ¿Por qué empezamos con su historia, si en la introducción te dije que este libro era para el 99% de las empresas que no proyectan un crecimiento meteórico? La razón es sencilla: muchas de las estructuras innovadoras de financiación que analizaremos a lo largo del libro utilizan elementos de la **financiación mediante** *equity*. Por lo tanto, era importante entender los fundamentos del *equity* convencional antes de experimentar con él. Así pues, el objetivo de esta historia es presentar todas las opciones de *equity* disponibles[1].

### ■ *Detectar una oportunidad*

El punto de partida del viaje de Helium Health es el hecho cierto de que el sector de salud de Nigeria está en crisis. Nigeria es el séptimo país del mundo en número de habitantes y su sistema de salud adolece de graves carencias financieras que le impiden satisfacer adecuadamente las necesidades de la población. Los fundadores de Helium, Dimeji, Tito y Adegoke, sufrieron esta crisis en sus propias carnes y, en 2016, empezaron a investigar los problemas subyacentes para ver dónde podrían aplicar el remedio adecuado.

Lo que descubrieron fue que el sector de la salud de su país tiene un enorme problema con los datos. La información de que dispone no sólo está muy dispersa, sino que es casi imposible determinar su grado de exactitud. Pronto Dimeji, Tito y Adegoke se dieron cuenta de que la única forma de resolver el problema era empezar por el principio de la cadena datos: rastrear y registrar todo lo que ocurría desde el momento en que un paciente ingresaba en el hospital hasta que este se marchaba.

El trío fundó Helium Health, una plataforma de software como servicio (SaaS) pensada para ayudar a hospitales y clínicas a gestionar los

---

[1]    Para más información sobre la financiación con *equity*, véase el capítulo 4.

historiales médicos electrónicos. Su primer paso en la creación de la empresa fue concebir y testar un sistema de historias clínicas digitales (HCD). Desde el principio, los fundadores se dieron cuenta de que la alfabetización digital en el sector de salud nigeriano dejaba bastante que desear. Sin embargo, como los nigerianos son usuarios entusiastas de las redes sociales, Helium diseñó la primera versión de su HCD imitando la experiencia de estas redes, con una función de chat para las notas y una interfaz de usuario muy fácil de usar. Era tan intuitiva que, tras unas pocas demostraciones a las enfermeras, comprobaron con satisfacción que podían formar al personal de todo el hospital en cuestión de días.

La prueba piloto tuvo tanto éxito que, al final de su primer año, el Presidente de Nigeria distinguió a la empresa con un premio para startups prometedoras, y además recibió el codiciado Premio nacional Etisalat a la Innovación. Como muchos emprendedores, Dimeji, Tito y Adegoke habían recurrido a **amigos, familia y «locos»** (lo que se suele conocer como **las 3 F**, de *friends*, *family* y *fools*), para poner en marcha su empresa. Este capital en fase muy temprana les permitió diseñar algunos prototipos ya en los primeros días.

Pero Helium necesitaba mucho dinero para seguir creciendo, así que los fundadores decidieron que era el momento de dar el siguiente paso: conseguir su primera ronda de financiación mediante *equity*. Estas rondas «pre-semilla» o «semilla» suelen ser inferiores al millón de dólares y las financian *business angels*, fondos de Venture Capital o incubadoras. Los *business angels* son **particulares con grandes patrimonios (High Net Worth Individuals)** o **redes de HNWI**, que aportan capital a empresas incipientes para ayudarles a desarrollar su propiedad intelectual, atraer clientes y probar su modelo de negocio. Los Venture Capital (los **VC**) son inversores que gestionan el capital de otras personas a través de fondos comunes e invierten en empresas en su fase temprana con la intención de obtener beneficios. Las **incubadoras** suelen ofrecer financiación junto con programas para grupos de fundadores interesados en crear sus empresas. Los *business angels* gestionan su propio dinero, por lo que suelen tomar decisiones de inversión más rápidamente que otro tipo de inversores.

### ■ *Un correo en frío y una cálida acogida*

Los fundadores de Helium empezaron por ponerse en contacto con cualquiera que pensaran que podía estar interesado en invertir en su empresa. Adegoke había visto en las noticias a una tal Nichole Yembra hablando de su propia startup de Fintech. Puesto que invertía en Greenhouse Capital, tenía que estar interesada en invertir en empresas emergentes de fintech. El problema era que no la conocía y no encontraba a nadie en su red que la conociera, así que decidió escribirle un «correo electrónico en frío». Probaría variaciones de su nombre hasta encontrar una combinación que funcionara. Por fin una funcionó. Nichole respondió y quedaron en hablar.

Lo primero que atrajo a Nichole de la empresa fue su orientación a la tecnología de la salud. Vio el valor de los datos de la salud que Helium estaba creando y sabía que podrían monetizarlos en el futuro, puesto que son uno de los conjuntos de datos más caros de obtener.

Mientras mantenían estas conversaciones con Nichole, los fundadores de Helium escribieron a Y Combinator (YC), una aceleradora de startups estadounidense famosa por lanzar e invertir en startups que luego se han convertido en negocios millonarios. Por ejemplo, entre estas empresas de mil millones de dólares (las llamadas **unicornios**), podemos mencionar Airbnb, Instacart y Dropbox. Finalmente YC aceptó la propuesta de Helium. Nichole ya tenía muchas ganas de invertir en la empresa, y el haber sido aceptada en Y Combinator solo la hacía más atractiva, así que quiso explicar personalmente al equipo sus opciones desde el punto de vista de la estructura de inversión.

La primera opción de Helium era vender acciones de la empresa. Podían ser acciones **ordinarias** o **preferentes**. Las primeras representan la propiedad de una empresa. Las preferentes tienen ciertas ventajas sobre las **acciones ordinarias**, como los **dividendos obligatorios**, pagos que se realizan a los accionistas con cargo a los beneficios de la empresa, o la **prelación de acreedores**, según la cual los **accionistas preferentes**, en caso de **venta** o **bancarrota**, pueden recuperar su dinero antes que los **accionistas ordinarios**[2].

Si los fundadores de Helium decidieran vender acciones de la empresa, tendrían que negociar con un inversor hasta llegar a un acuerdo sobre qué participación de esta querían vender, y a qué precio. Por ejemplo, podrían decir que vendían el 10% de la empresa por 50.000 dólares. Entonces la valoración de la empresa sería de $450.000 **prein-**

---

[2]   Para más información sobre las condiciones de las acciones preferentes, remito al lector a la guía de hojas de condiciones que encontrará en el complemento en línea.

versión (pre-money), y de $500.000 **postinversión (post-money)**. La **valoración preinversión** es el valor implícito de la empresa sin el capital de inversión, y la **valoración postinversión** es el valor de la empresa incluido dicho capital.

Para Helium, hacer una **valoración** de la empresa era un proceso demasiado complejo, lento y costoso, pues se encontraban en una fase muy temprana y aún no habían lanzado al mercado su solución de datos de salud. Temían que, si la valoraban demasiado bajo, fueran a vender demasiadas acciones a un precio bajo con lo que, más adelante, podrían perder el control de la toma de decisiones dentro de la empresa.

## ■ Tinte en un cubo

Dejemos por un momento la historia de Helium para hablar de lo que significa para el emprendedor vender acciones de una empresa. Para un emprendedor, el hecho de que su participación en una empresa se vea disminuida por vender una parte a los inversores se denomina **dilución**. Piensa en un cubo de agua con tinte: si echas más agua, el color del tinte se hace menos intenso. Cada vez que una empresa realiza una nueva ronda de *equity*, la participación de los fundadores se diluye. Desde el punto de vista del emprendedor: si tu participación se ha diluido por debajo del 50%, los demás accionistas pueden tomar decisiones estratégicas en nombre de la empresa sin tu aprobación.

En el caso de Helium, cuya salida al mercado era aún muy incipiente, los fundadores querían reunir capital diluyendo lo menos posible su participación.

## ■ Introducción a la convertibilidad

La segunda opción que presentó Nichole fue un **acuerdo de deuda convertible**, también denominado **nota convertible**. En este **acuerdo de deuda convertible**, Nichole concedería un préstamo a Helium, reembolsable con intereses, pero que podría convertirse en acciones de Helium cuando esta consiguiera captar *equity* en el futuro. Una gran ventaja de esta opción la constituye que los fundadores de Helium no tendrían que llegar a un acuerdo en ese momento sobre la **valoración** de la empresa. Nichole se lo explicó con un ejemplo.

Si ella aceptara invertir $50.000 en Helium en una ronda semilla mediante un acuerdo de deuda convertible, lo redactaría de forma que dijera que los $50.000 eran un préstamo y que el interés sería del 5% anual. Los tipos de interés son habituales en los préstamos convertibles, aunque los intereses no siempre se devuelven en efectivo. En esta estructura, el interés se «refinanciaría», de modo que, en lugar de reembolsarse en efectivo, se iría añadiendo al importe del préstamo a lo largo del tiempo.

Su acuerdo también incluiría una **tasa de descuento** del 25% que se aplicaría si el préstamo convertible se convirtiera en *equity*. Esto significa que Nichole podría comprar acciones un 25% más baratas que los nuevos inversores, una disposición destinada a compensarle el riesgo adicional que asume por invertir antes que los demás. Hasta que no se cerrara una ronda de capital, Nichole no sería titular de ninguna acción de Helium, sino que su nota convertible figuraría en el balance de la empresa como **deuda**, al igual que cualquier otro tipo de **préstamo**.

Con esas condiciones, Nichole les explicó que un año después de su inversión inicial, el total del préstamo pendiente ascendería a 52.500 dólares: 50.000 dólares más el 5% de interés, es decir, 2.500 dólares. Cuando Helium lanzara su siguiente ronda de **equity** —una ronda de la Serie A—, Nichole podría decidir tomar los 52.500 dólares que se le adeudarían y convertir el préstamo en *equity*.

En una ronda de $500.000 Serie A a una **valoración postinversión** de $1,5 M, eso significaría que los nuevos inversores comprarían 100.000 acciones a $5 la acción, mientras que Nichole podría comprar a $3,75 por acción. El precio de Nichole se determinaría descontando el 25% al precio que pagan los inversores de serie A, que es de $5 por acción (luego $5 × 75% = $3,75).

Tomando como base ese precio por acción, con sus 52.500 dólares podría comprar 14.000 acciones. De este modo, Nichole poseería el 4,5% de la empresa, los inversores de la serie A el 31,8% y los fundadores el 63,7%. A continuación se ilustra esta distribución de la propiedad en lo que se denomina una **tabla de capitalización (Cap Table)** (Tabla 1.1).

**Tabla 1.1**
Tabla ilustrativa de capitalización

|  | Ronda semilla | | Serie A | | |
| --- | --- | --- | --- | --- | --- |
|  | % de propiedad | Acciones | % de propiedad | Acciones | $ invertidos |
| Helium | 100 | 200.000 | 63,7 | 200.000 | |
| Nichole | 0 | | 4,5 | 14.000 | $52.500[a] |
| Serie A | | | 31,8 | 100.000 | $500.000 |
| Total | 100 | 200.000 | 100 | 314.000 | $552.500 |

[a] Esta cantidad representa el efectivo total de la ronda semilla ($50.000) en forma de nota convertible + los intereses que se deben ($2.500). No representa nuevo efectivo para la empresa en la Serie A.

## ■ *Simplificando más el acuerdo*

Aunque un acuerdo de deuda convertible puede ser fácil de preparar, Nichole presentó a los fundadores de Helium una tercera opción de ágil tramitación que, probablemente, les sería mucho más sencilla de poner en práctica. Esta estructura se denomina **Acuerdo Simplificado sobre Acciones Futuras (SAFE)**. Un **SAFE** es un acuerdo entre un emprendedor y un financiador que estipula que este invertirá en la empresa, pero deja que las condiciones principales de la inversión las establezca la siguiente ronda de financiadores de *equity*. Este tipo de acuerdo fue ideado por Y Combinator a finales del 2013. Desde entonces, casi todas las startups de Y Combinator y muchas otras lo han utilizado para recaudar fondos en fase temprana[3].

Hagamos otra pausa para hablar rápidamente de cómo funcionan los SAFE. Al negociar este acuerdo, en realidad sólo hay que discutir dos cosas: el **límite de valoración** y la **tasa de descuento**. El **límite de valoración** es la valoración máxima a la que el SAFE opera la conversión en la siguiente ronda. Se limita así la proporción de **dilución** para el inversor, ya que se establece el precio máximo que pagará por las acciones.

---

[3] El propio SAFE ha evolucionado con el tiempo y la documentación actualizada está disponible en la página web de Y Combinator, incluida una guía del usuario de SAFE. Allí se explica el instrumento con todo lujo de detalles, desde la perspectiva de un inversor y la de un emprendedor.

A diferencia de lo que ocurre con una nota convertible, aquí se requiere que el inversor y la empresa participada se pongan de acuerdo en cuanto a la valoración de la empresa.

Utilicemos ahora las mismas cifras del ejemplo anterior de la nota convertible para ilustrar un **límite de valoración**. Si en lugar de un descuento del 25%, Nichole tuviera un **límite de valoración postinversión** de 1.125.000 dólares, también habría pagado $3,75 por acción en lugar de $5 por acción.

La **tasa de descuento** es la cantidad que pagarían por acción los inversores SAFE en comparación con los inversores de la serie A. En este caso se aplica la misma lógica que en el de la **nota convertible**, en el sentido de que los **inversores SAFE** han invertido tempranamente en una empresa y con ello han asumido un mayor riesgo, por lo que deben poder adquirir las acciones a un precio más bajo. En el caso de los SAFE, las **tasas de descuento** oscilan entre el 10 y el 70%.

Nichole explicó a los fundadores de Helium que, según su experiencia, un SAFE tenía varias ventajas: simplicidad, coste y rápido cierre. Como un SAFE es un documento muy breve con pocos puntos que tratar, ahorraría a las partes tanto dinero en asesores legales como tiempo dedicado a negociar las condiciones de la inversión. En segundo lugar, un SAFE puede concluirse tan pronto como ambas partes estén dispuestas a firmarlo y el inversor a transferir el dinero. En lo que respecta a Helium se traduciría en que Nichole podría poner a su disposición inmediatamente el dinero que necesitaban, sin esperar a que otros inversores se unieran a una ronda completa.

Con estos argumentos, los fundadores de Helium se convencieron de que un SAFE era el instrumento más adecuado para su ronda pre-semilla.

### ■ *La firma del acuerdo*

Para avanzar en la negociación, Nichole dijo que no exigiría una tasa de descuento, lo que significaba que los fundadores de Helium sólo tendrían que negociar un punto: el **límite de valoración**. Establecer un límite de valoración en un SAFE podría proteger la propiedad de Nichole de una dilución excesiva en caso de que Helium obtuviera una gran cantidad de capital en su siguiente ronda de financiación. Nichole explicó que el **límite de valoración** debía ser razonable y permitirle adquirir una participación significativa, acorde con el riesgo que había asumido al invertir en la empresa en una fase tan temprana.

Los fundadores de Helium también tenían que asegurarse de que el límite de **valoración** no fuera demasiado bajo. Un **límite de valoración** muy bajo podría disuadir a otros inversores al dar la impresión de que los inversores SAFE estaban obteniendo un trato demasiado bueno. Dicho sea de paso, la misma lógica se aplica a las tasas de descuento de los **SAFE**: fijar una **tasa de descuento** demasiado alta puede ahuyentar a futuros inversores.

El equipo de Helium propuso a Nichole un **límite de valoración** de 10 millones de dólares, argumentando que esa cantidad era justa si se tenían en cuenta sus contratos en cartera y las valoraciones de otras startups mundiales de tecnología en salud. El equipo de Nichole se puso manos a la obra para hacer su propio modelo y llegó a un límite de valoración de 4 millones de dólares. Se basaban en que, si bien la empresa tenía contratos, estaban aún pendientes de firma, y también en la pesada infraestructura técnica que Helium tendría que levantar. Tras varios tira y afloja, las partes acordaron adoptar la valoración de Nichole. La operación tardó tres semanas en cerrarse. Poco después, Dimeji, Tito y Adegoke fueron a Silicon Valley para participar en Y Combinator.

### ◼ *Hasta el YC y más allá*

Tras terminar en septiembre del 2017 un programa de Y Combinator, Helium utilizó los acuerdos **SAFE** para obtener una financiación adicional de 2 millones de dólares de la propia aceleradora, así como de Tencent y Western Tech. Esta financiación le permitió llevar su sistema de HCD al mercado, asegurar su primer contrato a nivel estatal y, en última instancia, consolidar su dominio del mercado como el mayor proveedor de HCD de África Occidental. Mientras Helium iniciaba su propio negocio, Nichole también luchaba por el suyo. Se separó de GreenHouse Capital en 2019 y lanzó su propia iniciativa, Chrysalis Capital, un fondo fintech que busca transformar los ecosistemas de educación, energías renovables, atención en salud, agricultura, seguridad y tecnología financiera.

En 2020 Helium había lanzado ya varios productos nuevos y la pandemia mundial de COVID-19 puso de manifiesto el valor del tipo de datos y tecnología de salud que Helium había aportado al mercado de África Occidental. La empresa cerró una ronda de financiación de serie A por importe de 10 millones de dólares, codirigida por Global Ventures y Africa Healthcare Masterfund (AAIC), con la participación de Tencent, Ohara Pharmaceutical Co y VentureSouq. En esta segunda ronda de financiación, Helium Health también consiguió retener a dos de sus financiadores originales: Y Combinator y Nichole, que esta vez invertía a través de su nueva firma de inversión, Chrysalis Capital.

Esta nueva ronda de *equity* de serie A permitirá a Helium ampliar su presencia y aumentar su base de clientes en Nigeria, Ghana y Liberia. También respaldará el lanzamiento de Helium en nuevos mercados del Norte de África, África Oriental y el África Occidental francófona, así como en nuevas áreas de negocio que le permitirán monetizar sus datos. Por ejemplo, Helium está poniendo en marcha Helium Credit para ayudar a los pacientes a pagar sus gastos de salud.

«Todo está dando sus frutos —dice Nichole al explicar los motivos de su reinversión—. Todo lo que tres o cuatro años atrás pensaba que podían hacer, lo están logrando ahora... y es literalmente gracias a esos datos».

En retrospectiva, Dimeji cree que el principal valor que aportan los **SAFE** es «garantizar que no se pierda tiempo en el proceso de captación de fondos, y que las empresas puedan avanzar rápidamente con su verdadero negocio, sin dedicar excesivo tiempo a pactos, estipulaciones y hojas de condiciones».

### ■ *¿Te conviene la inversión en equity?*

– Emprendedor

Veamos algunas de las características del *equity* para ayudarte a decidir si te interesa esta opción. En general, durante una ronda de inversión los inversores en *equity* en fase temprana no adquieren más del 50% de la **propiedad** de una empresa, y la razón es que tienen que invertir en muchas empresas y no disponen del tiempo ni los conocimientos necesarios para gestionarlas todas. No obstante, como emprendedor, es posible que tras varias rondas de inversión poseas menos del 50% de tu empresa, lo que significa que ya no la controlas.

La inversión en fase temprana suele basarse en la mentalidad de **«apostar por el jinete, no por el caballo»**. Los inversores tempraneros en *equity* buscan emprendedores en los que creen e invierten en ellos, aunque el modelo de negocio requiera aún mucho desbroce. Consideran que los buenos emprendedores sabrán manejar bien el timón y llevar sus empresas al éxito.

Los inversores en *equity* esperan implicarse a fondo en las empresas en las que invierten, proporcionándoles **mentoría y contactos valiosos**. En una inversión en *equity*[4], tanto el inversor como la empresa participada tienen incentivos para hacer crecer el negocio.

El capital de inversión en *equity* es muy **flexible** y, a menos que se especifique lo contrario, puede utilizarse para cualquier cosa que el emprendedor desee. Como verás en la sección «Hoja de condiciones» de la guía en línea, suele haber algunos límites.

Los inversores en *equity* necesitan realizar una **desinversión** para obtener un **rendimiento de la inversión**. Tradicionalmente, los VC buscan tres tipos diferentes de **salida (exit)** o desinversión: **venta de la empresa**, **venta en mercado secundario** o una **oferta pública inicial (IPO)**.

La **venta de la empresa** se produce cuando la empresa (denominada también «objetivo») se vende en su integridad a otro comprador. Puede tratarse de una corporación del mismo sector que el objetivo, interesada en aumentar su cuota de mercado. También puede tratarse de un comprador financiero, como una gestora de capital de riesgo interesada en invertir en la empresa para revenderla más adelante.

Una **venta en mercado secundario** se produce cuando el inversor vende sus acciones en la empresa a otro comprador financiero, como una empresa de venture capital. Por lo general, se enmarca dentro de una operación más grande de captación de capital realizada por la empresa, en la que los nuevos inversores prefieren adquirir las acciones de los antiguos, lo que simplifica la estructura de propiedad de la empresa.

Una **IPO** es una salida a bolsa. También puede hablarse de «sacar una empresa a bolsa». Una IPO implica la venta de acciones de la empresa al público en general, a través de bancos de inversión, lo cual sólo ocurre tras muchas rondas de *venture capital*, lo cual suele ser el principal objetivo de la mayoría de los inversores de Capital de riesgo[5].

---

[4] Lo mismo ocurre con los inversores en deuda convertible que esperan que su inversión se convierta en *equity*, es decir, *business angels* y VC.

[5] Una última forma de desinversión se denomina «*acquihire*» (compra-«fichaje»). Consiste en adquirir una empresa objetivo sólo para hacerse con su personal, no para desarrollar el producto o servicio que ofrecía.

Un problema común de las inversiones en *equity* es que muchos fundadores y financiadores estructuran sus inversiones con la intención de obtener beneficios mediante una gran **desinversión**, pero, estadísticamente, la probabilidad de que esta se produzca es mucho menor de lo que se suele suponer. Se trata de un problema al que se enfrentan tanto los fundadores como los financiadores, especialmente en los mercados emergentes. Así pues, aunque el *equity* se considera a menudo el Santo Grial de las Pymes (Pequeñas y medianas empresas), en realidad sólo está pensado para un tipo muy específico de empresa: una aspirante a **unicornio** que persiga un crecimiento **exponencial**.

Hablemos brevemente del **crecimiento exponencial**. La definición que da el diccionario Oxford es: «crecimiento a un ritmo cada vez más rápido en comparación con el número o magnitud total que crece». Es decir, el crecimiento sigue acelerándose a medida que algo se hace simplemente más grande. Para los fundadores, es fácil imaginar un crecimiento rápido desde el primer cliente hasta el número cien, o incluso hasta el número mil o el diez mil. Pero, ¿alguien cree que se puede mantener ese ritmo de crecimiento hasta llegar al cliente número mil? ¿Hasta el diez mil? Hay algunas startups que pueden crear productos tan únicos y útiles que pueden crecer muy rápidamente durante un largo periodo de tiempo, pero ni siquiera esas empresas pueden crecer exponencialmente para siempre (en tal caso dominarían el mundo). La mayoría de las empresas necesitan capital para empezar, así como para ser rentables, pero una vez que lo son, no crecen exponencialmente.

Como ya hemos visto en este capítulo, quien desee captar *equity* puede elegir entre diversas estructuras. En primer lugar, están las **rondas de *equity* con precio fijado**, en las que un inversor compra un determinado porcentaje de la empresa por un precio específico basado en una **valoración** fija de esta en ese momento, por ejemplo, el 8% de las acciones por 100.000 dólares. Se proporciona así una valoración de la empresa, en este caso $100.000 / 8% = $1.250.000 de valoración postinversión y $1.150.000 de valoración preinversión. Estas acciones pueden ser **ordinarias** o **preferentes** (con derechos adicionales para el inversor).

A continuación tenemos las **notas convertibles**, que pueden convertirse en *equity* en una ronda de financiación posterior y no requieren realizar la **valoración**. Las **notas convertibles** son el instrumento preferido por la mayoría de los inversores en fase muy temprana. En pocas palabras, retrasan la valoración de la empresa hasta el siguiente inversor, para cuando, probablemente, haya más información para realizarla. Una de las razones por las que son tan populares es que resulta muy difícil valorar empresas en fase muy temprana.

Por último, tenemos el SAFE[6] , que es un instrumento ideal para fundadores. Puede resultar muy útil cuando se hacen rondas de financiación muy pequeñas en las que el tiempo y los gastos legales podrían ser perjudiciales para la operación y para la empresa. Dicho esto, una nueva edición del SAFE, denominada **SAFE Postinversión**, puede exigir que se negocie una **valoración** en forma de límite de valoración, con el eventual incremento de tiempo. Además, los inversores, en particular los de fuera de Silicon Valley, suelen añadir acuerdos complementarios a sus acuerdos **SAFE**, respecto de lo que cabe repetir buena parte de lo ya comentado para la **nota convertible**.

Si aspiras a ser **unicornio** y tienes pensado captar fondos en rondas sucesivas de financiación, necesitarás valorar con detenimiento tus opciones de *equity* antes de vender la propiedad de tu empresa, pero no es ese el enfoque de este libro. Encontrarás muchos recursos excelentes al respecto en internet. También puedes consultar la obra *Venture Deals,* de Brad Feld y Jason Mendelson. El resto de este libro puede serte útil para conocer otros tipos de financiación que puedas necesitar o quieras tomar en consideración junto con el *equity*.

## — Financiador

Si eres un financiador en busca de aspirantes a unicornio a los que aportar capital-riesgo, para ti probablemente la opción más adecuada sea algún tipo de inversión en *equity*. Por otra parte, quizá tus aspiraciones sean distintas, pues has escogido precisamente *este* libro y no cualquiera de entre las docenas de libros de VC que se ven en las librerías. Centrémonos por tanto en los aspectos de la inversión en *equity* que satisfagan las necesidades de fundadores y financiadores, como el capital tolerante al riesgo, el alineamiento de incentivos, la flexibili-

---

[6] Existe otra opción relacionada que no hemos tratado en este capítulo, la **Keep it Simple Security (KISS)**. Se trata de un acuerdo que es un híbrido entre una nota convertible y un SAFE. Devenga intereses al tipo que se pacte y establece una fecha de vencimiento tras la cual el inversor puede convertir la inversión subyacente, más los intereses devengados, en acciones preferentes de nueva emisión de la empresa.

dad y el horizonte a largo plazo. Estas características son los cimientos de las opciones de financiación «alternativas» que analizaremos a lo largo del libro, por lo que es importante comprender algunas de las estrategias de VC antes de seguir adelante.

Los inversores deben considerar un par de cuestiones clave antes de elegir entre **rondas de** *equity* y acuerdos de **notas convertibles**. La primera es el nivel de **protección frente al riesgo bajista**, es decir, qué ocurre cuando las cosas van mal. Al tratarse de un contrato de deuda, **las notas convertibles** ofrecen a los inversores una **protección frente al riesgo bajista** que el accionista de *equity* no tiene. Sin embargo, cabe preguntarse hasta qué punto son valiosas estas protecciones cuando se trata de empresas en fase muy temprana que disponen de pocos activos.

La **valoración** es otro factor a tener en cuenta. Una de las ventajas de una nota convertible es que los primeros inversores no tienen que fijar una **valoración**, sino que pueden dejar que lo haga el siguiente inversor, cuando disponga de más datos. Pero eso también puede ser un inconveniente, sobre todo si la siguiente valoración es alta y hace que el inversor de la nota convertible acabe con una participación menor de la prevista.

Comparado con una nota convertible o con una **ronda de** *equity*, un **SAFE** ofrece las ventajas de la rapidez y la reducción de los costes de estructuración. Puede ser una buena opción para inversores en fase muy temprana que busquen un documento sencillo, fácil de manejar y que guste a los fundadores. A los financiadores les puede servir para ofrecer con agilidad una financiación puente que ayude a que una startup con crisis de liquidez evite una ronda de financiación completa a una **valoración** más baja. En el ámbito de la financiación en fase temprana a esas rondas se las denomina «**ronda a la baja (down round)**».

Con todas las ventajas del **SAFE** no podían faltar algunos inconvenientes. Los inversores que usan esta estructura tienen muchos menos derechos que los que utilizan otros tipos de contratos de *equity* o acuerdos de **notas convertibles**. Los financiadores que estén realizando un gran número de inversiones en *equity* querrán comparar las ventajas de un **SAFE** respecto de otras estructuras habituales de *equity*. Para estas comparaciones, yo recomendaría leer algún libro de VC que hay en las librerías.

# 2

# SOKO: UN RECORRIDO POR LA FINANCIACIÓN MEDIANTE DEUDA

Ahora que hemos explorado la financiación mediante *equity* con los fundadores de Helium, echemos un vistazo a las opciones que tienes como emprendedor para **financiarte mediante deuda**. Se habla de **endeudamiento** cuando se **pide un préstamo** de fondos para la empresa y se promete devolverlos, normalmente con algún tipo de **interés**. Los prestamistas suelen exigir como **colateral** una serie de **activos físicos** de tu empresa, que podrán enajenar si **incumples** el contrato, es decir, dejas de pagar el préstamo. Los proveedores de **deuda** también quieren ver un **historial de crédito**, como puedan ser años de estados financieros auditados o un historial de devolución de otros préstamos. En este capítulo acompañaremos a Ella Peinovich en un viaje de financiación mediante deuda en el sector de la fabricación de artesanías.

### ■ *Productos bellos con un sistema feo*

La industria artesanal es uno de los sectores que más trabajo da en la mayoría de los mercados emergentes. También es uno de los más marginados. La mayor parte de la producción corre a cargo de mujeres que trabajan en pequeños talleres informales y venden sus productos a los turistas, en el mercado local. ¿Cuál es el resultado? Los artesanos siguen atrapados por debajo del umbral de pobreza, incapaces de crear un medio de vida sostenible para ellos y sus familias.

Esta realidad es especialmente cierta en algunas partes de África, donde las artesanas crean productos artesanales utilizando técnicas tradicionales para mantener a sus hijos y a sus familias ampliadas. En Kenia, donde la tasa de desempleo supera el 10% y más de un tercio de la población vive por debajo del umbral internacional de pobreza, más de dos millones de personas dependen de la venta de artesanía local para obtener ingresos. En 2010, Ella Peinovich, de Wisconsin (Estados Unidos), obtuvo una **beca** del Legatum Center Voyager que le permitió viajar a Kenia y realizar un estudio de mercado primario para una empresa de fabricación de artesanías. La investigación formaba parte de sus estudios de posgrado en el Instituto Tecnológico de Massachusetts (MIT). En Kenia se enamoró de los productos artesanales tradicionales africanos. Recuerda que regresó a Estados Unidos con más maletas de las que había llevado, repletas de artesanía para vender en la galería de arte de su familia.

Peinovich vio el enorme potencial de venta de la artesanía africana y contemplaba con dolor cómo los artesanos locales no tenían forma de competir en el mercado internacional, a pesar de la demanda era evidente[1]. Mientras se preparaba para volver a Kenia, Peinovich no podía dejar de pensar en cómo lograr que los artesanos locales pudieran ampliar su distribución a todo el mundo. Para su tesis de máster pudo realizar un estudio de campo en la Universidad de Nairobi y centrarse en los procesos de diseño y fabricación locales. Gracias a esa investigación, empezó a relacionarse con las comunidades de artesanos de Nairobi. No sólo pudo comprobar su habilidad y su talento, también vio de primera mano lo difíciles que eran sus condiciones de trabajo, y el nivel de penuria económica de la comunidad. Observó que en los mercados al aire libre, donde vendían sus productos, «realizaban muchas transacciones en efectivo, lo que los hacía vulnerables a robos y asaltos». También vio la falta de aseos, sombra o agua. «Hacían productos preciosos, pero el sistema de venta era feo», lamenta.

Ella Peinovich se empeñó en desarrollar un «sistema tan bello como los productos de los artesanos». De vuelta en el MIT, conoció a Catherine Mahugu, una estudiante de informática de la universidad, y le propuso una idea de negocio que iba a cambiar la cadena de suministro de la joyería tradicional africana y, a su vez, permitiría a los artesanos del continente africano vender sus joyas artesanales en todo el mundo. También se lo propuso a la diseñadora Gwendolyn Floyd, y las tres empezaron a trabajar en el nuevo concepto en su tiempo libre.

### ■ *Kuzindua SOKO*

En 2011 Ella, Catherine y Gwendolyn lanzaron SOKO, que significa «mercado» en suajili. La idea era crear una plataforma que permitiera a las personas conectarse directamente con los consumidores y gestionar sus negocios desde el móvil. El equipo logró una financiación inicial a partir de varias donaciones (grants) y de premios en concursos para estudiantes. «Con los primeros 10.000 dólares que ganamos en los Premios Microsoft, me fui a comprar un ordenador y un billete de avión a Kenia para centrarme exclusivamente en SOKO», recuerda Peinovich. SOKO ya no era una simple pasión a tiempo parcial.

---

[1]   En 2024 el sector mundial de la manufactura creativa alcanzó los dos billones de dólares en ventas.

Pero la idea necesitaba más dinero y un espacio específico para despegar. En el 2012, la incipiente startup se unió a una de las primeras promociones de delta v, la aceleradora de startups del MIT, dirigida por el Martin Trust Center for MIT Entrepreneurship. También participó en el concurso MIT Solve Inclusive Innovation Challenge y recibió donaciones (grants) semilla del Priscilla King Gray Public Service Center y del Legatum Center for Development and Entrepreneurship, del MIT. Ese mismo año, los fundadores presentaron en DEMO Africa su colección de marca SOKO y su mercado en línea.

SOKO lanzó su primera ronda de *equity* en 2016, con el respaldo de Novastar Ventures. En la incubadora Growth Africa y Village Capital, de Nairobi, Peinovich conoció a Niraj Varia, socio de Novastar, cuando era **emprendedor social**. Niraj la invitó a presentar la plataforma SOKO y sus avances a los demás socios de Novastar. Andrew Carruthers y Steve Beck entendieron la agenda social de la empresa, cuyo potencial les pareció inmenso, y coincidían en su viabilidad comercial. Consideraron que podían aportar su apoyo y una experiencia considerable para garantizar el crecimiento comercial de SOKO y así aumentar su impacto social. De esta manera SOKO se convirtió en una de las primeras inversiones del fondo de Novastar para África Oriental. Aparte de inversión en *equity*, también se le ha venido ofreciendo asistencia técnica. Más adelante Novastar ha vuelto a invertir en cada una de las sucesivas rondas de **financiación de *equity***.

### ■ *Construir una «fábrica virtual»*

El **aporte de capital en *equity*** inicial de Novastar permitió a SOKO levantar su «fábrica virtual», un concepto innovador que cambió la forma de trabajar de los artesanos de Nairobi. La fábrica virtual se basaba en una conectividad móvil básica, a la que tenían acceso la mayoría de los artesanos. Estos podían trabajar en sus propios talleres en las condiciones a las que estaban acostumbrados, en lugar de como empleados desde una fábrica central. La solución de planificación virtual de recursos (VRP) de SOKO emparejaba pedidos con artesanos mediante un sistema de aprendizaje automático basado en distintas métricas, como la fama o la ejecución de cada trabajador. A continuación, los artesanos gestionaban el **inventario**, organizaban las entregas a los consumidores y cobraban directamente a través de sus teléfonos móviles, con dinero móvil. El sistema «de móvil a web» redujo enormemente la fricción en la **cadena de suministro** y eliminó a los costosos intermediarios. Los trabajadores de campo de SOKO también lo utilizaban para realizar el seguimiento y control de la calidad de la producción.

En el 2016, la fábrica virtual de SOKO se coordinaba a través de una red de 1400 artesanos independientes de Nairobi y sus alrededores. El sistema orientaba los esfuerzos de la comunidad local de artesanos hacia las tendencias del mundo de la moda, así podían vender en todo el mundo joyas diseñadas de forma ética y sostenible. A través de asociaciones con minoristas internacionales, como Nordstrom, The Reformation Inc y Urban Outfitters, Inc, los productos de SOKO llamaron la atención del mundo de la moda mundial. Cada vez llegaban pedidos más grandes. Y con este aumento de la demanda, las necesidades empresariales de SOKO dieron otro giro.

La empresa había demostrado que podía manufacturar los productos, pero la comunidad de artesanos necesitaba ayuda para pagar sus materiales y atender los pedidos al por mayor, cada vez más grandes. Hasta entonces, muchos habían cubierto sus necesidades de **capital de trabajo** con **microcréditos**, gracias a organizaciones como Kiva.org. Pero ahora las propias necesidades empresariales de los artesanos estaban superando a las **instituciones microfinancieras**. SOKO necesitaba capital adicional para prestar a su comunidad de artesanos —hasta 5.000 dólares al mes por artesano— y salvar así la brecha a corto plazo que se daba entre el momento en que se hacían los pedidos y el momento en que estos se entregaban y pagaban.

## ▪ *Explorar las diversas opciones de endeudamiento*

El primer instinto de Peinovich fue solicitar un **préstamo bancario**. El tipo de **crédito empresarial** que suelen ofrecer los bancos se conoce como **deuda garantizada**, en la que los prestatarios deben comprometer algo de valor como garantía (o **colateral**) del préstamo. Así, si el prestatario incumple el préstamo (es decir, deja de pagar), el prestamista puede retener el colateral y venderlo a fin de recuperar parte de su préstamo. Los prestamistas tradicionales, por ejemplo, los bancos, también suelen exigir pruebas de la **solvencia** a los posibles prestatarios empresariales, como puedan ser estados financieros auditados, un historial crediticio o pruebas de pedidos recibidos. La **deuda garantizada puede** ofrecerse por cualquier periodo de tiempo, en función de las necesidades empresariales del prestatario. Los **préstamos a mediano y largo plazo** utilizados para la compra de equipos, edificios y otros activos generadores de ingresos suelen ser a más largo plazo, mientras que los **créditos de capital de trabajo**, que SOKO necesitaba para cubrir los gastos cotidianos, son a plazo más corto.

Para un inversor, un préstamo garantizado de un prestatario solvente supone una inversión de riesgo relativamente bajo, ya que el dinero se toma prestado con la condición de que el prestatario lo reembolse posteriormente, y existe un **colateral** que el prestamista puede vender en caso de impago. Pero SOKO, como les ocurre a muchas pequeñas empresas, no podía ni pensar en **deuda garantizada**. Para sentirse más seguros, los prestamistas querían ver un historial de éxito, un modelo de negocio probado, un historial de crédito y **colateral**, solo entonces respaldarían a la empresa. Dicho sea de paso, SOKO cumplía todos esos requisitos. Sin embargo, sobre el papel no lo hacía: si bien es cierto que la empresa estaba creciendo de forma notable —un incremento del 64% de los ingresos entre 2015 y 2016—, sus ventas pasadas no resultaban suficientes para financiar los pedidos actuales. Para un prestamista tradicional, el negocio daba la impresión de riesgo. Lo paradójico es que SOKO habría parecido más solvente si no hubiera tenido tanta demanda de productos. Además, como muchas empresas pequeñas que están creciendo, SOKO encontraba difícil pagar **intereses** periódicos, pues su **flujo de caja cíclico** varía según la temporada, siendo mejor en las vacaciones navideñas.

Como la **deuda con garantía** quedaba descartada, Peinovich dio por sentado que SOKO tendría que captar más capital a través de *equity*, aunque conseguir **financiación de** *equity* significara vender acciones a largo plazo para financiar obligaciones a corto. Es decir, Peinovich tendría que **diluir** su participación, la de sus cofundadores y la de sus inversores de capital a largo plazo para acceder a una financiación de **capital de trabajo** que sólo precisaba durante un período de tiempo muy corto.

### ■ *Un tipo diferente de capital de crecimiento*

Peinovich se puso en contacto con Lilian Mramba, de Grassroots Business Fund (GBF), para ver si su fondo estaría interesado en invertir en *equity*. GBF es un **inversor de impacto** global con operaciones en África Oriental, Latinoamérica, la India y el Sudeste Asiático. Presta apoyo a empresas de alto impacto que proporcionan oportunidades económicas sostenibles a personas que viven en comunidades desabastecidas.

Lilian comprendió la necesidad perentoria de financiación de SOKO. «Era obvio que no iban a entrar en un banco y conseguir un **crédito de capital de trabajo** —dice—. Pero no tenía sentido que SOKO utilizara su *equity* para financiar ese tipo de necesidades». Preguntó a Peinovich si había pensado en recurrir a **financiación mezzanine**. No había considerado esa posibilidad, así que Lilian le explicó en qué consistía.

**Financiación mezzanine** o «**mezzanine**» a secas es un concepto genérico que engloba un amplio grupo de instrumentos de deuda adecuados para empresas en rápido crecimiento. Es una forma de **cuasi-*equity***, lo que literalmente significa que es una combinación de *equity* y deuda. Los criterios de los **financiadores de mezzanine** suelen basarse en el riesgo del crecimiento previsto de la empresa, no en el colateral que pueda aportar. Sus condiciones suelen incluir un **incentivo** o *kicker*, es decir, un **retorno económico** para el financiador, aparte de un tipo de interés.

Como ya habían recibido *equity* de inversores de *venture capital*, SOKO podía optar a un tipo de financiación **mezzanine** denominada *venture debt* (deuda de riesgo). Los financiadores de deuda de riesgo conceden préstamos a empresas en rápido crecimiento que hayan sido financiadas por inversores en *equity*, es decir, **empresas respaldadas por capital de riesgo**. Estos inversores de *venture debt* suelen basar su disposición a prestar en las proyecciones financieras de la empresa, así como en la reputación de sus financiadores de *equity*.

Para satisfacer las necesidades de las empresas en fase inicial pero de rápido crecimiento, el *venture debt* suele tener un **periodo de carencia** en el que no se exigen reembolsos del principal, y tampoco requiere activos de valor como **colateral**; en lugar de eso, este instrumento suele exigir a las empresas que ofrezcan algunas de sus acciones como **colateral**, o bien conlleva el derecho a comprar acciones (denominadas *warrants*) como parte de la operación.

SOKO se ajustaba exactamente al perfil de **empresa respaldada por capital de riesgo** para la que se concibió el *venture debt*: necesitaba efectivo para sus necesidades de **capital de trabajo**, pero resultaba demasiado arriesgada para la financiación bancaria. Peinovich preguntó a Lilian si GBF estaría dispuesta a prestar a SOKO 700.000 dólares en concepto de *venture debt*, lo que le bastaría para atender los pedidos de sus clientes.

A Lilian le intrigaba el negocio y creía en Peinovich como emprendedora, pero antes de comprometerse tenía que vender la idea al **comité**

**de inversiones** de GBF. Anteriormente muchos miembros del comité habían tenido experiencias negativas con plataformas artesanales similares, así que Lilian tuvo que emplearse a fondo para convencerles de que se arriesgaran esta vez, destacando la ventaja competitiva de la tecnología de SOKO y de su plataforma de operaciones. «No era el tipo de empresa que nos gustaba financiar, pues se encontraba en una fase muy temprana —explica Lilian—, pero a la vez sabíamos que queríamos sentarnos a negociar con SOKO para conocer su modelo».

Tras unos seis meses de conversaciones y *due diligence*, GBF se comprometió a conceder una **línea de crédito renovable** a tres años para financiar las necesidades de **capital de trabajo** de SOKO. Para hacer uso de la línea de crédito, la empresa tuvo que facilitar una lista de clientes mayoristas recurrentes y de pedidos activos. SOKO podría disponer de hasta un 50% del valor total de cada pedido. Se adelantaba ese importe a los artesanos para que pudieran satisfacer el pedido y SOKO pudiera entregar la mercancía antes del pago. SOKO continuó facilitando un balance trimestral de todos los pedidos activos de los proveedores preaprobados, y solicitaba más capital cuando lo necesitaba. La empresa reembolsaba el crédito en una cuenta con **Acuerdo de Control de Cuenta de Depósito (DACA)**, sobre la que GBF podría tener el control en caso necesario.

### ■ *El movimiento estratégico de SOKO*

Como suele ocurrir con las empresas en fase temprana, el modelo de negocio de SOKO y sus necesidades de financiación cambiaron a los 18 meses del acuerdo de *venture debt*. La empresa estaba dando un giro esencial en términos comerciales: dejaba de depender de la distribución en grandes superficies y comenzaba a comercializar directamente a los consumidores. Lanzó su propia tienda de comercio electrónico y aumentó su presencia en plataformas de venta en línea, como Amazon Handmade y Goop. También contrató a más boutiques especializadas, que sabían vender mejor la historia de SOKO y convencer a sus clientes del valor de los productos que compraban.

En última instancia, el giro dio a SOKO más control sobre el mensaje de su marca y permitió a los compradores conocer mejor a los artesanos que fabricaban los productos. Además, implicaba que SOKO estaba generando menos ventas al por mayor e invirtiendo más en inventario. A la luz del cambio estratégico, SOKO y GBF, que se acercaba al final del **ciclo** de vida del fondo[2], decidieron poner fin a su acuerdo de financiación en lugar de adaptarse a la nueva dirección que tomaba el negocio.

El **horizonte de caja** obtenido gracias a la **inversión en** *venture debt* de 18 meses de GBF permitió a SOKO buscar una financiación de **capital de trabajo** más tradicional, además de nuevo *equity*, con objeto de cubrir sus necesidades de crecimiento empresarial. En la actualidad, la fábrica virtual da trabajo a una red de 2.300 artesanos independientes en todo Nairobi. SOKO ha crecido hasta alcanzar los 4 millones de dólares en ventas anuales. Y ha tenido tanto éxito comercializando su marca que varias celebridades, desde la actriz Nicole Kidman hasta la ex primera dama estadounidense Michelle Obama, compran y llevan sus joyas.

En opinión de Peinovich, «la financiación de GBF fue decisiva para nuestro crecimiento. Como muchas empresas de rápido crecimiento, vimos que, con el éxito, nos enfrentábamos a nuevos retos. El coste de oportunidad de no realizar el potencial de nuestro negocio superaba cualquier coste de financiación».

Cuando reflexiona sobre esta operación y otras que han realizado con este fondo, Lilian considera que los financiadores interesados en jugar un papel catalizador en el crecimiento de empresas en fase temprana mediante **financiación mezzanine** u otras formas de **deuda no garantizada** deben conjugar a la perfección flexibilidad y firmeza. Su consejo a los financiadores es «seguir apoyando a la empresa, creer en su estrategia y disponer de abundante *dry powder*[3] para seguir respaldándola. Porque a menudo emprender estos negocios lleva mucho más tiempo y cuesta mucho más de lo que cualquiera de nosotros podría imaginar».

■ *¿Qué tipo de opciones de endeudamiento son adecuadas para ti?*

– Fundadores

Casi todas las formas de **deuda** devengan **intereses** y obligan al prestatario a pagarlos de alguna manera. Por lo general, se exige el pago

---

[2]  En el capítulo 4 discutiremos por qué el ciclo de vida del fondo puede ser importante para los fundadores.

[3]  Recursos disponibles para invertir.

periódico de unos intereses (es decir, mensualmente) que son un porcentaje del **principal** (la cantidad original prestada), o también pueden estar vinculados a los tipos de interés nacionales. Muchas pequeñas empresas tienen dificultades para hacer frente al **pago de intereses** a intervalos regulares, debido a la escasez de caja en las fases tempranas de su actividad, o a la **fluctuación cíclica de la caja** en función de la **estacionalidad** o de las pautas de compra de los consumidores.

La deuda se considera un instrumento que se **autoliquida**, es decir, que no requiere una **desinversión de un tercero**. El contrato de préstamo establece que el prestatario devolverá los **intereses** a lo largo del tiempo y, en cierto momento, el **capital**. Por tanto, el prestamista tiene un cierto plan sobre cuándo se le reembolsará el dinero, y este plan no se supedita a que ocurra un cierto hecho (como la venta de la empresa o una IPO).

Los prestamistas suelen exigir a las empresas (o a las personas físicas) que comprometan algo de valor que sirva de **garantía o colateral**. Si una empresa incumple el contrato de préstamo, es decir, deja de pagar, el prestamista podrá retener ese colateral y venderlo para recuperar parte de su capital. Además de esa garantía, los prestamistas suelen exigir pruebas de que la empresa es **solvente**. Puede ser en forma de estados financieros auditados, historial de otros préstamos o pedidos pendientes de mercancías.

A la hora de evaluar el tipo de financiación con deuda que más conviene a tu empresa, debes tener en cuenta un buen número de opciones. Antes de hablar de algunas de ellas, veamos dos factores clave que determinan el coste y la disponibilidad de la deuda: el lugar que ocupa en la **estructura de capital de la empresa** y el tipo de **garantía o colateral** que lleva asociado.

La **estructura de capital** o *capital stack* de tu empresa se compone de varios tipos de financiación que se utilizan para tus procesos de producción. Se divide en **financiación externa**, que se obtiene de inversores de **deuda** y *equity*[4], y **financiación interna**, que se obtiene en forma de **beneficios netos** o **beneficios no distribuidos**. En otras palabras, la financiación **externa** procede de los inversores y la **financiación interna** de los beneficios de las ventas.

---

[4]    O cualquiera de los otros tipos de inversores de los que hablamos en este libro.

La **estructura de capital** se denomina también *waterfall* (**cascada**), imagen que ilustra bien cómo fluye el efectivo hacia los financiadores y los accionistas: el efectivo, los ingresos, los beneficios, etc. llegan primero a los que están en la parte superior de la cascada y lo que queda continúa descendiendo hasta que alcanza a los de abajo, generalmente los inversores en *equity*. Este «fluir» tiene lugar en el curso normal de los negocios —por ejemplo, el pago de intereses a los prestamistas siempre se abona antes de que puedan pagarse **dividendos** a los titulares de *equity*— y también durante los **eventos de liquidez**, cuando un emprendedor vende la empresa o ésta entra en concurso de acreedores.

El capital tiene el aspecto del gráfico de abajo. Los financiadores de la parte superior de la pila de capital tienen **prioridad** sobre los de la parte inferior. Los de abajo son **inferiores** (o **subordinados**) a los de arriba. Cuanto más alta sea la posición de un financiador en la pila de capital, más «seguro» estará, pues los financiadores más antiguos son los primeros en reclamar el efectivo de la empresa. Cuanto más subordinado esté un financiador en la estructura de capital, mayor será su riesgo y, probablemente, más tendrá que cobrar para compensarlo.

En general, los financiadores de *equity* están **subordinados** a los de **deuda**. Esta es una de las razones principales por las que los inversores en *equity* esperan un rendimiento de la inversión mucho mayor que los que invierten en deuda. Dentro de la deuda, los prestamistas subordinados suelen aplicar tipos de interés más altos que los preferentes, y así compensan su posición de mayor riesgo. La deuda mezzanine suele estar subordinada a otros tipos de deuda y, por tanto, será más cara desde el punto de vista de los **tipos de interés** (Fig. 2.1).

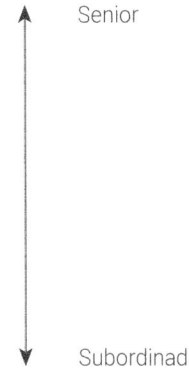

Senior

Subordinado

Fig. 2.1 Ilustración de la deuda senior y subordinada en la estructura de capital

La **prioridad** de la deuda en la estructura de capital es sólo uno de los elementos que determina el precio. El **colateral** es otro de esos elementos. Los **activos físicos** son un tipo de **colateral** que una empresa puede aportar, pero existen otros tipos. Recordemos que SOKO pudo utilizar una combinación de pedidos de clientes mayoristas y el apoyo de Novastar como financiador de *equity* para reducir el riesgo de préstamo al GBF. La **deuda senior garantizada es** la forma más barata de deuda porque es la que implica menor riesgo para los financiadores (Fig. 2.2).

Pero como puedes ver en la historia de SOKO y probablemente sepas por propia experiencia, la **deuda** senior **garantizada** no suele estar disponible para las empresas en fase temprana. Si lo está, los plazos de amortización de la deuda tradicional pueden no ser los adecuados para tu empresa. Por eso SOKO recurrió a la **financiación mezzanine**.

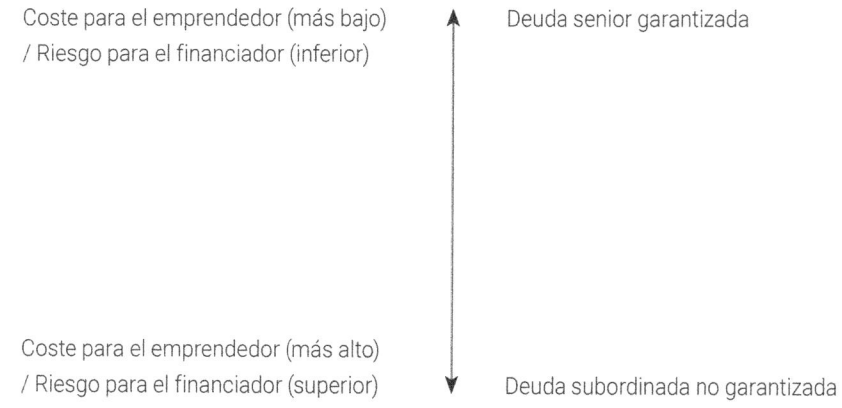

Coste para el emprendedor (más bajo) / Riesgo para el financiador (inferior) — Deuda senior garantizada

Coste para el emprendedor (más alto) / Riesgo para el financiador (superior) — Deuda subordinada no garantizada

Fig. 2.2 Ilustración de la estructura de capital con coste y riesgo

La **financiación mezzanine** combina elementos de **deuda** y *equity* para crear una financiación más flexible que la **deuda** o el *equity* puros[5]. Los **financiadores mezzanine** están dispuestos a considerar diferentes maneras de evaluar del riesgo, como la presencia de un financiador de **VC** (en la *venture debt*). No les importa aceptar formas alternativas de **colateral,** como hemos visto con los pedidos de clientes de SOKO. También están dispuestos a prestar dinero en ausencia de garantía

[5]  Bennick, E. & Winters, R. *New Perspectives on Financing Small Cap SME's in Emerging Markets: The Case for Mezzanine Finance*. Mayo del 2016.

(**deuda no garantizada**), si es necesario. Dado que asumen un riesgo adicional al financiar empresas en fase temprana o al estar **subordinados** a otros financiadores, buscan una mayor rentabilidad que los financiadores de **deuda garantizada**. Estos rendimientos proceden de un **tipo de interés fijo** y de una potencial rentabilidad adicional (por convertir en *equity* parte de la deuda) que se ofrece como **incentivo**.

Existen dos tipos de incentivos: *warrants*, que permiten a los financiadores adquirir pequeñas participaciones en la empresa, e **incentivos en efectivo** (*cash kickers*), pagos adicionales según los resultados de la empresa. El objetivo de los **incentivos en efectivo** es recompensar un poco más a los financiadores si la empresa va especialmente bien, como premio por haber contribuido a su éxito. Para un emprendedor, un préstamo **mezzanine** será más caro que un préstamo a mediano o largo plazo, pero muchos proveedores de préstamos mezzanine ofrecerán **tipos de interés fijos** más bajos porque esperan un retorno económico adicional en forma de **incentivo**[6].

### ■ *Financiadores*

Una **deuda** adecuadamente estructurada puede ser fundamental para la supervivencia y el éxito de empresas en fase temprana. Como financiadores, tendréis que evaluar qué tipos de financiación mediante **deuda** encajan mejor a los fundadores a los que queréis servir y cómo podéis desarrollar esas opciones de financiación de acuerdo con vuestros propios planteamientos **de riesgo/rentabilidad**.

Aunque como financiador conceder préstamos a empresas con años de estados auditados y un **colateral** importante conlleva el menor de los riesgos que puedes esperar, con un planteamiento así la mayoría de las empresas en fase temprana quedarán fuera de tus préstamos. Del mismo modo, exigir el **pago de unos intereses** elevados en efectivo mitigará tu riesgo, pero habrá pocos prestatarios en fase temprana y con ingresos variables que puedan asumir tal exigencia.

Por definición, los financiadores **mezzanine** están dispuestos a asumir un riesgo adicional exigiendo pocos o ningún **colateral**. En lugar de aplicar elevados **tipos de interés** en efectivo, combinan tipos de interés fijos y un retorno económico tipo *warrants* que dependan de

---

[6]   Ibíd.

los beneficios de la empresa. De este modo, la financiación mezzanine puede ser una alternativa de financiación flexible que se adapte a las distintas necesidades financieras y operativas de los financiadores[7]. Al ofrecer una financiación de crecimiento a largo plazo con una mayor tolerancia al riesgo, estarás contribuyendo a optimizar la estructura de capital de la empresa, pues tiendes un puente eficaz entre el *equity* y la **deuda senior**. También es cierto que la flexibilidad de los diversos instrumentos mezzanine implica una mayor complejidad[8].

Estructurar la financiación **mezzanine** requiere hacer un análisis cuidadoso. Como ya se ha dicho, al final un proveedor de financiación mezzanine asume más riesgos que un prestamista tradicional, es decir, los costes de financiación de un producto **mezzanine** son más elevados que los de un préstamo a mediano o largo plazo. Si la estructura mezzanine incluye un incentivo tradicional en forma de participación en los beneficios, el tipo de **interés** será lógicamente más alto a medida que crezca la empresa, lo que puede suponer una elevada carga de liquidez para esta. Si incluyes *warrants*, añadirás complejidad a la **tabla de capitalización** de la empresa, alargando así el proceso de la transacción. Por último, las **estructuras mezzanine** son relativamente nuevas en muchos mercados, lo que significa que otros inversores en *equity*, bancos, asesores jurídicos, así como tribunales, autoridades fiscales y responsables políticos a veces las conocen mal[9].

---

[7] Ibíd.

[8] *Mezzanine Financing for Access to Energy in Sub-Saharan Africa*. Julio del 2020. Disponible en: https://triplejump.eu/wp-content/uploads/2020/08/TJ-EE-GF-A2E-Mezzanine-Paper_Final-2.pdf.

[9] Ibíd.

# 3

# El recorrido de Powered by People y de Equal Exchange por la financiación comercial

En el último capítulo, analizamos las opciones de **endeudamiento** con distintos tipos de garantía o **colateral**. Si eres una empresa pequeña, probablemente no dispongas de muchos activos físicos que puedas utilizar como colateral. Pero la financiación mezzanine no es el único tipo de deuda al que podemos acceder sin el colateral tradicional. En este capítulo vamos a explorar opciones de **financiación comercial** que te permitirán utilizar **pedidos de clientes** o **facturas** como colateral para tener acceso a **capital de trabajo**.

A diferencia de los productos digitales, que pueden enviarse a los clientes inmediatamente, los productos físicos tardan tiempo en fabricarse y enviarse. Por eso, si eres una pequeña empresa y te dedicas a fabricar cualquier cosa, puede que desde que tus productos salen de fábrica hasta que los clientes los pagan medie un intervalo de tiempo considerable. Si tienes que financiar todos los costes por adelantado, ese tiempo puede salirte caro; pero esa es la realidad de todas las cadenas de suministro globales, sean grandes o pequeñas. Están formadas por millones de empresas diferentes que necesitan acceder a billones de dólares de **financiación comercial** para cubrir el coste de llevar sus productos al mercado.

### ■ *Una bebida que gusta en todo el mundo*

Empecemos por una de las mayores cadenas de suministro que existen en el mundo: el café. Equal Exchange es una empresa estadounidense de café de comercio justo que trabaja con agricultores de América Latina. La fundaron en los años 80 Jonathan Rosenthal, Michael Rozyne y Rink Dickinson. Pronto comprobaron que si los agricultores con los que trabajaban querían pagar el equipo, los productos y la mano de obra necesarios para cultivar su café, necesitaban disponer de **capital de trabajo** durante las temporadas de siembra y cosecha. Sin embargo, las opciones de los agricultores para acceder a financiación local eran muy limitadas y a menudo inasequibles, así que los fundadores de Equal Exchange decidieron utilizar el balance contable de su propia empresa para intentar ayudarles.

Jonathan, Michael y Rink vieron que lo mejor era adquirir el café antes de tiempo. Es decir, Equal Exchange se impone la obligación de comprar existencias a las cooperativas de agricultores poco después de la cosecha, muchos meses antes de que prevea venderlas en EE.UU., y las almacena en sus propios depósitos. Es un planteamiento distinto al de las empresas cafeteras tradicionales, que compran el grano de café a demanda, cuando necesitan venderlo.

Este enfoque según la demanda mantiene el inventario de las grandes empresas cafeteras en un nivel bajo, pero obliga a los agricultores y a las cooperativas de agricultores a asumir el coste de almacenar el café y gestionar su flujo de caja mientras esperan a que los compradores adquieran sus existencias. El enfoque de Equal Exchange traslada millones de kilos de stock —y la carga de capital que suponen— desde los balances de las **cooperativas** de agricultores a los de Equal Exchange. Más tarde, en el capítulo 8, hablaremos de la innovadora forma en que han financiado sus propias necesidades de capital.

Este tipo de operación se denomina **financiación de la cadena de suministro**. Se trata de un enfoque orientado al comprador que, mediante el pronto pago, facilita a las pequeñas empresas el acceso a **capital de trabajo**. De hecho, muchas grandes empresas ofrecen opciones de **financiación de la cadena de suministro** para sus proveedores. Entre los distintos tipos se encuentran el **pronto pago** voluntario, como hace Equal Exchange, o el **descuento dinámico**, por el que los pequeños proveedores se aseguran el pago anticipado de los compradores ofreciendo un descuento en sus pedidos. Por ejemplo, una pequeña empresa puede ofrecer un descuento del 1,5% si el cliente le paga en cinco días en lugar de en 30, o del 2% si le paga inmediatamente en lugar de en 60 días.

Aunque el **pronto pago** voluntario y el **descuento dinámico** pueden aliviar la carga de **capital de trabajo** de las pequeñas empresas, pues aceleran los pagos, en ambos casos estas siguen teniendo que cubrir por adelantado los gastos de fabricación de sus productos, y luego esperar el pago de los clientes. Además, los dos métodos requieren compradores (normalmente grandes) que estén dispuestos a facilitar esos pagos. Por tanto, no resuelven por completo las necesidades de capital de trabajo de las pequeñas empresas.

### ◾ *La paradoja del capital de trabajo*

Peinovich (del capítulo 2) observó que los artesanos con los que trabajaba en SOKO tenían exactamente ese problema de **capital de trabajo** y vio con sus propios ojos cómo artesanos de éxito rechazaban pedidos grandes y lucrativos simplemente porque no disponían de suficiente efectivo para cubrir sus costes iniciales. En la práctica lo que ocurría era que la mayoría de los artesanos tenían que esperar el pago de un pedido para financiar el siguiente. En el sector minorista, donde los plazos de pago habituales son de hasta 90 días desde la fecha de entrega, esta espera suponía un tiempo de inactividad considerable y una pérdida de ingresos para los artesanos.

Ni SOKO disponía del **colateral** necesario para acceder a **deuda garantizada**, ni los artesanos podían por su parte ofrecer garantías que les permitieran acceder a líneas de crédito de **capital de trabajo** y solventar sus problemas de liquidez. Además, como muchos trabajaban en una economía informal basada en el dinero en efectivo, no manejaban libros de contabilidad o documentos comerciales que pudieran demostrar su **solvencia**. Peinovich buscaba una forma alternativa de evaluar la solvencia crediticia, sin depender tanto del historial financiero o del flujo de caja. Se preguntó si sería posible crear un producto de crédito asequible y de fácil acceso, a partir de la respuesta a preguntas del estilo «¿has suministrado este producto antes y a esta escala?», o «¿has llevado a buen término transacciones con ese mismo comprador o con compradores parecidos?». Como conocía bien el sector de la manufactura creativa, pensó que era posible diseñar productos financieros específicos para el sector, así que, sin pensárselo más, en 2019 dejó SOKO y lanzó Powered by People, una plataforma tecnológica para artesanos que ofrece **financiación de las órdenes de compra** de las transacciones comerciales.

### ■ *Ordenes de compra, envíos y facturas*

La **financiación de órdenes de compra** consiste en utilizar los pedidos de los clientes como **colateral** para garantizar un préstamo. En la **financiación de órdenes de compra**, el dueño de una empresa tomará el pedido de compra de su cliente y lo venderá a una financiera, en este caso Powered by People. A continuación, este tercero se encargará de cobrar al cliente a fin de recuperar el coste de haberle pagado anticipadamente al productor. Al empresario este tipo de transacción le proporciona anticipadamente un efectivo que necesita para comprar materias primas con las que satisfacer sus pedidos y cubrir otras necesidades de **capital de trabajo**.

La **financiación de órdenes de compra** es un tipo de **factoring** que utiliza facturas o órdenes de compra como **colateral**. Es similar a la **financiación de la cadena de suministro**, salvo que el **factoring** lo inicia el productor/proveedor y requiere un financiador externo para realizar el préstamo. No en vano otro nombre de la financiación de la cadena de suministro es **factoring inverso**.

El **factoring** es una práctica antigua que se remonta a Fenicia y al Imperio Romano, cuando los agricultores y comerciantes obtenían financiación de los prestamistas en función de sus futuras cosechas o envíos. Con la **financiación de órdenes de compra,** las empresas reciben el pago cuando se ha realizado un encargo, pero el producto aún no se ha entregado al cliente. Aunque proporciona a productores y proveedores la comodidad de disponer de **capital de trabajo** a corto plazo, puede resultar arriesgada para los financiadores, ya que los bienes aún no se han producido o entregado. Debido al alto nivel de riesgo de ejecución, la **financiación de órdenes de compra** es difícil de conseguir para muchas startups y pequeñas empresas.

Un tipo de **factoring** que tiene un riesgo más acotado para el financiador es el factroring de facturas, a veces también denominado factoring de cuentas por cobrar, o simplemente **factoring**. En él los financiadores compran las facturas de una empresa relativas a mercancía ya entregada. Gracias a este sistema los productores cobran en un plazo más predecible, directamente después de expedir la factura, en lugar de tener que esperar 30, 60 o 90 días. Por otra parte, la **financiación de envíos** se utiliza cuando la mercancía ya está enviada y se ha expedido el correspondiente documento de envío. A continuación figura una tabla que describe la fase en la que se produce cada tipo de factoring (Tabla 3.1).

**Tabla 3.1**
Tipos de factoring y sus características

| Financiación órdenes de compra | Financiación de envíos | Factoring (Facturas) |
|---|---|---|
| Mercancía encargada por el comprador | Mercancía enviada al comprador | Mercancía entregada al comprador |
| Expedición de «hoja de pedido» | Expedición de documento de envío | Expedición de factura |

El **factoring** puede ser una excelente opción de financiación a corto plazo, pero puede resultar cara, pues ordinariamente las empresas han de vender sus **órdenes de compra** o sus **facturas** con descuento. La cuantía del **descuento** representa el coste de la financiación. Así, por ejemplo, si una empresa vende una orden de compra por el 95% del importe total, el coste de la financiación será del 5%.

## ■ Las joyas del factoring

Volvamos a Powered by People y veamos cómo funciona su modelo de **financiación sobre pedidos**. Supongamos que uno de los artesanos de Powered by People tiene un pedido de joyas de unos grandes almacenes para la temporada navideña, que asciende a 20.000 dólares. Como el artesano quiere disponer del efectivo necesario para aceptar el encargo, ofrece vender el 50% del pedido a Powered by People, es decir, $10.000.

Powered by People le ofrece $9.500 por ese **pedido**. Si el artesano acepta el precio, la financiera firma un acuerdo tripartito con el comprador y el artesano y le transfiere a este los 9.500 dólares. Dado que el artesano recibe 500 dólares *menos que los* 10.000 que le pagaría el cliente en el futuro, el coste de la financiación para el primero es del 2,5% mensual durante 2 meses (500 = 5% de 10.000). Cuando los grandes almacenes

Fig. 3.1 Coste y riesgo de las opciones de factoring

reciban los artículos de joyería que encargaron para dentro de un par de meses, pagarán a Powered by People la totalidad de los 20.000 dólares, según el acuerdo tripartito. De ahí la financiera tomará el anticipo de $9.500 y sus honorarios de $500, y pagará los $10.000 restantes al artesano. Suponiendo que la financiación fuera a dos meses, la tasa anual equivalente sería del 30% (2,5% × 12 = 30%).

El importe del **descuento** al que las empresas tienen que vender sus **órdenes de compra** y **facturas** suele fijarlo la financiera, a fin de reflejar el nivel de riesgo que tiene que asumir. Las financieras de **factoring** tienen en cuenta el riesgo de que el productor no consiga terminar y entregar el producto, y de que el comprador no pague. Por tanto, cuanto más lejos esté el producto de la entrega y el pago, mayor probabilidad habrá de que el bien no se produzca, o se cancele el pedido, o haya problemas con el envío, etc. Más riesgo equivale a una financiación más cara (Fig. 3.1).

### ■ *Mejorar la asequibilidad*

Cuando lanzaba la oferta de financiación, una de las mayores preocupaciones de Peinovich era poder garantizar un **factoring** asequible y adecuado para los artesanos, al tiempo que sostenible desde el punto de vista financiero. Para lograr todo esto, desarrolló una plataforma tecnológica que utiliza formas alternativas de evaluar el riesgo de la transacción, reduciendo el riesgo de los préstamos mediante un examen de la solvencia del comprador y del rendimiento histórico de los prestatarios. Gracias a la medición de los plazos de entrega del prestatario, la calidad de la producción, el aumento de los pedidos y la repetición de los clientes, Powered by People es capaz de generar una imagen histórica de los procesos de negocio y de la eficacia de la empresa. Con esta imagen es capaz de evaluar la capacidad de la empresa para atender un pedido y, por tanto, el riesgo de financiarlo.

Los fundadores de Equal Exchange hicieron un descubrimiento similar al de Peinovich en relación con las necesidades de **capital de trabajo** de sus cooperativas de caficultores. Aunque las compras anticipadas de café ayudaban a los agricultores a obtener rápidamente capital después de la cosecha, no era raro que necesitaran disponer de capital *antes de* la cosecha. Así que Equal Exchange decidió trabajar con las cooperativas para ayudarles a acceder al **factoring**. En lugar de crear una solución por sí mismos, los fundadores de Equal Exchange ayudaron a desarrollar una red de prestamistas locales de **factoring** que facilitaran a las cooperativas de agricultores el acceso a la financiación antes y durante la cosecha. Con este método Equal Exchange realiza un pedido de café a la cooperativa, y proporciona una **garantía de pago** del 25%. La **garantía** asegura que, independientemente de lo que ocurra durante las temporadas de cultivo y cosecha, Equal Exchange pagará una parte de su encargo. Se reduce así el riesgo para los prestamistas de factoring de órdenes de compra y, por su parte, los agricultores disponen de efectivo antes de la cosecha, cuando más lo necesitan.

## ■ *Es lo mismo, pero no es igual*

El **factoring** y la **financiación de la cadena de suministro** se parecen en que ambas estrategias facilitan el pago anticipado para ayudar a las empresas a gestionar mejor su **capital de trabajo** o sus flujos de caja. Sin embargo se diferencian en que el primero es un **préstamo** en el que, cara a un financiador externo, las **cuentas a cobrar** cuentan como **colateral**, mientras que el segundo es un programa de pago anticipado creado por un comprador. A continuación el lector podrá ver una Tabla con las características de los dos tipos de financiación comercial (Tabla 3.2).

**Tabla 3.2**

Comparación entre el factoring y la financiación de la cadena de suministro

| | Financiación comercial | |
|---|---|---|
| | Factoring | Financiación de la cadena de suministro |
| También lo puedes encontrar como | Financiación de cobros, factoring de facturas, financiación de envíos, financiación sobre pedidos | Factoring inverso |
| Iniciado por | Proveedor (empresa pequeña) | Comprador (gran empresa) |
| Descripción | Préstamo que usa como colateral las cuentas por cobrar | Pago anticipado de cuentas por cobrar |
| Operación | Deuda en el balance de situación del proveedor | Operación fuera del balance de situación (pago de cuentas por cobrar) |
| Partes implicadas | Proveedor, financiador de factoring y comprador | Proveedor y comprador |
| Evaluación del riesgo | Riesgo de falta de ejecución o de entrega, y capacidad de pago de los compradores | Capacidad de pago de los compradores |

## ■ *¿Te conviene la financiación comercial?*

### – Fundadores

En un nivel básico, el **factoring** es principalmente una fuente de flujo de caja para una empresa que puede utilizarse para sus necesidades operativas a corto plazo. En realidad, no resuelve los problemas financieros básicos que presente una empresa y afecten a su balance de situación o a su tesorería a largo plazo.

Al tratarse de una financiación a corto, de sólo unas semanas o meses, puede resultar cara para la empresa si lo traducimos a una tasa anual. En el ejemplo anterior de Powered by People, el coste anualizado del préstamo sería del 30%. Por su elevado importe, el **factoring** debe valorarse en función del coste de oportunidad y utilizarse solo para cubrir un déficit puntual de tesorería o permitir que las empresas maximicen su capacidad de producción hasta lograr economías de escala, no para sobrevivir mes a mes durante un largo periodo de tiempo. Por último, algunos financiadores pueden pedir una **garantía personal** para el **factoring de facturas**: cuando los fundadores se planteen firmar un acuerdo, tendrán que valorar el riesgo que eso les supone.

Además de los programas formales de **financiación de la cadena de suministro** que te ofrezcan tus grandes clientes, puedes pedirles que paguen sus pedidos anticipadamente, o que paguen por adelantado con un descuento. Como consumidores, no es infrecuente que hayamos utilizado ese método con las empresas. Piensa en la última vez que te ofrecieron una tarifa más barata por adquirir una suscripción anual en lugar de abonar cuotas mensuales. Si decidiste pagar la suscripción anual por adelantado, ayudaste a esa empresa a financiar sus necesidades actuales de **capital de trabajo**. Como emprendedor, si tienes grandes clientes y un buen historial de negocio con ellos, puedes pedirles que paguen por adelantado sus **facturas**, incluso con descuento, y así te evitarás tener que incrementar tu **capital de trabajo** por medio de financiadores externos.

## — Financiadores

Aunque el **factoring** puede ofrecer muchas ventajas a las empresas desde el punto de vista del flujo de caja a corto plazo, hay que tener cuidado cuando se lo está valorando como opción de financiación, ya que se está modificando la forma en que las empresas reciben sus pagos, lo que significa que podrían no ser capaces de cubrir sus costes en un mes determinado si no los han previsto adecuadamente en su presupuesto. Otro problema es el grado de desarrollo del departamento financiero de la pequeña empresa. La empresa ha de ser capaz de realizar previsiones y planificaciones complejas si quiere tener en cuenta las variaciones del flujo de caja. Por último, en muchos países eso crea una complejidad adicional desde el punto de vista fiscal.

Lendable comenzó haciendo **factoring de facturas** en África y Asia para proveedores de energía solar sin conexión a la red (*off grid*). En lugar de asumir el riesgo propio de los grandes clientes (como Nordstrom o John Lewis en el caso de Powered by People), asumía el riesgo de que cientos de miles de abonados al servicio de paneles solares por el sistema de **pago al recibir el servicio (PAYGO)** cumplieran efectiva y regularmente su obligación de pago. Pero dejaron de utilizar la financiación por factoring al darse cuenta de que estaban alterando los plazos de flujos de caja de esas pequeñas empresas abonadas. Descubrieron que estaban poniendo en riesgo su capacidad de hacer frente a gastos fijos del futuro (como el salario o el alquiler). Si las pequeñas empresas adelantaban sus pagos, era posible que en el futuro no pudieran cubrir sus gastos de un mes determinado. Así que Lendable cambió a una estructura de **deuda de préstamo a plazo**, más tradicional. Considera que su deuda está garantizada, pero en lugar de con un **colateral** físico, con los flujos de caja de los miles o cientos de miles de abonados.

Otro problema del **factoring** es que no permite a las empresas reciclar o reinvertir el capital que se les presta. En otros tipos de **deuda**, las empresas pueden tomar los recursos monetarios que se les presta y emplearlos en insumos, productos, servicios o investigación. Cuando convierten esos productos o servicios en ingresos, pueden emplear esas ganancias en otra cosa, y así sucesivamente, mientras no tengan que devolver al prestamista el principal. Aunque la empresa deba **intereses** e incluso una parte del **principal**, durante el plazo del préstamo podrá utilizar la mayor parte del dinero prestado como mejor le parezca. Sin embargo, en el **factoring** el préstamo está ligado directamente a un pedido concreto, por lo que la empresa sólo tiene acceso a la cantidad que necesita para ese pedido específico.

# 4

# Revisando nuestra autoevaluación

Visto todo lo anterior, y antes de seguir adelante, volvamos a la lista de autoevaluación que te di al principio del libro y analicemos por separado cada grupo de preguntas.

Si eres nuevo en el mundo de la financiación en fase temprana, probablemente tengas bastantes preguntas de los últimos capítulos, así que es un buen momento para detenernos un momento y repasar algunos conceptos básicos. Si por el contrario ya tienes experiencia y prefieres ir al grano y conocer esos interesantes instrumentos de financiación que prometí al principio, puedes saltarte tranquilamente esta parte (Tabla 4.1).

**Tabla 4.1**
Lista de autoevaluación del emprendedor

| ¿Quiénes somos? | ¿Qué forma jurídica tiene nuestra empresa? |
| | ¿Cómo ganamos dinero? ¿Quiénes son nuestros clientes? |
| | ¿En qué fase se encuentra la empresa? |
| | ¿Qué previsiones de crecimiento tenemos? |
| ¿Hasta qué punto nos mueve la misión? | ¿En qué medida está integrada nuestra misión en la empresa? |
| | ¿Tenemos un historial de impacto? |
| ¿Cuáles son nuestras necesidades de financiación? | ¿Cuánta financiación necesitamos? |
| | ¿En qué necesitamos emplearla? |
| | ¿Cómo queremos devolverla? |
| | ¿Cuáles son nuestras expectativas de propiedad a corto/medio plazo? ¿A largo plazo? |
| | ¿En qué medida queremos que participen nuestros financiadores? |
| ¿Qué tipo de financiador nos conviene? | ¿Qué tipos de financiadores existen? |
| | ¿Qué tipo de recursos pueden proporcionar? |
| | ¿Con qué nivel de riesgo se sienten cómodos? |
| | ¿Qué tipo de rentabilidad exigen, y para cuándo? |
| | ¿Quiénes son sus grupos de interés? ¿Cómo se aprueba la financiación? |

■ *¿Quiénes somos?*

– **¿Qué forma jurídica tiene nuestra empresa?**

Si eres emprendedor, estás levantando una organización para crear valor. Aunque la estructura jurídica de tu empresa no determina el valor que estás creando, puede sentar una serie de pautas sobre cómo relacionarte con **grupos de interés internos** y **externos**. Este libro se dirige a **fundadores** entidades de cualquier tipo, así que, para empezar, vamos a hablar de algunas estructuras jurídicas comunes y de cómo cada una de ellas afecta a la capacidad de una organización para acceder a distintos tipos de capital.

**Si eres una entidad sin fines de lucro**, nadie tendrá acciones de tu negocio, pero habrá personas que tomen decisiones sobre tus operaciones cotidianas y tu dirección estratégica, y normalmente formarán parte de la dirección o de una **Junta directiva**, si no de ambos. Como entidad sin ánimo de lucro, puedes pedir préstamos y devolverlos, pero no repartir dividendos, pues careces de accionistas. Es decir, todas las ganancias y «beneficios» permanecen dentro de la entidad. Las organizaciones sin ánimo de lucro suelen estar exentas de impuestos, aunque los requisitos varían de una jurisdicción a otra.

**Si eres una entidad con fines de lucro**, puede haber un número indefinido de propietarios que participen con acciones del crecimiento y éxito de la empresa. Ese accionariado podrá estar compuesto de fundadores, empleados, inversores externos o una combinación de todo eso. La propiedad de la empresa también puede cambiar con el tiempo, dependiendo de quién adquiera las acciones. La propiedad de estas suele estar relacionada con la gobernanza, de modo que si un inversor externo posee acciones de tu empresa, tendrá derecho a voto y la oportunidad de nombrar a uno o varios miembros del consejo de administración. Una entidad con fines de lucro puede optar por repartir beneficios entre sus accionistas en forma de dividendos, o retener los beneficios y reinvertirlos en el negocio. Esta decisión dependerá de las obligaciones contractuales de la empresa para con sus accionistas e inversores (como la financiación externa). Además, las organizaciones con fines de lucro tienen que pagar impuestos por los beneficios que obtienen.

Las **empresas sociales** son una categoría de negocio relativamente nueva, surgida de la confluencia de la empresa tradicional y la filantropía. En lugar de depender de fondos públicos o de donaciones (grants), las **empresas sociales** son negocios que persiguen una misión social o medioambiental, pero que generan ingresos, y los reinvierten. Algunos países tienen una forma jurídica específica para las **empresas sociales**, pero otros muchos carecen de ella. Ejemplos de estructuras jurídicas que combinan beneficios y objetivos son las **Public Benefit Corporations** y las **Limited Liability Companies (L3C)** en EE.UU., y las

Community Interest Companies (CIC) en el Reino Unido*. En algunas jurisdicciones, las estructuras jurídicas que adoptan las **empresas sociales** regulan y limitan cómo emiten estas sus **dividendos**.

Las **empresas híbridas** tienen dos tipos diferentes de estructura jurídica: una con fines de lucro y otra sin fines de lucro.

Las **cooperativas** son empresas cuya **propiedad está en manos sus trabajadores**, total o parcialmente. En los diferentes países existe un amplio abanico de estructuras jurídicas que regulan estas empresas propiedad de sus empleados.

### ■ *¿Cómo ganamos dinero y quiénes son nuestros clientes?*

Para cualquiera de las opciones de financiación que tratamos en este libro resulta de vital importancia que tengas una idea de cómo vas a sostener, y desarrollartus procesos de producción. Esto es necesario independientemente de que tengas o carezcas de fines de lucro. Puedes considerar que tu **modelo de ingresos** es tu modelo de financiación interna. Comprender claramente tus proyecciones de financiación interna te ayudará a saber si necesitas financiación externa y, en tal caso, cuánta necesitas. También es importante que seas capaz de exponer claramente tu modelo de negocio a los posibles financiadores.

Es probable que tu **modelo de ingresos** se base en alguna combinación de los siguientes elementos:
- Venta o alquiler de productos o servicios a usuarios finales,
- Hacer que terceros (por ejemplo, donantes) paguen por tus productos y servicios,
- Vender algún tipo de acceso a tus usuarios finales,
- Datos de venta recopilados a través de tus procesos de producción[1].

---

\* Tiene figuras equivalentes en varios países hispanohablantes. P. ej., Sociedad de Beneficio e Interés Común (España). Empresa B (Chile), Sociedad de Beneficio e Interés Colectivo (Colombia y México), Empresa de beneficio e interés colectivo (Perú). (N. del T.)

[1] Si vendes datos recopilados en tus operaciones, se plantea la cuestión de la privacidad de esos datos y de no aprovecharte de tus usuarios finales. Es importante considerar con cuidado cómo vas a instrumentar la recopilación y venta.

También debes ser capaz de responder a preguntas esenciales sobre los tipos de usuarios o de terceros que te proporcionan ingresos mediante la compra o alquiler de tus productos o servicios.

*¿Quiénes son?* Para responder a esta pregunta, piensa cómo segmentarías a tus clientes por edad, ubicación geográfica, preferencias u otros criterios.

*¿Son personas o empresas? La* venta a usuarios finales individuales se denomina estrategia de empresa a consumidor (B2C, por sus siglas en inglés), frente a la estrategia de empresa a empresa (B2B).

*¿Qué motivos tienen tus clientes para emplear su dinero en lo que ofreces?* Los financiadores querrán saber cómo se compara tu oferta con otras del mercado.

Para más información sobre cómo definir y construir tu modelo de negocio, te recomiendo encarecidamente que utilices el Lean Canvas o el Social Business Model Canvas (lienzo para modelo de negocio social). Estos y otros recursos están disponibles en el complemento en línea de este libro.

## ■ *¿En qué fase de la empresa estamos?*

Mira la Tabla 4.2:

**Tabla 4.2**
Etapas de crecimiento de una empresa

| Etapa de concepto | Fase temprana | Fase de crecimiento | En expansión | Consolidada |
|---|---|---|---|---|
| Por lo general, tienes una idea, pero no necesariamente un **producto mínimo viable (MVP)** o una **prueba de concepto** | Puede que tengas un **MVP** o una **prueba de concepto** e incluso que hayas empezado a proteger legalmente tu **propiedad intelectual (PI)**, pero aun así sólo tienes un pequeño número de clientes activos, si es que tienes alguno | Has definido tu oferta de productos o servicios y tienes una base de clientes que te pagan (clientes activos). Estás consolidando tu infraestructura interna para crecer | Tienes una base de clientes grande y en crecimiento, has consolidado tu infraestructura interna y estás en proceso de expansión de tus operaciones y de posible incorporación de nuevos productos o servicios | Tienes una base estable de clientes activos y una trayectoria empresarial de éxito |

## ■ ¿Qué previsiones de crecimiento tenemos?

A continuación, tendrás que examinar las **previsiones de crecimiento de tu empresa**. Examinarás tanto tus ingresos como tus previsiones de flujo de caja libre. Si eres una organización sin fines de lucro, tendrás que examinar tus previsiones de recaudación de fondos, así como los ingresos obtenidos. Las preguntas a las que debes responder son las siguientes:

> **¿Cómo de grande es el mercado de clientes a los que puedo dirigirme?** Tendrás que conocer bien la extensión del mercado de posibles clientes de tu producto o servicio.

> **¿En qué medida es escalable tu producto?** Si tu producto es un bien físico (o un servicio que debe prestarse en persona), tendrás que tener en cuenta tu capacidad para producirlo físicamente y distribuirlo a los usuarios finales. Si ofreces un producto o servicio digital, es mucho más fácil que los lleves a escala, porque carecen de limitaciones físicas. También te resultará interesante pensar si la escalabilidad se puede replicar en otros contextos o zonas geográficas.

Los fundadores de Helium Health siempre tuvieron en mente crear una empresa de **crecimiento exponencial**. En el mundo de las startups, a estas empresas que luchan por alcanzar una valoración de 1.000 millones de dólares las denominamos «aspirantes a **Unicornio**». Como tales aspirantes, proyectaban un **crecimiento exponencial**, esperaban iniciar otras muchas rondas de financiación y estaban dispuestos a vender propiedad de la empresa. A medio y largo plazo, ello supondría perder el control sobre la misma, pero su objetivo era levantar un negocio multimillonario en torno a los datos de la salud, así que la financiación mediante *equity* satisfacía sus expectativas. Si estás leyendo este libro, probablemente no eres un **unicornio,** así que, ¿qué eres tú? Bien, puede que seas una **cebra**.

Las **cebras** son empresas con muchas rayas diferentes, que representan la diversidad de sus fundadores y los problemas que tratan de resolver. Son colaboradoras pero también enérgicas, crean empresas con soluciones impactantes al tiempo que cuidan de sus trabajadores, comunidades y entornos. Las **cebras** también son blancas y negras, lo que representa el esfuerzo por conseguir tanto beneficios como cumplir alguna misión[2].

---

[2]  Debemos el movimiento «cebra» a cuatro mujeres estadounidenses (Jennifer Brandel, Astrid Scholz, Aniyia Williams y Mara Zepeda) que, en el 2016, vieron trun-

A continuación se presenta una descripción general que las creadoras del esquema **cebra** idearon para describir la diferencia entre **cebras** y **unicornios** (Fig. 4.1).

Las **cebras** son una categoría muy amplia que habla más de filosofía que de requisitos y tipos de crecimiento concretos. Y son sólo uno de los muchos tipos de animales que se utilizan para describir a las startups. Quizá oigas hablar de camellos, gacelas, bueyes ¡caben muchos otros animales! En este libro vamos a utilizar las siguientes clasificaciones, originalmente elaboradas por Dalberg, Omidyar Network y Collaborative for Frontier Finance[3], y posteriormente adaptadas por Zebras Unite y Village Capital.

**Startup de alto crecimiento:** si eres de este tipo, tienes un modelo de negocio disruptivo, grandes mercados a los que dirigirte, previsiones de fuerte crecimiento y capacidad para llevar procesos a escala rápidamente; además eres bastante arriesgada. En el mundo de las startups se las conoce como «gacelas».

**Pionera en su categoría:** si eres pionero en tu categoría tienes productos y servicios disruptivos, nuevos mercados probablemente grandes, con crecimiento variable y potencial para crecer.

**Empresa nicho:** en una empresa nicho tienes un producto o servicio innovador, mercados nicho y segmentos de clientes y proyectas un crecimiento de estable a elevado.

---

cadas sus expectativas de búsqueda de recursos económicos. Cada una de ellas había fundado al menos una empresa impulsada por tecnología y con un objeto social, y se encontraron con que tales empresas parecían no hallar hueco en el mundo del VC, obsesionado con los unicornios. Cuando se pusieron en contacto con inversores de impacto social observaron que muchas veces estos no entendían los sectores que financiaban. Y si los entendían, las actuaciones de estos sistemas basados en tecnología no casaban bien con sus teorías del cambio. En el enlace que dejo a continuación encontrarás una breve historia de Zebras Unite. También puede leerse ahí el «manifiesto» del 2017, del que se ha tomado la Tabla. Brandel, J., Zepeda, M., Scholz, A. & Williams, S. (2017, 8 de marzo). «Zebras Fix What Unicorns Break». Disponible en: https://medium.com/zebras-unite/zebras-fix-c467e55f9d96.

[3] Hornberger, K. & Chau, V. The Missing Middles: Segmenting Enterprises to Better Understand Their Financial Needs, the Collaborative for Frontier Finance (Omidyar Network/Dutch Good Growth Fund [DGGF]). Disponible en: https://static1.squarespace.com/static/59d679428dd0414c16f59855/t/5bd00e22f9619a14c-84d2a6c/1540361837186/Missing_Middles_CFF_Report.pdf.

**Empresa dinámica:** una empresa dinámica pertenece a un sector industrial y segmento de mercado consolidados, dispone de productos ya testeados y probados en el mercado, un modelo de negocio de eficacia probada y una proyección de crecimiento constante.

**Empresa de subsistencia:** este tipo de empresa es familiar, muy localizada, avanza aprovechando las oportunidades locales y proyecta un crecimiento futuro limitado

|  | UNICORNIO | CEBRA |
|---|---|---|
| EL PORQUÉ |  |  |
| Propósito | Crecimiento exponencial | Prosperidad sostenible |
| Objetivo final | Desinversión, evento de liquidez, 10x | Rentabilidad, sostenible, 2x |
| Resultado | Monopolio | Pluralidad |
| EL CÓMO |  |  |
| Visión del mundo | Hay ganadores y perdedores, para que yo gane tú debes perder | Todos ganan |
| Método | Competición | Colaboración |
| Modelo natural | Parasitismo | Mutualismo |
| Recursos | Acaparar | Compartir |
| Estilo | Autoritario | Participativo |
| Pretende | Siempre más | Lo suficiente, mejorar |
| EL QUIÉN |  |  |
| Beneficiario | Sector privado, particulares, accionistas | La sociedad en general, comunidades |
| Composición del equipo | Principalmente ingenieros | Equilibrado: directores de grupos humanos, gestores del éxito del cliente, ingenieros |
| El usuario paga | mediante la atención que presta (opaco) | por el valor que le ofrecen (transparente) |
| EL QUÉ |  |  |
| Dirección del crecimiento | Palo de hockey | Crecimiento regenerativo |
| Métricas | Cantidad | Calidad |
| Prioridad | Captación de usuarios | Éxito del usuario |
| Obstáculo | Adopción del producto | Adopción del proceso |

Fig. 4.1 Comparación entre unicornios y cebras

## ■ *¿Hasta qué punto nos mueve la misión?*

### – ¿En qué medida está integrada nuestra misión en la empresa?

Tanto si eres un **emprendedor social** que has fundado tu empresa para generar impacto social o medioambiental, como si eres un emprendedor que no se considera un emprendedor social pero desea crear una **empresa sostenible**, es importante que sepas definir claramente lo que se llama tu «**misión declarada**». Una **misión declarada** bien definida sienta las bases de la estrategia de tu empresa. También puede servirte para contratar y ayudar a aclimatar a nuevo personal, que podrá entender a la primera lo que tu empresa pretende conseguir e identificarse con la misión. Además aclara a los posibles financiadores el impacto social y medioambiental que buscas generar, y así conseguirás más fácilmente financiación en las condiciones que te convienen, de fundaciones, administraciones públicas, instituciones de desarrollo, inversores privados u otras personas interesadas en promover tu impacto social y medioambiental.

A medida que avanzas en tu viaje de financiación, es probable que te encuentres con algunos financiadores que entienden y apoyan tu misión. También te encontrarás con otros interesados en tu empresa, pero que consideran que tu misión es secundaria, incluso un estorbo para tu crecimiento. Es importante por tanto que pienses bien cómo vas a presentar y articular la declaración de tu **misión** en tu viaje de financiación: así reducirás el riesgo de desvío de la misión, es decir, irte alejando de la misión social y/o medioambiental que te habías impuesto.

### – ¿Tenemos un historial de impacto?

Si te interesa atraer capital de **financiadores de impacto**, es probable que tengas que demostrar que operas en un mercado desatendido, ineficiente o sin explotar. Si eres una empresa de servicios financieros, por ejemplo, podrías presentar datos sobre la situación socioeconómica de tus clientes objetivo, o su sexo, en los que se vea que los operadores del mercado no atienden adecuadamente a las mujeres o a clientes con bajos ingresos. También necesitarás probar que el producto o servicio que ofreces tiene un impacto significativo en estacomunidades.

### ◼ ¿Cuáles son nuestras necesidades de financiación?

#### − ¿Cuánta financiación necesitamos?

Para evaluar el importe total de financiación que necesitas, debes empezar por calcular cuánto dinero en efectivo ganas cada mes y restarle la cantidad que estás gastando al mes. Si la diferencia en este cálculo de débitos y créditos es un número positivo, esa es **el flujo de caja libre (free cash flow)** que estás generando cada mes. Cuando es negativa, se denomina **tasa de consumo de efectivo (burn rate)**. Para el cálculo que nos interesa debes averiguar cuánto efectivo —no cuántos ingresos— estás generando al mes. Si tardas 30 días, 60 días o varios meses en convertir tus ingresos en dinero en metálico (o electrónico), efectivo, quizá tus ventas sean elevadas, pero no estarás cubriendo tus gastos mensuales.

A continuación deberás examinar tus previsiones para identificar los hitos más importantes. Estos pueden ser desde la creación de un **producto mínimo viable (MVP)**, a lograr un número determinado de clientes o alcanzar el **umbral de rentabilidad** (*break-even*) de los ingresos. A continuación, tendrás que contabilizar todos los costes que se han producido para alcanzar tus objetivos de crecimiento. Los fundadores suelen subestimar el coste real del crecimiento que proyectan.

Por último, tendrás que calcular la **cantidad total de efectivo** que necesitarás para alcanzar cada hito, tomando la **suma total de tus ingresos** y restándole la **suma total de tus gastos**[4].

Entonces, cuando un financiador te pregunte cuánto dinero necesitas, podrás decirle la **cantidad total** que costaría alcanzar un hito concreto. El número de meses que puedes mantener a tu empresa, de forma realista, con el dinero que tienes disponible se denomina **runway**.

#### − ¿En qué necesitamos emplearla?

**Prueba de concepto:** es el dinero necesario para probar tu producto o servicio en el mercado o producir tu **MVP** inicial. La prueba de con-

---

[4]  Si tus previsiones son estacionales, deberás asegurarte de que esos totales no ocultan grandes variaciones del efectivo disponible. Si hay grandes variaciones de tesorería, asegúrate de que la cantidad total que vas a recaudar supera el déficit más elevado.

cepto puede referirse al primer producto, a un nuevo producto o a la expansión a un nuevo mercado.

**Capital de crecimiento:** es el efectivo necesario para contratar personal, invertir en el desarrollo de productos, implantar sistemas y pagar el marketing que te ayude a desarrollar tu negocio.

**Capital de trabajo:** es el efectivo necesario para llevar a cabo los procesos de producción cotidianos de tu empresa y comprar insumos, existencias o material necesario para tu producto o servicio.

**Activos:** es el dinero necesario para realizar inversiones físicas o intangibles en tu empresa, como edificios, equipos y marcas.

‒ **¿Cómo queremos devolverla?**

Si obtienes financiación de financiadores externos para cubrir las necesidades de gasto y crecimiento de tu empresa, existen tres formas de reembolsarles su inversión. La primera es el reembolso por **desinversión por medio de tercero**. En pocas palabras, esperas reembolsar a tus financiadores en algún momento en el futuro, bien vendiendo la empresa, bien cotizando en bolsa.

La segunda estrategia es el reembolso a partir de los **flujos de caja internos**. En este caso, tienes pensado devolver la financiación empleando el efectivo que genere tu empresa mientras esté vigente el acuerdo de financiación.

La tercera estrategia consiste en **utilizar la financiación futura** para reembolsar a tus financiadores. Se trata de que consumas la financiación concedida en las primeras fases de tu empresa, o a corto plazo, de manera que crees un historial de crédito y una trayectoria que te den acceso a una financiación menos cara y en mejores condiciones: entonces podrás reembolsar más cómodamente el capital a tus financiadores iniciales.

Técnicamente, tienes una cuarta opción, que es no devolverlo, pero, a menos que se trate de una donacion (grant), no parece una buena idea...

‒ **¿Cuáles son nuestras expectativas de propiedad?**

Desde la perspectiva de la propiedad, necesitas evaluar tu situación actual, así como tus planes a corto, medio y largo plazo. ¿Quieres seguir al frente de tu empresa en el futuro? ¿O deseas vender tu empresa a otra persona, o transferir la propiedad a tus empleados?

## – ¿En qué medida queremos que se involucren nuestros financiadores?

Si buscas un financiador que te ayude a desarrollar tu empresa, tendrás que estar dispuesto a ofrecerle incentivos. Por lo general, se tratará de algún tipo de retorno económico, o rendimiento, si la empresa va bien, y deberás tener en cuenta tal concepto en tus cálculos cuando sopeses las distintas opciones de financiación.

También hay que conocer las preferencias y capacidades de los posibles financiadores para determinar qué tipo de incentivos y condiciones resultan más apropiados para ellos. Habrá que realizar un proceso activo de *due diligence* para saber qué tipo de financiador puede implicarse y aportar el valor añadido que tu empresa necesita.

## ◼ *¿Qué tipo de financiador nos conviene?*

## – ¿Qué tipos de financiadores existen?

A lo largo de este trabajo, estudiaremos opciones en las que intervienen todo tipo de financiadores. A continuación te presento una lista sintética de los que debes tener en mente al leer el libro (Tabla 4.3).

**Tabla 4.3**
Tipos de financiadores

| Proveedor financiero | Definición | Etapa típica del ciclo de vida de la empresa financiada |
|---|---|---|
| Business angel | Personas o redes con recursos que invierten en startups muy incipientes y ofrecen asesoramiento | Concepto |
| Aceleradora/incubadora de empresas | Instituciones que ayudan a las empresas a definir y crear sus productos iniciales, identificar segmentos de clientes prometedores y conseguir recursos | Concepto<br>Fase temprana |

| Proveedor financiero | Definición | Etapa típica del ciclo de vida de la empresa financiada |
|---|---|---|
| Organismo público | Entidad administrativa creada con el propósito específico de promover el crecimiento económico y el desarrollo mediante diversos mecanismos de apoyo directo o indirecto | Concepto<br>Fase temprana<br>Crecimiento<br>Consolidadas |
| Entidad sin fines de lucro/ empresa social | Suelen ser organizaciones orientadas al impacto cuya misión consiste en apoyar el crecimiento de las PYME, principalmente mediante el desarrollo de sus capacidades | Concepto<br>Fase temprana<br>Crecimiento<br>Consolidadas |
| Fondo de private equity | Financiación a medio y largo plazo proporcionada a una empresa, a cambio de una participación en el capital de empresas no cotizadas y con gran potencial de crecimiento | Consolidadas |
| Fondo de venture capital | Subgrupo de private equity que invierte específicamente en startups y ofrece asesoramiento y otros recursos no financieros | Concepto<br>Fase temprana<br>Crecimiento |
| Fondo de deuda y mezzanine | Fondos comunes de capital que invierten en empresas a través de instrumentos de deuda y mezzanine | Crecimiento<br>Consolidadas |
| Banco comercial | Institución financiera que acepta depósitos, ofrece servicios de cuenta corriente, concede créditos empresariales, personales e hipotecarios a personas y pequeñas empresas | Fase temprana<br>Crecimiento<br>Consolidadas |
| Institución microfinanciera | Instituciones formales cuya actividad principal es la prestación de servicios financieros y productos de seguros a personas con bajos ingresos, a microempresas y a pequeñas empresas | Concepto |

| Proveedor financiero | Definición | Etapa típica del ciclo de vida de la empresa financiada |
|---|---|---|
| Institución financiera no bancaria | Instituciones que prestan determinados tipos de servicios bancarios pero no disponen de una autorización completa para realizar actividades bancarias (por ejemplo, cooperativas de crédito, CDFI, fintech, etc.) | Concepto<br>Fase temprana |
| Institución de financiación del desarrollo | Bancos de desarrollo especializados o filiales creadas para apoyar el desarrollo del sector privado en los países en desarrollo | Concepto<br>Fase temprana<br>Crecimiento<br>Consolidadas |
| Fundación | Entidad jurídica independiente creada exclusivamente con fines benéficos, a menudo con los recursos de una sola persona, familia o gran empresa | Concepto<br>Fase temprana |
| Patrimonio fundacional (endowment) | Donación de dinero o bienes a una organización sin fines de lucro, que utiliza los ingresos resultantes de la inversión para un fin específico | Fase temprana<br>Crecimiento<br>Consolidadas |
| Family office | Empresas de asesoramiento en gestión de patrimonios privados que atienden a particulares con grandes patrimonios | Fase temprana<br>Crecimiento<br>Consolidadas |

Adaptado a partir de «Enterprise segmentation project supply side literature review», Hornberger, Kusi, marzo del 2018.

- ¿Qué tipo de recursos pueden proporcionar?

En tu autoevaluación deberás considerar qué tipo de apoyo, financiero o de otro tipo, necesita tu empresa, a fin de asegurarte de que los financiadores con los que te asocias puedan proporcionarte esos recursos. A continuación podrás ver algunos de los diferentes recursos que los financiadores pueden ofrecerte (Tabla 4.4):

**Tabla 4.4**
Tipos de recursos

| Tipo | Descripción |
|---|---|
| Colateral para crédito | Activos de valor |
| Capital de deuda | Capital que puede prestarse |
| Canales de distribución | Capacidad para distribuir productos o servicios a través de canales propios o compartidos |
| Capital de equity | Capital que puede utilizarse para adquirir participación en empresas |
| Apoyo a la captación de fondos | Apoyo, asesoramiento y contactos para futuras financiaciones |
| Gestión financieraa | Ayuda para desarrollar las capacidades de gestión financiera y los sistemas financieros y contables |
| Conocimiento/presencia geográfica | Conocimiento de la zona geográfica o presencia en ella |
| Capital de subvención o donación | Capital del que no se espera rentabilidad financiera |
| Apoyo a la gobernanzab | Apoyo al desarrollo del consejo de administración, refuerzo de los sistemas de buen gobierno |
| Apoyo al capital humanoc | Contacto con personal cualificado para que lo contrates, ayuda para reforzar la gestión existente |
| Estrategia de impacto | Apoyo al desarrollo de la teoría del cambio y de medición del impacto y estrategias de gestión |
| Resultados/conocimiento del sector/ experiencia en áreas concretas | Experiencia de trabajo en las áreas sociales y medioambientales en las que se generan los resultados |
| Poder adquisitivo | Capacidad para dedicar dinero a adquirir productos/servicios |
| Capital social | Influencia como entidad o persona sobre otras personas/comunidades |
| Apoyo estratégico | Desarrollo del modelo de negocio, planificación empresarial |
| Experiencia tecnológica | Capacidad para utilizar y desarrollar tecnología útil para el objeto empresarial |
| Visibilidad | Capacidad de transmitir información a un gran número de personas interesadas |

[a] Boiardi, P. & Hehenberger, L. (2015). Adding Value Through Non-financial Support: A Practical Guide. Asociación Europea de Filantropía de Capital Riesgo

[b] Ibíd.

[c] Ibíd.

Algunos de estos recursos funcionan a nivel de empresa, es decir, la organización financiadora en su conjunto puede proporcionártelos sin más a ti y a tu empresa. Otros tienen un carácter más personal: deberás evaluar con qué personas de la organización financiante te gustaría realmente trabajar, cuestión de gran importancia si algunas de ellas podrían ocupar un sitio en tu consejo de administración.

— ¿Con qué nivel de riesgo se sienten cómodos?

En la Parte VI evaluaremos los distintos tipos de riesgos que los financiadores tienen en cuenta a la hora de suscribir oportunidades de inversión y financiación. Pensemos por ahora en el riesgo según la fase en que se encuentra la empresa: las empresas en fase muy temprana necesitan financiadores que estén dispuestos a asumir riesgos no pequeños al adentrarse en territorio desconocido o no validado, mientras que las empresas más consolidadas pueden trabajar con financiadores menos tolerantes al riesgo. Para elegir el tipo de financiador adecuado a tus necesidades, tendrás que asegurarte de que los riesgos que les muestras les parecen aceptables.

— ¿Qué tipo de rentabilidad exigen, y para cuándo?

Muchos financiadores buscarán una **rentabilidad financiera ajustada al riesgo**. Estructurarán la financiación basándose en su valoración del riesgo de la inversión y fijarán las expectativas de retorno económico que puedan compensarles asumir ese riesgo. Cuando los financiadores dicen que buscan una **rentabilidad de mercado**, quieren decir que buscan rendimientos similares a los de otras inversiones con un perfil de riesgo comparable.

Algunos financiadores en sintonía con tu misión *podrían* estar dispuestos a renunciar a cierta rentabilidad financiera a cambio de logros de impacto social o medioambiental (es decir, rentabilidad de impacto). Conviene tener en mente que el mero hecho de que un financiador se centre en el impacto o la misión no quiere decir que no busque también **rentabilidad de mercado**.

Los financiadores que ofrezcan principalmente **capital de subvención** —como, por ejemplo, las fundaciones— estarán muy interesados en los logros de impacto que obtenga el beneficiario; en su cálculo de rentabilidad es probable que cualquier retorno económico pase a un segundo plano.

Un último punto a tener en cuenta: tendrás que conocer el plazo de que dispone el financiador para apoyar tu empresa. ¿Buscan retornos antes de que transcurra un año? ¿Dos años? ¿Diez años? Tendrás que preguntarles cuándo esperan que *empieces a devolverles el* dinero y cuándo esperan que *acabes de devolverlo*.

— ¿Quiénes son sus grupos de interés? ¿Cómo se aprueba la financiación?

Para entender las oportunidades y limitaciones del financiador a la hora de desembolsar fondos, tendrás que ver quiénes son sus principales grupos de interés, y cómo se aprueba la financiación que aporta. Muchos financiadores tienen **grupos de interés externos**, como inversores o donantes, y obligaciones para con ellos. Si sus **grupos de interés externos** son inversores, es probable que tengan parámetros definidos sobre los tipos de empresas en las que pueden invertir, ciertos requisitos de rentabilidad, el nivel de riesgo que pueden asumir y el plazo para generar beneficios. Si sus grupos de interés externos son donantes, entonces probablemente los financiadores tendrán objetivos de impacto específicos y restricciones sobre los tipos de empresas a las que pueden financiar.

Los financiadores que rinden cuentas a **grupos de interés externos**, como las empresas de capital riesgo (*venture capital firms*) que rinden cuentas a sus propios inversores, denominados **Limited Partners (LPs)**, probablemente sean menos flexibles en la forma de estructurar su financiación y con los tipos de recursos que pueden proporcionar. No es que no puedan ser innovadoras, pero debes ser consciente de que su capacidad para captar en el futuro su propio capital depende de que consigan determinados resultados para sus grupos de interés externos.

Por su parte, los financiadores como los *family offices* y las **fundaciones** con dotación patrimonial (endownment)* pueden no tener obliga-

---

* En principio toda fundación tiene patrimonio fundacional. Sin embargo, en el contexto anglosajón, se denominan endowed foundations (fundaciones dotadas o con dotación patrimonial) a aquellas con una dotación patrimonial específica que se invierte para generar ingresos que financien sus actividades de manera sostenible y a largo plazo. (N. del T.)

ciones para con **grupos de interés externos**, pero sí que las tendrán hacia **grupos de interés internos**. Estos financiadores pueden ser más flexibles a la hora de estructurar los acuerdos y en cuanto a los tipos de recursos que pueden proporcionar, pero sus compromisos siguen teniendo que cumplir unos criterios internos de éxito.

Un último punto a tener en cuenta es cómo obtienen los financiadores la aprobación de sus compromisos de capital (o de recursos). Algunos cuentan con un **comité de inversiones**, un **consejo de administración** o un **comité de la alta dirección** que determinan qué operaciones se aprueban. Todos tendrán plazos diferentes para aprobar y desembolsar el capital. El tiempo necesario para cerrar una operación con un financiador concreto dependerá del tipo de financiación y de la cantidad de documentación de *due diligence* que se requiera.

# 5

# REFLEXIONES SOBRE LA DEUDA Y EL *EQUITY*

Bien, ahora que hemos recorrido los itinerarios de *equity* y **deuda**, introducido el concepto de **cuasi-*equity*,** financiación **mezzanine** y **financiación al comercio**, y desgranado la lista de preguntas de autoevaluación, recapitulemos un poco.

Actualmente en el ámbito de las finanzas utilizamos la expresión **financiación con capital privado** para referirnos al **capital deriesgo**. Es decir, damos por sentado que el *equity* es la única forma de obtener capital que sea:

- Flexible: sirve para todo.
- Paciente: no requiere empezar a devolverlo enseguida.
- Arriesgado: dispuesto a invertir en empresas en fase temprana sin ningún colateral y con muy poca propiedad intelectual (PI).
- Práctico: implica mentoría y orientar los incentivos en torno al crecimiento.

Aunque el **capital de *equity*** de los capitalistas de riesgo nos proporciona todo lo anterior, también:

- Requiere un **crecimiento exponencial**: los inversores esperan salir de una inversión en *equity* después de haber multiplicado de forma interesante su inversión inicial.
- Espera que el emprendedor siga captando más *equity* en posteriores rondas de financiación hasta que se venda la empresa a otro inversor (**venta en secundario**) o pase a cotizar en un mercado público (**IPO**).
- Es caro: los fundadores tienen que vender propiedad de su empresa en cada ronda de financiación de *equity*.
- Es muy posible que, con el tiempo, los fundadores pierdan el control sobre la empresa.
- No funciona para las organizaciones sin fines de lucro ni para las cooperativas.

**Dimeji, Tito y Adegoke**, de **Helium** (capítulo 1), necesitaban recibir capital de *equity* de *business angels* y los **VC** para impulsar su **crecimiento exponencial**. Acabaron utilizando **SAFE** y venta de *equity* en el transcurso de sus rondas **pre-semilla, semilla** y **Serie A**. Más adelante se presenta una tabla que describe el proceso tradicional de captación de *equity* y los inversores que participan en el proceso (Tabla 5.1).

Como comentamos en el último capítulo, la mayoría de los que leen este libro no aspiran a convertirse en **unicornios**. Entonces, si el *equity* no es el instrumento adecuado para la mayoría de las empresas,

¿cuáles son las otras opciones? Examinemos la **deuda garantizada** que facilitan los bancos. Como vimos en el caso de **Ella Peinovich** y **SOKO** (capítulo 2), los préstamos bancarios tampoco suelen ser la mejor opción para muchas organizaciones que están en fase temprana de desarrollo.

En primer lugar, no siempre se puede acudir a ellos, debido al perfil de riesgo de las pequeñas empresas. **SOKO** no pudo acceder a una línea de crédito para **capital de trabajo** porque no poseía un **historial de crédito** de suficiente antigüedad y con ingresos constantes. Tampoco disponía de **colateral** que le sirviera de garantía. No sólo la mayoría de las startups y pequeñas empresas carecen de activos suficientes para usar como **colateral**, tampoco pueden permitirse perderlos si no realizan los pagos, pues sería desastroso para el negocio.

Por otra parte, la mayor parte de los instrumentos de **deuda** exige una continuidad en los pagos, independientemente de los ingresos. Un emprendedor puede tener ingresos muy estacionales, como le ocurría a **SOKO**, lo que empeora las condiciones de pago tradicionales de los préstamos bancarios.

Por último, la deuda financiada por un banco suele ser una «transacción neutra y aséptica», sin tutorías ni mentoría. Dicho de otro modo, cuenta con que posiblemente no recibirás la ayuda y alianzas que necesitas para hacer crecer tu empresa (Tabla 5.2).

He aquí un resumen de los pros y los contras de la financiación mediante *equity* y deuda:

**Tabla 5.1**
El ciclo de vida de la financiación mediante equity y los distintos actores según la fase de la empresa

| Etapa de concepto | Fase temprana | Fase de crecimiento | En expansión |
|---|---|---|---|
| Generalmente tienes una idea, pero no necesariamente un MVP o una prueba de concepto. | Aquí puedes tener un MVP o una prueba de concepto, e incluso puedes haber empezado a proteger legalmente tu propiedad intelectual, pero aún tienes pocos clientes habituales, si es que tienes alguno. | Has definido tu oferta de productos o servicios y tienes una base de clientes que te pagan. Estás construyendo tu infraestructura interna con miras a crecer. | Tienes una base de clientes grande y en aumento, has levantado tu infraestructura interna y estás en proceso de ampliar tus operaciones y posiblemente añadir nuevos productos o servicios. |

| Pre-Semilla | Semilla | Serie A | Serie B | Serie C | Serie D... |
|---|---|---|---|---|---|
| Los amigos, la familia y los «locos» (las 3 F) aportan inversión para crear prototipos y poner en marcha una empresa | | | | | |
| Los *business angels*, a menudo particulares con grandes patrimonios (HNWI) o redes de business angels de HNWI, aportan capital a empresas incipientes para ayudarles a desarrollar la propiedad intelectual y a atraer clientes que prueben su modelo de negocio. **Las aceleradoras e incubadoras** también trabajan con empresas en estas fases para ayudarles a estar preparadas para una inversión. Algunas también invierten capital. | | | | | |
| | Los fondos de *venture capital* (VC) invierten en empresas para ayudarles a escalar sus resultados. | | | | |
| | | | Las inversiones de capital en etapas posteriores las realizan **empresas de Private Equity** mediante lo que se denomina «capital de crecimiento». | | |

**Tabla 5.2**

Comparación entre la deuda y el equity

| | Pros | Contras |
|---|---|---|
| Deuda | Puede ser relativamente barata (en comparación con otras opciones) Los prestamistas no adquieren participación en la empresa ni intervienen en la toma de decisiones Es autoliquidable, no requiere un inversor externo para la desinversión | Se requieren pagos regulares Es necesario colateral Debes ser solvente y tener experiencia en los procesos de producciónTransacción «neutra», en condiciones de absoluta competencia, generalmente sin mentoría. |
| Equity | Flexible Paciente Tolerancia al riesgo Incentivos para el inversor y la empresa para que la empresa crezca. Acceso a mentoría y alianzas estratégicas | Requiere crecimiento exponencial y escenario de desinversión Caro (vendes propiedad en la empresa) Los inversores participan en las decisiones clave y tienen derecho de veto Posibilidad de perder el control de la empresa con el tiempo |

## ■ *Alternando con Mezz*

**Peinovich** había utilizado una **nota convertible** para captar *equity*, pero luego necesitó **capital de trabajo** para financiarse a corto plazo, debido a la estacionalidad de la empresa. Acceder a **financiación mezzanine** le proporcionó el efectivo que necesitaba sin tener que vender más participaciones en la empresa.

**Lilian Mramba**, de **Grassroots Business Fund** (capítulo 2), utilizaba la **financiación mezzanine** para poder financiar a empresas en fase temprana y de rápido crecimiento que necesitaban **deuda**, pero carecían del **historial de crédito** o el **colateral** necesarios para acceder a financiación bancaria.

Los **financiadores mezzanine** suelen estar subordinados a otros financiadores. Están dispuestos a conceder préstamos **no garantizados** o parcialmente **garantizados** mediante formas alternativas de **colateral**, como **garantías personales**.

Los financiadores mezzanine están dispuestos a usar formas innovadoras de valorar el riesgo que les permitan conceder préstamos a organizaciones en fase temprana y de alto crecimiento. Por ejemplo, la *venture debt*, un tipo de financiación **mezzanine**, se concede a empresas que cuentan con un inversionista de **capital de riesgo (VC investor)** de renombre en su **estructura de capital**.

Además de los **intereses** de los préstamos, utilizan **incentivos** tipo **participación en los beneficios** (*cash kickers*) o *warrants* para participar en el retorno económico del crecimiento de la empresa.

En la próxima sección, profundizaremos un poco más en estructuras de cuasi-*equity* como el **mezzanine**.

### ■ *Obtener efectivo a cambio de facturas*

**Equal Exchange** (capítulo 3) compra café a sus cooperativas de agricultores directamente después de la cosecha, utilizando la **financiación de la cadena de suministro** para reducir las necesidades de **capital de trabajo** de los agricultores. También ayuda a facilitar financiación de **capital de trabajo** a los agricultores a través de empresas locales de **factoring**, garantizando el pago de una parte de su pedido.

**Peinovich**, de **Powered by People** (capítulo 3), ideó un producto para artesanos que utiliza el **factoring de facturas** y la **financiación las órdenes de compra** para darles acceso a capital de trabajo.

El **factoring de facturas**, la **financiación de envíos** o la **financiación de órdenes de compra** son opciones de financiación a corto plazo que te permiten obtener un anticipo basado en tus facturas, documentos de envío o pedidos de clientes y así financiar tu capital de trabajo. Esta financiación es probablemente más cara que otros muchos tipos de financiación, pero puede resultar útil a empresas en fase temprana y/o estacionales que buscan hacerse un **historial de crédito** para acceder a otros tipos de deuda.

En la **financiación de la cadena de suministro** los pagos anticipados de tus clientes te servirán para ayudarte a financiar las necesidades de capital de trabajo. Algunos proveedores habrán implantado ya programas de financiación de la cadena de suministro en los que podrás participar. Si mantienes buenas relaciones con clientes habituales de gran tamaño, también podrás negociar con ellos una financiación distinta a la de sus programas formales.

A continuación encontrarás una tabla sencilla que, mediante una serie de preguntas clave, puede ayudarte a comprender con qué opciones cuentas (Tabla 5.3).

**Tabla 5.3**
Resumen de las opciones según preguntas clave

| ¿Tengo... | Si la respuesta es «sí», estas son mis opciones: |
|---|---|
| Misión / Impacto | |
| ...aspiraciones de unicornio? ¿Estoy comprometido a procurar crecer exponencialmente y dispuesto a ceder el control de mis negocios con el tiempo? | Equity (Nota convertible, SAFE, ronda de equity) |
| ...un historial social/medioambiental verificable? | |
| ...activos físicos y un historial crediticio? | Deuda garantizada |
| ...facturas/pedidos/historial de pedidos satisfechos? | Factoring, financiación de órdenes de compra, financiación de la cadena de suministro |
| ...financiación de venture capital? | Venture debt (deuda de riesgo) |
| ¿No tengo ninguna de las anteriores? | Financiación mezzanine, financiación no garantizada de capital de trabajo, tarjetas de crédito |

## Compara tus opciones

Consulta la Tabla 5.4.

**Tabla 5.4**
Comparación de las opciones de deuda y equity

| | Equity (participaciones con precio fijado, SAFE, deuda convertible) | Deuda garantizada | Deuda mezzanine | Venture debt | Factoring (factoring de facturas, financiación de envíos, financiación órdenes de compra) | Financiación de la cadena de suministro |
|---|---|---|---|---|---|---|
| *Descripción* | Adquisición de la propiedad o del derecho futuro a la propiedad de una empresa | Préstamo con colateral | Un préstamo que se devuelve con un interés fijo y tiene retorno económico por medio de incentivos como warrants | Préstamo realizado a empresas respaldadas por venture capital de rápido crecimiento | Opción de financiación a corto plazo que te permite pedir en préstamo previa presentación de tus facturas/documentos de envío/hojas de pedido. | Utiliza los pagos anticipados de tus clientes para ayudar a financiar el capital de trabajo. |
| *Forma jurídica* | Entidad con fines de lucro, Empresa social | Entidad sin fines de lucro, entidad con fines de lucro, cooperativa, empresa social | Entidad con fines de lucro, empresa social | Entidad con fines de lucro, empresa social | Entidad sin fines de lucro, con fines de lucro, cooperativa, empresa social | |
| *Modelo de ingresos* | Es posible que aún no se haya determinado | Ingresos regulares o ligeramente estacionales | Puede tener cierta estacionalidad | | Es probable que sea estacional o muy variable | |
| *Etapa de la empresa* | Etapa de concepto, fase temprana, En crecimiento | En crecimiento, en expansión o consolidada | Fase temprana, de crecimiento o en expansión | Fase temprana, de crecimiento o en expansión | Fase temprana, de crecimiento, en expansión o consolidada | Fase temprana, de crecimiento, en expansión |

| | Equity (participaciones con precio fijado, SAFE, deuda convertible) | Deuda garantizada | Deuda mezzanine | Venture debt | Factoring (factoring de facturas, financiación de envíos, financiación órdenes de compra) | Financiación de la cadena de suministro |
|---|---|---|---|---|---|---|
| *Proyecciones de crecimiento empresarial* | Aspiraciones de unicornio o startup de alto crecimiento. Algunas pioneras en su categoría | Startup de alto crecimiento, pionera en su categoría, empresa nicho, empresa dinámica, empresa de subsistencia | Startup de alto crecimiento, pionera en su categoría, empresa nicho | Startup de alto crecimiento, pionera en su categoría | Startup de alto crecimiento, pionera en su categoría, empresa nicho, empresa dinámica, empresa de subsistencia | Startup de alto crecimiento, pionera en su categoría, empresa nicho, empresa dinámica, empresa de subsistencia |
| *Integración* | Si tienes una integración profunda de la misión, te conviene buscar financiadores de impacto como socios | No especialmente importante | Si tienes una integración profunda de la misión puede que te interese buscar financiadores que se guíen por la misión | Si tienes una integración profunda de la misión puede que te interese buscar financiadores que se guíen por la misión | No especialmente importante | Si tú y tu comprador/cliente tenéis una integración profunda de la misión, es posible que vuestros objetivos de financiación también estén en consonancia |
| *Historial de impacto* | Puede que aún no tengas un historial de impacto, pero puedes elaborar un plan integral de MGI. | A menos que haya hitos sociales o medioambientales en tu acuerdo de deuda, no es importante para ti. | Los inversores de impacto pueden buscar un historial de impacto en las empresas en fase más avanzada. | Los inversores de impacto pueden buscar un historial de impacto en las empresas en fase más avanzada. | No es especialmente importante | A menos que se trate de un comprador en sintonía con tu misión, probablemente no sea importante |
| *Destinar la financiación a* | Prueba de concepto o Crecimiento a largo plazo | Capital de trabajo, activos, capital de crecimiento | Capital de crecimiento, Capital de trabajo | Capital de crecimiento, Capital de trabajo | Capital de trabajo | |

| | Equity (participaciones con precio fijado, SAFE, deuda convertible) | Deuda garantizada | Deuda mezzanine | Venture debt | Factoring (factoring de facturas, financiación de envíos, financiación órdenes de compra) | Financiación de la cadena de suministro |
|---|---|---|---|---|---|---|
| *Activos como colateral* | No se necesitan | Activos físicos e historial de crédito | Alguna combinación de activos físicos y tipos alternativos de colateral. Algunos financiadores pueden estar dispuestos a no pedir ninguna garantía | Financiación de venture capital y posibilidad de algún colateral | Facturas, documentos de envío u hojas de pedido | Mercaderías del cliente |
| *Forma de reembolso prevista* | Salida de terceros mediante venta, IPO, fusión o venta en secundario | Flujos de caja internos o empréstitos externos | Flujos de caja internos para el pago de intereses y el incentivo en efectivo, si se incluyen warrants también una desinversión por medio de tercero | | Pago procedente del cliente | No procede |
| *Propiedad* | Disposición a diluir el control de la empresa con el tiempo | Sin efectos en la propiedad | Si el reembolso es intereses + incentivo en efectivo, no es necesario estar dispuesto a diluir la propiedad. Los warrants sí requerirán estar dispuesto a diluirla | Disposición a diluir con el tiempo el control de la empresa, debido a la financiación de VC | Sin efectos en la propiedad | |
| *Financiación en el futuro* | Combinación de equity y deuda | Puede utilizarse junto con cualquier tipo de futura financiación | Puede funcionar en el futuro tanto con financiación de equity como mediante deuda | | Puede servir para ir creando un historial crediticio para la futura financiación mediante deuda | Sin efectos en la financiación futura |

| | Equity (participaciones con precio fijado, SAFE, deuda convertible) | Deuda garantizada | Deuda mezzanine | Venture debt | Factoring (factoring de facturas, financiación de envíos, financiación órdenes de compra) | Financiación de la cadena de suministro |
|---|---|---|---|---|---|---|
| *Implicación del financiador* | Foco en el potencial retorno financiero. Implicación constante y elevada, que incluye puestos en el Consejo, importantes derechos de voto y derechos de información. | Foco en proteger la pérdida de la inversión. Poca implicación continua, basada en lo estipulado en el acuerdo de deuda. | Foco tanto en el potencial retorno financiero como en proteger la pérdida de la inversión. Tendrá una implicación constante. Lo que se estipule servirá de protección frente al riesgo bajista, y los derechos de voto y de información pueden utilizarse como medio de implicación en el retorno económico. | | Se centra sólo en la operación u operaciones específicas que se financian | Es el que debe iniciar la operación |
| *Financiadores más probables* | Fondo de VC, fondo de private equity, business angel, incubadora, aceleradora, institución de financiación del desarrollo, family office | Banco, institución de financiación del desarrollo, fondo de deuda, institución financiera no bancaria | Fondo de deuda, fondo mezzanine, banco, institución financiera no bancaria | | Fondo mezzanine, institución financiera no bancaria | Cliente |

# PARTE II

# ¿Y SI... QUIERES REDISEÑAR EL CAPITAL DE RIESGO?

En esta parte del libro vamos a seguir a algunos financiadores y fundadores pioneros que han adaptado los modelos tradicionales de **capital de riesgo** de modo que se ajusten mejor a las necesidades de los fundadores, para lo que han creado estructuras que combinan *equity* y deuda.

Lo que han ideado estos financiadores y fundadores han sido los **acuerdos de salida estructurada**. Ampliando la idea de la **financiación mezzanine**, estos acuerdos toman las ventajas del *equity* (flexibilidad y paciencia) y las combinan con lo mejor de la deuda (**autoliquidación** y coste) para crear una financiación de **capital-riesgo** que no exija un **crecimiento exponencial** ni fuerce una eventual venta de la empresa para satisfacer a los inversores. Aunque el lenguaje de este tipo de estructuras no está muy fijado, he optado por referirme a esta categoría como **salidas estructuradas (structured exits)** para el resto del libro, ya que parece ser la expresión más descriptiva y más utilizada tanto por los fundadores como por los financiadores[1].

Una **salida estructurada** es un acuerdo de capital-riesgo en el que fundadores y financiadores acuerdan contractualmente un plan para que el financiador abandone totalmente (o parcialmente) la inversión. A diferencia de los financiadores de *equity*, cuyo acuerdo abierto se basa en el crecimiento exponencial y en un desconocido comprador futuro, o en una salida a bolsa, los financiadores de desinversión estructurada disponen de un plan, específico y realizable, sobre cómo van a recibir su rendimiento: bien por medio de dividendos, bien por una participación en beneficios, bien mediante amortizaciones o quizás combinando diferentes formas de pago.

Al igual que la **financiación mezzanine**, estas estructuras entran dentro de un amplio grupo de opciones de financiación **cuasi-*equity***, lo

---

[1] Otra expresión que quizá escuches es «**instrumentos de deuda de pago contingente, contingent-payment debt instruments**». ¡Se le traba a uno la lengua! Pero la expresión es técnicamente correcta, pues en estos instrumentos la devolución es contingente, depende de algún tipo de cálculo de ingresos o flujo de caja. Otro concepto que se escucha es «**instrumentos autoliquidables, self-liquidating instruments**», que quiere decir que los acuerdos no precisan de un evento externo de desinversión, como una venta. Es un poco confuso, ya que por definición toda deuda es autoliquidable. Puede que para posteriores ediciones de este libro finalmente el mercado haya decidido a qué se refieren exactamente estas estructuras, ¡entonces podré eliminar toda esta discusión!

que, como ya hemos comentado en los capítulos 3 y 5, significa que tienen algunas características de *equity* y otras de deuda.

Aunque los acuerdos de **salida estructurada** pueden adoptar formas muy diversas[2] , tratar de abarcarlas todas en este libro sería una tarea abrumadora. Así que, con objeto de que el concepto quede lo más claro posible, he creado un práctico marco para entender las distintas categorías de estructuras. Lo desarrollaremos un poco más en el último capítulo de esta parte (Tabla 1).

En el capítulo 6, vamos a servirnos del viaje de Aner Ben-Ami para explorar qué tipo de empresas necesitan una **financiación de salida estructurada**. En el capítulo 7, seguiremos el viaje de myTurn y veremos cómo utilizar las **acciones rescatables** para que los fundadores en fase temprana puedan ir recomprando la propiedad a medida que crece su empresa. En el capítulo 8, analizaremos otra opción de acciones rescatables: una oferta de **acciones preferentes** de Equal Exchange con un **blindaje de misión**, cláusula que sirve para proteger la misión de la empresa.

En los capítulos 9 y 10, analizaremos los instrumentos de **financiación convertible basada en ingresos** (RBF convertible), que son acuerdos de capital de crecimiento con pagos variables y la posibilidad de que los financiadores los conviertan en *equity*; para ello seguiremos de cerca las experiencias de Provive y Maya Mountain Cacao.

Por último, en el capítulo 11, veremos cómo VIWALA y GetVantage hacen uso de la tecnología para ampliar la **financiación basada en ingresos** (RBF), una opción de capital de trabajo que permite a los fundadores reembolsar su **deuda** mediante pagos basados en ingresos (o flujo de caja).

---

[2] Es importante señalar que las distintas combinaciones de condiciones que pueden hacerse para crear un nuevo tipo de **acuerdo de salida estructurada** son prácticamente ilimitadas. Si deseas profundizar en los aspectos técnicos de las salidas estructuradas, consulta la guía en línea, que analiza detalladamente las distintas opciones de la hoja de condiciones así como algunas cuestiones de índole fiscal y contable.

**Tabla 1**

Tipos de desinversiones estructuradas

| | Salidas estructuradas | | | |
|---|---|---|---|---|
| Categorías | Deuda mezzanine | Acciones rescatables | RBF convertible | Financiación basada en ingresos (RBF) |
| Descripción básica | Préstamo que se devuelve con un interés fijo y tiene un retorno económico en forma de incentivos, p. ej., warrants (efectivo) | Compra de acciones que pueden rescatarse multiplicadas por un factor previamente acordado o a un precio mutuamente acordado | Préstamo que se reembolsa como porcentaje de los ingresos o flujos de caja futuros con opción de conversión en equity | Préstamo que se reembolsa como porcentaje de los ingresos o flujos de caja futuros |
| También se conoce como | Capital-riesgo de pyme, venture debt (deuda de riesgo) | Acciones preferentes rescatables, acciones preferentes convertibles y rescatables sujetas a resultados, rescate de acciones, VC variable, VC flexible, participaciones preferentes | Deuda basada en ingresos, dividendo a demanda, dividendo variable, inversión basada en ingresos, deuda subordinada de pago variable, deuda mezzanine basada en ingresos, acuerdo de reparto de beneficios, financiación mediante royaltya | Acuerdo de reparto de ingresos, financiación de flujo de caja, financiación mediante royalty b |
| Aparece en: | Capítulo 3 | Capítulos 7 y 8 | Capítulos 9 y 10 | Capítulo 11 |

[a] Es importante señalar que existen posibilidades casi ilimitadas de combinaciones de condiciones para crear un tipo nuevo de **acuerdo de salida estructurada**. Si realmente deseas conocer todo sobre los aspectos técnicos de las desinversiones estructuradas, la guía en línea profundiza en las opciones posibles de la hoja de condiciones y en las cuestiones fiscales y contables que deben tenerse en cuenta.

[b] La expresión financiación **mediante *royalty (royalty financing)*** se utiliza para describir una financiación basada en ingresos, aunque técnicamente constituye en sí misma un tipo de financiación. En un acuerdo de *royalties* se hace un cálculo periódico del porcentaje de ingresos, pero sólo se aplica a un flujo de ingresos específico, como un producto o servicio concretos. Ejemplos de ello son los ingresos derivados de activos específicos de propiedad intelectual (PI), pozos petrolíferos y minas. Es muy frecuente en sectores que conceden gran importancia a la propiedad industrial, como el ámbito sanitario, o a los derechos de autor, como el cine, la televisión y la música. Aunque, para abreviar, muchos tipos de salidas estructuradas se han denominado en el pasado «*royalty financing*», en realidad esos acuerdos solo utilizan la propiedad intelectual asociada a los royalties como una garantía. Es decir, solamente en caso de impago se retendría la titularidad sobre dicha propiedad intelectual.

# 6

# Candide Group:
# un recorrido por la
# salida estructurada

Como aspiraba a ser unicornio, Helium necesitaba seguir el camino tradicional del *equity* para conseguir el **capital de riesgo** que necesitaba y financiar el crecimiento de su negocio. ¿Pero qué pasa si necesitas **capital-riesgo,** pero sabes que no vas a ser un **unicornio**? En este capítulo conoceremos a alguien que, tras querer invertir en fase temprana, descubrió que había muy pocas respuestas a esa pregunta. Como financiero innovador, contribuyó a desarrollar mejores opciones para las **cebras** del mundo.

### ■ *Aprender el oficio, poquito a poco*

Aner Ben-Ami tenía amplia experiencia como consultor de gestión en el Boston Consulting Group, pero no en inversiones. En el 2012 se le presentó la ocasión de aprender cuando empezó a trabajar con una mujer de la familia Pritzker, Liesel, para desarrollar una estrategia de inversión de su patrimonio con propósito. En realidad, fue su relativa inexperiencia en inversiones, y no su amplia experiencia empresarial, el motivo por el que le contrataron. Liesel y su familia también eran nuevos en el mundo de la inversión de impacto, y en la inversión en general, por lo que, en lugar de alguien muy bien informado que conociera «los entresijos del negocio» y pudiera servirles de guía, querían emprender el viaje con alguien de fuera, que estuviera aprendiendo como ellos.

Como en todos los viajes, Aner empezó por el principio y trabajó con ahínco por formar una red de contactos. Se unió a **grupos** y **redes de inversores** como Investor Circle y Toniic, y se entrevistó con aceleradoras como Impact Engine y Unreasonable Institute. Acudía a todos los **actos de presentación** de los que se enteraba, así como a las **ferias para inversores**, pues quería reunirse con el mayor número posible de emprendedores. Su objetivo era crear una estrategia comenzando por los elementos primarios de la red, para entender sus necesidades. Una de las primeras cosas que le sorprendió fue la diversidad de las empresas, tanto por los problemas que abordaban como por sus modelos de negocio. Había empresas de envío de dinero que trataban de abaratar las remesas; empresas de venta al por menor que creaban puestos de trabajo y productos sostenibles; plataformas que ponían en contacto a artistas de todo el mundo con compradores y con marcas; empresas de servicios especializadas en jardinería, y un largo etcétera. Y, sin embargo, todas ellas parecían intentar venderse como startups al estilo de Y Combinator que necesitaban *equity* para crecer como un **unicornio**.

Aner se dio cuenta de que todas esas empresas se veían obligadas a recurrir a la **financiación de** *equity* porque no conocían ninguna otra alternativa viable. Sin embargo, **los VC** a menudo rechazaban muchas de estas empresas con modelos de negocio innovadores porque no encajaban en su mentalidad de «o triunfas o fracasas». También vio a **emprendedores sociales** muy comprometidos que, sin embargo, se veían presionados a adoptar un enfoque de «crecimiento a toda costa», lo que provocaba un importante desvío de la misión, o supuestos fracasos porque no se había crecido a **tasas exponenciales**. «¿Por qué no habrá modelos de capital-riesgo para los que no son **unicornios**?», se preguntaba.

### ■ *La exigencia de la salida (exit)*

Para empezar a responder a esa pregunta, primero trató de entender por qué el *equity* no acababa de ser una buena opción de financiación para muchas de las empresas que había conocido. Se dio cuenta de que, para la mayoría de ellas, el requisito era que el inversor recuperara su dinero mediante una **salida (exit)**.

Cuando un inversor adquiere *equity* de una empresa, ésta no se compromete en ningún momento a devolverle nada[1]; más bien, lo que espera el inversor es que el valor de la empresa aumente y que algún día, cuando la **compren (venta de la empresa)**, o salga a bolsa (**IPO**), o cuando otro inversor le compre su *equity* (**venta en secundario**) pueda recuperar su inversión más un buen retorno. A menudo se oye a los **inversionistas en capital de riesgo** hablar de **retornos de 10x**, lo que significa que buscan una **salida** en la que se les devuelva *diez veces* el dinero que invirtieron.

En los contratos de *equity*, hay cláusulas que especifican qué porcentaje de los ingresos recibirán el inversor y la participada según los distintos tipos de **salida** que se produzcan, pero no existe ningún compromiso en firme, y menos una exigencia, de buscar un tipo antes que otro. En la vida real muchos inversores esperan años (a veces décadas) hasta lograr una **salida** de una empresa de éxito. Para los inversores y gestores de **fondos de** *venture capital* eso se traduce

---

[1] En un acuerdo de deuda convertible, las empresas financiadas se comprometen a devolver la deuda si no se convierte, pero, por lo general, los inversores esperan convertir la deuda en *equity*.

en que, por mucho que sus carteras tengan un valor increíble sobre el papel, en la práctica no pueden acceder al capital invertido, ni devolver o reinvertir la menor parte mientras no se produzca un **evento de salida**. Para los fundadores, implica que deben tratar de recaudar continuamente más y más efectivo, y al mismo tiempo mantener un crecimiento lo suficientemente alto como para poder optar a algún tipo de **salida**.

### ■ *Béisbol, póquer, olimpiadas y formación de portafolio*

Una portfolio típico de un *business angel* o de un VC se construye sabiendo de antemano que las posibilidades de **salida mediante una IPO** son bastante escasas. En efecto, un *business angel* o un VC espera que, de cada diez inversiones, una de ellas será un *home run* (multiplicando por 10 o más el retorno del capital), tres serán «dobles» o «triples» (obtiendo algún retorno menor del del capital), cuatro serán «sencillas» (sólo se recupera lo invertido), y tres serán *strike out* (pérdidas). Si estas expresiones te suenan extrañas, es porque se usan en béisbol, por eso tal vez tengan sentido en Silicon Valley, la cuna del *venture capital*, pero no necesariamente se entenderán bien en otras partes del mundo donde no se juegue a este deporte. A continuación presento una tabla comparativa que he preparado con la terminología de otros deportes (Tabla 6.1).

Traduzcámoslo al póquer. Los inversores reconocen que conseguir una Escalera Real es un acontecimiento raro, pero aun así necesitan que cada mano por la que apuestan tenga el *potencial* de ser una Escalera Real. Si parece que sólo puede ser una pareja o un full, no merece la pena apostar. Esto significa que las empresas que no presenten proyecciones de Escalera Real/*Home Run*/Medalla de Oro/*Hat trick* no se harán con el capital de un *business angel*/capitalista de riesgo.

Tabla 6.1

Formación tradicional de carteras business angel/VC, por deporte[2]

| N.º de acuerdos | Béisbol | Olimpiadas | Póquer | Fútbol | Retorno de efectivo sobre inversión (CoC)[a] |
|---|---|---|---|---|---|
| 1 | Home run | Medalla de oro | Escalera real | Triplete/Hat Trick | >10× |
| 3 | Doble/Triple | Plata/Bronce | Full | Gol | 2-5× |
| 4 | Sencillo | Finalizar la prueba, cruzar la meta | Pareja | Pase | 1× |
| 3 | Strike out | No calificado | Retirarse[b] | Gol en propia meta | 0× |
| 10 Total | | | | | Media 2,9× |

[a] El Cash of Cash (CoC) se refiere a la cantidad de dinero que se devuelve a los inversores en relación con la cantidad invertida. Si inviertes $100.000 en una empresa y te devuelven $1.000.000, habrías obtenido un retorno de 10x.

[b] Técnicamente sería retirarse de la mano después del flop, lo que implica que pierdes la apuesta ciega.

Aner tenía dos ventajas a la hora de aprender cómo funciona la captación de fondos tradicional para startups a través de capital de riesgo. En primer lugar, trabajaba para un *family office*, lo que significaba que se centraba en la búsqueda de valor continuado a largo plazo, por contraposición a la captación y devolución de capital en el ciclo tradicional de 10 años que perseguiría un gestor de fondos de *venture capital*. Por tanto, no tenía que adoptar el enfoque habitual de financiación de **equity** o formación de portfolio. En segundo lugar, al ser una persona ajena a la empresa, podía analizar todo el modelo con un cierto nivel crítico.

Desde ese punto de vista, identificó una fuerte brecha entre la creatividad de los inversores y la de los fundadores. Mientras que estos ideaban modelos innovadores que utilizaban soluciones de mercado para abordar retos sociales, aquellos se servían de las mismas herramientas que se venían utilizando desde siempre para financiar startups de

---

[2] Esta Tabla original de analogías del béisbol se ha adaptado a partir de: Libes, L. (2016). *The Next Step for Investors: Revenue-based Financing*. Lunarmobiscuit Publishing.

Silicon Valley. No tenía más remedio que evaluar una a una cada empresa y luego decidir qué financiación se adaptaba mejor a cada caso.

## ■ Un comienzo accidentado

Nadar a contracorriente del *equity* resultó extremadamente difícil. A pesar de sus dudas, las primeras operaciones de Aner fueron, de hecho, acuerdos tradicionales de **notas convertibles** o de *equity* **preferente**. Pensando sobre lo ocurrido, afirma que en aquel momento le faltó la confianza de decir «venga, vamos a probar a hacerlo de otro modo». Además, al tratarse de las primeras operaciones del *family office*, querían tantear el terreno, firmar cheques de pocos dígitos e invertir junto con otros, así que el camino que ofrecía menor resistencia era el tradicional camino del *equity*.

Sin embargo, Aner no se rindió y, en 2013, tuvo la oportunidad de probar soluciones diferentes. El *family office* decidió invertir en una empresa llamada Big City Farms mediante un **«acuerdo de participación en los ingresos (revenue share agreement)»**.

Big City Farms era una explotación agrícola de invernaderos en Baltimore (Maryland) que daba trabajo a expresidiarios. Al tratarse de una empresa joven y sujeta a estacionalidad, no encajaba bien con la **deuda** tradicional, y por su perfil de crecimiento tampoco encajaba bien en el *equity*. Aner invirtió dinero en el negocio buscando la rentabilidad mediante pagos basados en un porcentaje de los ingresos futuros.

Para desgracia de Aner y Big City Farms, la empresa tuvo muy mala suerte, a pesar de su sólido modelo de negocio y de un gran equipo directivo. Todo lo que podía salirles mal, les salió mal. En primer lugar, perdieron su mayor explotación agrícola cuando un gigante empresarial compró el terreno y les echó. Después, su terreno de reserva resultó estar contaminado. Y, por último, Baltimore se vio afectada por el invierno más frío que se recordaba, un mal tiempo que destruyó la mayor parte de sus cultivos. Big City Farms se vio obligada a echar el cierre.

Este fracaso inicial no desanimó a Aner. Él seguía viendo futuro en el mercado de financiación para empresas con propósito que no encajaban en la **financiación clásica mediante** *equity*. Pero, para probar modelos más innovadores, el *family office* tendría, o bien que «liderar la ronda» con un gran cheque, o bien hacer entrar en el juego a un grupo diferente de inversores que les transmitiera seguridad, con el que los fundadores pudieran contar, a pesar de seguir vías no convencionales.

## ■ Trabajando juntos por la justicia

Ese mismo año de 2013 conoció a Morgan Simon, un experimentado inversor de impacto y defensor de la justicia social que había fundado la red de inversores de impacto Toniic, de la que era director ejecutivo. Aner y Simon aunaron fuerzas para crear una empresa de inversión de impacto llamada Candide Group: superando los límites de un *family office*, prestaba servicios más amplios a familias, fundaciones, deportistas y otras personas influyentes que desearan poner su patrimonio al servicio de la justicia social. Los clientes y capacidad adicionales otorgaron a Candide acceso a más capital con el que dirigir operaciones de inversión y le dieron más confianza para defender la negociación de otro tipo de condiciones.

Aner, parte ya de esta nueva empresa, decidió que era necesario crear una comunidad de financiadores interesados en modelos de financiación alternativos al *equity*, por lo que empezó a reunir un grupo de trabajo de inversores de ideas afines. Cada mes, uno de ellos presentaba al grupo una operación en la que se había utilizado una estructura alternativa, y todos debatían sobre lo aprendido y sobre distintas maneras de colaborar en futuras operaciones.

Una de las primeras oportunidades de colaboración llegó a finales del 2013, cuando Jim Villeneuva, de Eleos, presentó un acuerdo con Maya Mountain Cacao (MMC), un productor de cacao de primera calidad con sede en Belice. Como veremos en el capítulo 10, Aner participó en el consorcio de inversores que probaron por primera vez un acuerdo único de participación en los beneficios denominado «*demand dividend*» (dividendo a demanda). Este acuerdo prometía ofrecer retornos a los inversores mediante pagos procedentes de los flujos de caja de MMC, en lugar de la habitual salida de los VC.

Otros miembros del grupo de trabajo eran proveedores de **deuda mezzanine basada en ingresos**, como Adobe Capital, que conoceremos en el capítulo 8, y proveedores de **acciones rescatables**, como Village Capital, que conoceremos en el capítulo 23. Gracias a las opciones de inversión que utilizaron estos financiadores, los fundadores pudieron irles reembolsando las inversiones, o bien irlas recomprando, sin necesidad de acudir a una **venta**, una **fusión** o una IPO.

Al trabajar con estos financiadores, Aner empezó a comprobar que adoptar acuerdos con una estrategia de **salida** incorporada evitaba muchas de las deficiencias típicas del *equity*. Para muchos fundadores, los **acuerdos de salida estructurados** aportaban claridad a ambas partes y establecían expectativas razonables para el transcurso de la relación de financiación, cosa que no ofrecían los acuerdos abiertos de *equity*, al menos de ese modo.

*Si te sientes abrumado por la cantidad de opciones de este capítulo, ¡no te preocupes!: Repasaremos los distintos tipos en los próximos capítulos.*

También aprendió que, aunque en los **acuerdos de salida estructurada** la construcción de un portfolioparece muy diferente al caso de los portfolios tradicionales del capital de riesgo, los resultados financieros pueden ser muy similares. En otras palabras, si se invierte más en «sencillos» y «dobles» y menos en fracasos y «*home runs*» (¡no dudes en traducirlo a tu deporte preferido!), se pueden crear portfolios con retornos semejantes al retorno al que apuntan los inversores de capital de riesgo.

### ■ *Vender brócoli en una tienda de golosinas*

A medida que Candide Group se expandía, Aner y Simon siguieron experimentando con las **salidas estructuradas**. La empresa ha liderado inversiones en Organically Grown Company[3], Firebrand Artisans y Berrett Koehler, que incluyen una forma de **participación en los beneficios** o **estructura de pago de dividendos**[4], y también ha invertido en Tanka Bar, Solar Holler y Ultranauts, para lo que se ha servido de una opción de compra interna[5], es decir, que las empresas recompren *equity* a sus inversores. A finales del 2020, el Grupo Candide ya había apoyado inversiones en más de 90 empresas y fondos. Cabe destacar que más de la mitad de estas empresas están dirigidas por mujeres y personas de color.

---

[3]  Dato curioso: Aner conoció a los fundadores de la empresa Organically Grown en 2017, en la conferencia de Zebras Unite denominada «Convención Dazzle» (una manada de cebras se denomina «Dazzle»). (N. del T.): *Dazzle* significa también «deslumbramiento».

[4]  Para más información, véanse los capítulos 10 y 12.

[5]  Para más información, véanse los capítulos 7, 8 y 12.

Cuando vuelve la vista atrás y piensa en su viaje de **salida estructurada**, Aner afirma que esos primeros años que pasó convenciendo a fundadores y financiadores para que probasen **salidas estructuradas** fueron como «vender brócoli en una tienda de dulces». No obstante, considera que la situación está cambiando, gracias al surgimiento de movimientos liderados por fundadores, como Zebras Unite, que aboga por un capital más flexible y afín a los intereses del financiado, y a la aparición de inversores inspirados por los mismos ideales, como Collab Capital, Purpose Ventures e Earnest Capital.

Aner cree que el «próximo reto» consistirá en combinar **salidas estructuradas** con estructuras de propiedad que tengan muy en cuenta a los empleados y resto de grupos de interés, como hizo Candide con Firebrand, Berrett Koehler y Organically Grown. Esos nuevos acuerdos permitirán repartir las ganancias entre diversos grupos de interés y distribuir la riqueza a círculos cada vez más amplios de personas, de manera que comunidades enteras puedan beneficiarse de los frutos de las empresas bien gestionadas.

### ■ ¿Te convienen las salidas estructuradas?

- Fundadores

Como emprendedor, estarás en condiciones óptimas para hacer crecer tu empresa si tienes acceso a financiación: 1) lo suficientemente flexible como para no constreñir tu estrategia empresarial, 2) lo suficientemente paciente como para no afectar a tu flujo de caja a corto plazo, 3) lo suficientemente arriesgada como para financiar tu empresa sin **colaterales** o alta exigencia de derechos o intereses sobre la propiedad intelectual, y 4) lo suficientemente comprometida y práctica como para proporcionarte la mentoría y contactos que necesitas.

Los **acuerdos de salida estructurada** te dan acceso a este tipo de **capital-riesgo** de manera no tan **dilutiva** como el *equity* clásico, y siempre podrás recurrir a ellos si no tienes previsto un **crecimiento exponencial**. En general, pueden diseñarse **salidas estructuradas** para todo tipo de empresas.

Si captas fondos mediante un acuerdo de **salida estructurada**, no tendrás que depender de captar más **capital-riesgo** en el futuro, y podrás centrarte en alcanzar rentabilidad, establecer tus flujos de caja y crear un **historial de crédito**. A diferencia de la **deuda** tradicional, estos acuerdos ofrecen **periodos de carencia** iniciales y calendarios de pago flexibles, lo que encaja a la perfección con empresas en fase temprana y de crecimiento.

— Financiadores

En primer lugar, los financiadores deben entender que las **salidas estructuradas** no fueron pensadas para **unicornios**. No es que no puedan funcionar para empresas de rápido crecimiento. De hecho, hay ejemplos interesantes de este tipo de empresas que utilizan financiación basada en ingresos (**RBF**) junto con *venture capital*, o que recurren a **acciones rescatables** como medio de preservar la propiedad de los fundadores y retrasar la **dilución** que provoca el *venture capital*. Sin embargo, las salidas estructuradas se pensaron para las necesidades del 99% de las empresas que no encajan en el paradigma del *venture capital* y, por lo tanto, exigen contemplar a las empresas y a la construcción de portfolios desde un prisma completamente diferente. Diseñar portfolios que busquen rendimientos más bajos pero más realistas, con un mayor número de eventos de liquidez, puede suponer un giro copernicano en tu manera de asignar capital. Muchos inversores en **salida estructurada** tienen una mentalidad similar a la de los inversores convencionales de **deuda**, simplemente desean diseñar acuerdos más flexibles para emprendedores en fase temprana o de crecimiento.

Volviendo a la analogía del béisbol, Aner describe las **salidas estructuradas** con el método *Moneyball*, que explica el libro del mismo nombre de Michael Lewis. En el enfoque de gestión «Moneyball», basado en las estadísticas, los entrenadores trabajaban para optimizar el porcentaje de jugadas en las que se llegaba a base, en lugar de buscar *home runs*. Una analogía similar en el mus podría ser asegurar puntos pequeños pero constantes (como ganar la grande o la chica cuando tienes las cartas adecuadas) en lugar de arriesgarse con combinaciones más complicadas de pares o juego, y menos aún con un órdago. En el póquer sería envidar cuando se tiene una pareja sin buscar descartarse para mejorar la jugada. En fútbol podría ser centrarse en la posesión de la bola, o defender a muerte cuando se ha metido un gol en lugar de ir a por más. En el rugby se trataría de «patear constantemente hacia los postes» y ganar los puntos cuando transformas un golpe de castigo en lugar de «ir a marcar ensayos», que por ser más complicado tiene mayor recompensa. En resumidas cuentas, con un enfoque de salida estructurada estás desarrollando una estrategia de cartera completamente diferente.

Para utilizar con éxito esta estrategia, necesitas una comprensión mucho más detallada y clara de las proyecciones financieras y de crecimiento de la empresa que con el *equity* tradicional. A este fin, muchos **acuerdos de salida estructurada** toman prestados y reutilizan conceptos de los modelos tradicionales de financiación mediante deuda, como el *factoring* y la **financiación de cuentas por cobrar**. No es que no se puedan crear opciones dentro de las **salidas estructuradas** para empresas en fase temprana, o incluso incluir en el acuerdo algún retorno económico si llegan a la luna, pero su principal objetivo es dar a más emprendedores acceso a capital que les permita hacer crecer negocios sostenibles en las condiciones que les vengan bien.

Desde el punto de vista de la **liquidez,** este tipo de enfoque puede resultar ventajoso para financiadores acostumbrados a tener su **capital-riesgo** bloqueado durante una década o más en fondos tradicionales de *venture capital*. En pocas palabras, los inversores en **salida estructurada** prefieren sacrificar parte de su retorno económico en acuerdos concretos a cambio de mayor certidumbre en cuanto a la liquidez. Por tanto, como financiador, las **salidas estructuradas** constituyen una opción muy interesante si buscas crear carteras con vías de **liquidez** claras.

# 7

# MYTURN:
# UN RECORRIDO POR LAS
# ACCIONES RESCATABLES

En este capítulo, vamos a acompañar a Gene Homicki y Luni Libes en el viaje de myTurn hacia las **acciones rescatables**. A diferencia del *equity* tradicional, los contratos de **acciones rescatables** contienen instrucciones específicas sobre cómo los fundadores pueden (o deben) recomprar *equity* de sus empresas en el futuro.

## ■ *La Ciudad Esmeralda**

El viaje de Gene y Luni comienza en Seattle, durante un **hackathon** para empresas sociales organizado por Hub Seattle[1], un formidable espacio de coworking de impacto ubicado en la histórica Pioneer Square. Y debemos Hub Seattle a Brian Howe, quien tuvo la brillante idea de situar el incipiente ecosistema de impacto de Seattle en un espacio compartido por emprendedores, inversores y cualquier persona interesada en unirse a redes de colaboración y acceder a recursos empresariales. Allí fue donde en el 2011 Luni, emprendedor en serie, conoció a Brian. Juntos idearon un plan de negocio para lanzar una **aceleradora de empresas sociales** en el Hub. En parte les impulsaba la curiosidad de saber si en Seattle habría suficientes **emprendedores sociales** para llenar un programa de este tipo, y para averiguarlo decidieron organizar un **hackathon**.

#Socent Weekend arrancó en febrero del 2012, en una adaptación libre del modelo «*Startups Weekend*», nuevo por aquel entonces. Se apuntaron setenta y dos emprendedores. La emoción se palpaba en el ambiente, y crecía a medida que la gente llegaba a la sala. Brian y Luni escucharon a todos los fundadores presentar sus ideas, pero les llamó poderosamente la atención la propuesta de Gene Homicki: un servicio en línea que podría utilizarse para gestionar «bibliotecas» comunitarias de préstamo. Gene era ingeniero informático y había desarrollado un programa (más tarde rebautizado como myTurn) que agilizaba los procesos de intercambio de herramientas de bricolaje y eléctricas entre sus usuarios. Gracias al ahorro de costes que propiciaba cualquiera podía hacerse con equipos de trabajo a muy buen precio, independientemente de su nivel adquisitivo. Aunque Gene no ganó el concurso, Luni se fijó en él y decidió no perderle la pista.

---

\* Sobrenombre de la ciudad de Seattle. Se le dio a partir de los 80 por sus abundantes zonas verdes, y es a su vez el nombre de la fabulosa ciudad que aparece en *El mago de Oz*. (N. del T.)

[1] Más tarde pasó a llamarse Impact Hub Seattle.

En el **hackathon**, Luni y Brian quedaron satisfechos con la participación e impresionados con los emprendedores. Decidieron que había suficiente actividad en el mercado para crear un programa especializado en aceleradoras. Luni tomó la iniciativa y diseñó un programa de aceleración que más tarde llamaría «Fledge». Confiaba en que Fledge podría proporcionar el apoyo de aceleración que necesitaban las startups en fase temprana, pero sabía que también necesitaban el respaldo de capital y no estaba muy seguro de cómo diseñar un modelo de inversión para emprendedores sociales que lo último que deseaban era vender o abandonar sus iniciativas empresariales. Lo que estaba claro es que el tradicional *equity* de *venture capital*, que al final generaba retornos por medio de una **salida (*exit*)**, no iba con ellos. Necesitaba encontrar otro método.

### ■ *En busca de un nuevo método*

Fue precisamente ayudando a Brian a afrontar sus propios retos de recaudación de fondos para Hub Seattle cuando Luni tuvo la idea de utilizar **acciones rescatables** como solución a la inversión en startups sociales. Por aquel entonces, Brian había encontrado inversores interesados en respaldar Hub Seattle, pero ni la **deuda** ni el *equity* encajaban con la empresa o con los inversores. Hay que decir que eso fue mucho antes de que surgieran empresas de co-working como WeWork, que atraen *venture capital* a raudales.

Por suerte, Luni se acordó de lo que contaba uno de los consejeros de la anterior startup en que había trabajado: le había oído hablar de una firma de inversión llamada Lighter Capital que concedía **préstamos basados en ingresos (RBF)** a empresas tecnológicas. Parecía que las condiciones de estos préstamos también podrían funcionar con Hub Seattle. A través del cofundador de Lighter, Luni se puso en contacto con Thomas Thurston, antiguo ayudante de Clayton Christensen en la Harvard Business School, que era quien había presentado al equipo de Lighter Capital la idea de la **financiación basada en ingresos**. Thurston había defendido el uso en startups de este tipo de financiación y explicó a Luni que en estas empresas emergentes se podría utilizar una estructura de **acciones rescatables** en lugar de deuda. Con esta estructura, Brian podría ir recomprando más adelante el *equity* de Hub Seattle. De ese modo, podría acceder a la financiación que necesitaba y ofrecer a sus inversores una vía de **salida** de un modelo de negocio prometedor pero desconocido en aquel momento.

El modelo también parecía la solución ideal para Fledge y sus inversiones en startups.

## ◼ *La primera generación*

Cuando, apenas unos meses después, Luni empezó a reclutar a su primera hornada para Fledge, los primeros de la lista eran Gene y su startup de software.

Gene era un emprendedor experimentado, que había creado una empresa de consultoría de software para clientes de alto nivel, como *The Economist*, ABC News, la National Science Foundation y Sega, pero sentía pasión por la sostenibilidad y curiosidad por la **empresa social**. Tras trabajar con una organización sin fines de lucro de ámbito local, donde vio lo útiles que resultaban en comunidades pequeñas los recursos que permiten intercambiar herramientas, tuvo la idea de crear un software que pudiera gestionar una «biblioteca» de préstamo de herramientas.

El informático no buscaba entonces inversiones para su idea. Tampoco se fiaba mucho de las inversiones ángel o del *venture capital*, pues había visto a otros fundadores ceder a las presiones del modelo de «crecimiento a toda costa». Sin embargo, le atraía la idea de formar parte de un grupito de **empresas sociales**, así que cuando Luni planteó la perspectiva de **acciones rescatables** le escuchó con el mayor interés.

Lo que Luni presentó fue un acuerdo por el que Fledge compraría acciones de myTurn, que esta le recompraría a su vez posteriormente, empleando para ello un porcentaje de sus ingresos. Gracias a esa estructura Gene no tendría que preocuparse de una **salida** dependiente de un tercero, ni de lograr un **crecimiento exponencial** que satisficiera las expectativas de rentabilidad de los inversores. Además, como en ese momento myTurn aún no tenía ingresos, los acuerdos sobre las acciones rescatables no podrían obligar a Gene a iniciar el proceso de recompra.

## ◼ *Descendiendo a lo práctico*

En cuanto a los detalles de la operación, Luni ofreció invertir 20.000 dólares[2] en myTurn, más dos meses de formación en la aceleradora,

---

[2]    Cifras hipotéticas con fines ilustrativos.

a cambio de 50 acciones, o el 6% de la propiedad. MyTurn estaría entonces obligada a reembolsar la mitad (25 acciones) mediante pagos trimestrales, que se fijaron en un 3% de los ingresos de myTurn. El precio de reembolso de las acciones había de ser el triple de su precio original, es decir, con ese 3% de sus ingresos, myTurn iría pagando a Fledge hasta haberle devuelto 30.000 dólares. La empresa podría reembolsar las 25 acciones restantes una vez transcurridos siete años. El **precio de recompra** de dichas acciones se basaría en el **valor justo de mercado**, que Fledge y myTurn acordarían mutuamente en el momento de la amortización.

Al principio, a Gene y al equipo de myTurn les preocupaba un poco tener que desembolsar el 3% de los ingresos de la empresa en lugar de volver a invertir ese dinero en el negocio. No obstante, les encantaba la idea de poder recomprar su *equity* y comprendían la necesidad de que Fledge obtuviera una justa rentabilidad.

Es más, la oportunidad de formar parte de la primera hornada de Fledge fue el empujón decisivo que, según Gene, necesitaba el simple programa informático «myTurn» para transformarse en una empresa. Y, aunque el equipo inicial de myTurn estaba renunciando a cierto porcentaje de su futura empresa por un valor muy bajo, obtendrían mucho más del acuerdo, tanto en forma de beneficios para la empresa como por el hecho de formar parte de una comunidad de emprendedores con conciencia social y en el área de Seattle. En palabras del informático: «El 94% de algo vale mucho más que el 100% de nada».

Gene y myTurn aceptaron la oferta de Luni.

### ■ *Un cambio de rumbo*

Como ocurre en una aceleradora de empresas, se cuestionaron todos los aspectos de las perspectivas de negocio de myTurn. Estaba claro que el software de Gene era valioso, pero lo que no quedaba tan claro era la viabilidad financiera de un negocio basado en bibliotecas de préstamo de herramientas. Luni y los demás mentores de Fledge preguntaron a myTurn si las comunidades de usuarios de estas «bibliotecas» eran verdaderamente el mercado adecuado. ¿Por qué no aplicar el software a una categoría de objetos más amplia, a cualquier artículo alquilable? El equipo empezó a estudiarlo y a desarrollar la capacidad del sistema, aunque en su búsqueda no encontraron muchos ejemplos de software de seguimiento que pudieran servirles de modelo.

Un día, ya finalizado el programa de la **aceleradora**, recibieron una llamada de un representante de Kaiser Permanente, una empresa sanitaria. Les explicó que tenían ecógrafos y otros equipos de salud en toda su red de instalaciones y que necesitaban mejorar el método por el que rastreaban sus equipos. Quería saber si el software de myTurn podría ayudarles en esta tarea. Así es como empezaron a diseñar software de seguimiento personalizado según las necesidades del cliente, lo que supuso un verdadero punto de inflexión para la empresa.

Siete años después, myTurn contaba con más de 1.000 clientes distribuidos en 15 países diferentes. Han reembolsado sin dificultad la inversión original de Fledge, recomprando la primera mitad de sus acciones en esos siete años, y luego la segunda mitad en el octavo año. Y, lo que es más importante, no han necesitado captar más fondos, pues han podido financiar el crecimiento con sus propios ingresos y beneficios.

### ■ La «negociación»

Tanto Gene Homicki como Luni Libes recuerdan que negociar el **precio de reembolso** final de las acciones fue sorprendentemente rápido y sencillo. Fue algo así (con cifras diferentes):

*Luni*: El año pasado tuviste 500.000 dólares de ingresos. Si te ofreciera ahora mismo un cheque de 500.000 dólares para comprar toda tu empresa, ¿me la venderías?

*Gene*: No, ni hablar...

*Luni*: ¿Y si te ofreciera un millón de dólares? ¿Te lo pensarías dos veces?

*Gene*: Tal vez. Quizá un poco...

*Luni*: ¿Qué pasaría si te extendiera ahora mismo un cheque por 2 millones de dólares?

*Gene*: Sí, creo que la vendería por esa cantidad.

*Luni*: Genial, así que devolver el equivalente a los ingresos es demasiado poco, devolver el doble suena interesante pero el cuádruple de los ingresos me parece demasiado alto. Vamos a encontrar un múltiplo que nos convenga a los dos. ¿Qué tal multiplicar por 1,5? Significaría que la empresa vale $750.000 ($500.000 × 1,5). Te venderé el 3% del *equity* que me queda de myTurn por $22.500.

*Gene*: Eso suena razonable, pero no tengo 22.500 dólares en el banco que pueda poner ahora mismo sobre la mesa. Dispongo de 20.000 dólares. Así que, si quieres 22.500 dólares, podemos seguir con la participación en el 3% de los ingresos, o, si lo prefieres, puedo extenderte hoy mismo un cheque por 20.000 dólares.

*Luni*: Me quedo con el cheque.

En este cálculo hipotético, a Luni Libes se le habrían reembolsado $30.000 en un primer tramo, y $20.000 en un segundo tramo. En otras palabras, Fledge habría obtenido un total de $50.000 de una inversión de $20.000, es decir, la habría multiplicado por 2,5 (2,5x), lo que, traducido a su vez a una **tasa interna de rentabilidad (TIR)**, equivaldría aproximadamente a un incremento del 18%. La TIR viene a ser el **rendimiento de la inversión** si ésta hubiera sido un préstamo tradicional, que se paga anualmente. En el ejemplo anterior, Luni puso $20.000 en 2012 y luego recibió pagos durante varios años por valor de $30.000, y finalmente un pago en 2019 de $20.000. Aunque los pagos se produjeron en distintos periodos de tiempo, el cálculo de la TIR da una rentabilidad suavizada, como si Luni hubiera obtenido un importe parecido similar de efectivo cada año, es decir, como si hubiera tenido una rentabilidad del 18% anual.

Cuando piensa en la jugada, Gene dice que volvería a hacer lo mismo. Sabe que myTurn no habría arrancado sin el empuje de Fledge y su programa acelerador. Pero cree que tal vez debería haber negociado mejor el contrato de **acciones rescatables**.

**Tabla 7.1**
Tabla ilustrativa de capitalización de myTurn

|  | Acciones | Porcentaje de propiedad | Valor |
|---|---|---|---|
| Gene | 783 | 94% | $313.333 |
| Luni | 50 | 6% | $20.000 |
| Total | 833 | 100% | $333.333 |

Luni, por su parte, ha seguido perfeccionando el contrato de **acciones rescatables** con sus colegas de Fledge. Ha reducido el **múltiplo de la amortización** de acciones, pues el factor de multiplicación ha pasado de 3 a 2, pero ahora incluye el valor de la aceleradora en el contrato. Desde su lanzamiento en 2012, Fledge ha realizado más de 100 inversiones en dos docenas de países por medio de sus programas aceleradores, y ha creado una red de socios que utilizan condiciones contractuales muy similares.

### ¿Te convienen las acciones rescatables?

– Fundadores

En los acuerdos de reembolso de acciones, se vende *equity* a inversores, que podrás rescatar en el futuro. Así pues, los modelos de reembolso de *equity* pueden ser útiles para **empresas en fase temprana** y de gran crecimiento a las que interese poder recomprar acciones antes de una futura ampliación, al objeto de limitar la **dilución**, o que necesiten **capital-riesgo**, pero no quieran verse obligadas a seguir el camino tradicional del *venture capital*.

Las tres cuestiones principales que deben considerarse en relación con un acuerdo de acciones rescatables son *el coste, si te lo puedes permitir y los futuros planes de financiación*.

Al considerar el *coste*, tendrás que preguntarte: *¿cuánto debo?*

En este acuerdo, Luni compró 50 acciones de la empresa por $20.000[3], lo que equivale al 6% de la empresa. Tenemos entonces una **valoración preinversión** de $313.333 y una **valoración postinversión** de $333.333, o lo que es lo mismo, $400 la acción ($20.000 / 50 = $400) (Tabla 7.1).

Gene se comprometió a recomprar el 50% de las acciones (25 acciones) al triple de su precio original. La otra mitad la recompraría al cabo de siete años a un precio acordado mutuamente. Así pues, en el momento de firmar el contrato, sabía que iba a deber 30.000 dólares a Gene en los siguientes años, y otra cantidad indeterminada una vez transcurridos siete años.

Para decidir si este coste tiene sentido para ti, tendrás que evaluar tus opciones alternativas de **capital-riesgo**, las demás condiciones del acuerdo y el valor que aporta el financiador, aparte de efectivo. En el caso de Gene, además del hecho de poder recomprar las acciones, el programa de incubación que ofrecía Luni fue uno de los principales argumentos para aceptar la inversión.

---

[3] Cifras hipotéticas con fines ilustrativos.

En cuanto a *si te lo puedes permitir*, tendrás que preguntarte «*¿En qué periodo de tiempo lo debo?*» y «*¿cómo rescato las acciones?*».

En el caso de Gene, debía 30.000 dólares a Luni en concepto de dividendo trimestral, que se calcularía como el 3% de los ingresos. Lo importante es tener en cuenta que, en la mayoría de las jurisdicciones, sólo se pueden declarar **dividendos** cuando la empresa es solvente. Es decir, tu empresa no podrá ir a la quiebra por declarar un **dividendo**, estos sólo se pagan cuando la empresa puede permitírselo (cuando tenga suficiente efectivo para hacerlo). Desde el punto de vista fiscal, como estos pagos se consideran dividendos, no reducen tu deuda tributaria, como sí lo haría el **pago de intereses**.

En cuanto a las 25 acciones pendientes que Gene había de recomprar al cabo de siete años, sabía que tendría que negociar con Luni cuando llegara ese momento. El contrato estipula que, si no llegan a un acuerdo sobre el valor de las acciones, tendrán que contratar los servicios de una empresa de tasación externa. Cuando Luni solicitara el reembolso de las acciones y acordaran un precio, Gene podría optar por reembolsarlas en un pago único, o con un plan similar al del primer 50% (es decir, dividendos calculados como porcentaje de los ingresos).

Así, Luni ha obligado contractualmente a Gene a recomprar todas las acciones del contrato; el primer 50% según un calendario predeterminado y el segundo 50% en una fecha posterior. Concretamente «transcurridos siete años», lo que significa que el 100% de los pagos de amortización de este contrato están ya programados (son obligatorios). En otros contratos también puede haber **pagos opcionales** y/o **participaciones residuales**, que se explican a continuación (Tabla 7.2).

En general, para los contratos de **acciones rescatables**, el reembolso puede ser **interno**, es decir, utilizando un porcentaje de los ingresos o del flujo de caja para recomprar las acciones, o **externo**, esto es, tomando dinero prestado para recomprar las acciones o utilizando el efectivo de otro inversor obtenido en una ronda de financiación.

Para futuros planes de financiación, tendrás que preguntarte: «*¿Qué pasa si mi empresa obtiene posteriormente financiación de otras fuentes?*». «*¿Qué pasa si mi empresa se vende?*». «*¿Qué derechos tendrán los financiadores?*».

Muchos **acuerdos de acciones rescatables** incluyen una cláusula sobre qué pasa si se lanza una nueva ronda de financiación. En algunos casos, existe una cláusula que permite recomprar algunas o todas las acciones (generalmente con condiciones similares a la cláusula de **cambio de control** que figura a continuación).

**Tabla 7.2**
Comparación de los tipos de reembolso en salidas estructuradas

| Tipo de pago | Programado u obligatorio a | Opcional | Participación residual |
|---|---|---|---|
| Descripción | Pagos programados a lo largo de un periodo de tiempo definido, o a solicitud del inversor. En otras palabras, dividendos equivalentes al 3% de los ingresos hasta la recompra de 25 acciones al triple del precio de original. O amortización al cabo de siete años a un precio acordado mutuamente. | Pagos opcionales que pueden realizarse además de los pagos programados con objeto de reducir el número de acciones en circulación. La decisión de efectuar estos pagos corresponde exclusivamente a la empresa financiada. | Acciones que no pueden rescatarse salvo en caso de cambio de control (venta de la empresa) o de evento de liquidación (IPO o concurso de acreedores). |

a Cuando se refiere a salidas estructuradas, también se denomina pago obligatorio, pero en el caso de las acciones rescatables, los dividendos sólo pueden pagarse cuando la empresa sea solvente y esté en condiciones de hacerlo.

En general, las condiciones de los acuerdos de **acciones rescatables** con respecto a futuras rondas dependen de la mentalidad del financiador. Si este ha diseñado su cartera con la idea de que su rendimiento proceda principalmente de **pagos programados** u **opcionales** del emprendedor, puede que esté dispuesto a que le paguen otros financiadores en una nueva ronda de financiación. Pero si cree que sus beneficios procederán de una **participación residual** en la empresa cuando ésta triunfe, estará menos dispuesto a permitir que futuros financiadores recompren las acciones de las que ahora es titular. Tendrás que estar en sintonía con tu financiador en cuanto a tus planes de futuro, y asegurarte de que compartís la misma visión de la empresa.

En caso de venta de myTurn (**cambio de control**), Luni recibiría la mayor de estas cantidades: el importe que le correspondiera según el calendario de amortización (3 veces el precio de compra original del 50% de las acciones, más el precio de compra actual de las restantes acciones), o el precio de compra actual de las acciones. Si Gene vendiera la empresa por 1,5 millones de dólares (o 1.800 dólares por acción) y aún no hubiera amortizado ninguna de las acciones de Luni, este recibiría 90.000 dólares (1.800 × 50 = 90.000 dólares). Por contra, si Gene vendiera la empresa por $900.000 (o $1080 por acción), Luni obtendría $57.000 en total [($1200 × 25) + ($1080 × 25) = $57.000]. Se trata de supuestos bastantes habituales en los acuerdos de **acciones rescatables**.

Hablaremos de los derechos de los inversores en futuros capítulos y en la guía en línea que acompaña a este libro. Deberás evaluar qué derechos tiene un titular de **acciones rescatables** en cuanto al voto y la gobernanza, así como el derecho a participar en futuras rondas.

## – Financiadores

Como comentamos en el último capítulo y como has visto en el presente viaje, los acuerdos de **acciones rescatables** no se crearon para atender las necesidades de los unicornios. Se crearon para hacer más accesible el **capital-riesgo** al 99% de las empresas que no encajan en el modelo de *venture capital*. Las acciones rescatables representan una opción interesante para aquellos financiadores de fase temprana interesados en empresas **pre-ingresos** que se sitúan fuera del circuito tradicional del *venture capital*. Algunos inversores deberán estudiar cuestiones fiscales importantes relativas a las **acciones rescatables**, cuestiones que analizamos en el complemento en línea de este libro.

A los financiadores del tipo *venture capital* les gusta más el «yo me lo guiso, yo me lo como»: utilizan **acciones rescatables** de forma que puedan tener **liquidez** por adelantado, así como una mayor certeza de rendimiento por medio de **pagos programados**, a la vez que siguen manteniendo cierto retorno económico en el caso de empresas de alto crecimiento potencial, por medio de una importante **participación residual** (a veces superior al 50%).

Otros crean un instrumento híbrido que combina elementos de un **SAFE** (derecho a comprar *equity* en el futuro) con un derecho a un porcentaje de *equity*. Por tanto, no son titulares de *equity* (como Luni) ni tampoco de deuda (como veremos en el próximo capítulo sobre la RBF convertible). Aquí, lo que se recompraría es un derecho a *equity*, no *equity* propiamente dicho.

Si decides que un acuerdo de **acciones rescatables** es apropiado para el tipo de empresas que estás financiando, no debes agobiarte por la complejidad de crear una nueva estructura de acuerdo. Una de las razones por las que invertir en etapas tempranas a través de acuerdos tipo

SAFE, notas convertibles o participaciones con precio fijado se han convertido en un estándar se debe a que han sido utilizados muchas veces y ya hay mucha información como plantillas disponibles. Crear plantillas para usar en nuevos métodos de inversión no es fácil ni sencillo, así que, para quienes las estrenan en una jusrisdicción, los costes de transacción pueden ser elevados. No sería raro que abogados y contables no familiarizados con las acciones rescatables trataran de disuadirte y te aconsejaran acudir a otros acuerdos. No desesperes, la tabla 12.1 sobre «comparación de las opciones de salida estructurada», que encontrarás al final de esta Parte II, y el complemento en línea te ayudarán a reducir la complejidad y los costes. Otra razón por la que las plantillas tradicionales se han convertido en un estándar es que están pensadas para un subconjunto muy específico de empresas: el 1% de las que encajan en el molde del *venture capital*. Esas empresas suelen ser startups tecnológicas orientadas al crecimiento, *asset-light* y que tienen pensado acudir varias veces a la financiación de terceros. Si bien tales estructuras de inversión pueden transferirse a otros tipos de empresa que no encajan en ese modelo, arriesgarse a hacerlo puede acabar teniendo consecuencias negativas, puesto que, en lo fundamental, las partes intervinientes no reman en la misma dirección. Por otra parte, cuando se piensa en financiar categorías amplias de empresas, pueden y deben tomarse en consideración los acuerdos de **salida estructurada**, pues siempre pueden adaptarse a diferentes contextos y necesidades de financiación[4].

El hecho de que los fundadores no comprendan la idoneidad de las acciones rescatables puede ser otro obstáculo para cerrar una operación. Conviene que cada parte comprenda bien lo que son las **salidas estructuradas** o se comprometa a hacer un curso acelerado para entenderlas. Si una de las partes comienza a hablar de las bondades de la operación y de sus detalles técnicos cuando la otra no está muy convencida, es posible que el ambiente se enrarezca de repente y que el acuerdo se vaya al garete.

Desde el punto de vista de la rentabilidad, es importante recordar que, aunque los **acuerdos de desinversión estructurada** suelen fijar los plazos de reembolso, a menudo no fijan la **TIR** real de los inversores, de-

---

[4]  Brian Mikulencak, *Revenue-Based Financing for Impact Investing* (borrador disponible previa solicitud).

bido a la flexibilidad y variabilidad del reembolso[5]. Por tanto, habrá que explicárselo a los **comités de inversiones, consejos de administración** o posibles **propietarios de activos** que inviertan en un fondo.

En pocas palabras, los acuerdos de **acciones rescatables** pueden representar una oportunidad para diseñar una financiación que se adapte mejor a las necesidades fundamentales del emprendedor, así como a tus propias necesidades de **liquidez** como financiador.

---

[5]    Ibídem.

# 8

# EQUAL EXCHANGE: UN RECORRIDO POR LAS ACCIONES PREFERENTES

En este capítulo, vamos a sumergirnos en la historia de Equal Exchange, la **cooperativa de los trabajadores** que conocimos en el capítulo 3, para entender su excepcional oferta de «**acciones preferentes** con blindaje de misión», un tipo de **acciones rescatables**. Los inversores que poseen estas acciones reciben un dividendo anual de Equal Exchange y pueden revender sus acciones a la empresa, al precio de compra, tras haberlas mantenido durante cinco años. Esta **oferta de acciones** se creó en los momentos fundacionales de Equal Exchange para ayudarle a acceder a capital basado en *equity* de crecimiento. Convertida en una empresa madura y plenamente expandida, ha seguido recurriendo a ese método y a su comunidad de inversores para obtener capital flexible en consonancia con sus valores, a la vez que ha ayudado a otros a diseñar ofertas parecidas.

### ■ *Una infusión de optimismo*

Recordarás que Equal Exchange fue creada en los años 80 por tres fundadores, Jonathan Rosenthal, Michael Rozyne y Rink Dickinson, con el objetivo de ayudar a los caficultores de América Latina a obtener mayores ingresos. En aquel momento el sistema alimentario mundial estaba experimentando un gran cambio (muy parecido al que se está produciendo actualmente). En Estados Unidos, donde residían Jonathan, Michael y Rink, las granjas familiares estaban siendo desplazadas por negocios agroalimentarios de escala industrial dirigidos por grandes corporaciones. A la vez se estaba formando un movimiento contrario, pues proliferaban cooperativas de consumo de alimentos que ofrecían productos locales y orgánicos como alternativa a los productos dominantes, cuyo cultivo exigía un uso intensivo de pesticidas y fertilizantes químicos. La demanda de cafés de lujo y calidad superior era grande.

Jonathan, Michael y Rink se conocieron trabajando para una cooperativa de distribución de alimentos de Nueva Inglaterra y compartían una pasión: cambiar la relación de los consumidores con los alimentos y con quien los cultiva. Tardaron tres años en convertir sus ideas en algo tangible, hasta que por fin lanzaron Equal Exchange, con la ilusión de ser:

- Una organización de cambio social que ayudara a los agricultores y a sus familias a tener más control sobre su futuro económico;

- Un grupo que educara a los consumidores en cuestiones comerciales que afectan a los agricultores;
- Un proveedor de alimentos de alta calidad que nutrieran el cuerpo y el alma;
- Una empresa controlada por los trabajadores;
- Una comunidad de personas comprometidas que creen que la honradez, el respeto y el beneficio mutuos deben caracterizar todo empeño humano que merezca ese nombre.

Los tres fundadores sacaron adelante Equal Exchange con los recursos propios e inversiones de amigos y familiares, a los que habían advertido que, probablemente, nunca recuperarían el dinero. Consiguieron la nada desdeñable cantidad de 100.000 dólares de capital inicial y se pusieron manos a la obra, centrándose en primer lugar en el café y los cultivadores de café.

## ■ *Un camino difícil*

Las cosas no fueron bien al principio. Equal Exchange tenía una mentalidad idealista, se movía sin afán de lucro y quería que la empresa perteneciera a los trabajadores, pero su modelo de negocio sí tenía fines de lucro. Durante tres años estuvo luchando y perdiendo dinero, en parte porque los fundadores eran inexpertos y no conocían bien el trabajo con pequeños caficultores en América Latina. Tuvieron que aprender mucho para identificar a grupos de agricultores con estructura democrática, comprender el funcionamiento interno de las cooperativas y determinar la calidad del producto, todo ello en español. Pero se mantuvieron firmes y, en su quinto año, 1991, ya habían ganado algo de tracción entre las cooperativas de caficultores de América Latina y África. También se unieron a la red de Comercio Justo en Europa, donde el movimiento de alimentación con conciencia les llevaba diez años de delantera.

Como empresa especializada en cafés de Comercio Justo, Equal Exchange ofrecía a las cooperativas alimentarias a las que abastecía una línea completa de café en grano, tostado e incluso aromatizado. La organización construyó una sólida base de clientes leales, gracias a la cual en 1991 alcanzó otro hito importante: su primer millón de dólares en ventas.

Sin embargo, Equal Exchange tenía un modelo de negocio exigente y de capital intensivo, que estaba limitando su capacidad y crecimiento.

Como comentamos en el capítulo 3, apoyaba a los caficultores **pagando por adelantado** sus cosechas, muchos meses antes de que se vendiera el café. También **garantizaba** una parte de sus acuerdos de compra como medio para ayudar a las cooperativas de agricultores a obtener financiación externa. Tanto su **pago anticipado** voluntario como sus **garantías** suponían una red de seguridad para las cooperativas de agricultores, lo que constituía un elemento clave de su trabajo de impacto social. Pero también les resultaban muy costosos, por lo que la empresa parecía estar en constante lucha por tener liquidez.

### ▪ *De avezados cafeteros a propietarios de acciones preferentes*

Los fundadores de Equal Exchange sabían que necesitaban encontrar una forma sostenible de acceder a capital de crecimiento, pero no querían vender la propiedad a inversores que les apartaran de su misión empresarial. Tuvieron dificultades para conseguir que los bancos entendieran su modelo de cooperativa, en particular el hecho de que la empresa pagara sus existencias de café por encima del precio de mercado. A decir verdad, tampoco los fundadores se fiaban de los bancos ni del tipo de acuerdos que tendrían que firmar para obtener **deuda**.

Lo que sí tenía Equal Exchange era una clientela apasionada y entregada, que creía en su misión y en la empresa. Así que, en 1989, los fundadores decidieron dar a sus clientes la oportunidad de convertirse en inversores de la empresa de una manera que estuviera alineada con su misión. Crearon para ello una **oferta de acciones preferentes** con las siguientes condiciones, que siguen teniendo validez hoy en día cuando realizan ampliaciones de capital:

- Un precio fijo de las acciones;
- Un periodo mínimo de tenencia de cinco años;
- Inexistencia de derecho de voto para los inversores (se reserva a los trabajadores);
- Un modesto **dividendo** objetivo (pero no garantizado) del 5%;
- Y una **cláusula de «no salida»**.

Las condiciones que ofrece son estrictas y, a primera vista, no especialmente atractivas. Normalmente, las **acciones preferentes** (o **participaciones preferentes**) son un tipo de propiedad de *equity* que otorga a los inversores derechos y opciones especiales sobre los accionistas ordinarios. El *equity* preferente de Equal Exchange hace de hecho lo contrario: limitar los derechos y opciones de sus propietarios que no son trabajadores.

Lo que significa la **cláusula de «no salida»** es que si Starbucks o Nestlé, por ejemplo, quisieran adquirir Equal Exchange, sus estatutos la obligan a reembolsar a los inversores sólo aquello que invirtieron, y a entregar todos los ingresos netos de la venta a otra organización de Comercio Justo. En otras palabras, si algún competidor con mucho dinero ofreciera un gran cheque de adquisición a Equal Exchange, no habría ningún retorno económico para los inversores.

Daniel Fireside, que supervisa el programa de acciones preferentes en Equal Exchange desde 2010, afirma que la **cláusula de «no salida»** elimina cualquier posible tentación financiera o presión por vender. «Quitarnos preventivamente este diablillo de encima tiene varios efectos —explica—. En primer lugar, garantiza a los inversores externos que no se les está tomando el pelo cuando aceptan renunciar a posibles beneficios inesperados. En segundo lugar, nos libera de la preocupación de tomar decisiones según cómo nos ven especuladores que no guardan relación alguna con nuestra misión».

Si no existiera esa cláusula, por ejemplo, los trabajadores-propietarios podrían no haber votado a favor de invertir en el desarrollo de un negocio de bananas orgánicas de Comercio Justo, donde los márgenes son muy estrechos y la política es, cuando menos... «movidita»[1]. En cambio, señala Daniel, «tenemos el pleno respaldo de nuestros inversores si queremos ampliar nuestro modelo de Comercio Justo a otras empresas, como al aceite de oliva de cooperativas de Cisjordania, en Palestina, o al azúcar de pequeños agricultores de Paraguay».

La **cláusula de «no salida»** de Equal Exchange refleja su singular concepción sobre la propiedad de la empresa. Se fundó para favorecer lugares de trabajo igualitarios y democráticos y cambiar la forma en que se realiza y se percibe el comercio. Dicha cláusula liga inexorablemente a Equal Exchange a esa misión. A su vez desvincula la «propiedad» del «capital». Puede que los inversores aporten la mayor parte de **financiación mediante** *equity* de Equal Exchange, pero constituyen sólo una parte de la gran tarta que es la empresa. No disfrutan de

---

[1]   Para más información sobre el tema, el lector curioso puede empezar con: «The Economist explains: Where did banana republics get their name?».

ninguna ventaja especial sobre otros grupos de interés esenciales, como puedan ser los agricultores, de los que Equal Exchange depende para la producción de bienes de calidad superior. Tampoco disfrutan de ventajas sobre los trabajadores, quienes diariamente invierten su tiempo, energía y buen hacer para que todo marche como debe. El terreno, los edificios, los equipos, el sistema de embalaje, la electricidad y cualquiera de los servicios e infraestructuras se consideran igual de importantes para el día a día de la empresa.

### ■ Prosperidad: Ojalá que llueva café en el campo

En definitiva, Equal Exchange fijó sus condiciones de inversión en *equity* preferente para que fueran «pro beneficios pero anti exceso de ganacias de capital». Los fundadores fueron lo bastante prácticos como para reconocer que necesitarían inversores —tanto de *equity* como de deuda—, pero no querían que su misión se viera condicionada por sus necesidades de capital. Y aunque ya no dicen a sus inversores que probablemente pierdan su dinero con la empresa (al contrario, vienen pagando **dividendos** todos los años desde 1989, sin faltar ninguno), sí garantizan que ninguno se montará en el dólar.

Ciertamente suena extraño como argumento de venta, pero ha sido bastante convincente: en los últimos 31 años Equal Exchange ha recaudado más de 17 millones de dólares en ventas de **acciones preferentes** mediante **colocaciones privadas**. La mayoría de esos inversores se han sentido atraídos por la combinación de misión social y modelo de negocio rentable. De paso han atraído también a proveedores de **deuda** en sintonía con la misión, dándoles acceso a una combinación de «deuda y *equity* alineada con la misión».

En la actualidad, el modelo de Comercio Justo de Equal Exchange está prosperando, impulsado por un movimiento más amplio que ha ido creciendo hasta incluir a más de 400 compradores de café e innumerables compradores de otros productos agrícolas.

Sin embargo, no todo el monte es orégano. Los fundadores de Equal Exchange reconocen que el movimiento de Comercio Justo, del que forman parte, se enfrenta a importantes retos. La aceptación de grandes cafetales y empresas como Nestlé en el sistema de etiquetado de Comercio Justo ha suscitado fuertes dudas en cuanto al sistema de certificación. Además, a pesar del propio éxito de Equal Exchange, el impacto en los ingresos de los pequeños agricultores ha sido en general modesto: la mayor parte de los millones de agricultores de todo el mundo sigue viviendo en la pobreza. Daniel reflexiona sobre la oferta de acciones preferentes: «Para nosotros, la idea era que no nos importaba pagar un cierto precio por tener capital. Pero estamos comprometidos con la idea de que todo lo que hagamos favorezca nuestro objetivo de cambiar la economía y las cadenas de suministro; queremos que ese **pago de intereses** o esos **dividendos** formen parte de ese cambio».

## ■ ¿Te convienen las acciones preferentes?

### – Fundadores

El **acuerdo de acciones preferentes** que ha creado Equal Exchange combina muchos elementos que hemos ido tratando a lo largo del libro. Utiliza acciones **preferentes**, que dan a los inversores el derecho a un **dividendo**, si la empresa decide emitirlo. Y también prevé la amortización de esas acciones a un precio acordado previamente, si el inversor opta por amortizarlas (al cabo de 5 años). Pero, a diferencia de las **acciones rescatables** de las que hablamos en el capítulo anterior, en este caso los inversores sólo podrán rescatar las acciones al mismo precio al que las compraron, más los **dividendos** devengados. Constituye un buen ejemplo de cómo los fundadores utilizan las condiciones usuales del *equity* y las ponen al servicio de la empresa. Cuando Equal Exchange era una startup, esas condiciones eran difíciles de vender, pues el rendimiento prometido no parecía corresponderse con el riesgo asumido. Para ayudarle a crecer en esa primera fase hicieron falta inversores de primera hora que creyeron en la misión de la empresa, entre los cuales se cuentan muchas organizaciones religiosas.

Si aplicamos el mismo enfoque que aplicábamos en el acuerdo anterior veremos que, en cuanto a los *costes* y a *si te lo puedes permitir*, se trata de un documento muy favorable para los fundadores. El objetivo de **dividendo** del 5% queda a discreción de la empresa, y el **precio de recompra** les sale tremendamente económico. Esta es en parte la razón por la que, en los comienzos, a Equal Exchange le costó mucho recaudar fondos mediante ese instrumento. Esta estructura en general resulta más adecuada para empresas con un historial de beneficios más largo, un crecimiento constante y acceso a potenciales inversores que se apasionen con las metas de la empresa.

Desde el punto de vista fiscal, un **dividendo** del 5% le sale más caro a la empresa que pagar unos intereses del 5%, pues este se toma de los beneficios después de impuestos, no de las ganancias antes de impuestos.

Desde la *perspectiva de la financiación en el futuro*, la **cláusula de «no salida»** implica que los accionistas no obtendrían ningún retorno económico si la empresa se vendiera. Los trabajadores-propietarios tampoco lo obtendrían y, por tanto, carecen de motivación para buscar un comprador externo para la empresa.

En los 11 años en que Daniel ha venido supervisando el programa de **acciones preferentes**, muchos fundadores con misión han acudido a él para comprender qué soluciones similares podrían aplicar en sus propias organizaciones para captar capital. ¿Su consejo?:

- Hay que ser muy cauteloso a la hora de aceptar financiación de *venture capital* convencional u otra financiación cuyas condiciones impliquen que el retorno del inversor se sitúe por encima de la misión.

- Cualquier estrategia de capital *tiene* su contrapartida. El cálculo de las concesiones que deban hacerse cambiará con el tiempo, a medida que la empresa se desarrolle.

- La financiación alineada con la misión tiene que ver fundamentalmente con las relaciones más que con la rentabilidad financiera o las hojas de condiciones (term sheets). Si bien con esta financiación el capital suele ser mucho más barato y fácil de conseguir para los fundadores, a la vez estos deben invertir recursos en mantener las relaciones y crear una comunidad de colaboradores comprometidos.

- Desarrollar una estrategia de capital que potencie, y no socave, la misión social de una empresa llevará un tiempo y requiere dejar un poco de margen a la experimentación. A cambio proporcionará una base mucho más estable y duradera que la financiación bancaria o el *venture capital* convencionales.

Por último, conviene reducir al máximo los inconvenientes de las **acciones preferentes**. Una manera es no dejarse encandilar por el capital potencial; hay que buscar comprender las condiciones del acuerdo mediante un tercero o un asesor independientes. También debes asegurarte de que tu empresa cumpla los hitos que se haya propuesto, y que no solo llega al nivel de la competencia o cumple los estándares del sector, sino que los supera.

— Financiadores

Los financiadores no deben olvidar que, en el fondo, este tipo de contrato es una estructura de acciones preferentes con ciertas restricciones que, en su caso, pueden ser objeto de negociación. Tienes que pensar qué es lo que realmente te importa, en qué puntos puede ser flexible la empresa en que inviertes y cuál es el motivo de las restricciones que propone. En el caso de Equal Exchange, saber explicar los motivos de las restricciones de voto, del precio de reembolso y de la **cláusula de «no salida»** forma parte de su proceso de maduración como empresa.

Si eres un financiador en sintonía con la misión, este tipo de blindajes te puede ayudar a convencer a tu **consejo o comités de donaciones (grants)** para que prefieran una inversión a una donación, puesto que la entidad financiada ya cuenta con ese blindaje de misión, que concuerda con sus fines benéficos.

# 9
# PROVIVE:
# UN RECORRIDO POR LA
# DEUDA MEZZANINE BASADA
# EN LOS INGRESOS

En nuestro próximo viaje, nos dirigiremos a México, donde Provive y Adobe Capital unen sus fuerzas para abordar la cuestión del acceso a la vivienda por medio de un acuerdo de **deuda mezzanine basado en los ingresos**. Incluyo este acuerdo en mi categoría de **financiación convertible basada en ingresos (RBF convertible)**, pues contempla un **pago variable basado** en ingresos o ganancias, junto con la opción de convertirse en *equity*. La **RBF convertible** permite a los financiadores que asumen un **riesgo tipo *equity*** preparar contratos en los que se dé un retorno económico adicional si los fundadores deciden levantar más capital o se da un **evento de liquidez**. Tiene también ventajas para los fundadores, pues no exige que la empresa alcance un **crecimiento exponencial** y ofrece una vía para adquirir la propiedad a largo plazo.

### ■ *Ubicación, ubicación, ubicación*

Cuando se trata de vivienda y propiedades, hay una verdad que siempre se impone: ubicación, ubicación, ubicación. Para miles de familias en México, la ubicación se convierte en un problema insalvable cuando se proponen ascender en la escala económica. Tomemos como ejemplo Cañadas del Florido, un barrio marginal de Tijuana, la ciudad más septentrional de México. El barrio se enfrenta a una serie de problemas, como altos índices de delincuencia, drogadicción y acumulación de basura. Zonas enteras del barrio han sido abandonadas y la calidad de los servicios, como la educación y el transporte público, deja bastante que desear. Los mismos problemas a que se enfrentan los residentes de Cañadas del Florido afectan a casi tres millones de hogares en todo México.

Antonio Díaz fundó Provive porque vio una oportunidad de abordar esos retos. El objetivo de esta empresa social es mejorar la vivienda y reconstruir barrios marginados y desatendidos de México. Lo logran comprando viviendas deshabitadas y embargadas, rehabilitándolas y ayudando a los miembros de la comunidad a adquirir las propiedades restauradas.

Antonio, matemático y MBA con una buena carrera en un banco de Wall Street, tuvo la idea de crear Provive cuando estalló la burbuja inmobiliaria del 2008. Al ver cómo se desmoronaba el mercado de la vivienda en Estados Unidos, comprendió que se le presentaba una oportunidad de oro para utilizar sus conocimientos financieros y mejorar barrios de zonas deprimidas de México. Así, en el 2009 se lanzó a la aventura junto con otras dos personas, Clemente Villegas y René Medina, y adquirieron seis casas con dinero que les prestaron amigos y familiares. Comenzaba la andadura de Provive.

Enseguida comprobaron la fuerza latente en las comunidades a las que prestaban su apoyo. Tras hablar con los vecinos y hacer una encuesta sobre cómo se percibían como vecindario, cayeron en la cuenta de que un elemento clave para asegurar la compra de las casas era fortalecer su sentimiento de pertenencia a una comunidad. No era sólo una cuestión de ladrillos y cemento: se trataba de personas y comunidades. Como todas las familias de México, las de bajos ingresos buscan barrios seguros que estén cerca del trabajo y donde los niños puedan jugar tranquilamente en la calle. Eso y no otras consideraciones era lo que les llevaba a comprar una casa de Provive[1].

### ■ Enséñame el dinero

Adquirir propiedades a gran escala es una tarea costosa, especialmente para una empresa nueva, y Provive necesitaba un importante apoyo financiero. En 2011, Antonio y su equipo obtuvieron 44 millones de pesos (3,4 millones de dólares) mediante la venta de *equity* a IGNIA, un fondo mejicano de inversión de impacto. Este capital permitió que la empresa pasara, en tres años, de obtener unos ingresos de 60 millones de pesos a ganar 565 millones de pesos (de 3 millones de dólares a 28 millones de dólares). Pero, a pesar de su crecimiento, Provive se vio atrapada en una crisis de liquidez. Los fundadores, que necesitaban una inyección de capital, volvieron a recurrir a IGNIA. El fondo dijo que no podía comprometerse a realizar una transacción de *equity* de seguimiento, puesto que se les habían agotado los recursos, es decir, habían utilizado todo su efectivo disponible.

Mientras tanto, Provive se encontraba en una situación peligrosa por otro motivo: su fuente de viviendas, las subastas judiciales hipotecarias, había dejado de funcionar. México acababa de cambiar de gobierno y el nuevo ejecutivo había detenido la venta de viviendas, sin fijar ningún plazo para reanudar las operaciones. A Antonio le preocupaba

---

[1]   Otegón, L.S. «Abandoned Houses Prove Golden Opportunity in Mexico». 31 de julio del 2014. Se puede consultar en:
https://www.americasquarterly.org/blog/abandoned-houses-prove-golden-opportunity-in-mexico/.

que Provive no pudiera sobrevivir un año sin actividad, para lo que necesitaba una fuerte inyección de efectivo.

Así las cosas, Antonio salió a buscar financiación en el Foro Latinoamericano de Inversión de Impacto (FLII)[2]. Fue allí donde le presentaron a Rodrigo Villar y Erik Wallsten, cofundadores de un fondo de inversión de impacto en fase temprana denominado Adobe Capital. Adobe se había propuesto como misión llenar el vacío de capital que afectaba a México y en general a toda América Latina, ayudando para ello a emprendedores con modelos de negocio innovadores, rentables y escalables a abordar los retos sociales y medioambientales más apremiantes. La firma quería hacer todo eso por medio de opciones alternativas de financiación, que, según Rodrigo y Erik, iban a servir mejor a los fundadores.

## ■ ¿Mezzanine social?

Rodrigo estaba especialmente familiarizado con las deficiencias del ecosistema de financiación de startups en México, ya que había tenido una experiencia similar a la de Aner, del Grupo Candide (Capítulo 6), y había comprobado que el *venture capital* clásico a menudo no resultaba adecuado para los emprendedores verdes y sociales. Los ejemplos de **salidas (exits)** e **IPO** de empresas respaldadas por *venture capital* en México se contaban con los dedos de la mano, lo que hacía el espacio poco atractivo para los fondos de *venture capital* tradicionales. Además, muchas de las empresas que precisaban recursos de inversión buscaban importes mucho más pequeños de lo que los inversores de *venture capital* querían aportarles. Según Rodrigo en definitiva lo que ocurría era que el mercado no ofrecía el tipo adecuado de capital inicial para empresas de impacto.

Rodrigo y Erik lanzaron New Ventures en 2010 y, con el apoyo de la Fundación Kellogg, desarrollaron Adobe Capital Social Mezzanine Capital Fund I, un vehículo de inversión en fase *temprana* que implementaría tanto **financiación mediante** *equity* tradicional como opciones de **mezzanine** que devolvieran el dinero al fondo con más rapidez. Rodrigo y Erik consideraron que el fondo constituiría una buena oportunidad

---

[2]   El FLII, iniciado por Rodrigo, ha desempeñado un papel decisivo en la creación del ecosistema de inversión de impacto en América Latina. El lector comprobará que a lo largo del libro se hace referencia a este foro varias veces.

para demostrar dos cosas: una, que los mecanismos alternativos de financiación en los países en vías desarrollo eran una buena estrategia para los inversores[3]; y dos, que un fondo que invirtiera en empresas que prestan servicios básicos a las clases media-baja y emergente de México «podía dar rendimientos iguales o superiores a otros fondos». Para 2012 habían logrado reunir 20 millones de dólares.

Al evaluar cada operación para el fondo, Rodrigo y Erik adaptaban el tipo de estructura de inversión a las necesidades de los emprendedores. Utilizaban *equity* tradicional para empresas de sectores maduros en las que veían una opción de **salida** viable, como sanidad, entidades financieras y empresas de movilidad. Dado que se trataba de sectores en los que las fusiones y adquisiciones eran habituales, la **venta de la empresa** o una venta a un comprador financiero (**venta en secundario**) constituía una muy buena opción. Y utilizaban por otro lado **estructuras mezzanine** para empresas que se encontraban en fase temprana, cercanas a un flujo de caja positivo y con pocas probabilidades de captar *equity* en el futuro.

En el caso de Provive, Erik y Rodrigo observaron que la empresa registraba un rápido crecimiento de los ingresos, acercándose a un flujo de caja positivo. Pero no tenían claro qué tipo de comprador podría estar interesado en Provive en el futuro, y tampoco querían **diluir** aún más la propiedad de los fundadores, así que decidieron ofrecerles un **acuerdo de deuda mezzanine basado en ingresos**.

### ■ ¿Una buena oferta?

Al principio, la oferta de Adobe dejó perplejo a Antonio. Suponía que la inversión de Adobe se basaría en *equity*, como la de IGNIA, pero no tenía muy claro cómo funcionaba esa estructura financiera que le presentaban ahora. En una larguísima teleconferencia, Erik le explicó en qué consistía la operación.

La **financiación convertible basada en ingresos** (**RBF convertible**) es un préstamo que se reembolsa según un porcentaje de una **variable**

---

[3] Pothering, J. « Adobe Capital, IGNIA Exit Mexican Home Rehab Start-up Provive». 11 de abril del 2019. Disponible en:
https://impactalpha.com/adobe-capital-ignia-exit-mexican-home-rehab-start-up-provive/.

asociada al retorno (**return variable**), hasta que se satisface la **obligación total**. En el caso de Provive, se trataba de un **préstamo** que reembolsarían mensualmente con un porcentaje de sus beneficios antes de intereses, impuestos, depreciación y amortización (**EBITDA**), hasta haber reembolsado 2,5 veces el importe original.

Como puede verse, la **variable asociada al retorno** (que regula cómo se calcula el reembolso) no siempre equivale a los ingresos, en contra de lo que sugiere el nombre[4]. Puede basarse en un solo concepto, como los ingresos, el margen bruto o el EBITDA, o calcularse mediante la combinación de varios conceptos. En el próximo capítulo veremos algunos de las diferentes combinaciones que pueden realizarse.

El importe total reembolsable se denomina **obligación total**, y es un múltiplo del importe original del préstamo (en el caso de Provive, resultado de multiplicar por 2,5). El factor de multiplicación varía entre 1,1 y 4,0 y se fija en función de la duración del acuerdo y del riesgo de la inversión. Por lo general, las inversiones semilla requieren un factor más elevado (superior a 2,5) que las inversiones en fase de crecimiento (en que se sitúa en torno al 2,0), debido al riesgo asumido.

La duración de un contrato de **RBF convertible** depende del modelo financiero y de las propias limitaciones de capital del financiador. En el modelo de Adobe, la empresa no incluye una **fecha de vencimiento**, por lo que sus contratos continúan hasta que el importe se reembolsa en su totalidad.

Erik también propuso una **cláusula de convertibilidad**: si más adelante Antonio decidía hacer una ronda de levantamiento de financiamiento a través de *equity*, la cantidad que Provive aún debía a Adobe podría convertirse en *equity*. En tal caso, la conversión quedaría a discreción de Adobe, es decir, Adobe decidiría si **convertir** o seguir cobrando según lo acordado.

Por último, la oferta incluía un **periodo de carencia** al principio del préstamo durante el cual no se exigían pagos, con el fin de dar tiempo a Provive para hacer rendir el nuevo capital, ampliar sus operaciones y aumentar los ingresos. Los **periodos de carencia** en los acuerdos de **RBF convertible** pueden basarse en el tiempo, por ejemplo, los pagos comienzan a los tres meses, o al año, o también pueden basarse en

---

[4] ¡Lo siento! No he sido yo la que ha inventado esta jerga, y, la verdad, a mí también me resulta un poco confusa.

hitos, por ejemplo, los pagos comienzan a los tres meses de obtener beneficios netos. En el caso de Provive, Adobe ofreció un periodo de carencia de 18 meses.

### ■ La firma del acuerdo

Cuando entendió las condiciones, Antonio también vio que la **RBF convertible** de Adobe iba a ser probablemente la única opción disponible para Provive, puesto que no encontraba otros financiadores de *equity* interesados en la empresa. El motivo puede resumirse en que eran el ejemplo paradigmático de empresa «**missing middle**»: demasiado pequeña para los grandes inversores y demasiado grande para los pequeños. Lo que Adobe ofrecía era una financiación, cara, sin duda, pero también mucho más flexible que la **deuda tradicional**, y satisfacía la necesidad de capital de Provive. Antonio consideró que la operación convenía a la empresa, en un mercado en el que escaseaban los inversores en *equity* tradicionales.

IGNIA no estaba tan convencido. Al ver que el reembolso se multiplicaba por 2,5, el fondo se opuso a lo que consideraba una operación muy cara. «La **estructura mezzanine** era cara, pero, como emprendedor, sabía que el dinero más caro es el que no se tiene —recuerda Antonio—. Necesitábamos entre 40 y 50 millones de pesos (2-2,5 millones de dólares); sin ese dinero, podíamos despedirnos de nuestros sueños».

Mirándolo desde el punto de vista de su banco, Antonio también pensaba que las condiciones eran justas. Presionó a IGNIA durante cuatro meses para que también lo viera así y, finalmente, el fondo accedió y aceptó la inversión de Adobe. Rodrigo se incorporó al consejo de administración de la empresa, y Adobe también ofreció apoyo en la aceleración a través de su plataforma New Ventures.

Al cabo de un par de meses, quedó claro que el capital de Adobe era absolutamente esencial para ayudar a Provive a sobrevivir a la brusca interrupción de las subastas hipotecarias.

### ■ Vuelta a la mesa de negociación

En 2017, dos años después del acuerdo y justo después de que expirara el **periodo de carencia** de Provive, Antonio detectó un problema importante en la forma como habían estructurado los pagos mensuales de Provive: su importe se calculaba en función de los resultados (EBIT-DA) *proyectados en* el año natural anterior, en lugar de los resultados *efectivos logrados por el* equipo de gestión. Lamentablemente, aunque los ingresos fueron bastante buenos, el EBITDA real no lo fue tanto, lo que determinaba unos pagos mensuales (en pesos) más elevados, según las condiciones pactadas con Adobe. Así pues, Provive hubo de afrontar unos pagos que la empresa no podía permitirse en función de sus flujos de tesorería en ese momento.

Antonio se dio cuenta de que Provive debería haber negociado pagos basados en objetivos de ingresos, no de EBITDA. Propuso el cambio a Adobe, pero el fondo rechazó la idea, por lo que Antonio se encontró en la difícil tesitura de elegir entre pagar los impuestos de Provive o pagar a Adobe. Al final decidió pagar los impuestos, y Adobe dejo de recibir pagos de Provive durante varios meses.

Con la supervivencia de Provive como única preocupación, Antonio se dirigió de nuevo a Adobe para, humildemente, pedir a Eric y Rodrigo que concedieran a Provive un respiro en los pagos de la **deuda**. Tardó dos meses en convencerles de que era la única manera de avanzar, pero al final concedieron a la empresa un **periodo de carencia** de tres meses. Adobe también accedió a reajustar las condiciones en función de los ingresos obtenidos.

## ■ *Los años dorados*

La flexibilidad de Adobe permitió lo que Antonio recuerda cariñosamente como los «años dorados» de Provive. La empresa comenzó a crecer de forma continuada, alcanzando un nivel de EBITDA de 90 millones de pesos (4,4 millones de dólares) en 2018. En los años siguientes, Provive restauró más de 10.000 hogares y alojó a más de 40.000 personas, un aumento de casi 4,5 veces desde el momento en que Adobe había empezado a invertir. Este crecimiento hizo que Provive aceptara una financiación de deuda a largo plazo de Credit Suisse, lo que permitió a esta entidad financiera consolidar toda su deuda a corto plazo y adquirir el control mayoritario del *equity* de IGNIA. En abril del 2019, Provive también utilizó el capital de Credit Suisse para reembolsar el **préstamo** de Adobe. Dado que la empresa estaba pagando la deuda antes de lo previsto, Antonio pudo negociar un **descuento por pronto pago**, con lo que Provive solo tuvo que devolver 2,2 veces el importe del préstamo original.

A modo de reflexión, Antonio afirma que es importante que los fundadores comprendan dos cosas sobre la financiación basada en ingresos convertibles. «En primer lugar, no se trata de *equity*. Aunque tampoco es deuda —advierte—. [Los inversores de RBF convertible] corren el riesgo de que no obtengas buenos resultados y están completamente subordinados al resto de tus acreedores», es decir, el coste de los acuerdos de RBF convertible refleja el nivel de riesgo que está dispuesto a asumir quien te financia.

En segundo lugar, explica, «no se trata sólo del dinero». Un inversor de **deuda basada en los ingresos**, «al igual que con un inversor en *equity*, *es* tu socio. Es tu aliado. Es los contactos. Es las ideas. Es a quién conoce. Eso lo hemos vivido con IGNIA y con Adobe, pero no con nuestros acreedores».

Rodrigo, de Adobe Capital, les da este consejo a los financiadores que estén pensando en invertir en **RBF convertible**: «Si vas a invertir con esta estructura, comprende a fondo las necesidades del emprendedor, entiende sus flujos de caja y sus necesidades de capital».

«Y recuerda —añade—: no funciona con todos los emprendedores».

### ◼ *¿Te conviene la RBF convertible?*

– Fundadores

La **deuda mezzanine basada en ingresos** entra dentro de mi categoría de **RBF convertible** y es la más adecuada para empresas **ya con ingresos**, en **fase temprana o de crecimiento**, que no puedan acceder a la financiación de **deuda garantizada**. Aunque los acuerdos de **RBF convertible** son **capital deriesgo**, no suelen convenir a empresas en fase temprana **pre-ingresos**. Para que los financiadores puedan calcular correctamente el periodo de reembolso de este instrumento, la empresa debe facilitarles previsiones de ingresos basadas en hipótesis verificables, lo que resulta mucho más sencillo si ya dispones de ingresos obtenidos por la venta de tu producto o servicio.

Al igual que ocurre con las **acciones rescatables,** existen tres ventajas fundamentales para los fundadores, en comparación con la **financiación mediante** *equity*:

- Se mantienen el control y la propiedad;
- Se reparte el riesgo de volatilidad de los ingresos futuros.

- Se facilita la independencia a largo plazo, porque la **liquidez** del inversor no está vinculada a una «**salida**»[5].

Otra ventaja para los fundadores es que probablemente los pagos[6] de los acuerdos de **RBF convertible** se traten como pago de **deuda**, esto es, como pago de **intereses**, lo que reduce tu carga fiscal.

Desde el punto de vista de*l coste (¿cuánto debemos?), la* cantidad total que hay que devolver al financiador se denomina **obligación total**. A veces se indica explícitamente el monto global y otras veces se indica el factor y la obligación total se calcula multiplicando lo que invirtió el inversor por ese factor. En este caso es 2,5 veces los aproximadamente 2 millones de dólares que invirtió Adobe (es decir, una obligación total de unos 5 millones de dólares).

Desde el punto de vista *de si te lo puedes permitir («¿En qué periodo de tiempo lo debo?»),* los **pagos obligatorios** exigidos por Adobe eran mensuales (**frecuencia**) y tenían un **periodo de carencia** de 18 meses. La mayoría de los financiadores de **salidas estructuradas** incluyen algún tipo de **periodo de carencia** en sus contratos, durante el cual todavía no comienza la obligación de reembolsar. Los contratos se redactan en función de las necesidades de los fundadores, para asegurarse de que el capital genera cierto crecimiento antes de que se realicen los reembolsos. Un periodo de carencia bien pensado garantiza que el emprendedor dispone de tiempo suficiente para hacer rendir el dinero y ver los resultados de la inversión antes de comenzar a hacer los pagos.

*¿Cómo lo reembolso?* La **variable asociada al rendimiento (return variable)** utilizada en el cálculo del reembolso era bastante compleja (resultados EBITDA en relación con las proyecciones de la Dirección), de modo que Antonio y Adobe acabaron simplificándola y la fijaron en un porcentaje de los ingresos. A título orientativo, los porcentajes de reembolso de ingresos suelen ser un valor de un solo dígito (1-9%). Como ya comentamos en el capítulo 6, en las **salidas estructuradas** existen varios tipos de pagos. En el caso de Provive, el conjunto de su obligación total vencía en pagos mensuales obligatorios, pero al final utilizaron un **pago opcional** para liquidar el importe mediante el efectivo de Credit Suisse (Tabla 9.1).

---

[5]   Brian Mikulencak, *Revenue-Based Financing for Impact Investing* (borrador disponible previa solicitud).

[6]   Pagos realizados por encima del principal. Discutiremos cómo puede funcionar este cálculo en la última parte de este libro.

A diferencia de las **acciones rescatables**, los pagos de **RBF convertible** suelen clasificarse como pagos de **intereses**, por lo que deben figurar en la **cuenta de resultados**. Como vimos con Provive, aunque son variables, es posible que la empresa

**Tabla 9.1**
Comparación de los tipos de reembolso en salidas estructuradas

| Tipo de pago | Programado u obligatorioa | Opcional | Participación residual |
|---|---|---|---|
| Descripción | Pagos programados a lo largo de un periodo de tiempo definido o a solicitud del inversor, por ejemplo, reembolsos del 4% de los ingresos hasta que se cumpla la obligación total. | Pagos opcionales que pueden realizarse además de los pagos programados para reducir el importe total pendiente. La decisión de efectuar estos pagos corresponde exclusivamente a la empresa financiada. | Generalmente no se usa en los acuerdos de RBF convertible |

[a] Cuando se refieren a salidas estructuradas, también se denominan pagos obligatorios, pero en el caso de las acciones rescatables los dividendos sólo pueden pagarse cuando la empresa sea solvente y esté en condiciones de hacerlo.

no se los pueda permitir, por ejemplo, si sus **márgenes brutos** no son lo suficientemente amplios como para soportar los pagos. En general, los acuerdos de **RBF convertible** no funcionan bien en empresas con márgenes bajos.

Para diseñar un acuerdo de **RBF convertible** realista, tendrás que conocer a fondo tus previsiones de ingresos y/o tesorería. No es cuestión de presentar al financiador de *equity* unas previsiones de color de rosa. Con los pies en la tierra, deberás saber bien lo que puedes conseguir para estar seguro de que te puedes permitir el préstamo. Tendrás que hacer diferentes combinaciones con tu modelo de ingresos y flujo de caja para entender qué tipos de pago podrías afrontar de verdad.

*¿Qué pasa si incurro en mora?* Si dejas de pagar los **pagos obligatorios** de un acuerdo de salida estructurada corres el riesgo de incumplir el acuerdo, como le ocurrió a Provive en el contrato de Adobe. Si se determina que has incumplido el acuerdo, se te podrá exigir pagar la **obligación total**. Sin embargo, como vimos en el caso de Provive, Adobe no utilizó ese incumplimiento para obligar a la empresa a pagar el importe total adeudado, sino que renegoció el acuerdo de manera que resultara beneficioso para ambas partes. Se trata de una práctica habitual en

los préstamos de **RBF convertible**, sobre todo cuando el emprendedor y el financiador están en sintonía respecto de la **misión**. Muchos financiadores consideran que un impago representa una oportunidad para volver a la mesa de negociación, comprender qué está pasando en la empresa y ver cómo pueden ayudar.

En cuanto a *futuros planes de financiación* (*¿qué pasa si mi empresa obtiene después más financiación por otro medio?*), algunos financiadores preferirán reembolsar la **obligación total** con ocasión de una ronda de *equity*. Así vimos que ocurrió en el caso de Provive, cuando Credit Suisse decidió usar su efectivo para satisfacer su obligación total de deuda con Adobe. A menudo, esta voluntad de reembolsar el importe adeudado se debe a que los inversores en *equity* no desean que se adeude un pago variable en efectivo a otro inversor. La otra opción en caso de captación de *equity* es que los financiadores de **RBF convertible conviertan** lo que se les debe en acciones, al mismo precio (o **con descuento**) que los nuevos inversores de *equity*. Esta opción de conversión sólo se aplicará al **importe total pendiente**. El importe total pendiente se calculará restando de la **obligación total** el **total de pagos realizados**. A menudo se trata de una «**opción unilateral**», es el financiador de la **salida estructurada** quien elige si convierte el importe que se le debe o no. En caso de que preveas captar *equity* adicional a corto plazo, deberás considerar detenidamente la posibilidad de un acuerdo de **RBF convertible**, pues el financiador de tal acuerdo puede estar en condiciones de comprar un número no pequeño de acciones, si el importe total pendiente es elevado[7].

En lo que respecta a **deuda** nueva, es posible que los financiadores de **RBF convertible** exijan en el acuerdo la necesidad de un permiso o aprobación por escrito en caso de que la empresa desee **endeudarse más**. Se trata de una protección relativamente habitual del prestamista y se la conoce como cláusula de «**endeudamiento permitido**». Como emprendedor, quizá te preocupe que tal cláusula pueda cerrarte posibilidades de financiación. En el mejor de los casos, si el financiador ha incluido esa cláusula es que tiene previsto ser socio de tu empresa en algún momento y te ayudará a seguir diseñando una adecuada **estructura de capital**, incluida la asunción de más **deuda**, si fuera necesario. Si te preocupa su capacidad para asociarse con-

---

[7]   En el complemento en línea encontrarás ejemplos de cómo afectan los distintos contratos a la valoración y al coste total para la empresa.

tigo para tal fin, quizás sería bueno que marcaras esta cláusula para tenerla en mente.

*¿Qué pasa si se vende mi empresa? Si tu empresa se vende*, es probable que los financiadores de **RBF convertible** te exijan el pago de la mayor de estas cantidades: el importe total pendiente o la cantidad adeudada en proporción a su participación en la empresa.

*¿Qué derechos tendrán los financiadores? El* papel de los financiadores en un acuerdo de **RBF convertible** será diverso según la situación concreta. En el caso de Adobe, como vimos, ocuparon un puesto en el consejo y se implicaron mucho en la empresa durante el plazo de la inversión. Deberás mantener una conversación franca con tu posible financiador de **RBF convertible**, antes de la inversión, sobre el grado de implicación que esperas de él. Conviene que ambos estéis de acuerdo a este respecto.

## – Financiadores

Los acuerdos de **RBF convertible** pueden ser útiles para financiadores dispuestos a asumir un riesgo tipo *equity* en empresas ya con ingresos, en fase temprana o de crecimiento. Al igual que las **acciones rescatables**, esta opción se creó para empresas que necesitan **capital-riesgo**, pero que caen fuera de la tipología tradicional del *venture capital*. Este tipo de financiación también puede ser útil junto con la de *venture capital*, como vimos en el caso de Provive, más bien como una oferta **tipo mezzanine** o **tipo** *venture debt*. Hay muchas maneras de estructurar estos acuerdos para que se ajusten a las necesidades de los emprendedores y a las exigencias de los financiadores en materia de riesgo, rentabilidad y **liquidez**.

Los acuerdos de **RBF convertible** son muy diferentes de los acuerdos de *equity*. No obstante, el objetivo de la mayor parte de estos inversores es disponer de un amplio abanico de **tasas internas de rentabilidad (TIR)** basadas en expectativas razonables sobre los resultados de la empresa. Se protegen así contra la posibilidad de una rentabilidad cero, pues prevén percibir pagos poco después de otorgar la financiación, si bien suele ser tras un **periodo de carencia** inicial[8]. Si la empresa

---

[8]   *Revenue-Based Financing for Impact Investing*, de Brian Mikulencak (borrador disponible previa solicitud).

crece más rápido de lo previsto, los reembolsos se realizarán antes y el **rendimiento de la inversión** será mayor. Así pues, aunque no operen la conversión en *equity*, los **acuerdos de RBF convertible** tienen un retorno económico potencial. Todos tienen también riesgo de pérdida financiera, ya que la mayoría solo exige una simple **garantía personal** para asegurar el riesgo y, a veces, ni siquiera eso.

Una cosa que no cambia en comparación con la inversión tradicional en **deuda** o *equity* es la atención que se presta al emprendedor y al equipo. Si emprendedor e inversor tienen ideas muy diversas respecto de cómo poner en marcha una empresa sostenible y capaz de pagar el préstamo, las fricciones están garantizadas, por muchas cláusulas que se pacten.

Además, como financiador, tendrás que estar dispuesto a volver a la mesa de negociación para estudiar de nuevo las condiciones del acuerdo, si se producen cambios que así lo exijan. Alejandra, gestora de cartera de Adobe Capital, afirma que han tenido que renegociar el 60% de sus **acuerdos de deuda basados en ingresos** y que en el 40% restante aún no han invertido durante el tiempo suficiente como para llegar a una situación de renegociación. Se podrá hablar entonces del **periodo de carencia** o de una modificación de las condiciones, pero, al igual que en las primeras conversaciones, habrá que poner en el centro las necesidades de la empresa y llegar a una situación beneficiosa para todos.

La mayoría de los fundadores no estarán familiarizados con el concepto de **salida estructurada** y es posible que no dispongan de un modelo financiero lo bastante sólido como para realizar las proyecciones necesarias. Para algunos financiadores, eso implica que tendrán que sentarse con los emprendedores para diseñar un modelo que les ayude a comprender a qué pueden aspirar desde el punto de vista financiero. Si se trata de un reembolso programado, habrá que plantearse preguntas como: «¿Cuál es la frecuencia de los ingresos?»; «¿Vende la empresa bienes o servicios "de un solo uso"?, ¿vende suscripciones, o firma contratos de compra a largo plazo?»; «¿Tiene la empresa necesidades de capital inminentes?».

A la hora de evaluar la viabilidad de un contrato, hay que hallar un equilibrio entre: a) la rentabilidad y b) no privar a la empresa de la liquidez que tanto necesita para sus procesos de producción y reinversión.

Como financiador, si te preocupa poder estar demandando efectivo de un emprendedor justo cuando menos le conviene, esto es, cuando está haciendo crecer su empresa, es importante calibrar bien ese factor de «si se lo puede permitir». A las empresas que tienen un margen muy bajo ese tipo de acuerdo puede resultarles inalcanzable. Si, por contra, su margen es lo suficientemente amplio como para que el modelo funcione, será prudente incluir cláusulas o condiciones de aplicación automática en función de la rentabilidad, de forma que ambas partes queden satisfechas. Por ejemplo: prever la activación automática de reembolsos cuando se llegue a unos niveles determinados de EBITDA o de rentabilidad neta, o utilizar un **interés** escalonado que se incremente con el tiempo. De esta manera, la presión sobre los fundadores será suave en los primeros momentos de su aventura.

# 10

# MAYA MOUNTAIN CACAO: UN RECORRIDO POR EL «DIVIDENDO A DEMANDA»

En el siguiente viaje, acompañaremos a Emily Stone y Alex Whitmore en su búsqueda de un tipo de capital de fase temprana que sirva para su empresa de abastecimiento sostenible de cacao. Al igual que Antonio, buscaban capital para poder ampliar su empresa en fase temprana y mantenerse fieles a su misión social. En su viaje han utilizado un *«demand dividend»* (dividendo a demanda), que es un acuerdo de **financiación convertible basada en ingresos (RBF convertible)**, y han aprendido mucho sobre las complejidades de las inversiones de **RBF convertible basadas en el flujo de caja**.

### ■ *Vivir del cacao*

El cacao es una forma de vida para los habitantes del distrito toledano de Belice. Su cultivo y procesamiento es una tradición familiar que se transmite de padres a hijos, sin que se hayan introducido apenas cambios en unas prácticas ya centenarias[1]. A pesar de su rica historia, Toledo es uno de los distritos más pobres de Belice, y más del 79% de la población vive por debajo del umbral de la pobreza.

La persistencia de la pobreza en Toledo exasperaba a Emily Stone, enérgica activista medioambiental que había trabajado como defensora de los accionistas para Green Century Capital Management, una consultora de inversión. Tenía experiencia en certificación de Comercio Justo y desarrollo de cadenas de suministro sostenibles. Asimismo conocía de primera mano el poder que tienen las cooperativas de cacao bien gestionadas en la lucha contra la pobreza.

En 2010, Emily conoció a Alex Whitmore, propietario de Taza Chocolate, una empresa de chocolate ecológico con sede en Boston. Quería abastecerse de cacao de alta calidad de Belice. En aquel momento, casi todos los pequeños agricultores de cacao del distrito de Toledo vendían sus cosechas a un único comprador, en una situación práctica de monopolio: Toledo Cacao Growers' Association (TCGA). Esta asociación de cultivadores de cacao suministraba en exclusiva a Mondelēz para la marca Green & Black. Pero Alex vio que había espacio suficiente para una sana competencia[2].

---

[1]   Sniffin, T. «How to Cacao in Toledo» (Cómo «cacaotear» en Toledo). 29 de abril del 2016. Disponible en: https://mybeautifulbelize.com/how-to-cacao-in-toledo/.

[2]   Caso adaptado a partir de: «Sweet Deal: How One Company Found a New Way to Support Cacao Farmers», de Pothering, J., 9 de diciembre del 2014. Disponible en: https://www.entrepreneur.com/article/240624.

## ■ Una oportunidad dulce

Emily y Alex aunaron fuerzas para poner en marcha Maya Mountain Cacao (MMC), una empresa de abastecimiento de cacao sostenible y de primera calidad, con salarios justos. El modelo de negocio era sencillo: dar a los agricultores las herramientas necesarias para cultivar cacao ecológico de alta calidad y pagarles una prima por el producto. La empresa trabajaría en toda la cadena de valor: ayudaría a los agricultores a desarrollar técnicas ecológicas de cultivo y recolección, les facilitaría el acceso a **microcréditos** para financiar equipos y formación, y construiría instalaciones de procesamiento para el fruto del cacaotero.

Desde una perspectiva empresarial y de impacto, cada eslabón de la cadena era importante para MMC. Sin acceso a financiación, los agricultores no podrían permitirse el equipamiento o la formación necesarios para mejorar sus cultivos. Sin técnicas de cultivo y recolección sostenibles, los agricultores no alcanzarían una capacidad de producción a escala comercial. Y sin un plan de procesamiento centralizado, los agricultores probablemente no podrían mantener la calidad de sus granos de cacao, necesaria para cobrar tarifas superiores y aumentar sus ingresos. La mayor parte de los pequeños agricultores de Belice carecían de acceso a este tipo de instalaciones, viéndose obligados a completar ellos mismos el proceso de fermentación y secado del cacao, que duraba más de dos semanas, y después a hacer viajes kilométricos hasta el mercado de abastos, a menudo en transporte público. Todo ello comprometía la calidad del producto y aumentaba el riesgo de no poder venderlo.

Aunque todos esos ingredientes resultaban esenciales para el tipo de empresa de gran impacto que Emily y Alex querían, también eran muy caros. Los fundadores lograron superar los primeros años principalmente gracias a la autofinanciación, además de una inversión de 75.000 dólares de Taza y una financiación previa a la cosecha que les concedía una comercializadora de productos agrícolas. Pero en el 2013, MMC necesitaba un capital de inversión que respaldara sus planes de expansión fuera de Belice. El problema era que MMC no daba el perfil para una **financiación mediante *equity*** típica, pues carecía de las proyecciones financieras de alto crecimiento que buscan la mayor parte de sus inversores, y tampoco ofrecía una vía clara de **salida**. Emily y Alex sabían que la empresa tampoco era buena candidata para la **deuda** tradicional, porque requería un capital de crecimiento sensible a la estacionalidad de sus ingresos, lo que no casaba bien con los calendarios habituales de pago de deuda.

Durante un retiro en Nicaragua con el Programa de Aceleradoras de Agora Partnerships, Emily no dejaba de pensar en qué opciones de inversión podría tener MMC. Allí conoció a Jim Villanueva, director ejecutivo de Eleos, una pequeña fundación con sede en Santa Bárbara (California). Un día se sentaron a comer juntos para hablar de una posible colaboración. En ese momento Jim exploraba vías de financiación que ayudaran a salir adelante a empresas sociales de reciente creación, y Emily empezó a hablarle de los problemas que afrontaba MMC, de modo que, espontáneamente, iniciaron una tormenta de ideas.

Mientras seguían hablando del tema entraron en una presentación de John Kohler, antiguo inversor de *venture capital* y director del Miller Center for Social Entrepreneurship de la Universidad de Santa Clara. John estaba exponiendo una idea de financiación en la que llevaba trabajando desde 2009, y a la que había dado el nombre de «**dividendo a demanda**»[*].

### ■ *¿Un qué a demanda?*

El acuerdo de **dividendo a demanda** es un tipo de **RBF convertible**. Es parecido al que vimos con Provive en el último capítulo, salvo que, en lugar de pagar la **deuda** periódicamente como un porcentaje de los ingresos o del **EBITDA**, la **variable asociada al retorno (return variable)** toma como base el **flujo de caja libre** de la empresa. Es decir, los pagos del préstamo se calculan según el efectivo disponible de la empresa, y no partiendo de sus ingresos o siquiera de sus ingresos netos. Al igual que con la **RBF convertible** de Provive, el **dividendo a demanda** incluye un **periodo de carencia**, un **múltiplo del efectivo invertido** que ponga un tope a los reembolsos y una **cláusula de convertibilidad** que permita a los inversores convertir el importe pendiente en participaciones en la propiedad, generalmente en la siguiente ronda de financiación de *equity*. Los acuerdos de **dividendo a demanda** suelen incluir una potente cláusula de renegociación si los pagos quedan muy por debajo de las expectativas. Es raro que incluyan **garantías personales**,

---

[*] *Demand dividend* en inglés. El sentido es que puede concederse en cuanto se solicita, porque se basa en efectivo inmediatamente disponible, procedente del flujo de caja libre, como se verá a continuación. (N. del T.)

de modo que, si el emprendedor no paga, el financiador no podrá reclamar sus bienes personales.

A John empezó a rondarle la idea de una estructura de este tipo tras dedicarse durante años a invertir en *equity* de startups. En el Miller Center, al relacionarse con **emprendedores sociales**, se dio cuenta de que existían diferencias importantes entre los objetivos de los **emprendedores sociales** y los de las empresas tradicionales respaldadas por *venture capital*, y esas diferencias no se tenían en cuenta en la típica **financiación mediante** *equity*. Los **emprendedores sociales** con los que se reunía tenían perfectamente integrados en sus modelos de negocio los beneficios sociales y medioambientales, y querían asegurarse de que crecimiento e impacto fueran de la mano. Además, la mayoría no eran emprendedores en serie que buscaran fundar grandes empresas para venderlas a la primera de cambio. Por último, no estaban creando empresas en países donde fuera probable una **IPO**.

Como para muchas de esas **empresas sociales** resultaba improbable una **salida** tradicional, John comenzó a considerar qué tipo de financiación les ayudaría a crecer. Primero pensó en el *venture debt*, pero enseguida se dio cuenta de que el tipo de capital que necesitaban los **emprendedores sociales** tenía que ser todavía más flexible desde el punto de vista del reembolso, y posiblemente más asequible.

Finalizada su presentación en Nicaragua, John siguió hablando en privado con Jim y Emily sobre el **dividendo a demanda** y, casi de inmediato, surgieron claras sinergias. Emily pensaba que podría ser una herramienta eficaz para financiar la expansión de MMC a Guatemala y al norte de Belice, teniendo a la vez en cuenta la estacionalidad financiera de la agricultura. Para John MMC podría ser un buen banco de pruebas para experimentar con el **dividendo a demanda**. A Jim le pareció bien la idea y se ofreció a organizar la financiación.

■ *Piedras en el camino*

Como MMC fue la primera en aceptar una inversión de **dividendo a demanda**, a la hora de estructurar la operación tuvo que pasar por las dificultades propias de los pioneros. Por medio de Eleos, Jim captó a 14 inversores para que participaran en la operación, de 200.000 dólares. Entre ellos se encontraba John Kohler. Para unir en uno solo el interés de todos aquellos inversores primero tuvo que crear una empresa de responsabilidad limitada. Después todos siguieron el minucioso proceso de pensar en la estructura y las condiciones de la operación. En total, tardaron seis meses en finalizar la inversión de **dividendo a demanda**, que se cerró en julio del 2013. Una de las cuestiones que retrasó las negociaciones fue el cálculo del flujo de caja. Este cálculo sigue siendo uno de los elementos más complicados de un acuerdo de **dividendo a demanda**, ya que afecta a los reembolsos futuros de los inversores y, por tanto, supone un riesgo importante para ellos. Los inversores de MMC pusieron remedio a la situación de dos maneras. En primer lugar, como parte del acuerdo MMC tuvo que presentar un plan de negocio aprobado, que sólo podía modificarse con el consentimiento por escrito de los inversores. En segundo lugar, elaboraron un cálculo muy específico para el flujo de caja libre de MMC, que se incluyó por escrito en el acuerdo. Decía así:

> Los elementos específicos del cálculo a efectos de esta Financiación se negociarán entre las partes y se incluirán en el Plan de Negocio. En general, el flujo de caja libre será el resultado del siguiente cálculo: ventas brutas menos los descuentos, coste de las mercancías vendidas, gastos de explotación aprobados en el Plan de Negocio y pagos periódicos de las obligaciones de financiación comercial que venzan dentro del período de referencia (trimestre en curso).

Además de la complejidad de los flujos de caja, otra de las razones por las que el acuerdo tardó tanto en cerrarse fueron sus implicaciones fiscales, que estuvieron a punto de dar al traste con la operación[3]. Al final, para que la autoridad fiscal estadounidense no la confundiera con *equity,* siendo en realidad **deuda,** tuvieron que renombrarla «**obligación de pago variable**».

Las condiciones definitivas del acuerdo otorgaron a MMC, a través de Uncommon Cacao, su empresa matriz, una inyección de efectivo de 200.000 dólares, con el compromiso de que la empresa reembolsara el doble —un total de 400.000 dólares— en los seis o siete años siguientes. Las condiciones concedían a MMC un **periodo de carencia** de dos años, pasado el cual los plazos de pago serían semestrales. El importe de los pagos se fijó en torno al 50%[4] del flujo de caja libre de la empre-

---

[3]   Enseguida hablaremos un poco más de las implicaciones fiscales.
[4]   Por lo general, esta cifra oscila entre el 20 y el 30%. MMC tenía una estructura de holding, por lo que Jim fijó el reembolso en la mitad del flujo de efectivo que llegaba al holding tras deducir los gastos de explotación.

sa, pero estos podían ser superiores si los flujos de caja superaban los objetivos, e inferiores si caían por debajo de un determinado umbral.

MMC utilizó el capital, en primer lugar, para ampliar sus iniciativas relacionadas con las plántulas de cacao y la formación de agricultores, con el objetivo de aumentar los volúmenes de producción y lograr economías de escala. También apoyó la expansión de MMC a la vecina Guatemala, para lo que Emily fundó una empresa hermana, Cacao Verapaz. Gracias a las condiciones flexibles del **dividendo a demanda**, MMC pudo aprovechar los beneficios de esas nuevas iniciativas antes de tener que empezar a pagar la **deuda**. También garantizaban que MMC en su conjunto no se viera en peligro si los agricultores tenían una mala cosecha.

### ▪ Otra ronda, por favor

Tres años después de cerrar el acuerdo de **dividendo a demanda**, Uncommon Cacao recaudó 1,575 millones de dólares en una ronda de serie A de inversión en *equity*. La lideró Morgan Simon, de Candide Group (a quien conocimos en el capítulo 6), en nombre de Pi Investments Innovation[5]. Fue un hito importante, pero también complicado porque, en ese momento, Uncommon no había realizado aún su primer pago de **dividendo a demanda**. Por ello Emily, con la ayuda de Jim como líder del consorcio financiero, hubo de convencer a todos los inversores de dividendo a demanda para que convirtieran la **deuda** pendiente en *equity*, según los términos del acuerdo. Al final, todos los inversores menos uno aceptaron convertir su deuda en *equity* en la nueva ronda. Los inversores de la serie A pagaron entonces la **obligación total** pendiente a este inversor.

En la actualidad, el grupo Uncommon Cacao se ha convertido en una empresa de éxito tanto en términos de rentabilidad comercial como de impacto. Uncommon se abastece de cacao de 16 procedencias distintas (las zonas de cultivo están distribuidas por nueve países). Actualmente hay 5.428 pequeños agricultores en su red, de los cuales 3.750 cuentan con certificación ecológica, y 1.738 son mujeres.

---

[5] La historia de esta inversión puede encontrarse en el capítulo 8 de *Real Impact*, libro de Morgan Simon.

Cuando piensa en el acuerdo, Emily afirma que, con todos quebraderos de cabeza, incluido el tiempo invertido en cerrar la operación, no habría podido llevar a la empresa hasta donde está hoy si no hubiera sido por la inversión del **dividendo a demanda**. La financiación reflejaba la fase temprana en que se encontraba la empresa, así como la flexibilidad de reembolso necesaria para apoyar su crecimiento e impacto.

John observa que, dado que muchas empresas sociales se basan en economías agrarias y patrones de ingresos fluctuantes, aunque no sean en sí mismas empresas agrícolas, también tendrán, en el mejor de los casos, aspiraciones de crecimiento regional. Así pues, hay muchas empresas de rendimiento excelente, como Uncommon, que podrían beneficiarse de un capital de crecimiento en forma de **salida estructurada** del tipo **dividendo a demanda**, con lo que aumentarían su capacidad para atender la demanda insatisfecha.

Jim, por su parte, tiene previsto seguir realizando inversiones de **salida estructurada**, pero ahora considera que las **estructuras basadas en ingresos** son más sencillas que las basadas en flujos de caja. «La razón principal por la que no tenemos intención de hacer inversiones con salida estructurada basadas en flujo de caja es que requieren un grado de confianza muy alto», explica. En la realidad contable, es muy fácil manipular los flujos de caja (una práctica conocida como «**contabilidad creativa**»). No es que Uncommon no fuera merecedor de confianza —se apresura a añadir—, ocurre que «el grado de confianza que se requiere es muy difícil de alcanzar cuando se realizan inversiones iniciales, casi por definición».

■ *¿Te conviene la RBF convertible?*

– Emprendedor

Como RBF convertible, el **dividendo a demanda** funciona para empresas ya **con ingresos** y **con fines de lucro**. Estas empresas con fines de lucro y ya con ingresos pueden estar en **fase temprana, en fase de crecimiento o consolidadas,** pero no pueden obtener **financiación mediante deuda** tradicional porque carecen de **colaterales** o de capacidad para efectuar pagos regulares.

Desde el punto de vista del *coste* (*¿cuánto debemos?*), MMC tenía un importe de **obligación total** como capital invertido que debía reembolsar. Emily comparaba este coste con el de financiación de *equity,* frente a la **financiación mediante deuda**, puesto que MMC no disponía ni del **colateral** ni del historial de crédito necesarios para acceder a la financiación mediante deuda.

Desde el punto de vista *de la asequibilidad, del poder permitírselo (¿en qué periodo de tiempo lo debo?)*, MMC tenía un **periodo de carencia** de dos años y, a partir de entonces, los pagos eran semestrales. A la hora de negociar la **frecuencia de los pagos**, una de las cosas que habrá que considerar es el tiempo y el coste que supondrá tramitarlos. Para empresas agrícolas como MMC, la duración mínima debe ser el tiempo entre cosechas, lo que dará margen para que haya suficiente flujo de caja. La duración de ese acuerdo en concreto era de siete años.

*¿Cómo lo devuelvo?* La **variable asociada al retorno (return variable)** era el **flujo de caja libre**, definido en el acuerdo. Primero, si utilizas algún tipo de flujo de caja en el cálculo del reembolso, debes ser capaz de hacer las oportunas proyecciones, y de calcularlo adecuadamente. Comparémoslo con una RBF convertible basada en ingresos: es cierto que ahora, como los reembolsos se basan en el flujo de caja, te podrás permitir hacer los pagos, pero también lo es que el proceso se complicará. Como se explica más adelante, esta complejidad se traduce en riesgo para los financiadores. En ese sentido el financiador puede ver su riesgo reducido de diversas formas, por ejemplo, si MMC le presenta un plan de negocio y acuerda previamente un cálculo del flujo de caja. Sin embargo, al emprendedor esas soluciones le pueden suponer una pérdida de flexibilidad, y a lo mejor no está dispuesto a renunciar al control por la asequibilidad de pagos del **dividendo a demanda**.

*¿Qué pasa si incurro en mora?* En el caso que nos ocupa, podría incurrirse en mora por diversas situaciones, como que los ingresos o el flujo de caja de MMC sean un 60% inferiores a lo previsto en el plan de negocio, que la empresa se declare en concurso de acreedores o que se produzca un *caso de fuerza mayor*[6] que impida a la empresa desarrollar su actividad con normalidad. Por último, la empresa podría incurrir en mora si la **obligación total** no se hubiera pagado en el plazo de siete años y no fueran capaces de acordar un plan de negocio para

---

[6] Una cláusula de fuerza mayor recoge casos de circunstancias imprevisibles. Durante la pandemia del COVID-19 estas cláusulas fueron importantes para muchas empresas de todo el mundo, pues les ayudaron a retrasar pagos o cancelar contratos.

el futuro. En caso de mora, la **obligación total** restante vencería y devendría pagadera inmediatamente.

Obviamente, si MMC se encontrara en cualquiera de las situaciones anteriores, le resultaría muy difícil reembolsar el **total de la obligación**. Como ocurrió con Provive, los inversores de Eleos procurarían que MMC volviera a la mesa de negociaciones y estudiara con ellos cómo hacer frente a su obligación de pago.

En cuanto a *futuros planes de financiación* (*¿Qué pasa si mi empresa consigue después fuentes de financiación por otro lado?*): Como hemos comentado en el capítulo anterior, si en tus planes entra atraer a inversores tradicionales de *venture capital*, debes saber que el acuerdo será complejo (y quizá tenga sus ramificaciones en razón de la propiedad de la sociedad). Esos planes pueden disuadir a los inversores de invertir en ti, o implicar toneladas de trabajo por tener que trasplantar a los inversores de **dividendo a demanda** a las nuevas condiciones. Lo vimos cuando MMC decidió obtener **financiación de** *equity* de Pi Investments: Emily tuvo que convencer a sus inversores para que en la nueva ronda de financiación convirtieran su dividendo a demanda, lo que conllevó una serie de negociaciones y sumó tiempo a la operación.

*¿Qué pasa si se vende mi empresa?* Al igual que en el capítulo anterior, si tu empresa se vende, es probable que los financiadores de RBF convertible te exijan el pago de la mayor de las siguientes cantidades: el importe total pendiente o la cantidad adeudada según la participación en la empresa.

*¿Qué derechos tendrán los financiadores?* Eleos se implicó mucho en el negocio de MMC durante el periodo de la inversión, e incluso ocupaba un puesto en el consejo. Por otra parte, habían incluido numerosas cláusulas que obligaban a la empresa a solicitar la aprobación por escrito de Eleos para tomar decisiones importantes, como captar *equity*, seguir endeudándose, modificar los estatutos y otras muchas de ese estilo. También, en el marco de sus **derechos de información**, solicitaban trimestralmente los estados financieros no auditados. Por último, y dentro de sus **derechos de participación**, podían participar en la empresa junto con los nuevos inversores en *equity*, lo que se traducía en que, además de convertir su importe total pendiente en *equity*, todavía tendrían derecho a comprar nuevas acciones junto con esos inversores, si así lo decidían. Para más información sobre los detalles de la hoja de condiciones, consulta la guía complementaria en línea.

— Financiadores

Como otros préstamos RBF convertibles, los **dividendos a la vista** ofrecen a los inversores beneficios similares a los del *equity*, sin necesidad de **exit** por medio de tercero. Si eres un financiador que debe decidir sobre la **variable del asociada al retorno (return variable)**, es importante conocer el riesgo derivado de lo complejo que resulta definir el flujo de caja. Por ejemplo, en el caso del **dividendo a demanda** de MMC, se negoció por separado un plan de negocio y una definición del **flujo de caja libre**. El nivel de sofisticación debido a la capacidad de proyección y los conocimientos contables necesarios no es probable que se alcance en la mayoría de las inversiones que pueden hacerse.

En cualquier caso, ninguna definición de flujo de caja es inmune a la manipulación, ya sea delictiva, ya estratégica o involuntaria. Aunque haya una diferencia entre ajustar fraudulentamente los informes para no pagar efectivo al inversor y gestionar legítimamente el flujo de caja para hacer crecer tus empresas antes de anunciar **dividendos**, el hecho es que a veces puede resultar beneficioso desde el punto de vista empresarial retrasar los pagos, y los fundadores pueden tratar de hacerlo, con la ley en la mano. Si bien la cuestión se reduce a la confianza entre un emprendedor y un financiador que trabajan por objetivos similares, las oportunidades de desacuerdo en cuanto al desembolso del flujo de caja son numerosísimas, por mucho que tiren del mismo carro.

En el complemento en línea encontrarás más información sobre las implicaciones fiscales de la **RBF convertible**, pero, en general, en la mayoría de las jurisdicciones los reembolsos de **RBF** se consideran reembolsos de préstamos, es decir, son ingresos ordinarios. Por eso, salvo que seas una entidad exenta de impuestos, la inversión en RBF puede no resultar tan eficiente desde el punto de vista fiscal como la inversión en *equity*, y debes tenerlo en cuenta a la hora de calcular el rendimiento financiero de tu fondo. Además, en Estados Unidos, cuestiones como la contabilización de la deuda **con descuento en la emisión (OID)** y los calendarios de amortización de la deuda exigidos, que causaron quebraderos de cabeza a más de uno al final del proceso de inversión en MMC, pueden añadir complejidad a un acuerdo determinado.

**11**

# GetVantage y VIWALA: un recorrido por la financiación basada en ingresos

A continuación, viajaremos a México y a la India para conocer las experiencias de dos emprendedores diferentes que se han comprometido a facilitar y agilizar el acceso de los fundadores a la financiación no garantizada, valiéndose de plataformas tecnológicas de **financiación basada en ingresos (RBF)**[1]. Aunque muchos de los conceptos son similares, los financiadores de **RBF** actúan de forma muy diferente a los financiadores de **RBF convertible**. La forma más sencilla de verlo es que los financiadores de **RBF convertible** actúan más como inversores en *equity* que aportan **capital-riesgo**, y los **financiadores de RBF** se comportan más como financiadores de deuda o mezzanine que aportan **capital de trabajo**. En concreto, los financiadores de **RBF convertible** realizan una labor exhaustiva de *due diligence* sobre las posibles inversiones y se implican a fondo en la actividad de las empresas en las que invierten, solicitando puestos en los consejos de administración y múltiplos de sus inversiones durante largos periodos de tiempo. Los financiadores de **RBF**, por su parte, utilizan el historial de ingresos para tomar decisiones rápidas sobre la solvencia, realizan transacciones más «neutras» y buscan recuperar su dinero en plazos más cortos, con rendimientos más cercanos a los de deuda que a los del *equity*. Comencemos con la historia de Bhavik, en la India, para comprender mejor las motivaciones de este tipo de financiación.

### ■ *De Bombay a Silicon Valley*

Bhavik Vasa nació y creció en Bombay, en el seno de una familia de emprendedores. Tuvo la oportunidad de ir a la universidad en EE. UU., donde «se topó» con los servicios bancarios y financieros gracias a unas prácticas en el Wells Fargo Bank, en 2005. El lugar de destino fue precisamente Silicon Valley, y enseguida le picó el gusanillo del emprendimiento. En el 2006 co-fundó una pequeña empresa tecnológi-

---

[1] En el mundo de la financiación del desarrollo, las siglas RBF también hacen referencia a la financiación basada en resultados, lo que lógicamente da lugar a confusión. A lo largo de este libro, utilizaremos RBF para referirnos a la financiación basada en ingresos. (N. del T.: en español, a esta confusión de siglas inglesas se añade el hecho de que hay dos conceptos, *Results-based Financing* y *Outcomes based financing*, que se traducen de la misma manera: financiación basada en resultados. Para diferenciarlos, en este libro he optado por traducir el segundo como «financiación basada en resultados de impacto», dado que el primero es un término genérico, y el segundo no deja de ser una especificación del primero para el ámbito del impacto social y medioambiental).

ca llamada ISTS, donde trabajó con gran ardor (era la primera ola de pagos móviles y monederos móviles[2]). En el 2010, decidió que quería ayudar a lanzar los pagos digitales en la India, así que volvió a su patria y comenzó a fundar algunas de las primeras empresas de efectivo digital y monederos digitales del país.

Una de esas empresas fue ItzCash, que Bhavik ayudó a ampliar hasta convertirla en un equipo de 450 personas, con una capacidad de procesamiento de más de 2 mil millones de dólares en transacciones, y unos ingresos anuales de 40 millones de dólares. En 2017, Ebix Group compró la empresa, tras **valorarla** en 150 millones de dólares; entonces Bhavik decidió que había llegado el momento de hacer una pausa en su carrera. Quería tomarse un tiempo libre para centrarse en su familia, que iba en aumento, y reflexionar sobre la última década de su experiencia en fintech.

Una de sus reflexiones fue esta: tras haber captado millones de dólares en financiación de *equity*, Bhavik cayó en la cuenta de todo el «dolor personal» que había pasado en el proceso de recaudación de fondos. Incluso en el mejor momento de ItzCash, con 40 millones de dólares en ingresos y sólidas conexiones con prestamistas y bancos tradicionales, a la empresa le resultaba difícil conseguir **capital de trabajo**. Los bancos pedían **colaterales,** como terrenos o activos físicos, que una empresa digital como ItzCash simplemente no tenía.

### ■ *¿Recaudación de fondos sin fricciones?*

Bhavik sabía que ese problema no era exclusivo de ItzCash, porque lo había sufrido con otra empresa: Via.com, la tercera web de reservas de viajes de la India. El mayor gasto de la empresa era el marketing digital en canales como Google y Facebook, que solía salir por más de 250.000 dólares al mes, o más durante la temporada de vacaciones. Aunque Via contaba con una buena financiación, la empresa tenía problemas de liquidez debido a esos gastos de promoción.

Lo que más oía Bhavik en el mercado era que las empresas necesitaban captar capital a través de *equity* para resolver sus problemas de tesorería. Pero Bhavik no creía que el *equity* tuviera sentido como solución a una necesidad de financiación a corto plazo (como tampo-

---

[2]    La empresa fue finalmente vendida a Clear2Pay en el 2011.

co lo tenía para Peinovich y SOKO en el capítulo 3). También creía que obligar a los fundadores a seguir el modelo de *venture capital* de Silicon Valley, que da prioridad a los usuarios y a la expansión por encima de los ingresos, y a las rondas de *equity* por encima de la rentabilidad, planteaba una serie de problemas. Además, sabía que, a la hora de captar capital a través de *equity*, los emprendedores de los mercados emergentes tenían dificultades para acceder al *venture capital*, pues la mayoría de los inversores en capital de riesgo no estaban radicados en los mercados emergentes ni tenían experiencia o conocimiento de las condiciones del mercado local. En resumen, la mayoría de estos inversores estaban influidos por su propia visión del mundo y no miraban mucho más allá de lo que conocían de Silicon Valley. En conjunto esos problemas creaban fricciones en el ecosistema de financiación de riesgo e hicieron que muchos emprendedores muy válidos no pudieran obtener el dinero que necesitaban para crecer.

Bhavik decidió que, en la siguiente etapa de su viaje empresarial, quería diseñar una «forma de captar capital sin fricciones» para startups digitales, ya con ingresos y en rápido crecimiento, que operaran en mercados emergentes. Sabía que podía aprovechar su experiencia en fintech para desarrollar una solución centrada en tecnología, pero ¿qué tipo de modelo de financiación tenía más lógica para los emprendedores?

### ■ *Empujar la dilución a la cuneta*

Mientras Bhavik investigaba sobre estas cosas, se topó con la idea de la **financiación basada en ingresos (RBF)**, en la que se ofrecían préstamos a las empresas en función de sus cifras de ingresos recientes, y el reembolso se basaba en un porcentaje de los ingresos futuros. La idea le atrajo de inmediato, era un buen modelo para ofrecer financiación a startups que necesitaban anticipos a corto plazo y **capital de riesgo**. Empezó a hablar con amigos de la comunidad de fundadores de la India para ver si les interesaba, y la acogida fue entusiasta: entendieron perfectamente el concepto de canjear un porcentaje de sus ingresos futuros por el capital que necesitaban para desarrollar sus empresas. También les entusiasmó la flexibilidad de los pagos de la RBF frente a los pagos tradicionales de la **deuda** bancaria y les encantó no tener que renunciar a *equity*, como pasa con el *venture capital* de toda la vida.

En 2019 Bhavik lanzó GetVantage, una empresa de **RBF** centrada en tecnología que se dirige a empresas digitales de rápido crecimiento que precisan capital para financiar sus costes de marketing y desarrollo. GetVantage les ofrece financiación basada en sus ingresos mensuales, por una tarifa fija. Cuenta con un modelo de financiación único en el sector, basado en una serie de observaciones específicas para empresas digitales. A medida que estas acceden al capital y GetVantage va conociendo mejor su situación financiera, el coste de la financiación que precisan disminuye. La plataforma también gestiona el desembolso del capital y el cobro de los pagos.

A los pocos meses de su lanzamiento, cientos de fundadores indios solicitaron la financiación. La empresa también recibió numerosas solicitudes desde fuera de la India. Según Bhavik, eso demuestra que las empresas están deseando encontrar opciones de capital **no dilutivo** que les permitan centrarse en aumentar los ingresos, los márgenes operativos y la rentabilidad.

Los préstamos de GetVantage suelen oscilar entre 20.000 y 250.000 dólares, con una comisión fija de entre el 6% y el 9%, y las condiciones del acuerdo se ajustan según las necesidades de la empresa. Los prestatarios reembolsan la totalidad del préstamo en forma de participación en sus ingresos futuros. Este porcentaje varía en función de los ingresos mensuales de cada empresa, pero suele oscilar entre el 5% y el 25%.

Para que GetVantage pueda ofrecer este tipo de financiación, ella misma debe tener acceso a capital para prestar. Ha resultado difícil y ha llevado mucho tiempo enseñar a los prestamistas a que prevean los reembolsos y calculen el riesgo de una empresa con unos ingresos tan variables. Pero en opinión de Bhavik los prestamistas están empezando a aceptar la idea, pues dudan que los préstamos a **tipo de interés** fijo y centrados en **colaterales** sean adecuados para las startups digitales. Tal maduración del ecosistema de financiación en mercados emergentes como la India es alentadora, añade Bhavik, porque el número de opciones a disposición de los fundadores debe ampliarse y hacerse más accesible. La **RBF** es una de esas herramientas para lograrlo.

### ■ De la India a México

A 16.000 km de distancia, en México, los fundadores de New Ventures vieron una oportunidad similar de emplear tecnología para facilitar **RBF** a pequeñas empresas y startups en fase temprana.

Eric Wallsten, Rodrigo Villar y Armando Laborde tenían más de diez años de experiencia en el uso de **deuda basada en ingresos** para invertir en empresas en fase de crecimiento. Para ello se valían de su fondo de inversión, Adobe Mezzanine Fund (del Capítulo 9). Ese trabajo había puesto de manifiesto una enorme brecha en el acceso al **capital de trabajo** para los propietarios de empresas de México, en particular pequeñas empresas con ingresos de unos 100.000 dólares al año y que necesitaban préstamos de unos 20.000 dólares para satisfacer sus necesidades de capital de trabajo. Eric, Rodrigo y Armando sabían que el modelo de financiación de Adobe, que incluía una exhaustiva *due diligence* e implicarse a fondo en las empresas en cartera, no funcionaría para préstamos de esa cuantía en razón de los costes: resultaba demasiado caro hacer transacciones tan pequeñas. Así que se pusieron a trabajar en un proceso de suscripción y concesión de préstamos que tuviera sentido.

En primer lugar, dedicaron tiempo a intentar comprender a los fundadores de las empresas que necesitaban el capital. Descubrieron que esas personas solían desempeñar todas o casi todas las funciones principales de su empresa. Eran la comercial, el operario, el Director General y la Directora Financiera, todo a la vez. Además, a pesar de su perspicacia empresarial, muchos no tenían los conocimientos o la capacidad necesarios para hacer previsiones financieras fiables. Y, por último, necesitaban el dinero para hoy, no para mañana, ni para dentro de tres meses...

El emprendedor típico al que Eric, Rodrigo y Armando querían servir podría encontrarse en mitad de un programa piloto para un gigante como Walmart, vendiendo su producto en cinco de sus tiendas. Cuando un responsable de Walmart le llama y le propone vender su producto a nivel nacional, su empresita necesitará el efectivo de inmediato para poder cumplir el contrato que firme.

Como fundadores preocupados por la **inversión de impacto**, Eric, Rodrigo y Armando también querían que su nueva empresa tuviera un impacto significativo gracias a sus actividades de préstamo. En su proceso de descubrimiento un problema con el que se encontraban continuamente era la brecha de género en la financiación de pequeñas empresas. En toda América Latina, las mujeres fundadoras se enfrentan a una brecha de crédito de 98 mil millones de dólares[3]. Los socios

---

[3] *«Opportunities for Gender Finance in Latin America: What Can Banks and MFIs Do to Service Women Entrepreneurs Better?»*. 6 de diciembre del 2019. Disponible en: https://www.fmo.nl/news-detail/64eefb1c-2091-4f84-b4ce-536425e0b7a2/

decidieron que, además de centrarse en las pequeñas empresas que tenían un impacto social o medioambiental más tradicional, se centrarían en la inversión con una perspectiva de género.

### ■ *Sencillo e hiperrápido*

Para el 2018, Rodrigo, Eric y Armando habían dado forma a la idea de VIWALA, una nueva fintech que se lanzaría desde su aceleradora de startups en fase temprana, New Ventures. La idea era acelerar y reducir el coste de la financiación basada en ingresos de las pequeñas empresas haciendo tres cosas.

En primer lugar, automatizar la mayor parte de los procesos de suscripción y concesión de préstamos, es decir, reducir buena parte de los costes del préstamo, pero sin que dejara de ser personalizado, pues se examinaba el potencial de impacto social o medioambiental de cada empresa. En segundo lugar, diseñar una solicitud accesible y fácil de cumplimentar, pensada para fundadores con poco tiempo o escasos conocimientos financieros; y, en tercer lugar, implementar una *Due Diligence* sencillísima que se centrara en verificar los ingresos mensuales pasados en lugar de en las previsiones futuras. Con todas esas medidas, VIWALA aspiraba a convertirse en un prestamista hiperrápido para las pequeñas empresas. Los fundadores le dieron el siguiente slogan: «¡capital de impulso!».

Eric, Rodrigo, Armando y el resto del equipo de New Ventures pusieron VIWALA a prueba en un concurso de innovación financiera organizado por USAID. VIWALA lo ganó y recibió 200.000 dólares para desarrollar el concepto. Embolsado ese capital semilla se pusieron en contacto con Karla Gallando, antigua asociada de la aceleradora New Ventures, y le ofrecieron el cargo de Directora General de VIWALA. Su primera tarea consistió en fomentar la demanda de la solución VIWALA entre emprendedores y otros proveedores de capital.

### ■ *Enséñame el dinero*

Al igual que Bhavik, Karla descubrió que vender la oferta de VIWALA a los emprendedores era fácil. Los fundadores de pequeñas empre-

---

opportunities-for-gender-finance-in-latin-america-what-can-banksand-mfis-do-to-service-women-entrepreneurs-better.

sas entendían intuitivamente el concepto de pedir prestado según las ventas futuras e ir reembolsando según un porcentaje de esas ventas. Pero cuando se puso en contacto con inversores de VIWALA, la mayoría de las preguntas que le hacían giraban en torno al historial de ingresos de los prestatarios y a si podrían permitirse los préstamos. También tenían sus dudas sobre la capacidad de los fundadores para informar con exactitud de sus ingresos. Finalmente, Karla encontró un inversor —un *family office* de México— que tenía más flexibilidad que los inversores habituales o las instituciones financieras y estaba dispuesto a invertir 800.000 dólares en la fase inicial de préstamos de VIWALA[4]. El millón de dólares recaudado por VIWALA permitió a la startup fintech conceder 19 préstamos, al tiempo que reforzaba sus capacidades y agilizaba aún más sus procesos de *due diligence*, desembolso y cobro.

Recientemente, el Gobierno mexicano, al igual que otros de América Latina, impuso la **facturación electrónica** para todas las empresas, lo que ha supuesto una gran ayuda para que las **fintech** que recopilan datos diseñen nuevos productos de financiación. La disponibilidad de estos datos permite a VIWALA desarrollar una tecnología que, coordinada con la Agencia Tributaria mexicana, permite verificar las ventas mensuales y el flujo de caja de las empresas. A su vez, VIWALA es ahora capaz de procesar una solicitud de **RBF** en dos días y desembolsar los préstamos aprobados en diez.

VIWALA ha incorporado ciertos criterios para mitigar el riesgo de su cartera. Por ejemplo, sólo prestará hasta el 20% de las ventas anuales anteriores de una empresa prestataria. Este límite se basa en un análisis interno realizado por VIWALA sobre la asequibilidad de los préstamos. Cuando prestan más de 30.000 dólares a una empresa, piden al emprendedor una **garantía personal** sobre el préstamo. En todos los casos, sus plazos de préstamo son de 36 meses y el factor por el que se multiplica el reembolso es de 1,5.

---

[4]   Como vimos en el último capítulo con Aner Ben-Ami, los *family office* operan sin financiación externa, así que pueden tomar decisiones basadas en los criterios y preferencias de los grupos de interés internos. Por tanto, suelen ser más rápidos y tolerantes al riesgo que las instituciones tradicionales. El personal que les asesora no suele ser numeroso, por lo que no es tan fácil acceder a ellos, aparte de que están sujetos a las preferencias de los miembros de la familia, que cambian con el tiempo.

En opinión de Karla, «para cerrar la brecha crediticia que tienen las pymes dirigidas por mujeres en América Latina necesitamos crear soluciones integrales que incluyan un producto financiero innovador y un proceso de contratación más ágil y sencillo, y también debemos ilusionar a los posibles inversores con este nuevo modelo de financiación».

Mientras Bhavik reflexiona sobre el viaje realizado hasta el momento, dice: «El modelo de VC impone demasiada presión sobre los emprendedores para que crezcan rápido, ideen rápido y sean disruptores, lo cual ha restado mucha atención a la creación de empresas por motivos verdaderamente loables, con sólidos fundamentos y un equilibrio adecuado. El modelo de **RBF** (...) se revela como un instrumento más equilibrado, estructurado y gradual. En el futuro, pienso que habrá más emprendedores que preferirán este método en vez de captar fondos enormes y luego gastar sus energías en escalar los resultados».

## ■ *¿Es la RBF adecuada para ti?*

### – Fundadores

La RBF es más adecuada para **startups ya con ingresos, en fase temprana o en fase de crecimiento**, que necesitan disponer de **capital de trabajo** y acceder a **financiación para crecer**. Es posible que no puedas acceder a **financiación mediante deuda** garantizada por falta de **colateral**, o que necesites acceder a financiación más flexible que la bancaria. Contar con una opción adicional de capital de trabajo, además de la **deuda** bancaria tradicional o de las tarjetas de crédito, puede ser una herramienta útil.

En cuanto al *coste (¿cuánto debemos?)*, los contratos de **RBF** de este capítulo han mostrado dos formas diferentes de determinarlo. En el caso de VIWALA, los acuerdos son parecidos a los de Adobe, y la **obligación total** es un múltiplo del efectivo prestado. Este múltiplo es inferior al que vimos en el caso del efectivo de Provive, y refleja el menor plazo de devolución, así como el menor nivel de implicación que VIWALA tiene con la empresa en cuestión. En otras palabras, tanto el coste como la implicación son más parecidos a los de una operación de **deuda**. Con GetVantage ocurre algo parecido, en términos de coste e implicación, salvo que su comisión es un porcentaje del importe total recaudado (6-9%). Esos préstamos son a plazos todavía más cortos que los de VIWALA, es probable que se devuelvan en unos meses.

Desde el punto de vista *del poder permitírselo* (*¿en qué periodo de tiempo lo debo? ¿cómo lo devuelvo?*), ambas empresas evalúan a los posibles prestatarios en función de su capacidad para devolver los préstamos en un plazo más o menos corto. La sencillez, la transparencia y la asequibilidad de sus préstamos son primordiales para el éxito de GetVantage y VIWALA. A diferencia de los financiadores de **RBF convertible**, Bhavik y Karla no pueden preparar contratos a la medida de cada prestatario. Necesitan que estos vean un conjunto de condiciones entre las cuales elegir, y calculadoras que les muestren el importe de sus cuotas, y cómo serán sus pagos. Es esencial utilizar la tecnología para automatizar este proceso. Si te estás planteando buscar un acuerdo de RBF con una **fintech**, tendrás que estudiar bien si te resulta verdaderamente asequible devolver el capital ofrecido, tanto desde el punto de vista del porcentaje de ingresos comprometido como del importe total de los reembolsos. Para ello tendrás que comparar el coste del acuerdo con otras alternativas también viables. La comparación debe basarse en el coste total para ti como emprendedor, así como en la flexibilidad que ofrece la financiación.

*¿Qué pasa si incurro en mora*? Muchos financiadores, entre ellos GetVantage y VIWALA, exigen **garantías personales** para los préstamos de mayor cuantía, de modo que si tu empresa deja de pagar, **incurriendo en mora**, es posible que te tengas que hacer cargo personalmente del reembolso.

En cuanto a **futuros planes de financiación** (*¿Qué pasa si mi empresa consigue posteriormente otras fuentes de financiación? ¿Qué pasa si se vende mi empresa?*), los contratos **RBF** son bastante sencillos: o bien los pagos continuarán de forma similar a lo que ocurre con otros pagos de **deuda**, o bien habrá una cláusula que permita pagar el importe total pendiente en su totalidad. Lo mismo ocurre si se vende la empresa.

– Financiadores

Como financiador, debes decidir cuáles son tus prioridades a la hora de aplicar la **RBF** en diferentes situaciones, zonas geográficas y tipos de empresa. Como comprobó VIWALA, el hecho de que los acuerdos de RBF no sean adecuados para empresas en fase temprana y **pre-ingresos** no significa que no puedan serlo para empresas muy pequeñas. Pero, para facilitar el acceso a las empresas más pequeñas, el coste de diluir y distribuir el préstamo ha de ser razonable, y es ahí donde la tecnología resulta esencial.

Gracias a ese mismo enfoque tecnológico, GetVantage ha identificado otro mercado: **startups** tecnológicas, **ya con ingresos** y en mercados emergentes, que necesitan acceder a capital no dilutivo para impulsar su gasto en marketing y desarrollo. La idea es especialmente adecuada para empresas que ofrecen software como servicio (SaaS). En Europa y Estados Unidos cada vez más inversores han detectado una tendencia similar e intentan utilizar la **RBF** para acceder a startups de rápido crecimiento usando **deuda** en lugar de *equity*. En EE. UU. actualmente este tipo de **RBF** es una «industria en auge». Grandes grupos de inversión, como Clearbanc y Lighter Capital, han adoptado este modelo.

Los financiadores de **RBF** en EE. UU. también están utilizando esta financiación para abordar la actual brecha de riqueza que se observa en los fundadores con pocos recursos. Iniciativas como Founders First consideran que la posibilidad de que los fundadores eviten o retrasen la **dilución** del *equity* es una de las ventajas más significativas de este instrumento. Así, según ellos, una estrategia importante para luchar contra esta brecha es que los fundadores con recursos escasos puedan participar más en la propiedad de sus propias empresas, y, por tanto, en sus beneficios, en lugar de cederla a empresas de *venture capital* bien capitalizadas y a instituciones financieras.

Tanto GetVantage como VIWALA representan una tendencia creciente de **RBF** en mercados emergentes para empresas más pequeñas. Además de facilitar más el acceso al crédito, la **RBF** basada en la tecnología puede resultar una valiosa herramienta de desarrollo a medida que el mundo se va recuperando de la pandemia del COVID. La flexibilidad de la **RBF** ha logrado que, aunque en 2020 la crisis del COVID haya reducido los pagos, todas las empresas de las carteras de GetVantage y de VIWALA hayan seguido realizando pagos en función de sus ventas. Otro caso parecido es el de Upaya Social Ventures (a la que conoceremos en el capítulo 15): durante la pandemia creó un Fondo de Resiliencia para cerrar acuerdos de **RBF**, de manera que los pagos resultaran más asequibles para los emprendedores y lograran ahorrarse, en un momento de crisis, la presión de la **deuda** tradicional[5].

---

[5]  Aprenderemos más sobre el fondo de Upaya en el capítulo dedicado a las donaciones (grants) recuperables.

# 12

# CÓMO REDISEÑAR EL CAPITAL-RIESGO

Hemos venido analizado en esta sección toda una serie de alternativas para que cambies tu forma de considerar las opciones de **capital-riesgo** con que cuentas. En este capítulo recapitularemos nuestro debate sobre la **salida estructurada** y hablaremos de los factores clave que deberás tener en mente cuando sopeses tus opciones. Quien quiera saber más sobre cómo se prepara un acuerdo de desinversión estructurada encontrará una batería de recursos en el complemento en línea.

Para **Aner**, del **Candide Group** (capítulo 6), el diseño de **salidas estructuradas** consistía en crear una financiación que realmente funcionara para los emprendedores a los que quería apoyar como financiador, es decir, emprendedores que se veían forzados a entrar en el molde del *venture capital* si querían obtener **capital-riesgo** para desarrollar sus negocios.

Para **Luni**, de **Fledge** (capítulo 7), diseñar su acuerdo de **acciones rescatables** consistía en crear una opción de financiación para emprendedores sociales en fase muy temprana que les permitiera ser propietarios de sus empresas a largo plazo. En el caso de **Gene,** de **myTurn** (capítulo 7), las acciones rescatables le dieron acceso a una financiación de prueba de concepto en una fase muy temprana que le permitió levantar su empresa según sus propias condiciones y no las que impusiera un capitalista de riesgo.

En el caso de **Jonathan, Michael y Rink**, de **Equal Exchange** (capítulo 8), un vehículo de **acciones preferentes** les permitió invitar a la empresa a inversores en sintonía con el proyecto, pero garantizando a la vez que esta pudiera proseguir su misión social, al imponer unos límites específicos a los accionistas (a saber, una **cláusula de «no salida»**).

Para **Erik y Rodrigo**, de **Adobe** (capítulo 9), preparar acuerdos de **RBF convertible** consistió en diseñar un enfoque de financiación que les permitiera crear una cartera de empresas sociales escalables con una vía más clara hacia la **liquidez**. En el caso de **Antonio,** de Provive (capítulo 9), la financiación **RBF convertible** le permitió compatibilizar el acceso a capital de crecimiento con la financiación de *venture capital*, proporcionándole además un socio para crear la empresa que no exigía participación en su propiedad.

Para **John y Jim**, de **Eleos** (capítulo 10), la creación del **dividendo a demanda**, un tipo de acuerdo de **RBF convertible**, consistía en encontrar una opción de financiación que pudiera utilizarse para ayudar a los **emprendedores sociales** a crecer en armonía con sus misiones sociales. En el caso **Emily**, de **Maya Mountain Cacao** (capítulo 9), este **dividendo** a demanda consistió en disponer de un **capital-riesgo** flexible que tenía en cuenta la fase temprana y la estacionalidad de su negocio.

Llegamos a **Bhavik**, de **GetVantage** (capítulo 11), para quien la **RBF** sirve a empresas de rápido crecimiento y *asset-light* que, por lo general, se han financiado con recursos propios o tienen escasas opciones de financiarse mediante *equity* o *venture capital*, lo que las convierte en candidatas ideales para opciones alternativas y **no dilutivas** de capital de crecimiento. Por último, para **Karla**, de **VIWALA** (Capítulo 11), la **RBF** se traducía en ofrecer capital de trabajo rápido y asequible a pequeñas empresas que no podían beneficiarse de los servicios de las entidades financieras formales.

- Fundadores

Como hemos comentado a lo largo de esta parte, hay tres factores clave que debes tener en cuenta antes de negociar un acuerdo de **salida estructurada**: el *coste, que te lo puedas permitir* y los *futuros planes de financiación*.

Empezando por el coste, no debemos olvidar que los acuerdos de **salida estructurada** suelen ser más caros que los préstamos bancarios. Dependiendo de las condiciones y de lo implicado que desees que esté un financiador, si tienes la posibilidad de que un banco o un prestamista comercial te ofrezca una financiación con tipos atractivos puede que una **salida estructurada** no sea el acuerdo que más te convenga. En el complemento en línea analizamos las estructuras mediante un ejemplo, y así vamos comparando los distintos costes.

Desde el punto de vista del poder permitírtelo, las salidas estructuradas funcionan mejor en empresas con márgenes comerciales amplios. Esto es especialmente cierto en el caso de acuerdos de **RBF** cuyos pagos se calculen en función de los ingresos. Aunque los pagos de la **RBF** son variables, si tu empresa tiene un margen ajustado, pagar el 5% de tus ingresos puede resultar inviable. Los acuerdos de **acciones rescatables** que se basan en **dividendos** o los acuerdos de **RBF** basados en el cálculo del flujo de caja libre siempre te resultarán asequibles, pues se basan en el exceso de caja generado. Sin embargo, tus previsiones de flujo habrán de ser suficientes a juicio de los financiadores, que son los que valoran en último término la viabilidad de la inversión, y como ya hemos visto la determinación exacta de este concepto financiero tiene su intríngulis.

Así pues, para preparar un acuerdo de **salida estructurada** realista, tendrás que conocer a fondo tus previsiones de ingresos y de tesorería. No estamos presentando unas previsiones color de rosa a un posible financiador de *equity*. Juzga con la cabeza fría hasta dónde puedes llegar, para estar seguro de que el préstamo es realmente asequible. Tendrás que jugar con tu modelo de ingresos y flujo de caja para entender bien qué tipo de pago es factible en tu caso.

Por último, tendrás que pararte a pensar cuáles serán tus *futuras necesidades de financiación*. Las **salidas estructuradas** pueden complicar futuras rondas de *equity*, ya que los nuevos financiadores pueden no valorar positivamente que estés obligado a pagar a inversores anteriores un porcentaje de tus ingresos o del flujo de caja. En la guía en línea hablaremos de las distintas opciones de que dispones para mitigar ese riesgo: el reembolso y el rescate. Si tienes previsto financiarte en el futuro mediante **deuda**, puedes utilizar tus reembolsos para irte formando un **historial de crédito**. En ese caso, debes tener la seguridad de que podrás recomprar todas tus acciones en circulación en un acuerdo de acciones rescatables. Y en tus planes futuros de crecimiento y financiación, te asegurarás de que tu financiador esté en sintonía con tu misión. Todos los financiadores de **RBF** y la mayoría de los de **RBF convertible** esperan que sus beneficios procedan de los reembolsos, pero muchos de los que te financian mediante **acciones rescatables** esperan también algún retorno económico. Tendrás que asegurarte de que en tus planes de futuro se contempla la posibilidad de ese retorno económico, bien mediante una **salida** por venta, **IPO** o fusión, bien mediante un rescate financiado con capital de deuda o flujos de caja internos.

## — Financiadores

Si bien la **RBF** puede utilizarse junto con la inversión de *venture capital* para favorecer el **capital de trabajo**, y las rondas de acciones rescatables pueden aumentar la propiedad de los fundadores, pues retrasan la **dilución** del *venture capital*, las **desinversiones estructuradas** no se inventaron para atender las necesidades de los unicornios. Los acuerdos de **desinversión estructurada** se idearon para hacer más accesible el **capital-riesgo** al 99% de las empresas que no encajan en el modelo de *venture capital*. Las **desinversiones estructuradas** ofrecen principalmente la oportunidad de diseñar una financiación mejor adaptada a las necesidades subyacentes de los emprendedores, así como a tus propias necesidades de **liquidez** en cuanto financiador.

Si ves que lo mejor para el tipo de empresas que financias es una **desinversión estructurada**, no debes agobiarte por la complejidad de crear una estructura de acuerdo. Como vimos en el capítulo 7, **los SAFE,** las **notas convertibles** y los acuerdos de *equity* son ya muy estándares, porque se han utilizado miles de veces y porque se concibieron para un subconjunto muy específico de empresas: el 1% de las que encajan en el molde del *venture capital*, es decir, startups tecnológicas orientadas al crecimiento, *asset-light* y que tienen previsto obtener repetidas veces financiación de terceros. Los acuerdos de **desinversión estructurada**, en cambio, pueden y deben tenerse en cuenta como instrumentos para financiar amplias categorías de empresas, por su capacidad de adaptación a diferentes contextos y necesidades de financiación[1].

Crear plantillas para nuevos métodos de inversión no es, desgraciadamente, fácil ni sencillo, de modo que los costes de transacción para los financiadores que los usan por vez primera en una jurisdicción pueden resultar elevados. No sería raro que abogados y contables no familiarizados con las acciones rescatables trataran de disuadirte y te aconsejaran usar otros acuerdos. Espero que los consejos de preparación de los contratos de este libro y los recursos del complemento en línea te ayuden a reducir esa complejidad y ese coste: podrás crear plantillas para algunas categorías diferentes de inversiones que te plantees hacer. Es posible que todavía te veas obligado a ajustar las condiciones en función de las empresas subyacentes, no lo olvides. Forma parte del proceso de hacer que el capital funcione de verdad para los fundadores.

El hecho de que los fundadores no comprendan la estructura puede ser otro obstáculo para cerrar una operación. Conviene que cada una de las partes comience entendiendo las **desinversiones estructuradas** o al menos se comprometa a comprender en qué consisten en un cursillo acelerado. Si una de las partes comienza a hablar de las bondades de la operación y de sus detalles técnicos y la otra no está muy convencida, es posible que el ambiente se enrarezca de repente y que el acuerdo se vaya al garete. Por ejemplo, el Fondo Acumen ha trabajado con **cooperativas** en Colombia utilizando un modelo de **acciones res-**

---

[1]    Brian Mikulencak, *Revenue-Based Financing for Impact Investing* (borrador disponible previa solicitud).

**catables** y ha dedicado una cantidad de tiempo considerable a explicar el modelo a los posibles socios. El equipo está evaluando actualmente el uso de una combinación de una **subvención recuperable**[2] y una **estructura basada en ingresos**.

Otra razón por la que las **desinversiones estructuradas** son más complejas es que, en la inversión tradicional en fase temprana, los inversores casi siempre adquieren algún tipo de participación de *equity* a perpetuidad. Cuando la **liquidez** no acaba de estar definida, los inversores en *equity* dependen de un tercero para determinar el rendimiento de la inversión: normalmente, un comprador grande y estratégico (que adquiere la empresa) o un banco de inversión (que facilita la IPO de la empresa). En cambio, los inversores de una **desinversión estructurada** deben trabajar con la empresa para fijar un calendario de reembolsos que encaje con las características únicas de la empresa y su actividad. Para ello es necesario que exista un elevado nivel de confianza entre el inversor y la financiada, así como respeto mutuo por los objetivos de cada uno, ya que las partes deben llegar a un acuerdo más definitivo sobre cuál debe ser la rentabilidad para los inversores. Incluso los inversores más experimentados podrán tener que replantearse o recalibrar la situación si están acostumbrados a negociar su rentabilidad de forma indirecta (es decir, estimando valoraciones futuras en función de futuras ventas de *equity*). Sin embargo, una vez finalizada, la desinversión estructurada no requiere que otra parte o transacción determine la rentabilidad para los inversores: sólo requiere que la financiada genere ingresos o flujo de caja. En cierto sentido, las desinversiones estructuradas, aunque sean más complicadas de negociar sobre el papel, pueden dar lugar a una reducción general del trabajo de financiación para la financiada (si tenemos en cuenta el trabajo evitado, y no sólo el aplazado)[3].

Desde el punto de vista de la rentabilidad, es importante recordar que, aunque los **acuerdos de salida estructurada** suelen fijar los plazos de reembolso, a menudo no fijan la **TIR** real de los inversores, debido a la flexibilidad y variabilidad del reembolso[4]. Por tanto, habrá que explicárselo a los **comités de inversiones, consejos de administración** o po-

---

[2]   En la III parte estudiaremos en detalle las donaciones (grants) recuperables.

[3]   *Revenue-Based Financing for Impact Investing*, de Brian Mikulencak (borrador disponible previa solicitud).

[4]   Ibíd.

sibles **propietarios de activos** que inviertan en un fondo. No obstante, la mayoría de los inversores de **desinversiones estructuradas** se fijan como objetivo una horquilla amplia de **tasas internas de rentabilidad (TIR)** según unas expectativas razonables en cuanto a los resultados de la empresa, y se protegen contra una posible rentabilidad cero previendo que los pagos comiencen poco después de la financiación, si bien suele ser tras un **periodo inicial de carencia**[5]. En todos los casos se pueden calcular un coste de capital estimado para la empresa y un **retorno de la inversión** para el inversor, que serán iguales salvo por lo que respecta a los impuestos. Si la empresa crece más rápido de lo previsto, los reembolsos se realizarán antes y el retorno de la inversión será mayor. Así pues, todas las **desinversiones estructuradas** tienen potencial de retorno económico. Todas incluyen también la posibilidad de retornos negativos, pues la mayoría solo cuenta con una **garantía personal** para paliar el riesgo.

La mayoría de los fundadores no estarán familiarizados con el concepto de **desinversión estructurada** y es posible que no dispongan de un modelo financiero lo bastante sólido como para realizar las proyecciones necesarias. Entonces, algunos financiadores tendrán que ayudar a los emprendedores a construir un modelo financiero para que comprendan qué es lo que se pueden permitir. En todo **reembolso programado** habrá que plantearse preguntas del tipo: «¿Cuál es la frecuencia de los ingresos?»; «¿Vende la empresa bienes o servicios "de un solo uso"?, vende suscripciones, o firma contratos de compra a largo plazo?»; «¿Tiene la empresa necesidades de capital inminentes?».

Como financiador, si te preocupa la posibilidad de estar demandando efectivo de un emprendedor justo cuando más lo necesita, esto es, cuando está haciendo crecer su empresa, es importante calibrar bien ese factor de «si se lo puede permitir». A las empresas que tienen un margen muy bajo, ese tipo de acuerdo puede resultarles inalcanzable. Si, por contra, su margen es lo suficientemente amplio como para que el modelo funcione, será prudente incluir cláusulas o condiciones de aplicación automática según rentabilidad que satisfagan a ambas partes. Por ejemplo: prever la activación automática de reembolsos cuando se llegue a unos niveles determinados de EBITDA o de rentabilidad neta, o el uso de un **tipo de interés** escalonado, que se incremente con

---

[5]     Ibíd.

el tiempo. De esa manera, la presión sobre los fundadores será en un primer momento suave.

## Compara tus opciones

Véase la Tabla 12.1

**Tabla 12.1**
Comparación de las opciones de salida estructurada

| | Más tipo deuda | | | Más tipo equity |
|---|---|---|---|---|
| Título | Financiación basada en ingresos (RBF) | Deuda mezzanine | RBF convertible | Acciones rescatables |
| Descripción | Préstamo que se reembolsa como porcentaje de los ingresos o flujos de caja futuros | Préstamo que se devuelve con un interés fijo y tiene retorno económico en forma de incentivos, p. ej., warrants | Préstamo que se reembolsa como porcentaje de los ingresos o flujos de caja futuros con opción de conversión en equity | Compra de acciones que pueden rescatarse multiplicadas por un factor previamente acordado o a un precio mutuamente acordado |
| Otros nombres | Financiación de tesorería, financiación mediante royaltya | Capital-riesgo de pyme, venture debt | Deuda basada en ingresos, dividendo a demanda, dividendo variable, inversión basada en ingresos, deuda subordinada de pago variable, deuda mezzanine basada en ingresos, acuerdo de reparto de beneficios, financiación mediante derechos de autor y royaltiesb | Acciones preferentes rescatables, acciones preferentes convertibles y rescatables sujetas resultados, rescate de acciones, VC variable, participaciones preferentes |
| Tu perfil | | | | |
| *Forma jurídica* | Entidad sin fines de lucro, con fines de lucro, cooperativa, empresa social | Entidad con fines de lucro, cooperativa, empresa social | Entidad con fines de lucro, cooperativa, empresa social | Entidad con fines de lucro, cooperativa, empresa social |
| *Modelo de ingresos* | Puede ser estacional y variable, debe tener ingresos y márgenes elevados | Puede presentar cierta estacionalidad | Puede tener cierta estacionalidad o variabilidad, debe tener ingresos actuales y márgenes elevados | Startup pre-ingresos o con ingresos |
| *Etapa de la empresa* | Fase temprana, de crecimiento, en expansión o consolidada | Fase temprana, de crecimiento o en expansión | Fase temprana, de crecimiento o en expansión | Etapa de concepto, Fase temprana o de crecimiento |

| | Más tipo deuda | | | Más tipo equity |
|---|---|---|---|---|
| Título | Financiación basada en ingresos (RBF) | Deuda mezzanine | RBF convertible | Acciones rescatables |
| *Proyecciones de crecimiento empresarial* | Pionera en su categoría, empresa nicho, empresa dinámica, empresa de subsistencia | Startup de alto crecimiento, pionera en su categoría, empresa nicho | Pionera en su categoría, empresa nicho, empresa dinámica | Startup de alto crecimiento, pionera en su categoría, empresa nicho |
| **Tu misión** | | | | |
| *Integración* | No especialmente importante | Si tienes una integración profunda de la misión, puede que te interese buscar financiadores orientados a la misión | Si la integración es media o elevada, debes buscar un financiador en sintonía con tu misión. | |
| *Historial* | | Los inversores de impacto pueden buscar un historial de impacto en las empresas en fase avanzada. | Los financiadores alineados con tu misión probablemente exigirán un historial de impacto | |
| *Tus necesidades de financiación* | | | | |
| *Destinar la financiación a* | Capital de trabajo o capital de crecimiento a corto plazo | Capital de trabajo o capital de crecimiento a medio plazo | Capital de trabajo o capital de crecimiento a medio plazo | Prueba de concepto o capital de crecimiento a medio y largo plazo |
| *Activos como colateral* | Historial de ingresos y puede requerirse una garantía personal | Alguna combinación de activos físicos y tipos alternativos de colateral. Algunos financiadores pueden estar dispuestos a que no se aporte ninguna garantía | Puede requerir una garantía personal | Ninguno |
| *Amortización prevista* | Generación de flujo de caja interno | Flujos de caja internos para el pago de intereses y el incentivo en efectivo, si se incluyen warrants entonces también una desinversión por medio de tercero | Flujo de caja interno o financiación futura | |

| | Más tipo deuda | | | Más tipo equity |
|---|---|---|---|---|
| Título | Financiación basada en ingresos (RBF) | Deuda mezzanine | RBF convertible | Acciones rescatables |
| *Propiedad* | Sin efectos sobre la propiedad | Si el reembolso consiste en intereses más un incentivo en efectivo, no es necesario estar dispuesto a diluir la propiedad. Los warrants requerirán estar dispuesto a diluir la propiedad | No afecta a la propiedad, a menos que se active la convertibilidad | Disposición a renunciar a la propiedad a corto plazo, pero posibilidad de seguir siendo propietario de la empresa a largo plazo o de que la propiedad pase a manos de los trabajadores |
| *Financiación en el futuro* | Puede obtenerse equity en el futuro, pero generalmente está pensada para empresas que prevén financiarse en el futuro mediante endeudamiento y generación de flujo de caja interno. | Puede funcionar en el futuro tanto con financiación de equity como mediante deuda | Puede obtenerse equity en el futuro, pero generalmente está pensada para empresas que prevén financiarse en el futuro mediante endeudamiento y generación de flujo de caja interno. | Puede obtenerse equity en el futuro, pero generalmente está pensada para empresas que prevén financiarse en el futuro mediante endeudamiento y generación de flujo de caja interno. |
| *Implicación del financiador* | Por lo general, foco en proteger la pérdida de la inversión, aunque puede estar interesado en el crecimiento, lo que podría dar lugar a un reembolso más rápido. Poca implicación continua, basada en lo estipulado en el acuerdo de deuda. | Se centra tanto en el retorno económico como en proteger la pérdida de la inversión. Tendrá una participación continua. Los pactos servirán de protección frente al riesgo bajista, y los derechos de voto y de información podrán utilizarse como medio de implicación en el retorno económico. | Se centra tanto en el retorno económico como en proteger la pérdida de la inversión. Tendrá una participación constante. Los pactos servirán de protección frente al riesgo bajista, y los derechos de voto y de información podrán utilizarse como forma de implicarse en el retorno económico. | Fuerte implicación mientras haya acciones en circulación, incluye puestos en el consejo, derechos de voto y derechos de información. |
| *Financiadores más probables* | Institución financiera no bancaria, fondo especializado, fondo de deuda, fondo mezzanine | Institución financiera no bancaria, fondo de deuda, fondo mezzanine, banco | Fondo mezzanine, fondo de deuda, fondo de VC, fondo especializado, institución financiera no bancaria, family office | Business angel, incubadora, aceleradora, family office, fondo especializado, fondo de VC |

[a] La expresión financiación mediante royalty (royalty financing) se utiliza para describir la financiación basada en ingresos, aunque técnicamente constituye por sí misma un tipo de financiación. En un acuerdo de royalties se hace un cálculo periódico del porcentaje de ingresos, pero sólo se aplica a un flujo de ingresos específico, como un producto o servicio

concretos. Ejemplos de ello son los ingresos derivados de activos específicos de propiedad intelectual (PI), pozos petrolíferos y minas. Es especialmente común en sectores que conceden mucha importancia a la propiedad intelectual, como el ámbito sanitario, o a los derechos de autor, como el cine, la televisión, la música. Aunque muchos tipos de desinversiones estructuradas se han denominado en el pasado «royalty financing» para abreviar, un verdadero acuerdo sobre royalties o derechos de autor emplea la propiedad intelectual a ellos asociada como garantía del acuerdo. Es decir, solamente en caso de impago se retendría la titularidad sobre dicha propiedad intelectual.

[b] Véase más arriba.

PARTE III

# ¿Y SI... QUIERES SER INNOVADOR EN LA FINANCIACIÓN CON DONACIONES (GRANTS)?

Compartir y dar forman parte de la naturaleza humana. Desde los inicios de la historia se han regalado alimentos, aportado recursos u ofrecido refugio o apoyo sin pedir nada a cambio, lo que representan las primeras formas de donaciones de una persona a otra. Los antiguos griegos exigían dar el diezmo (el 10% de los ingresos) a los pobres en momentos de importancia religiosa, como los Juegos Olímpicos. A pesar de esta larga historia del acto de dar, no fue hasta finales del siglo XX que empezamos a examinar *cómo las* personas e instituciones realizaban donaciones como motor del cambio o para hacer el bien.

En esta parte del libro, aprenderás sobre una serie de fundadores y financiadores que utilizan innovadores tipos de **capital filantrópico catalizador**, combinando las características de las **donaciones (grants)**, la **deuda** y el *equity* para apoyar a organizaciones sin fines de lucro, startups y pequeñas empresas que tienen en común el guiarse por un propósito[1]. Estas estructuras forman una parte importante, aunque a menudo infrautilizada, de las herramientas de financiación de las organizaciones sin fines de lucro. Empezaremos por las **inversiones relacionadas con programas** (Program Related Investment, **PRI**, por sus siglas en inglés), expresión con las que la Hacienda estadounidense designa a ciertas actividades de financiación no tradicional de las fundaciones. En el capítulo 13 veremos cómo estas utilizan una **PRI** en forma de préstamo para respaldar financieramente a organizaciones que sintonicen con su propia misión programática. Los lectores no estadounidenses deben tener presente que aunque es cierto que las **PRI** son un concepto característico de Estados Unidos, el uso estratégico de capital de beneficencia no se limita a las fundaciones estadounidenses,. Cualquier institución del mundo que posea capital y no exija un rendimiento «de mercado» puede optar por utilizar sus activos de modo estratégico.

Además, en esta parte estudiaremos el concepto de **garantías** (capítulo 14), que ayudan a las organizaciones a acceder a una **deuda** de menor coste; las **donaciones (grants) recuperables** (capítulo 15), que son donaciones (grants) que pueden convertirse en préstamos; los **préstamos condonables** (capítulo 16), que son préstamos que pueden convertirse en donaciones; y, por último, las **donaciones (grants) convertibles** (capítulo 17), que son donaciones (grants) que pueden convertirse en *equity*.

---

[1] Para los financiadores interesados en la combinación de capital a nivel de fondo, pueden verse algunos recursos en la guía en línea.

# 13

# El Studio Museum de Harlem: un recorrido por las inversiones relacionadas con programas

En este capítulo, acompañaremos a Mary Schmidt Campbell en su viaje hacia la financiación de **inversiones relacionadas con programas (PRI)** para el Studio Museum de Harlem, Nueva York. A través de la historia de este museo, conoceremos algunas de las preguntas más comunes y las ideas preconcebidas que muchos tienen sobre las PRI, que persisten a pesar de su uso creciente en Estados Unidos. Para los financiadores no estadounidenses, espero que este capítulo les sirva de introducción a cómo las instituciones donantes pueden usar estratégicamente su capital.

### ■ *Junto al bulevar Martin Luther*

El Studio Museum de Harlem se encuentra en la dinámica e histórica Calle 125, una de las que atraviesa el bulevar Martin Luther King, en Nueva York. Es el primer museo de bellas artes oficial en Estados Unidos dedicado a artistas de ascendencia africana. El histórico recinto pronto será sustituido por un nuevo edificio cuyo diseño se debe a Sir David Adjaye, el arquitecto del Museo Nacional de Historia y Cultura Afroamericanas de Washington. Pero esta es la historia del lugar que ha albergado al museo desde 1977, y de la financiación que lo hizo posible[1].

El Studio Museum se fundó en 1968 para reconocer y honrar a los artistas afrodescendientes y exponer su obra. Durante sus 10 primeros años de existencia, el museo alquiló un *loft* en el 2033 de la Quinta Avenida, en Harlem, mientras su colección empezaba a tomar forma.

Cuando en 1977 Mary Schmidt Campbell asumió la dirección del museo, uno de sus primeros objetivos fue buscar un nueva ubicación. Pensaba que disponer de un espacio permanente era un elemento clave para que el establecimiento se convirtiera en un museo de bellas artes oficial. Tras una larga búsqueda, encontró un edificio cercano, en la Calle 125 Oeste. Se trataba de un edificio de oficinas de cinco plantas, propiedad de un banco, con espacio suficiente para las distintas colecciones, además de locales comerciales para los inquilinos. Cuando la dirección del museo se puso en contacto con el banco, éste se mostró dispuesto a donar el espacio disponible a una organización sin fines de

---

[1] Adaptado a partir de: *Investing for Social Gain: Reflections on Two Decades of Program-Related Investments (1991)*, Fundación Ford.

lucro. Mary no cabía en sí de alegría: «La ubicación era excelente, tenía potencial para generar ingresos e iba a ser *nuestro*». Sin embargo, a pesar de las ventajas, el edificio presentaba muchos problemas. Estaba en mal estado y necesitaba una serie de reformas de un importe superior al millón de dólares.

## ■ *El mundo pertenece a los audaces*

Mary no se amilanó. Condujo al personal del museo y a su junta directiva por un intrincado *mare magnum* de normativa federal, leyes fiscales, preparación de presupuestos, recaudación de fondos y gestión de construcción y edificación, a todo lo cual lo llamaba con humor «curso intensivo en diversos aspectos de la gestión de organizaciones sin ánimo de lucro». Finalmente el museo recibió una subvención federal de 800.000 dólares para acciones de desarrollo urbano (UDAG) que le proporcionaría financiación a largo plazo para las mejoras de capital necesarias. A continuación el museo lanzó la primera campaña de captación de capital de su historia, a fin de recaudar los 250.000 restantes dólares que costaría la construcción.

El problema era que la financiación del UDAG sólo estaría disponible una vez finalizada la construcción, y el equipo del Studio Museum sabía que la recaudación de fondos llevaría tiempo, por lo que la organización se enfrentaba a un inminente déficit de financiación. Mary decidió pedir ayuda a la Fundación Ford. Esta ya había apoyado el proyecto, concediendo una **donación** para que Studio Museum contratara a un asesor inmobiliario que le ayudara en la búsqueda del edificio. Uno de los directores de la Ford recomendó a Mary que solicitara el préstamo para su proyecto a través de la oficina de **PRI** de la fundación. No estaba familiarizada con las **PRI**, pero en la tal oficina le explicaron en qué consistían.

## ■ *Una PR- ¿Qué?*

En Estados Unidos, las fundaciones privadas están obligadas a desembolsar anualmente el 5% de su **patrimonio fundacional (endowment)**. Pueden hacerlo mediante donaciones tradicionales o a través de las PRI, que es la sigla fiscal que se utiliza para designar cualquier tipo de compromiso financiero no relacionado con donaciones realizado a favor de la misión de una fundación. Gracias a las PRI —según las desarrolla el código fiscal estadounidense—, las fundaciones pueden aportar fondos a organizaciones que promuevan sus objetivos programáticos, y lo hacen a través de muy diversos canales, como, por ejemplo, **deuda**, *equity* o **garantías**. En realidad las fundaciones estadounidenses podrían utilizar sus estrategias de PRI para materializar buena parte de las estructuras de financiación analizadas en este libro. Los retornos de tales inversiones se reciclan para conceder nuevas **donaciones** y PRI.

La Fundación Ford tiene una relación muy especial con las **PRI**... fue su inventora. En 1968 lanzó la idea por primera vez, y al año siguiente esta se incluyó en el código fiscal estadounidense como una excepción a la Ley de Reforma Fiscal de 1969, que estipula que las fundaciones privadas deben evitar inversiones que puedan comprometer su capacidad para llevar a cabo su misión. Según el código, las fundaciones privadas están autorizadas a realizar inversiones con niveles de riesgo superiores a los normales siempre que cumplan estos tres criterios:

1. Que la finalidad principal sea cumplir uno o varios de los fines de la fundación exentos de tributar.
2. Que la finalidad primordial no sea generar ingresos o revalorizar la propiedad.
3. Por último, no deberá buscarse influir en la legislación ni participar en campañas políticas en nombre de los candidatos[2,3].

En el caso de Mary y el Studio Museum, lo que necesitaban era una financiación puente que les permitiera comenzar la construcción, poder optar a los subsidios públicos e iniciar un programa más amplio de recaudación de fondos para crear una base de benefactores de la fundación. Aunque la Fundación Ford tenía previsto seguir colaborando con el Museo (como mecenas), la cuantía y destino de esa necesidad específica de capital encajaban mejor en el plan de PRI de Ford.

---

[2] Página web de IRS: https://www.irs.gov/charities-non-profits/private-foundations/program-related-investments.

[3] Estas normas no se aplican a las fundaciones comunitarias, que la Hacienda estadounidense clasifica como entidades benéficas públicas, no fundaciones privadas. (N. del T.: Una fundación comunitaria es una entidad pública filantrópica dentro del sector no-gubernamental que responde a las necesidades diversas de una zona geográfica en particular. Sus recursos financieros provienen de múltiples fuentes, p. ej., de la filantropía. Se trata de un concepto que ha sido recientemente trasladado a la sociedad española, bajo los auspicios de la Asociación Española de Fundaciones).

## ■ Un museo de colecciones

Mary dedicó varias semanas, junto con empleados de la fundación, a preparar todo el papeleo. Al final se aprobó la concesión de 1,05 millones de dólares al museo, que se le prestarían con cargo al futuro UDAG y al capital de la campaña de recaudación de fondos. También se concedió una donación de 25.000 dólares para que el museo pudiera contratar a un director de desarrollo y a un gestor de proyectos profesional que se encargara de supervisar las necesarias restauraciones.

Por otra parte, el museo recibió el apoyo del consistorio de Nueva York, que intervino para **garantizar** parte de la PRI en caso de que fracasara la campaña independiente de recaudación de fondos del museo.

Con el capital en la mano, Studio Museum pudo seguir adelante con las obras de reforma del 144 Oeste de la Calle 125. Mientras tanto, alcanzó el objetivo de 250.000 dólares de su campaña de recaudación de fondos. Studio Museum pudo reembolsar íntegramente la PRI de la Fundación Ford tras terminar sus obras de reforma, y consiguió así los fondos del UDAG.

Repasando la trayectoria de Studio Museum tras hacerse con el edificio del 144 Oeste, Mary afirma que fue uno de esos momentos «grandes» de la organización, gracias al cual el museo evolucionó y, «de ser un pequeño centro, pasó a convertirse en un museo de colecciones con función de archivo».

Hoy en día, el Studio Museum de Harlem está considerado la principal institución de artes plásticas y visuales del mundo para artistas afrodescendientes. Lo dirige actualmente Thelma Golden, que comenzó su carrera como becaria del propio museo, en 1987. Bajo su dirección, el museo ha adquirido renombre como líder mundial en la exposición de arte contemporáneo, como centro de educación innovadora y como pilar cultural de la comunidad de Harlem[4].

La Fundación Ford, por su parte, ha seguido ampliando su programa de PRI, invirtiendo más de 700 millones de dólares desde su primera PRI en 1968. También ha mantenido su apoyo a las artes mediante **donaciones** y PRI, convirtiéndose en uno de los mayores financiadores

---

[4]   The Studio Museum Harlem. (2019) Gagosian Quarterly, número de primavera del 2019. Disponible en: https://gagosian.com/quarterly/2019/07/14/interview-thelma-golden-david-adjaye-studio-museum-harlem.

de las artes y la expresión creativa en Estados Unidos. Su previsión de gasto, solo para 2021, es de más de 205 millones de dólares[5].

■ *¿Te conviene una PRI?*

– Financiadores

El concepto de inversiones PRI sólo aparece en el código fiscal de EE.UU., donde queda integrado dentro del requisito de que las fundaciones estadounidenses destinen cada año el 5% de sus activos netos a causas que tengan que ver con su misión. Las PRI no son una **donación**, y tampoco son una inversión tradicional, sino una tercera opción, jurídicamente distinta. Pueden utilizarse en prácticamente cualquier tipo de vehículo financiero, siempre y cuando la inversión subyacente esté alineada con la misión de la fundación. Su rentabilidad financiera no se considera una «finalidad primordial». Estas inversiones pueden realizarse directamente en beneficio de las organizaciones, o a través de intermediarios, y puede invertirse tanto en entidades con fines de lucro como sin fines de lucro. Entre los intermediarios habituales se encuentran las instituciones financieras de desarrollo comunitario (CDFI), los bancos y los fondos de inversión de impacto.

Las PRI han crecido considerablemente en los últimos 20 años gracias al trabajo realizado por los pioneros: las fundaciones Ford, MacArthur, Annie E. Casey y otras[6]. Aunque los **préstamos a bajo interés** a organizaciones sin fines de lucro para el desarrollo inmobiliario siguen siendo una forma común de **PRI**, las fundaciones también las han realizado mediante adquisición de *equity* en fondos de inversión de capital en

---

[5] En una operación sin precedentes, dieciséis grandes donantes y fundaciones destinan 156 millones de dólares a apoyar a organizaciones artísticas negras, latinas, asiáticas e indígenas. 24 de septiembre del 2020: Disponible en: https://www.fordfoundation.org/the-latest/news/sixteen-major-donors-and-foundations-commit-unprecedented-156-million-to-support-black-latinx-asian-and-indigenous-arts-organizations/.

[6] Este grupo, junto con las fundaciones George Gund, Heron, David y Lucile Packard, Prudential y Rasmuson, así como el Meyer Memorial Trust, fundó en 2005 la Mission Investors Exchange, a la que se atribuye el mérito de haber ampliado la interpretación y utilización de las PRI, así como de otras formas innovadoras de hacer donaciones.

fase temprana y **empresas sociales**, así como mediante **donaciones (grants) recuperables** (Capítulo 15) y **préstamos condonables** (Capítulo 16). También se han utilizado como **garantías** (Capítulo 14).

Para evaluar si puedes realizar una PRI, primero debes pensar si un inversor prudente tomaría esa misma decisión. Tendrás que dividir la inversión en factores y analizarlos individualmente: el riesgo de la inversión en sí, el riesgo que asumes como inversor y el rendimiento que esperas obtener. Si la inversión resultaría demasiado arriesgada para un inversor prudente, entonces está justificado que utilices una PRI. Y si un inversor prudente sí invertiría, pero tú, sin embargo, estructuras la inversión para asumir más riesgo (por ejemplo, ocupando una posición subordinada, pidiendo un rendimiento inferior, o ambas cosas a la vez), entonces sigue habiendo justificación para que uses una PRI.

Estas son las preguntas decisivas que debes plantearte:

*¿Está el impacto social integrado en el modelo de negocio, de modo tal que aquel será mayor con el crecimiento de la empresa?* El impacto debe ser lo suficientemente claro como para que armonice sin ambigüedades con el propósito declarado de tu fundación.

*¿Se trata de un fondo primerizo, o de un equipo cuyos miembros trabajan juntos por primera vez?* La mayoría de los inversores consideran que los gestores de fondos primerizos y los emprendedores sin experiencia asumen más riesgos y, por tanto, pueden no superar la prueba del inversor prudente, lo que significa que una PRI podría resultar adecuada.

*¿Existen datos suficientes para confiar en que podemos obtener un rendimiento ajustado al riesgo y a tipo de mercado?* Si es así, resultará difícil defender el uso de una PRI: puede ser más conveniente hacer una inversión tradicional con cargo al patrimonio fundacional.

Para quienes hacen sus primeras PRI o se atreven con empresas o estructuras no muy habituales, como el *equity*, será muy importante tener un dictamen sobre este tipo de inversiones, sea de su departamento jurídico o de asesores externos. Al contrario de lo que se suele pensar, no se precisa una carta-dictamen de Hacienda, que por lo demás es poco frecuente. Las fundaciones pueden gestionar **inversiones relacionadas con programas** a partir de su cartera de **donaciones** o tomando como base su **patrimonio fundacional**. Si se parte del **patrimonio fundacional**, pueden gestionarse como una **clase de activos** con una **tasa mínima de retorno** distinta del **tipo de mercado**.

Otra cuestión importante son las expectativas en cuanto a la **medición y gestión de impacto** (IMM por sus siglas en inglés de Impact Measurement and Management). Por lo general, los requisitos de **IMM** de los **donantes** son más complejos que los de los inversores. Las grandes organizaciones consolidadas y sin fines de lucro con las que las fundaciones suelen trabajar ya dispondrán de sistemas de **IMM** fiables, pero cuando trabajen con empresas más pequeñas y en una relación inversor-financiada, deberán aprender a convivir con probables diferencias en los informes de impacto.

Las PRI son una herramienta muy específica que se ha utilizado en casos muy concretos. Como señala Tracy Karty, de la Fundación Annie E. Casey, «es esa flexibilidad de la herramienta lo que realmente nos abre infinitas posibilidades. Gracias a ella la filantropía puede pensar con más libertad en distintas formas de asumir el riesgo, en cómo catalizar el capital para que fluya hacia las comunidades, por ejemplo, para apoyar a las personas de color, o para abordar algunas de las carencias que observamos en el sistema financiero. Y considero que esa flexibilidad es lo más interesante de las PRI. También suele ser lo más difícil de entender».

Por último, ¿en qué se diferencian las PRI de las inversiones relacionadas con la misión (MRI)? **MRI** no es un concepto recogido en la ley, simplemente pretende describir una inversión que integra la «consonancia con la misión» en su proceso de toma de decisiones. **Inversión de impacto** y MRI se utilizan a menudo indistintamente. Las MRI son un componente más de la estrategia general de inversión y patrimonio fundacional y deben cumplir los requisitos de prudencia estatales y federales aplicables a las actividades de inversión de una fundación en general. Son únicas en el sentido de que la adecuación a la misión pasa a ser un factor esencial del análisis prudencial, lo que se traduce en que, a veces, la rentabilidad buscada es menor que la de una inversión de patrimonio fundacional que no tenga que ver con la misión. En muchos casos las **MRI** de la cartera de una fundación se parecerán extraordinariamente a las inversiones que uno encontraría en cualquier cartera, con la diferencia de que la selección se ha realizado desde una perspectiva de impacto[7].

---

[7] Briand, P. & Godeke, S. (2020) *Impact Investing Handbook: An Implementation Guide for Practitioners*. Rockefeller Philanthropy Advisors.

## ▪ *Algunas cuestiones fiscales*

Las **PRI** deben declararse en el modelo 990-PF de la Agencia Tributaria Estadounidense (IRS) que deben presentar todos los años las entidades benéficas públicas y las fundaciones privadas. La IRS utiliza ese modelo para evaluar el cumplimiento del Código Tributario. El formulario recoge los ingresos, gastos, activos, **donaciones**, las **PRI** y la remuneración de los directivos de la empresa en cuestión[8].

Si una fundación privada declara una inversión **PRI** en su modelo 990-PF, puede incluir su importe dentro de la distribución benéfica anual obligatoria del 5% del año. Sin embargo, el año en que se le reembolsa la inversión, la distribución obligatoria aumentará en el importe del principal recuperado[9]. Eso quiere decir que los reembolsos del principal de las PRI (excluidas plusvalías, **dividendos** o intereses) tienen la consideración de «distribución negativa» respecto de los requisitos de desembolso aplicables en el ejercicio fiscal en que se recibe el reembolso. Las **PRI** también se excluyen de los activos de la fundación respecto de los cuales se calcula la distribución obligatoria del 5%. Los intereses, dividendos y plusvalías cuentan como ingresos ordinarios a incluir en el cálculo del Impuesto Especial sobre los Rendimientos Netos de las Inversiones, y las **PRI** generalmente no están sujetas al Impuesto sobre los Rendimientos de Actividades No Relacionadas (UBIT), al estar «sustancialmente relacionadas» con los fines exentos de una fundación. Para más información sobre cómo declarar los ingresos, la revalorización y el valor de los activos de las PRI en el modelo 990-PF, de presentación anual, consulta las instrucciones de la agencia tributaria para el modelo 990-PF68 y busca «inversiones relacionadas con programas»[10].

Técnicamente, las **PRI** podrían obtener «incidentalmente» rendimientos **a tipo de mercado**, pues los requisitos legales no imponen que deban situarse por debajo del rendimiento del mercado. De hecho, el código tributario establece que, por sí sola, una rentabilidad alta no

---

[8]    Emerson, J. (2003) *Where Money Meets Mission: Breaking Down the Firewall Between Foundation Investments and Programming* (El dinero y la misión se dan la mano: cómo tender puentes entre las inversiones de una fundación y sus programas). *Stanford Social Innovation Review* (verano del 2003).

[9]    Ibíd.

[10]   Mintz, J. & Ziegler, C. (2013) *Mission-Related Investing: Legal and Policy Issues to Consider Before Investing*. Fundación MacArthur.

hace perder la condición de **PRI**. «El hecho de que una inversión produzca incidentalmente ingresos altos o una revalorización del capital no constituye, en ausencia de otros factores, una prueba concluyente de que uno de sus propósitos principales fuera generar ingresos o revalorizar la propiedad»[11]. Pese a ello, muchas fundaciones han interpretado las normas de la Agencia Tributaria como si les prohibieran obtener rendimientos de mercado o cercanos al tipo de mercado y, por tanto, sólo califican de **PRI** a aquellas inversiones con rendimientos por debajo del tipo de mercado[12].

---

[11] Sitio web de la Agencia Tributaria estadounidense (IRS): https://www.irs.gov/charities-non-profits/private-foundations/program-relatedinvestments.

[12] Cooch, S. y Kramer, M. (2007) *Compounding Impact: Mission Investing by U.S. Foundations*. Asesores de Impacto Social de FSG.

14

# Riders for Health: un recorrido por la garantía de deuda

En este capítulo, vamos a saltar entre San Francisco, Gambia y el Reino Unido para aprender del viaje de Riders for Health hacia una **garantía de deuda**. En el capítulo anterior, analizábamos cómo pueden utilizar de forma innovadora y estratégica su **capital de subvención** quienes financian con **donaciones**, mientras que en el capítulo 4 hablamos de la importancia del **colateral** y de cómo utilizar los **pedidos de clientes** y las **facturas** como **colateral** para acceder a la **financiación mediante deuda**. En el caso presente, Andrea y Barry Coleman, de Riders for Health, utilizan la **garantía** que les concede una fundación para acceder a financiación por deuda y reducir así su **coste de capital**.

### ▪ *Vehículos abandonados y largas caminatas hasta las clínicas*

En muchas partes de África, actuaciones sanitarias como las vacunas, el tratamiento de enfermedades y los servicios de salud pública quedan fuera del alcance de millones de personas. El resultado es una menor esperanza de vida y millones de muertes que se podían haber evitado. Para las poblaciones rurales, uno de los principales obstáculos al acceso a la atención sanitaria es la falta de transporte: sin medios de transporte fiables, los medicamentos, las vacunas y los equipos, las intervenciones de toda clase y los tratamientos de vida o muerte no pueden llegar a donde más se necesitan. Se trata de un eslabón crucial pero ausente en la cadena de suministro.

Andrea y Barry Coleman, **emprendedores sociales**, vieron este problema de primera mano cuando viajaban por África en moto, a la aventura. Quedaron impactados por lo que se encontraban en muchos de los países que recorrían: trabajadores sanitarios que caminaban 20 km o más cada día para llegar a las comunidades que atendían, vehículos donados por entidades benéficas que, cuando se averiaban, quedaban abandonados sin más en la cuneta, cuando, con unas pequeñas reparaciones y el debido mantenimiento, podrían haber seguido en servicio durante mucho tiempo. Al ver este panorama, en 1996 los Coleman decidieron aprovechar sus conocimientos en motocicletas para hacer frente a esa falta de transporte sanitario fiable, y fundaron Riders for Health.

Para poner en marcha su idea los Coleman dieron un paso audaz: rehipotecar su casa. De esa manera tendrían el capital necesario para implantar un sistema de gestión de recursos de transporte (TRM, por sus siglas en inglés) que hiciera viable la solución de Riders para los sanitarios con pocos recursos. El sistema diseña un calendario de mantenimiento preventivo para reparar pequeñas averías, reducir costes y mejorar la eficiencia del parque móvil. Gracias a eso se mantiene la flota en buenas condiciones de funcionamiento a lo largo de toda su vida útil.

Con el tiempo Riders creció, llegando a gestionar flotas de transporte sanitario en siete países africanos y ganando numerosos premios y galardones como empresa social. Pero antes remontémonos al inicio del recorrido de Riders por Gambia.

### ■ *Gestión de motocicletas y ambulancias en Gambia*

El primer mercado de Riders for Health fue Gambia. En el 2002 se asoció con el Ministerio de Salud y Bienestar Social de aquel país para gestionar su flota de vehículos. Los primeros trabajos de la organización benéfica se financiaron con **donaciones** de la Fundación Skoll y de otras fundaciones.

Tras siete años gestionando la flota de Gambia, Riders pensó en dar un nuevo enfoque a su actividad, para mejorar su propia sostenibilidad financiera y ayudar a la Administración, su cliente, a ahorrar costes. En lugar de limitarse a gestionar los planes de mantenimiento, gestionaría las propias flotas. Lo denominaron «Gestión de Activos de Transporte» (TAM, por sus siglas en inglés) y, en 2008, propusieron al Ministerio de Sanidad de Gambia la idea de un programa nacional TAM de alquiler de vehículos. Riders for Health renovaría el viejo y obsoleto parque móvil de salud con vehículos totalmente nuevos, como ambulancias, vehículos de trekking y motocicletas, y la Administración los alquilaría directamente a Riders, ahorrando así a los contribuyentes el gasto que suponía comprar toda la flota.

A los funcionarios la idea les fascinó: tener acceso a toda una flota de vehículos fiables y bien mantenidos que podrían prestar un servicio integral de salud a toda la nación, también a las comunidades más remotas, todo ello a un coste razonable. Tras un acuerdo verbal con la correspondiente autoridad administrativa, Riders for Health se puso a reunir los 3,5 millones de dólares que necesitaba para comprar la flota.

Con la experiencia de una **entidad sin fines de lucro**, Riders sabía que acceder a esa cantidad de efectivo para una inversión de capital sería difícil, y en un país pequeño como Gambia todavía más. No obstante, la Fundación Skoll, que había concedido a Riders una **donación** para crear un plan de negocio y le había dado un modelo financiero para su nuevo método de propiedad de activos, apoyó la nueva estrategia de la organización. Andrea preguntó a Edward Diener, Consejero General de la fundación Skoll, si les prestarían el dinero para la flota.

Pero Edward tuvo una idea diferente: ¿por qué no solicitar el préstamo a uno de los bancos de Gambia y que la fundación hiciera de **avalista**? Así, en el futuro, Riders podría utilizar capital local para financiar la adquisición de activos.

### ◼ *De la Costa Oeste al África Occidental*

Edward viajó a Gambia para hacerse una idea más clara de la viabilidad de su planteamiento. Junto al equipo de Riders participó en las conversaciones iniciales con posibles prestamistas, como bancos gambianos locales, un banco islámico y un banco de empresas sociales. Ninguno podía conceder la financiación, ya fuera por limitaciones internas, ya por limitaciones externas. Algunos no entendían que una organización sin fines de lucro tuviera un modelo de negocio capaz de admitir la **financiación mediante deuda**. Varios bancos gambianos estaban dispuestos a participar, pero el Banco Central de Gambia no les permitía prestar tanto capital, porque su base de activos no era lo bastante amplia. En pocas palabras, la cuantía del préstamo que necesitaba Riders era demasiado elevada.

A pesar de no haber encontrado todavía un socio prestamista en ese viaje, cuando Edward regresó a EE.UU., propuso al patronato que Skoll proporcionara la **garantía** como una **«inversión relacionada con programas (PRI)»1**. También defendió que el acuerdo debía estructurarse de tal manera que, con el tiempo, ya no hubiera necesidad de contar con una garantía. «De acuerdo con el modelo financiero, al cabo de cinco años —la vida normal de la flota— Riders tendría suficiente efectivo para pagar el anticipo del 20% de la siguiente flota —explicó Edward—. Así que cuando necesitaran acceder a **deuda** para comprar la segunda flota, la garantía que ofreceríamos sería menor. La idea era que, para cuando llegaran a la tercera flota, fueran capaces de pagar prácticamente la mitad por sí mismos, por lo que ya no necesitarían ninguna garantía para acceder a la **financiación mediante deuda»**.

---

[1] Las inversiones relacionadas con los programas se analizaron en el capítulo 17.

Mientras ocurría esto, el equipo de Riders se puso en contacto con el Guaranty Trust Bank (GTBank), un banco nigeriano con el que tenían cierta relación y que disponía de una amplia red de clientes en África Occidental. El banco les concedía el préstamo... ¡a una **tasa de interés** anual del 27%! Andrea recuerda entre risas lo ridícula que les pareció la oferta, tanto a ella como a Edward. No obstante, continuaron las conversaciones para ver si lograban bajar el coste del préstamo.

Según recuerda Andrea, esgrimieron dos argumentos clave: que el préstamo beneficiaría a la imagen del banco, porque toda la población de Gambia sabría que estaba apoyando una iniciativa social, y que la operación le permitiría además aprender sobre alquiler de vehículos y desarrollar esa capacidad.

GTBank accedió a reconsiderar las condiciones, pero primero exigió ver un contrato firmado por el Ministerio de Sanidad de Gambia, para tener así certeza del flujo de ingresos de Riders.

## ■ *Todo por escrito*

Al equipo de Riders le costó mucho trabajo cerrar el trato, pues el sistema de arrendamiento de vehículos de TAM era un concepto nuevo para el Ministerio, y algo cuya eficiencia todavía no estaba probada. Hasta ese momento, el Ministerio había cubierto los costes iniciales de flota y transporte mediante vehículos donados, y sólo había contratado a Riders para la gestión de los vehículos. Así pues, llegar a un acuerdo sobre el coste total del sistema y reflejarlo en un contrato a largo plazo exigió muchas conversaciones al más alto nivel.

Aunque el Estado de Gambia había firmado ya un contrato, transcurridos seis meses el préstamo del banco seguía sin hacerse efectivo. Edward no entendía por qué se retrasaba, así que tomó un avión y volvió a viajar a Gambia. Allí trabajó con el director financiero de GTBank para reescribir la hoja de condiciones del préstamo, y posteriormente se reunió con funcionarios del Ministerio de Sanidad gambiano. Incluso apareció en la televisión local con el Ministro de Sanidad, explicando que, gracias a ese acuerdo, todos los ciudadanos de Gambia tendrían acceso a atención sanitaria. A pesar de todo, el contrato solo se firmó oficialmente el último día de su estancia, cuando un alto directivo del GTBank llegó a la ciudad desde Nigeria.

Al final, GTBank ofreció una **tasa de interés** del 3%, a condición de que Skoll depositara la **garantía** en la cuenta del GTBank en Gambia. De ese modo, si Riders for Health **incumplía** sus obligaciones, el banco podría disponer del dinero depositado por Skoll. Tal acuerdo mitigaba el riesgo para el banco de que el gobierno de Gambia incumpliera su compromiso de pagar los servicios de transporte, dejando a Riders en la imposibilidad de hacer frente al préstamo. Riders y Skoll aceptaron las condiciones. Riders también acordó pagar un 5% adicional a Skoll para cubrir las **pérdidas por cambio de divisas** del préstamo original. Finalmente, en 2009, Riders for Health adquirió los vehículos para la flota sanitaria de Gambia.

## ■ *En marcha*

Riders no pudo poner a rodar la flota de inmediato, como tenía previsto. Durante el primer año el Ministerio de Sanidad de Gambia no disponía de dinero para alquilar la flota entera. En el pasado el ministerio siempre había recurrido a vehículos donados, por lo que incluir el coste del alquiler en el presupuesto anual suponía un cambio sistémico. Pero tras el primer año de funcionamiento de Riders, la situación cambió. El departamento de estadísticas del Ministerio de Sanidad empezó a informar de mejoras significativas en el número de mujeres que daban a luz en centros de salud, la tasa nacional de inmunización y otras importantes estadísticas. Fue un momento decisivo, porque los datos sobre el impacto sanitario demostraron la utilidad y el valor del programa a gran escala y lograron crear un sentimiento de urgencia política para que el gobierno lo mantuviera. Así, el gobierno de Gambia reorganizó sus finanzas para financiar el programa con los ingresos tributarios y no tener que depender del dinero de los donantes.

Andrea no tiene ningún reparo en reconocer lo importantes que fueron el **préstamo** de GTBank y la **garantía** de Skoll para las operaciones de Riders. Cuando varios años después la organización empezó a buscar una nueva financiación para su flota, los bancos se la rifaban. Tras sufrir tantos rechazos y recibir ofertas a precios desorbitados, el contraste con la situación anterior no podía ser mayor. «Se dieron cuenta de que funcionaba», comenta Andrea. Y el hecho de «que la atención sanitaria llegara a las comunidades rurales supuso las mejores relaciones públicas que pueden pensarse». Para cuando hubo que sustituir la primera flota gambiana, en el 2016, Riders logró obtener la financiación a una **tasa de interés** del 1,7%, y sin **aval**.

El otro beneficio de la ronda de financiación original fue que proporcionó a Riders un modelo de financiación de arrendamiento de activos que podía reproducirse en otros países.

En la actualidad, Riders gestiona más de 1.400 vehículos y prestan servicios de ambulancia y transporte de medicamentos, vacunas y personal sanitario en siete países africanos. La organización aún no ha replicado su modelo TAM, pero está trabajando para ponerlo en marcha en otros países, como Nigeria y Lesoto. Por ejemplo, a principios del 2020, el gobierno de Gambia llegó a recibir al Viceministro de Sanidad de Lesoto para conversar sobre el programa.

Andrea lamenta que, a pesar del «cúmulo de pruebas que podemos aportar, muchos siguen sin captar el papel prominente del transporte» en sus inversiones en sistemas de salud. Pero, añade, «tenemos un modelo, y seguiremos insistiendo e intentando que los Ministerios de Sanidad lo acepten». La Fundación Skoll, por su parte, recuperó la mayor parte del dinero que había puesto para la garantía mediante la repatriación del dinero depositado en GTBank y los pagos del 5% de Riders, si bien es cierto que la importante **depreciación** del dalasi gambiano provocó algunas pérdidas. Desde el punto de vista de la fundación, el verdadero valor de la inversión fue que el Ministerio de Sanidad de Gambia cambiara su forma de financiar la infraestructura del transporte sanitario, lo que demostró que el modelo de arrendamiento de activos de Riders podía reproducirse.

A la pregunta de si cambiarían algo del acuerdo, Andrea responde que habría pedido más dinero por adelantado y, así, habría podido diseñar un sistema de seguimiento y evaluación más sólido. Por su parte, Edward desearía haberse dado cuenta antes las limitaciones que tenía GTBank a la hora de estructurar el acuerdo; de haberlas conocido habría hecho muchas más gestiones para sacarlo adelante.

### ¿Te conviene una garantía?

– Emprendedor

Hacer uso de un **avalista** es muy parecido a, por ejemplo, confiar en un amigo o pariente para que suscriba contigo el contrato de alquiler de un piso. Si eres joven y careces de historial de pago de alquileres, quizá el propietario del piso no esté dispuesto a alquilártelo, pues no sabe si podrás pagarlo. Pero cuando alguien con historial de crédito te respalda y se compromete a pagar el alquiler si tú no puedes, el riesgo para el propietario se ve reducido: presentar un avalista al futuro acreedor viene a tener el mismo efecto, y puede ayudarte a acceder a capital de deuda u obtener un préstamo a un **interés** mucho menor. La pega es que necesitas un **avalista** con una reputación suficientemente sólida, o que tenga cierta cantidad de dinero en efectivo que esté dispuesto a reservar y a aportar en tu lugar llegado el caso.

Hay dos formas de constituir **garantías**: garantías «con fondos», lo que significa que el avalista ingresa parte o la totalidad del importe de la misma en una cuenta a la que tiene acceso el prestamista (como hizo Skoll en nombre de Riders for Health); o **«sin fondos»**, que en realidad es más bien una promesa de que el préstamo está garantizado.

En el caso de las **garantías con fondos**, a veces hay que tener en cuenta comisiones y costes adicionales. Por ejemplo, la Fundación Skoll acabó asumiendo cierto **riesgo cambiario** en su **garantía con fondos** a Riders for Health, así como el riesgo de que la organización no devolviera el préstamo. El resultado fue una pequeña pérdida financiera, a pesar de los pagos del 5% que Riders realizó a la fundación para cubrir las **pérdidas por cambio de divisas**.

En el caso de una **garantía sin fondos**, el éxito depende de la confianza de los prestamistas en el avalista. Si no se fían de que vaya a pagar en caso de **impago**, es poco probable que acepten su garantía. Como emprendedor, si encuentras grandes financiadores con buenos balances tendrás muchas probabilidades de conseguir una **garantía sin fondos** que te acepten.

El coste de una **garantía** variará en función del proveedor. Algunas fundaciones utilizan los avales como parte de su estrategia filantrópica y pueden ofrecerlos sin coste alguno o a un coste relativamente bajo. Las **instituciones financieras de desarrollo** pueden ofrecer garantías subvencionadas como parte de sus programas de desarrollo, como hace la Corporación Financiera Internacional (CFI) de Estados Unidos. Los bancos también ofrecen garantías comerciales, pero suelen basarse en los tipos de mercado. Como emprendedor, tendrás que evaluar si el coste de la garantía y la exhaustividad de la *due diligence* que exija el **avalista** merecen la pena.

– Financiador

Hace años impartí una conferencia conjunta sobre inversión de impacto y uno de mis compañeros afirmó que las **garantías** eran la «*he-*

*rramienta más infrautilizada» de las* fundaciones. Siempre he tenido presente ese comentario en mi trabajo con empresas en fase temprana, principalmente cuando desean financiarse mediante **deuda** en monedas locales.

Son varias las razones que pueden explicar en cada caso particular que no se utilicen las **garantías**. En primer lugar, añaden costes, complejidad y partes implicadas a la operación. Lo hemos visto en el caso de Riders, en el que Edward dedicó un tiempo considerable a negociar el **préstamo**. Por su parte, Skoll quiso asumir el **riesgo cambiario** depositando en una cuenta de Gambia un importe igual a todo el préstamo. Ese nivel de implicación y capital en juego no resulta posible para la mayoría de los financiadores. La complejidad y el coste son dos de las razones por las que muchos financiadores prefieren ofrecer garantías con fondos, lo que permite a los gestores de fondos utilizar una garantía, bien para aumentar su deseo de riesgo, bien para disminuir el coste de capital del fondo.

En segundo lugar, existe la preocupación de que se generen incentivos perversos para los prestatarios, es decir, que sabiendo estos que el préstamo está garantizado, disminuya su interés por devolverlo. Una forma de mitigar tal riesgo es asegurarse de que la **garantía** se diseñe con vistas a una financiación futura. En el caso de Riders, la garantía se diseñó para crear su **historial de crédito** y permitirles acceder a capital local en el futuro, así se les incentivaba a comportarse como prestatarios responsables y realizar los pagos puntualmente.

En tercer lugar, existe cierta confusión a la hora de determinar si las **garantías** mitigan **riesgos reales** o **percibidos**. Los **riesgos reales**, como el **riesgo cambiario**, el **riesgo político**, el **riesgo de fase temprana**, son riesgos que podemos incorporar a nuestros modelos financieros y utilizar en consecuencia para fijar el precio del capital. Los **riesgos percibidos** se basan en la falta de datos. Skoll consideró que su **garantía** para Riders servía para cubrir el **riesgo percibido** por los bancos a la hora de conceder préstamos a una **organización sin fines de lucro**. Una vez que los bancos vieron que el **modelo de ingresos** de Riders era estable y sostenible, supusieron que ajustarían sus modelos de riesgo para tenerlos en cuenta. Las **garantías** en sí no suavizan los riesgos reales y subyacentes de una empresa. Los financiadores que utilizan las **garantías** para reducir el coste de capital de las empresas con un perfil de riesgo real elevado, en contraposición al percibido, deben estar dispuestos a asumir el coste de un eventual **impago**.

Como financiador, tendrás que evaluar qué tipo de **garantía** se adapta mejor al balance y al perfil de riesgo de tu organización. Si eres una organización pequeña, para proporcionar garantías quizá tengas que pensar en crear un fondo de garantía apalancado. Si eres un financiador grande y estás muy interesado en que empresas pequeñas o en fase temprana accedan más fácilmente a **deuda**, y a un menor coste, también puedes optar por crear un programa de **garantías sin fondos** que apalanque tu balance. Como en cualquier inversión, tendrás que evaluar qué tipo de garantías deseas conceder, cuál será su coste para el prestatario y cómo buscarás oportunidades de inversión y realizarás la oportuna *due diligence* para evaluar el riesgo.

Tracey Karty explica el planteamiento de la Fundación Annie E. Casey respecto a las **garantías**: «Todas nuestras garantías son sin fondos. En el balance aparecen como pasivos contingentes. Contabilizamos una especie de pérdida, una reserva meramente contable, con objeto de reducir nuestros activos en esa proporción. Hemos estructurado estas garantías de dos maneras: una es que si se llega a ejecutar, equivale a una aportación benéfica y ya está; otra forma es que sea recuperable. Así que si garantizamos un préstamo para un promotor de viviendas asequibles, ahí hay un activo. Si el promotor deja de hacer sus pagos al banco, la fundación puede intervenir, indemnizar al banco y pactar con este una cláusula de recuperabilidad: si el promotor le realiza pagos adicionales, la fundación podrá recuperarlos. En tal caso, el acuerdo aparecerá en el balance de la fundación como un préstamo PRI cuyo reembolso esperamos y del que hacemos el correspondiente seguimiento».

A efectos fiscales conviene señalar que, en Estados Unidos, si una fundación utiliza una garantía como PRI, esta no se considera distribución mientras no se desembolse efectivamente para cubrir impagos.

15

# Upaya Social Ventures: un recorrido por las donaciones (grants) recuperables

A continuación vamos a examinar una herramienta versátil denominada **donación recuperable**, acompañando a Upaya Social Ventures en sudesarrollo. Una **subvención recuperable** es una donación que se devuelve a los financiadores en función del éxito del proyecto. Las **donaciones (grants) recuperables** pueden ser utilizadas en todo el mundo por administraciones públicas, fundaciones y otras organizaciones que financian a entidades sin fines de lucro con capital flexible y de bajo coste.

### ■ *El poder de los empleos estables y los salarios fiables*

Sachi Shenoy, Sriram Gutta y Steve Schwartz fundaron Upaya Social Ventures, una organización sin fines de lucro con sede en Seattle y Bangalore, con la idea de crear empleo digno y estable para los más pobres de entre los pobres de la India. Partían de la base de que un buen trabajo tiene un salario justo y constante, y ese es el mejor medio de combatir la pobreza. El nombre Upaya, que en sánscrito significa «medio o método eficaz que ayuda a alguien a alcanzar un objetivo», subraya la misión de la organización, que se concreta en invertir capital semilla para ayudar a crecer a pequeñas empresas del país.

Desde su lanzamiento en 2010, Upaya ha invertido principalmente en *equity* de 23 empresas de la India, que a su vez han creado más de 17.000 puestos de trabajo dignos y permanentes. La financiación semilla de Upaya ha facilitado este crecimiento, al permitir a las empresas de su cartera atraer **inversiones de seguimiento** (*follow-on investments*) por un valor que cuadruplicaba el capital invertido por Upaya. Hasta la fecha, Upaya ha salido con éxito en tres de sus inversiones.

Pero la propia Upaya estuvo atrapada durante años en una situación paradójica en relación con el capital de crecimiento. La organización contaba con una formidable **cartera** de empresas viables y en fase temprana que precisaban capital semilla, pero carecía de capital para invertir en muchas de ellas. Como entidad sin fines de lucro, Upaya tenía que conseguir **donaciones (grants)** que luego podría invertir como **capital paciente**. Autofinanciarse con **donaciones (grants)** —y, por tanto, no tener que generar **rentabilidad de mercado** para sus financiadores— garantizaba que Upaya pudiera apostar fuerte por empresas en fase temprana, además de ampliar el asesoramiento técnico que esas empresas suelen necesitar. La organización había conseguido 600.000 dólares en **donaciones (grants)**, sin embargo, era consciente de que la demanda de su **cartera** superaba con creces sus fondos disponibles.

## ◼ *Experimentando con recuperables*

En el 2015, Upaya conoció «Open Road Alliance», una iniciativa filantrópica privada que estaba experimentando con **donaciones (grants) recuperables**[1], esto es, aportaciones dinerarias que se reembolsan al financiador si el beneficiario logra ciertos resultados financieros previamente acordados[2]. Las condiciones de reembolso se pueden personalizar, dependiendo de las necesidades del financiador y el beneficiario.

Sachi se puso en contacto con Kate Cochran, una de las fundadoras de Upaya, para estudiar cómo podrían utilizar ese tipo de capital en el crecimiento de la propia Upaya. Tras hablarlo coincidieron en que la obtención de **donaciones (grants) recuperables** podría darles acceso a una mayor reserva de capital flexible, que a su vez ellas utilizarían para aumentar el número de sus inversiones en emprendedores prometedores. Así que solicitaron a Open Road Alliance una **subvención recuperable** de 25.000 dólares, y la obtuvieron. A esta siguieron, en 2017, otras dos **donaciones (grants) recuperables** de diferentes financiadores.

Aunque las **donaciones (grants) recuperables** cambiaron la manera como Upaya financiaba sus actividades de inversión, las primeras veces estaban vinculadas a inversiones específicas, lo que significaba que, con *cada* **donación** obtenida, Upaya debía invertir en una nueva empresa. Kate se planteó entonces si Upaya podría agrupar varias **donaciones (grants) recuperables** y constituir una especie de fondo.

## ◼ *Llegamos hasta el fondo*

Durante 11 meses seguidos Upaya se puso en contacto con fundaciones interesadas en la **inversión de impacto** pero que aún no habían realizado ninguna inversión. Sachi, Kate y el equipo de Upaya les propusieron un fondo de **subvención recuperable** como forma de que se mojaran sin salirse demasiado de su zona de confort (la concesión

---

[1]  Estos acuerdos también se pueden denominar **donaciones (grants) reembolsables** y, aunque puede dar lugar a confusión, algunos financiadores las denominan **donaciones (grants) convertibles** (que se estudiarán en el capítulo 17). Es de esperar que el lenguaje que se usa en estos acuerdos se vaya uniformando a medida que se generalicen.

[2]  Los hitos sociales también pueden utilizarse para las donaciones (grants) recuperables. Hablaremos de cómo hacerlo en el Capítulo 22.

de donaciones). A finales del 2018 la organización había recaudado un millón de dólares para su fondo común de **donaciones (grants) recuperables**. Entre los inversores del fondo se encuentran la 3rd Creek Foundation, la Chintu Gudiya Foundation, la Galloway Family Foundation, la Vibrant Village Foundation, la Norwegian Interhands Foundation y el Delta Fund.

El fondo está estructurado de modo que Upaya pueda retirar 50.000 dólares cada vez, según vaya aprobando sus inversiones. Prevé realizar 20 inversiones en cinco años con cargo a este fondo. Al reunir en un único fondo los recursos de las fundaciones, Upaya está distribuyendo el **riesgo de no devolución** entre todo el grupo de inversores y aumentando las posibilidades de **rendimiento de cartera**. El capital donado se reembolsará a medida que Upaya vaya saliendo de sus inversiones; los beneficios adicionales se pagarán en el décimo año, una vez que las empresas en cartera hayan reembolsado todo el capital. Naturalmente, la cantidad que reciban los donantes dependerá de lo que recupere Upaya. Esta se ha comprometido a reembolsarles un importe proporcional al que cada uno hubiera aportado al fondo, hasta un máximo del 5% anual. Sin embargo, hasta que se cumplan esos 10 años, Upaya puede reinvertir en sus empresas en cartera cualquier retorno económico que obtenga, ayudándoles así a lograr un mayor crecimiento e impacto laboral.

Durante el proceso de captación de recursos Kate y Sachi resolvían las dudas de las fundaciones, a las que interesaba la tesis social de Upaya, pero que a la vez deseaban saber por qué el capital tradicional de *equity* o de **deuda** no servían para el fondo. Ellas explicaban que Upaya **invertía** conscientemente por debajo del **tipo de mercado** en empresas que crean trabajo para los más pobres de entre los pobres de la India; las **donaciones (grants) recuperables** permiten a Upaya ser flexible y paciente con sus inversiones en *equity*, lo que, a su vez, permite a las empresas dar prioridad a la creación de buenos puestos de trabajo. Con miras a garantizar el máximo impacto del fondo, Upaya recaudó un millón más de dólares para sufragar los gastos operativos de buscar, seleccionar y financiar a las empresas de su cartera.

Las dos primeras inversiones del fondo de **donaciones (grants) recuperables** de Upaya han sido para FreshR, una plataforma tecnológica para productores de carne, y Laymen Agro, una plataforma de distribución de productos lácteos y agrícolas. Upaya conoció las dos iniciativas por medio de su programa **acelerador** del 2018, dirigido a empresas agrícolas indias. Les impresionó la misión de estas empresas, que creaban puestos de trabajo dignos y mejoraban notablemente los ingresos y los medios de subsistencia de personas que viven en condiciones de extrema pobreza.

En el futuro, Upaya también tiene previsto centrarse en empresas de sectores como la gestión de residuos, la capacitación y la manufactura en áreas rurales. En total, la organización cree que el millón de dólares que invertirá a través de su fondo se traducirá en la creación de 50.000 puestos de trabajo.

> «Lo interesante de este fondo de **donaciones (grants) recuperable** —afirma Sachi— es que, basándonos en la filantropía tradicional, creamos herramientas innovadoras que ayudan a subsanar las carencias observadas en las economías de mercado y a beneficiar a aquellos que, de otro modo, se quedarían atrás».

### ▪ *Y nos aventuramos por debajo del 0%*

Para Upaya, acceder a **donaciones (grants) recuperables** te permite invertir en emprendedores prometedores que crean puestos de trabajo dignos en la India. Sus donantes esperan que se les devuelva su aportación dineraria más una pequeña rentabilidad, pero sólo si Upaya consigue desinvertir con éxito. Para compensar los costes de distribución y gestión de estas inversiones, Upaya consiguió una **donación** tradicional aparte de la **subvención recuperable**. Pero, ¿qué pasa si se quiere combinar ambas cosas y utilizar una subvención recuperable para conceder **préstamos** de riesgo a empresas con impacto y a la vez cubrir los costes de concesión y gestión de esos préstamos? En otras palabras, ¿qué pasa si ideamos una **subvención recuperable** en la que se prometa a los financiadores la devolución de un importe menor que el **principal**? Eso es precisamente lo que ha hecho Ted Levinson, de Beneficial Returns, con su último fondo, denominado Reciprocity Fund.

En Beneficial Returns, Ted ha utilizado las **donaciones (grants) recuperables** de forma similar a como lo hizo Upaya, como una forma de acceder a capital flexible y de bajo coste. Utiliza las **donaciones (grants) de capital recuperable** que obtiene para conceder préstamos a **empresas sociales** a **tipos inferiores a los de mercado**. Su objetivo es que sus donantes obtengan una **rentabilidad** del 2%. Esta estrategia le permite trabajar con **empresas sociales** que no soportarían **rendimientos a tipo de mercado**, cubriendo al mismo tiempo los costes de gestión del fondo.

En 2019, un donante preguntó a Ted si financiaría una serie de **empresas sociales** que trabajan con comunidades indígenas de Estados Unidos. Ted respondió que su modelo actual no funcionaría con esas empresas, por su lejanía, las barreras lingüísticas, su reducido tamaño y su poca capacidad (y disposición) para asumir **deuda**. Aunque el objetivo de rentabilidad de Beneficial Returns —el 2%— le permitía conceder **préstamos** por debajo de la **tasa de mercado**, Ted sabía que para llegar eficazmente a las comunidades indígenas el capital debía ser aún más flexible.

No se cruzó de brazos y, junto con el donante en cuestión, diseñó un nuevo fondo que sí que resultaría adecuado. Según los términos de la operación, el financiador asume un compromiso de 500.000 dólares a lo largo de siete años y Beneficial Returns se compromete a devolverle todos los pagos del principal que reciba durante ese tiempo. Los **pagos de intereses** se los queda Beneficial Returns y los destina a cubrir los costes de distribución y gestión de los préstamos. De esa manera puede hacer préstamos más reducidos y arriesgados a proyectos que requieren mucho más tiempo y esfuerzo para su consecución.

### ■ *¿Te convienen las donaciones (grants) recuperables?*

En principio una **subvención recuperable** la concede una entidad sin fines de lucro a otra similar, y el reembolso queda a discreción del beneficiario, en función de una serie de hitos financieros acordados mutuamente. Los donantes pueden optar por conceder **donaciones (grants) recuperables** a **empresas sociales** con fines de lucro cuando las probabilidades de reembolso sean bajas o se necesite capital subvencionado, pero deben ser conscientes de las cuestiones contables y fiscales que se exponen en el capítulo 18.

Antes de llegar a un acuerdo sobre una **subvención recuperable**, es fundamental que tanto financiadores como fundadores tengan claro los términos en los que se va a desarrollar el reembolso, condiciones que pueden acordarse en el propio contrato o en un **acuerdo complementario** (*side letter*).

Igualmente importante es que la **subvención recuperable** se ajuste verdaderamente a la filosofía empresarial del financiador y del emprendedor. El primero debe ser consciente de que se trata de una inversión muy arriesgada, que lo mismo puede devolverse que no devolverse. En caso de que se devuelva, tampoco debe esperar un **rendimiento a tasa de mercado**.

– Fundadores

Las **donaciones (grants) recuperables** pueden ser una gran opción para fundadores que necesitan **financiación puente** en el momento justo, capital para **prueba de concepto** de bajo riesgo, la oportunidad de crear un **historial de crédito** o **capital flexible** para represtar o invertir.

Como emprendedor de una **entidad sin fines de lucro**, no será raro que te encuentres con lagunas de financiación entre dos grandes proyectos, o antes de iniciar un gran proyecto, o mientras esperas a que el donante cumpla lo prometido. Es parecido a la necesidad de **capital de trabajo** de los fundadores con fines de lucro. Disponer de capital para cubrir esas carencias en el momento oportuno puede ser vital para la continuidad de tu organización y la consecución de sus objetivos sociales. Estructurar esa financiación como una **subvención recuperable** te da un respiro, y sólo será reembolsable si se consigue financiación adicional. También puede estructurarse como un **préstamo condonable**, como veremos en el capítulo siguiente.

Si eres una organización que está tratando de crearse una reputación de **solvencia**, haber reembolsado una **subvención recuperable** generará confianza en tu capacidad para asumir más **deuda** (al modo tradicional), además de crear un historial que cualquiera puede consultar; también puede ayudar a implantar los sistemas internos que luego te servirán para tratar con prestamistas tradicionales.

Las **donaciones (grants) recuperables** también son adecuadas para empresas que se encuentran en una etapa de **prueba de concepto**, que prueban un producto en fase temprana o que están abriendo un nuevo mercado. Inevitablemente en esas situaciones el **capital-riesgo** será escaso, por mucho que los potenciales beneficios sociales sean tan grandes que la empresa merezca **subsidios** de alto importe antes de que haya **tracción de mercado**. Muchas veces se tratará de situaciones de alto riesgo, en las que la concesión de un préstamo podría acarrear pérdidas, pero en las que también es posible que la empresa llegue a ser sostenible desde el punto de vista financiero[3]. Del mis-

---

[3] Armeni, A. & Ferreyra De Bone, M. (2017) Innovations in Financing Structures for Impact Enterprises: Spotlight on Latin America. Transform Finance. Disponible en https://transformfinance.org/briefings/2017/9/1/innovations-in-financing-structures.

mo modo, aquellas empresas que operen en un mercado que diste de ser rentable pueden considerar las **donaciones (grants) recuperables** como un elemento necesario a incluir en su **estructura de capital**.

Las **donaciones (grants) recuperables** pueden ajustarse a la perfección a entidades sin fines de lucro que deseen conceder préstamos a **empresas sociales** y organizaciones sin fines de lucro, como Beneficial Returns, o invertir en *equity* de empresas sociales en fase temprana, como Upaya.

Como con cualquier otro capital externo que aceptes, deberás asegurarte de que es acorde con tu misión. Incluso las **donaciones (grants) recuperables** requieren encontrar un equilibrio entre la rentabilidad financiera y las prioridades de impacto. Por ejemplo, Upaya siempre se ha percibido, hasta ahora, como una organización benéfica que prioriza la creación de empleo sobre la rentabilidad financiera y, sin embargo, ante los nuevos financiadores, habrá de seguir gestionando ese equilibrio entre impacto y rentabilidad financiera.

— Financiadores

Este mecanismo supone una muy buena oportunidad para financiadores filantrópicos interesados en reciclar su capital. En aquellos territorios donde las **donaciones (grants) recuperables** estén consolidadas, esta puede ser una forma relativamente sencilla de iniciarse en el terreno de la **inversión de impacto**. Puede resultar menos complicado que la inversión en *equity* y puede realizarse con socios actuales que no tengan fines de lucro. Como se decía al comienzo del capítulo, esta financiación debe tratarse como de alto riesgo y las condiciones de reembolso deben quedar claramente expuestas en los contratos y acuerdos complementarios firmados con los fundadores.

Además, las **donaciones (grants) recuperables** permiten a los financiadores ampliar su espectro de rentabilidad financiera. Antes, las conversaciones en torno a la rentabilidad financiera del impacto eran dicotómicas: o se suponía una rentabilidad negativa del 100% para una **donación** tradicional o una rentabilidad del 0% + retorno en cualquier inversión de impacto. De esa modo todo el espectro de rentabilidad del 0% al -100% queda sin opciones estratégicas significativas. Aunque en muchas **donaciones (grants) recuperables** se pacta una rentabilidad del 0% + rentabilidad (es decir, devolución del **principal** más una rentabilidad), existe un margen importante para que los financiadores exploren la posibilidad de estructurar contratos que entren precisamente en esa horquilla de rentabilidad del 0%-100%. Como vimos en el caso de Beneficial Returns, es posible diseñar una **subvención recuperable** en la que sólo se recupere una parte del principal.

La falta de contratos tipo y de orientaciones contables ha constituido un verdadero problema para algunos financiadores y fundadores, pues algunos asesores jurídicos no sabían bien cómo redactar contratos de **subvención recuperable**, mientras las empresas, por su parte, tampoco tenían claro cómo contabilizar el capital obtenido. El equipo de Prime Coalition lo pudo comprobar cuando recaudaba fondos para su Prime Impact Fund, creado para financiar empresas tecnológicas en fase temprana centradas en el clima. Estas empresas no podrían obtener financiación en los mercados tradicionales si no acudieran a estrategias como la que se explica a continuación. En el 2020, Prime Impact Fund recaudó 50 millones de dólares de **capital catalizador**, concepto en el que se incluyen las **donaciones** tradicionales, las **donaciones (grants) recuperables**, las **inversiones relacionadas con programas (PRI)** y las **inversiones relacionadas con la misión (MRI)**. Prime Impact Fund utiliza la flexibilidad de los contratos de **subvención recuperable** firmados con sus inversores para financiar a empresas que los inversores convencionales considerarían demasiado arriesgadas.

Prime acepta **donaciones (grants) recuperables** de dos maneras. La primera es a través de un contrato de **subvención recuperable**, firmado por Prime y el administrador del **fondo asesorado por donantes (DAF)**. La segunda es mediante un **acuerdo complementario**[4] (*side letter*) firmado directamente entre Prime y el donante tras la concesión de una **donación** tradicional. Tanto el contrato de subvención como el acuerdo complementario especifican que, en caso de que Prime obtenga un **rendimiento de la inversión** en el fondo, devolverá el capital a los financiadores de forma **prorrateada**, a un tipo equivalente al 1-15% de rendimiento anual. La tasa de retorno es flexible, lo que permite que participen fundaciones u otras entidades filantrópicas con limitaciones internas a la rentabilidad que pueden obtener en su cartera de **inversión de impacto**. Lo más probable es que los retornos sean muy inferiores al 15%, pero el límite se ha puesto en tal porcentaje para reflejar la naturaleza de alto riesgo y alta recompensa de las inversio-

---

[4]   Un acuerdo aparte del contrato principal y que contiene condiciones adicionales del acuerdo entre las partes.

nes subyacentes que realiza Prime. Como hemos comentado en otros lugares, en el caso de inversiones de *equity* en fase temprana existe la posibilidad de que se generen rendimientos excepcionalmente altos, e igualmente de que el fracaso sea absoluto.

Por último, cuando evalúes las **donaciones (grants) recuperables** deberás sopesar también los costes y beneficios que en comparación con un **préstamo**. Trataremos ese tema con más detalle en el capítulo 18.

16

# IKAMVAYOUTH: UN RECORRIDO POR EL PRÉSTAMO CONDONABLE

En el último capítulo Upaya utilizaba **donaciones (grants) recuperables** (donaciones (grants) que se convierten en préstamos) para proporcionar capital asequible a emprendedores indios. En el presente capítulo, nos dirigimos a Sudáfrica para ver cómo los financiadores pueden utilizar **préstamos condonables** (préstamos que se convierten en donaciones), para financiar a organizaciones sin fines de lucro y **empresas sociales**.

## ■ *Dos mundos aparte*

Cuando Joy Olivier y Makhosi Gogwana trabajaban como investigadoras en el Consejo de Investigación de Ciencias Humanas (HSRC, por sus siglas en inglés), en Ciudad del Cabo, descubrieron su pasión mutua por la educación igualitaria y decidieron fundar una institución educativa sin fines de lucro que denominaron «IkamvaYouth». Con ocasión de su trabajo conjunto en un proyecto de investigación sobre educación, se contaron sus propias experiencias en el sistema educativo sudafricano. Se dieron cuenta de que la diversidad de sus experiencias escolares reflejaba el doloroso legado de la segregación racial en Sudáfrica, el famoso *apartheid*[1], que duró varias décadas: Joy fue a una escuela privilegiada de Pietermaritzburg, en la provincia de KwaZulu-Natal, mientras que Makhosi fue a una escuela pobre del municipio negro de Khayelitsha, en el Cabo Occidental. Joy tuvo acceso a todos los recursos y la información que necesitaba para sobresalir en sus estudios y acceder a la enseñanza superior; Makhosi, por su parte, carecía de material escolar básico, ayuda externa e incluso de la presencia constante de profesores, pues no siempre acudían a trabajar. Su experiencia al matricularse en la universidad fue muy dura: aunque había obtenido una beca, nadie le informó ni orientó sobre lo que podía estudiar.

Las estadísticas que Joy y Makhosi estaban investigando dibujaban un panorama desolador del impacto que la segregación racial y la opresión tenían sobre la educación del país: sólo la mitad de los niños sudafricanos matriculados en el primer curso llegan al último año de secundaria y, de estos, sólo un tercio consigue ser admitido en centros de educación terciaria. En resumidas cuentas, más de medio millón

---

[1] *Apartheid* es una palabra afrikaans que significa «separación» o «el estado de estar separado». Se refiere al sistema legal de segregación racial instaurado en 1948 por el Partido Nacional de Sudáfrica, y que se prolongó hasta 1994.

de niños abandonan el sistema educativo sudafricano cada año. Casi la totalidad de la ínfima fracción de *matriculants** (como se llama a los estudiantes del último curso de secundaria) con nota suficiente para acceder a Ciencias y Matemáticas en el nivel terciario procede de escuelas privilegiadas y bien dotadas de recursos.

Joy y Makhosi decidieron que tenían que hacer algo para cambiar el destino de los estudiantes pobres, negros y mestizos de Sudáfrica. Empezaron trabajando los fines de semana como profesoras particulares de secundaria en bibliotecas públicas y fueron creciendo rápidamente a medida que sus alumnos obtenían importantes logros académicos y accedían a la educación terciaria. Estos estudiantes pasaron de beneficiarios a benefactores, pues se unieron a una vibrante comunidad de voluntarios como Joy y Makhosi, apasionados por ayudar a los jóvenes desfavorecidos de Sudáfrica a salir adelante. En 2004 las dos institucionalizaron esta labor mediante la fundación de una organización sin fines de lucro. La misión de IkamvaYouth es dotar a los alumnos de comunidades desfavorecidas de los conocimientos, aptitudes, redes de contactos y recursos necesarios para, una vez terminada la enseñanza secundaria, acceder a la educación terciaria o a las diversas oportunidades de empleo.

### ■ Espacio para crecer

IkamvaYouth despegó rápidamente, lo que prueba el impacto que tuvo el modelo y las carencias educativas en Sudáfrica. Gracias al respaldo de fundaciones y grandes empresas, la organización pudo ampliar su alcance a cinco provincias de todo el país. Un equipo cada vez mayor de jóvenes profesionales se encargaba de que las funciones administrativas —desde la gestión financiera hasta el seguimiento y la evaluación— se ejecutaran eficazmente, lo que iba a permitir llevar sus resultados a escala. La aceleración de IkamvaYouth iba acompañada de una necesidad cada vez mayor de espacio, pues el equipo no dejaba de crecer.

«Cada vez que nos mudábamos a una oficina nueva, decíamos: "vaya, qué grande es esto", pero cuatro meses después teníamos que hacer las maletas y buscar otra», recuerda Joy. Pasaron 13 años e inconta-

---

\* La traducción literal al español sería «matriculandos». (N. del T.)

bles mudanzas antes de que el equipo empezara a pensar seriamente en comprar una propiedad que les albergara a largo plazo. Por fin asimilaron la idea, dándose cuenta de lo beneficioso que sería encontrar un edificio con espacio suficiente para crecer. También sería un gran activo para la organización, pues IkamvaYouth podría alquilar el espacio que no estuviera utilizando para ayudar a pagar su hipoteca.

Joy empezó a dedicar las tardes y los fines de semana a buscar en portales inmobiliarios cuando, un buen día, encontró el lugar perfecto, en una zona muy bien comunicada. Enseguida supo que ese era *su edificio*. Estaba en un barrio pujante, por lo que su valor probablemente aumentaría. Tenía cerca transporte público, y cumplía todas y cada una de las necesidades de espacio de la entidad. Enseguida Joy llamó a Alex Smith, Directora de Desarrollo Empresarial de IkamvaYouth, y le preguntó si en su opinión podían permitirse comprarlo (con la financiación adecuada). Le respondió que sí: por un lado la entidad había estado ahorrando diligentemente, y por otro había recibido un cheque importante, pero retrasado, de uno de sus financiadores, lo que implicaba que sólo les quedaban unos meses para gastar la subvención anual de ese inversor. IkamvaYouth estaba en buenas condiciones para hacer un pago inicial considerable. Los futuros ingresos por alquileres cubrirían con creces los pagos de la hipoteca.

## ■ *Una oferta: rechazada*

Confiada en sus posibilidades, IkamvaYouth le hizo una oferta al vendedor del edificio y fue llevando sus cálculos financieros al banco para solicitar una hipoteca. Cuando el primer banco dijo que no, el equipo pensó que era mala suerte. Al octavo o noveno rechazo, se dieron cuenta de que algo no iba bien.

Como IkamvaYouth era una organización sin fines de lucro, todos los bancos a los que iba le denegaban la hipoteca. «Nos dijeron que no podíamos optar a un préstamo hipotecario, a pesar de que, probablemente, estábamos en mejor situación que muchas empresas», recuerda Alex. El motivo era «que teníamos contratos de subvención para el año siguiente y no nos basábamos en ventas o en ingresos para pagar la hipoteca».

Entonces Joy y el equipo cambiaron de estrategia e intentaron conseguir otro tipo de capital: financiación **mezzanine**. El proceso resultó demasiado largo; se dieron cuenta de que nunca podrían cerrar un acuerdo a tiempo para hacerse con la propiedad. Sin financiación, la oferta de IkamvaYouth no pudo seguir adelante y aquello parecía ser el final de todo.

Meses más tarde, en una comida con amigas, Joy les hablaba de sus esfuerzos por tratar de conseguir una hipoteca. Para su sorpresa resulta que una de sus amigas conocía una fundación que podría estar interesada en ayudar a IkamvaYouth con su problema de financiación. Aquí es donde Michael Byron, de la fundación filantrópica colaborativa Mapula Trust, entra en escena. Michael recuerda que recibió un correo electrónico de la amiga de Joy en el que le pedía estudiar el caso de IkamvaYouth para ver si podía echarles una mano en la adquisición de un nuevo local para su sede.

> «IkamvaYouth necesitaba financiación para comprar el edificio y, en aquel momento, tenía un historial de 13 años de grandes logros. Como lo de IkamvaYouth había llegado a conocimiento de Mapula a través de un contacto de confianza, decidimos conocer al equipo, echar un vistazo al edificio y ver qué podíamos hacer».

### ■ Una oferta: aceptada

Tras hablar con Joy, Michael quedó favorablemente impresionado por la historia de IkamvaYouth y por lo que el equipo había conseguido. También le impresionó el edificio que la organización quería comprar, y lo consideró una gran inversión para IkamvaYouth, de modo que habló con el patronato de Mapula para obtener su permiso y conceder a la **entidad sin fines de lucro** un **préstamo sin interés** de 2 millones de rands (130.000 dólares) a dos años. Era la primera vez que Mapula se planteaba conceder un **préstamo** en lugar de hacer una **donación**, y los miembros del consejo tenían curiosidad por ver cómo salía la cosa. Aprobaron el préstamo en un tiempo récord.

Joy volvió a ponerse en contacto con el agente inmobiliario y se alegró de descubrir que el edificio seguía disponible. IkamvaYouth presentó otra oferta por el edificio, esta vez a un precio más bajo, ya que el edificio no se había vendido al precio anterior. La agencia inmobiliaria, tras consultarlo rápidamente con el propietario, le dio a Joy buenas noticias: El edificio era suyo... al precio más bajo. El equipo estaba eufórico y, antes incluso de mudarse, se apresuró a reunir el dinero suficiente para pagar a Mapula.

«Hicimos todo lo que pudimos para asegurarnos de recaudar lo suficiente y asignar los fondos adecuadamente, y para asegurarnos de obtener suficientes ingresos por alquileres, e incluso nos registramos en el South African Revenues Service (la Agencia Tributaria de Sudáfrica) para que nos reembolsaran el impuesto sobre el valor añadido de los seis años anteriores», recuerda Joy.

## ■ Un préstamo: condonado

Miembros del equipo de Mapula visitaban de vez en cuando al equipo de IkamvaYouth en su nueva sede, para comprobar de primera mano la eficacia del préstamo de la fundación. Los directivos de Mapula quedaron tan impresionados con lo que vieron que, llegado el fin del plazo de reembolso, la fundación condonó la totalidad del importe del préstamo, convirtiéndolo en una donación.

En la actualidad, IkamvaYouth imparte clases particulares extraescolares a más de 5.000 estudiantes de secundaria con pocos recursos de cinco provincias sudafricanas.

Al recordar la operación, Joy dice que nunca pensó que fuera a salir así. «Es muy difícil encontrar oportunidades como estas, y sería estupendo que más fundaciones ayudaran a organizaciones sin fines de lucro mediante la compra de activos que a su vez generen ingresos, como hizo Mapula con nosotros. Es una forma muy inteligente de emplear el dinero de las **donaciones (grants)**». Michael está convencido de que los préstamos deben formar parte del arsenal de los financiadores filantrópicos, porque «no todo tiene que ser **subvención**. En modo alguno debe desdeñarse un **préstamo sin interés**. Puede que no sea el ideal de toda organización, pero podría ser un buen salvavidas para algunas».

Y añade: «Cuando tratas con una entidad sin fines de lucro no siempre vas a estar a lo que digan las normas del comercio sobre prioridades de deuda, a veces se impone ser flexible y generoso».

## ■ ¿Te conviene un préstamo condonable?

### – Fundadores

Para los fundadores que necesitan capital flexible y alineado con su misión social, los **préstamos condonables** constituyen una excelente opción. Como veremos en la siguiente sección, estos préstamos pueden vincularse a hitos sociales, de manera tal que las empresas sociales puedan acceder a capital más barato si alcanzan una serie de objetivos sociales y medioambientales.

Debes estar consciente que al aceptar un **préstamo condonable**, puedes estar señalando al mercado que eres candidata a recibir financiación por debajo del mercado y sin reembolso. Ciertamente, este tipo de financiación flexible te resultará beneficiosa, y si más adelante buscas un **endeudamiento** más tradicional, podrás transmitir que tu empresa puede permitírselo y es capaz de asumir una financiación más cara, y, posiblemente, menos flexible.

Si eres un emprendedor con fines de lucro que busca préstamos condonables para tu organización, tendrás que demostrar una tesis de impacto igualmente sólida y justificar por qué en tu caso no encaja la financiación tradicional mediante **deuda**.

## – Financiadores

Independientemente de si se condona o no, la **deuda** a bajo coste de financiadores que sintonicen con tu misión puede ser una herramienta poderosa tanto para las entidades **sin fines de lucro** como para las que sí lo tienen. Los financiadores interesados en apoyar a organizaciones de impacto social no deben pasar por alto su valor.

En el caso de IkamvaYouth, no hubo hitos explícitos que activaran un reembolso o la condonación. El motivo de que Michael utilizara la estructura de **préstamo** era asegurarse de que un beneficiario nuevo para él, IkamvaYouth, estuviera utilizando el dinero prestado para generar el impacto prometido. Siguiendo los términos del contrato, Alex y su equipo se prepararon financieramente como si fueran a devolver el préstamo, así que, cuando se condonó, se produjo un superávit. Es decir, como financiador puedes elegir la estrategia de préstamo que consideres que mejor se adapta a las necesidades del prestatario en orden a lograr el impacto social o medioambiental deseado.

Como respuesta a la crisis del COVID hemos visto, por ejemplo, que se concedieron **préstamos condonables** de gran importe, haciendo depender su conversión de una serie de **métricas sociales** dirigidas a incentivar a las empresas a mantener a sus trabajadores en plantilla. Asimismo, se está debatiendo la integración de métricas de cambio climático en los préstamos a los grandes contaminadores. Disponer de unas métricas claramente definidas y acordadas de antemano con las pymes puede ayudar a garantizar que el capital que se les otorga contribuya a crear el impacto social y medioambiental buscado, asunto del que hablaremos en el capítulo 18.

# 17

# Trackosaurus: un recorrido por las donaciones (grants) convertibles

Ahora que hemos explorado las donaciones (grants) recuperables (**donaciones** que se convierten en **deuda**) y los préstamos condonables (**préstamos** que se convierten en **donaciones**), vamos a explorar con Luke Crowley, de Trackosaurus, cómo una **donación** puede convertirse en *equity*. Este tipo de contratos se denominan «**donaciones (grants) convertibles**» y sólo se utilizan en circunstancias muy específicas, cuando las startups con fines de lucro en fase temprana desean acceder a la financiación de **donaciones (grants)** para usos como **investigación y desarrollo (I+D)**, tengan o no un retorno económico comercial. Aunque esta estructura no es de aplicación general, es una innovación interesante que merecía la pena explorar en nuestro estudio sobre cómo el capital de **subvención** puede utilizarse como **catalizador**.

### ■ *Preescolar 2.0*

En 2017, tras más de una década supervisando ensayos controlados aleatorizados sobre proyectos de desarrollo a gran escala en Sudáfrica, Luke Crowley y su mujer, Meg Blair, pusieron en marcha Earlybird Educare Network, una organización de desarrollo infantil temprano (DIT). Luke había trabajado para diversas iniciativas, entre ellas la Innovations for Poverty Action, el laboratorio Abdul Latif Jameel Poverty Action Lab (J-PAL) y la Universidad de Ciudad del Cabo. Su trabajo consistía en evaluar la eficacia de distintos proyectos, que iban desde la sanidad móvil hasta las finanzas, pasando por la gestión de recursos naturales y la educación. En ese último ámbito, constató la eficacia de una serie de actuaciones destinadas a fomentar la educación precoz de los niños, y asimismo comprobó que eran fácilmente escalables. Así que él y Meg, profesora y máster en política educativa, lanzaron una organización que ofrecería a sus jóvenes alumnos lo mejor de tales intervenciones: Earlybird Educare Network.

En plan de broma Luke y Meg también la llaman «Preescolar 2.0». Durante la elaboración del concepto, Megan se encargó del desarrollo del plan de estudios, la orientación nutricional y la formación de los profesores, mientras que Luke se dedicó a investigar herramientas y recursos que ayudaran a los educadores a evaluar a los alumnos y sus progresos.

### ■ *¿Tablets para niños?*

Luke no tardó en detectar importantes carencias en la evaluación de los progresos del niño durante la primera infancia. Existían herramientas de evaluación de alta calidad, bien contrastadas y científicamente probadas, pero a precios prohibitivos, y poco prácticas para la mayoría de los centros preescolares. Por otro lado, también existían herramientas de observación relativamente baratas y fáciles de usar, pero cada vez quedaba más claro que no se adaptaban bien a cada niño (que es precisamente de lo que se trata en el ámbito de la evaluación educativa). Earlybird Educare Network necesitaba algo eficaz, sencillo y asequible.

Aunque al principio Luke dudaba que basarse en la tecnología fuera una buena idea, después pensó que lo que se necesitaba era una herramienta orientada a los niños donde los profesores apenas tuvieran que hacer nada y que tampoco exigiera contratar a otro evaluador externo. Tecnologías emergentes como la inteligencia artificial podrían optimizar la atención de los niños y, con el tiempo, las capacidades de aprendizaje automático mejorarían las evaluaciones. Consideró que lo más sensato sería utilizar una tablet.

Enseguida vio que una herramienta de este tipo podría tener aplicaciones fuera del propio plan de estudios de Earlybird, así que empezó a hablar sobre su idea con otras personas del ámbito del desarrollo infantil temprano (DIT). Una de esas personas fue Dhun Davar, de la Fundación UBS Optimus (UBS-OF). La conoció en noviembre del 2017, en la conferencia Think Future. Ese evento, organizado y financiado en Sudáfrica por Innovation Edge, se propone estimular la innovación en el ámbito del desarrollo en la primera infancia. Para ello invitan a profesionales, innovadores y financiadores de muy diversos campos a intercambiar ideas y opiniones con especialistas en DIT. Duhn, que asistía desde Suiza, habló sobre EarlyBird con Luke, quien le explicó sus dificultades para encontrar opciones de evaluación asequibles, prácticas y rigurosas. Gracias a la amplia experiencia de Dhun en la financiación de actuaciones de DIT, comprendió inmediatamente el problema y supo reconocer la validez de su propuesta de usar tablets. Le pidió que siguiera desarrollando la idea y que la mantuviera informada de sus progresos.

### ◼ *Un prototipo, una aceleradora y un taller*

Luke progresaba con rapidez. Justo antes de la conferencia Think Future su idea de herramienta de evaluación había recibido el visto bueno de Injini, una aceleradora de tecnología educativa de Ciudad del Cabo. Con el efectivo recibido y otros recursos del programa había desarrollado un primer prototipo, al que llamó «Bird Tracks».

En abril del 2018 Luke acudió de nuevo a Dhun con su prototipo. Quedó impresionada. Consideró que la herramienta podría interesar a UBS, que la financiaría, y le insistió en que le explicara cómo pensaba diseñarla y comercializarla. Según él, Bird Tracks podría escindirse como una **empresa social** propia con fines de lucro, pero dejó claro que no emprendería el camino del desarrollo sin la financiación adecuada. Calculó que necesitaría unos cinco millones de rands sudafricanos (400.000 dólares).

A Dhun el importe le pareció razonable, pero la idea de la escisión no le acababa de convencer. Luke llamó su atención sobre la cantidad de herramientas de evaluación desarrolladas por universidades y entidades sin fines de lucro con un modelo de distribución que dificultaba la expansión, y que además carecían de un buen sistema de mantenimiento que permitiera a los usuarios seguir usándolas años después. Su plan para Bird Tracks consistía en generar donaciones (grants) cruzadas para la empresa: vender el producto a precios de mercado en lugares como Estados Unidos, donde había un ecosistema consolidado, y a un precio casi de coste en lugares como el mercado sudafricano.

La financiación mediante **donaciones** no le parecía a Dhun adecuada para lo que en realidad era capital para startup. Desde la perspectiva del financiador, la startup que proponía Luke planteaba problemas de difícil solución. La fundación no se sentía cómoda concediendo **donaciones** a organizaciones con fines de lucro, pero tampoco podía invertir en *equity*, por coherencia con sus propios estatutos. No obstante, Duhn tenía mucho interés en que UBS-OF participara de algún modo en la idea de Luke, así que, aun sin una solución de financiación inmediata, quiso mantener el contacto con él y seguir estudiando opciones.

Unas semanas después, Luke asistió a un taller organizado por Innovation Edge sobre instrumentos de financiación innovadores. Lo impartía... una servidora, Aunnie Patton Power. No era la primera vez que veía a Luke u oía hablar de su trabajo. Yo también había asistido a la conferencia Think Future y había dirigido un par de talleres con el equipo de Injini sobre fuentes innovadoras de ingresos y negociación de inversiones en fase temprana. Incluso le había pedido a Megan que presentara Earlybird en una de mis clases de **inversión de impacto**. Para el taller de Innovation Edge me centré en cómo los financiadores y emprendedores en fase temprana podían integrar el impacto en sus contratos de inversión. Una de las opciones de financiación que presenté fue la subvención convertible.

## ■ ¿Donaciones (grants) que se convierten?

Las **donaciones (grants) convertibles** son similares a los **SAFE** y llevan décadas utilizándose en la inversión en I+D en fase temprana. Los financiadores siempre las han utilizado para que las empresas puedan desarrollar un producto o servicio antes de obtener capital de inversión. Así, si en el futuro una empresa captaba *equity*, la **subvención** pasaba a convertirse en participación en el capital. Este sistema ofrece a los financiadores la posibilidad de reciclar capital de subvención para nuevas innovaciones, aunque, por supuesto, para ello se necesita hacer una salida de anteriores conversiones en *equity*. Las **donaciones (grants) convertibles** se diferencian de los **SAFE** y de los acuerdos de **deuda convertible** en que, si más adelante el emprendedor no capta capital de inversión, siguen siendo **donaciones (grants)**, es decir, no se exige su reembolso. Por tanto, los financiadores que utilizan el instrumento realizan la aportación dineraria como una **subvención**, sin esperar que les devuelvan nada.

Presenté la **donación convertible** en mi taller porque sabía que varios de los asistentes eran fundaciones interesadas en estudiar cómo podían financiar empresas con fines de lucro en fase temprana. Mi objetivo era enseñarles la posibilidad de utilizar su capacidad de efectuar donaciones y, al propio tiempo, obtener un retorno económico si la empresa resultaba rentable.

Para preparar el taller, había pedido a los participantes que me enviaran casos, acuerdos o posibles oportunidades de financiación que pudiéramos utilizar para valorar las diversas opciones. A diferencia de otros, Luke, uno de los pocos emprendedores sociales asistentes, me envió una nota que decía:

> Pienso que UBS-OF podría estar interesada en co-invertir en Bird Tracks, nuestra tecnología de evaluación formativa basada en juegos, para la que Injini aportó capital semilla. Necesitamos unos cinco millones de rands en dos años y medio para lanzarla al mercado.

Durante el taller, por las preguntas que Luke me hacía sobre una hoja de condiciones de **subvención convertible** que les acababa de repartir adivinaba lo que se le estaba pasando por la cabeza. Él sabía que, aunque a UBS-OF le interesaba invertir en *equity*, tardaría por lo menos un año en estar en condiciones de hacerlo. Necesitaba por tanto alguna manera de permitirles retrasar su inversión sin que él dejara de obtener el efectivo que necesitaba para desarrollar su tecnología.

## ◼ *Una proposición decente*

Luke volvió a Dhun y a UBS-OF con una propuesta de **subvención convertible**, poniendo sobre la mesa el modelo de hoja de condiciones (*term sheet*) que habíamos visto en el taller. Dhun, intrigada por lo que podría salir de aquello, presentó la propuesta a su equipo. Otros miembros del equipo habían visto ya empresas educativas similares y les parecía bien financiarlas, así que decidió presentar la propuesta de subvención convertible al Patronato de la fundación, como caso piloto. Su argumento era que una eventual participación en el *equity* de Bird Tracks conferiría a UBS-OF cierta influencia sobre la empresa, que podría utilizar para garantizar que no se desviara de su misión al crecer; a la vez ofrecería a la fundación la posibilidad de reciclar su capital.

Dhun hizo algunas gestiones en previsión de las preguntas del Patronato. Solicitó la aprobación del organismo regulador y de la autoridad fiscal de UBS-OF en Zúrich y siguió negociando con Luke los detalles del acuerdo. Al final Dhun aceptó presentar al Patronato una propuesta de **donación** de 440.000 dólares, a desembolsar en varios plazos. Si Bird Tracks captaba al menos 225.000 dólares (200.000 francos suizos, según las condiciones) en una ronda de *equity*, la **donación** podría convertirse en acciones ordinarias de la empresa, a elección de UBS-OF, dentro de un plazo máximo de cinco años. Para animar a Bird Tracks a recaudar los fondos, las acciones se comprarían con un **descuento** del 0% si la **ronda de** *equity* se realizaba en los seis meses siguientes al desembolso de la donación, con uno del 15% si se realizaba en los 18 meses siguientes, y con uno del 25% desde ese momento en adelante. Si Bird Tracks no obtuviera financiación satisfactoria durante un periodo de tres años desde la donación, UBS-OF aún podría ejercer su opción y ordenar a Bird Tracks solicitar una **valoración** independiente de la empresa.

Cuando llegó la aprobación del organismo regulador suizo, Dhun llevó el acuerdo al Patronato. Aunque la fundación aún no contaba con el visto bueno de la parte corporativa (el banco UBS) para invertir en *equity*, la opción que daba el acuerdo de retrasar tal inversión convenció al Patronato, que dio su aprobación. En enero del 2019, Bird Tracks consiguió la **subvención convertible** de UBS-OF.

En la actualidad, Bird Tracks (ahora Trackosaurus) está ultimando su primer producto. Luke ha estado negociando con distintos financiadores las necesidades de financiación de la empresa para su próxima etapa. Al hablar de la **subvención convertible** uno de los riesgos que tuvo en cuenta fue que el acuerdo podría ahuyentar a futuros inversores, sobre todo si UBS-OF pasaba a ser un accionista importante tras efectuar la conversión. Hasta ahora, sin embargo, esa posibilidad no ha supuesto ningún problema. Los otros financiadores suelen considerar la subvención convertible como otro tipo de inversión en fase temprana, similar a una **nota convertible** tradicional.

Para UBS-OF, esa operación vino a ampliar los vehículos de financiación que utiliza para canalizar sus fondos. Ya solo eso ha demostrado su utilidad de varias maneras, principalmente porque le ha permitido ensayar la realización de operaciones de *equity* antes incluso de contar con una aprobación formal. De esa manera la fundación se ha visto obligada a reflexionar sobre cuestiones que van a resultar de suma importancia cuando obtenga la aprobación definitiva. Por ejemplo, ha comprobado que hay empresas a las que ha financiado con **donaciones** que pueden transformar alguna de sus iniciativas en una **empresa social** con fines de lucro. Antes sólo podían financiar tales escisiones mediante deuda, y esa solución no era aplicable en todos los casos. A partir de ahora podrán asumir, respecto de esas empresas escindidas, un riesgo tipo *equity* en fase temprana, con la posibilidad de que se les devuelva parte de ese capital. Otras cuestiones sobre las que UBS-OF ha tenido que reflexionar son las siguientes: ¿Qué grado de **medición de impacto** debe exigirse a las empresas en cartera? ¿Qué nivel de medición es realmente factible? ¿Y cómo puede UBS-OF asegurarse de que la empresa mantiene su misión social?

UBS-OF sigue probando variaciones de su contrato de **subvención convertible** para entender mejor qué condiciones tienen más sentido para la organización como financiador, y qué condiciones tienen sentido para los emprendedores en sus diferentes etapas de desarrollo y crecimiento.

### ¿Te conviene una subvención convertible?

– Fundadores

Como se vio en el caso de Luke, este tipo de instrumento funciona bien para una empresa con una **tesis de impacto** sólida y bien integrada en los documentos fundacionales y de funcionamiento de la empresa. Es ideal para fundadores que buscan grandes aportaciones de recursos tipo subvención para I+D, genere o no retorno económico.

Conviene ampliar el horizonte temporal cuando se piensa en las implicaciones de un contrato de **subvención convertible**. Si el contrato opera la conversión, el financiador podría pasar a ser inversor de la empresa durante un período de tiempo considerable. Los fundadores deben estar dispuestos a trabajar con ese financiador en el futuro y a confiar en que añadirá valor a la empresa a medida que ésta crezca. Además, para una organización con fines de lucro, los ingresos por donaciones tributan, por lo que es probable que deba contabilizarlos como un **préstamo condonable**. El tratamiento fiscal depende mucho de cada país y es probable que se trate de una zona gris, pues se utiliza en contadas ocasiones, así que te recomiendo que consultes con un experto fiscal sobre tus circunstancias concretas.

— Financiadores

Como decía al principio de este capítulo, esta estructura sólo es aplicable en circunstancias muy particulares en las que un financiador sin fines de lucro desee apoyar la I+D de una startup con fines de lucro y en fase temprana. Otros financiadores de I+D temprano, por ejemplo, las universidades, han utilizado las **donaciones (grants) convertibles** para animar a las startups a desarrollar nuevas tecnologías. Pienso en el Oxford University Challenge Seed Fund, que se puso en marcha en 1999 con capital de la Administración británica, pero también del Wellcome Trust y de la Fundación Gatsby, para subvencionar proyectos tecnológicos que necesitaban ayuda financiera para llegar al mercado. El fondo puede conceder hasta 250.000 libras esterlinas y debe ser el primer dinero en efectivo que reciba la empresa. Las **donaciones (grants)** se realizan tras estudiar una sencilla carta de oferta, una hoja con seis disposiciones relativas a: el uso de los fondos, la titularidad de la **propiedad intelectual (PI)**, la conversión en *equity* al mismo precio que los inversores externos en efectivo, una participación en los **ingresos de concesión de licencias** —si estas se conceden a una empresa ya existente en lugar de a una nueva *spin-out*—, las obligaciones de información y la duración de la oferta. Si quieres una copia de esta carta, consulta la guía complementaria en línea.

Para financiadores de terceros que deseen invertir pero no se sientan cómodos dirigiendo una operación, supone la oportunidad de obtener un retorno económico de una **empresa social**. El acuerdo puede basarse en tu capacidad actual para efectuar **donaciones**, pero puede incluir la opción de que esas donaciones se conviertan en *equity* en una fase posterior. Dicho esto, al igual que ocurre con las **donaciones (grants) recuperables** y los **préstamos condonables**, esta estructura puede tener determinadas implicaciones fiscales que deben estudiarse antes de decidirse por ella.

# 18

# FINANCIACIÓN MEDIANTE DONACIONES (GRANTS) INNOVADORAS

En esta parte III hemos ido examinando diversas opciones en las que fundadores y financiadores en sintonía con su misión y se unen para abordar cuestiones sociales y medioambientales. Aunque hasta ahora gran parte del libro se ha centrado en fundadores e inversores con fines de lucro, los financiadores filantrópicos y los fundadores sin fines de lucro van a jugar un papel muy importante en el ecosistema de financiación temprana. Las estructuras que hemos explorado en esta sección forman parte de los instrumentos financieros de las entidades sin fines de lucro.

Tradicionalmente, se considera **donaciones (grants)**[*] a los fondos, activos o servicios no reembolsables que los **donantes** (normalmente el Estado, una fundación o un fideicomiso) ofrecen a los receptores (normalmente una entidad sin fines de lucro, una institución educativa, una empresa o una persona) en función de una serie de criterios estrictos y de restricciones sobre cómo pueden utilizarse. Cada uno de los capítulos de esta sección introduce un ligero retoque a esta visión tradicional del capital en base a subvención, y muchas de las opciones valen también para empresas sociales que funcionan como entidades con fines de lucro.

También hay que tener en cuenta que, aunque las **donaciones (grants)** puedan ser muy necesarias en las fases de creación de prototipos y de startup de las **empresas sociales**, a la mayoría de las empresas con ánimo de lucro no les sirven como fuente fiable de financiación a largo plazo. Si quieren prosperar, la mayoría de las empresas que empiezan con algún tipo de subvención deberán disponer de una estrategia alternativa, de modo que con el tiempo dejen de depender de esas aportaciones y puedan pasar a otras fuentes de ingresos y financiación, como, por ejemplo, la al comercio.

**Mary** (Capítulo 13) sabía que necesitaba financiación para poner en marcha el proyecto de construcción del **Studio Museum**. Al ser una entidad sin fines de lucro, tuvo dificultades para obtener financiación del banco. Acceder a un préstamo para **inversiones relacionadas con**

---

[*] El término inglés original, *grant*, se utiliza tanto para la idea de subvención como para la de donación. Dado que oficialmente se ha traducido «*recoverable grant*» como «subvención recuperable», p. ej. en el dictamen del Comité Económico y Social Europeo (2012/C 24/01, apartados 1.5 y 3.3.1.1), en esta obra se utiliza «subvención» como hiperónimo o término más general, y «donación» solo cuando quede claro que el sujeto donante no pertenece al sector público (habitualmente se tratará de una fundación). (N. del T.)

programas (PRI) le permitió trabajar con un financiador que creía en la visión y el impacto potencial del museo. La **Fundación Ford** se sirve tanto de **deuda,** *equity* y **garantías** como de **capital basado en subvención** para financiar a entidades **sin fines de lucro** o con fines de lucro con el tipo de capital que cada una precisa para crecer.

**Andrea y Barry** (capítulo 14) sabían que **Riders for Health** necesitaba capital sostenible para que su sistema de gestión de vehículos sanitarios fuera un éxito, así que utilizaron una **garantía** para obtener financiación bancaria local a un coste razonable. Al devolver el préstamo demostraron su solvencia crediticia y así pudieron acceder posteriormente a deuda más barata. La **Fundación Skoll** quería ayudar a **Riders** a implantar un modelo de negocio sostenible en Gambia que pudieran expandir a otros países africanos. Acceder localmente a deuda a un coste razonable resultaba esencial para su objetivo. Se utilizó una **garantía** para hacer frente al **riesgo de impago percibido** por los bancos locales, a los que no acababa de convencer el **historial de crédito** de la organización sin fines de lucro, prácticamente inexistente.

**Sachi y Kate** (capítulo 15) sabían que el modelo de Upaya de concesión de préstamos de bajo coste a pequeñas empresas de la India estaba teniendo un gran impacto, pero consideraban que buscar capital de **subvención** para financiar esos préstamos también estaba frenando su crecimiento. La obtención de **donaciones (grants) recuperables** para su fondo les permitió acceder a capital flexible y de bajo coste procedente de un mayor número de donantes (por ejemplo, **fondos asesorados por donantes Donor Advised Funds DAF**) interesados en la oportunidad que se les ofrecía para reciclar sus aportaciones filantrópicas.

**Joy y Alex** (capítulo 16) vivieron una experiencia similar a la de Mary, del Studio Museum de Harlem. Estaban luchando por acceder al capital que necesitaban para financiar la compra de un edificio que sirviera de sede de **IkamvaYouth**. Acceder a un **préstamo** de **Mapula Trust** les ayudó en el proceso de adquisición del edificio, y la posterior condonación del préstamo les proporcionó un importante excedente, que emplearían en sus programas de desarrollo juvenil. En cuanto a **Mapula Trust**, utilizar un **préstamo condonable** con un edificio como **colateral** les permitió financiar a **IkamvaYouth** con más recursos de los que normalmente aportarían a un beneficiario nuevo.

**Luke** (capítulo anterior), emprendedor de una **empresa social** con fines de lucro que necesitaba una ayuda de **investigación y desarrollo (I+D)** para desarrollar su primer producto, pudo trabajar con **UBS-OF**

para crear una estructura de **subvención convertible** y acceder así a la financiación. **UBS-OF**, por su parte, pudo ampliar las donaciones que concedía a una empresa en fase muy temprana y conservar a la vez potencial de retorno económico si el producto tenía éxito.

### ■ *Donaciones (grants) recuperables frente a préstamos condonables*

A menudo, el término **subvención recuperable** se utiliza indistintamente para referirse a una **subvención recuperable** y a un **préstamo condonable**. Como se ha visto en los dos capítulos de esta sección, existen diferencias de aplicación que pueden resultar importantes. Desde una perspectiva fiscal y contable, esas diferencias son esenciales, así que vamos a hacer algunas indicaciones para cuando haya que elegir entre las dos.

Las **donaciones (grants) recuperables** son de lo más sencillo cuando se realizan de una entidad sin fines de lucro a otra entidad sin fines de lucro, quedando el reembolso a discreción del beneficiario, o cuando se basan en hitos financieros o sociales mutuamente acordados. Los términos del reembolso pueden pactarse como **acuerdo complementario** al contrato o en el propio contrato. En esos casos, ambas partes pueden reflejar contablemente las **donaciones (grants) recuperables** como una **subvención**. Si en el futuro se realiza un reembolso al financiador, podrá contabilizarse como una donación[1],[*].

En los casos en que los financiadores deseen conceder una **subvención recuperable** a una organización con fines de lucro, ésta deberá contabilizarla como un **préstamo condonable** (véase más abajo). Es posible que los financiadores quieran examinar si por su lado la tratarán como un **préstamo condonable**, a fin de que haya coherencia entre ambas contabilidades.

---

[1] Así es como se hace en EE.UU. y el Reino Unido, pero deberá confirmarse con las autoridades fiscales locales si se intenta en otro territorio.

[*] Esto es así porque el hecho de que una entidad sin fines de lucro haga una transferencia de fondos a otra entidad semejante debe justificarse de algún modo. Desde un punto de vista fiscal la forma más sencilla de hacerlo es conceptuarlo como una donación. (N. del T.)

En el caso de las fundaciones estadounidenses, siempre que se cumplan todas las demás cuestiones relativas a las **inversiones relacionadas con programas**, una **subvención recuperable** puede considerarse una **PRI**. Cualquier reembolso estará sujeto a la cláusula de desembolso negativo. Además, cuando concedes cualquier tipo de subvención a una entidad con ánimo de lucro, debes asumir la **responsabilidad sobre el uso de los fondos**. Es decir, tienes que hacer un seguimiento de todos los gastos cubiertos por la financiación y ser capaz de demostrar que se están realizando para un fin benéfico determinado, de modo que, en caso de auditoría, puedas presentar la oportuna documentación que lo justifique. Algunos financiadores han implantado procesos para que la tramitación de esa documentación sea más eficiente, pero muchos otros se muestran reacios a dar donaciones (grants) a organizaciones con fines de lucro, por el papeleo extra que conlleva. En el caso de otros países, deberás pedir asesoramiento a expertos fiscales sobre tus circunstancias específicas.

Un **préstamo condonable** puede realizarlo una entidad con o sin fines de lucro a una organización con o sin fines de lucro. El reembolso quedará a discreción del financiador, o podrá basarse en el cumplimiento de **hitos** financieros o **sociales** mutuamente acordados. En su **balance** el emprendedor deberá contabilizar el **préstamo condonable** como pasivo. El financiador, por su parte, lo incluirá dentro de sus **cuentas por cobrar**. Si se condona el préstamo, una entidad sin ánimo de lucro tendrá que contabilizar el importe condonado como una **donación**, y un prestatario con fines de lucro como **ingresos ordinarios**. El financiador cancelará la deuda como una pérdida.

Dependiendo del territorio, si se condona un préstamo, un prestatario con fines de lucro probablemente tendrá que pagar impuestos por el importe condonado. Y en lo que interesa al financiador, salvo que el préstamo se conceda a una organización sin fines de lucro, es posible que este no reúna los requisitos para una deducción fiscal. En cualquier caso el tratamiento fiscal depende mucho de cada país, se trata de una zona gris, así que te recomiendo que consultes a un experto fiscal sobre tu caso concreto (Fig. 18.1).

*Entonces, ¿cómo decidir si realizar una subvención recuperable ante la posibilidad de un préstamo condonable?* Open Road Alliance, una iniciativa filantrópica privada que introdujo por vez primera la idea de las **donaciones (grants) recuperables** en Upaya, fue una de las primeras del sector en conceder tales donaciones (grants). Empezaron a utilizarlas en 2014 para prestar apoyo financiero puntual a organizaciones que se enfrentaban a problemas de liquidez o a algún obstáculo inesperado, como que se alargaran las negociaciones de financiación de un proyecto o se retrasara una gran subvención que esperaban recibir.

Descubrieron que existía una gran demanda de este tipo de financiación puente filantrópica, de tal manera que en tres años acabaron concediendo más de 40 **donaciones (grants) recuperables**. Sin embargo, debido al papeleo para hacerlas efectivas tardaban entre uno y dos meses en cerrar la operación, lo que no cuadraba mucho con su idea de financiación puente «rápida». Parte del problema residía en que algunas de estas organizaciones tenían fines de lucro, lo que exigía el cumplimiento del requisito de **responsabilidad sobre el uso de los fondos** para efectuar la **subvención**; otra parte problemática se debía a los requisitos que exigía el **fondo asesorado por donantes (DAF)** para llevar a cabo la operación. El equipo decidió intentar conceder préstamos directamente desde el *family office*, en lugar de donaciones (grants) recuperables a través del **DAF**.

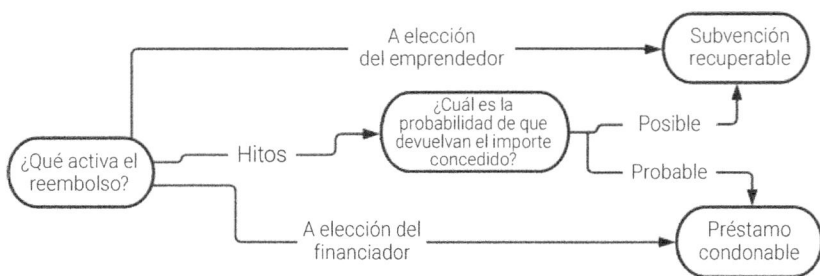

Fig. 18.1 Árbol de decisiones sobre donaciones (grants) recuperables y préstamos condonables

Aunque los **préstamos** realizados a entidades con fines de lucro no son objeto de deducciones fiscales de la misma manera que las **donaciones (grants)** a organizaciones sin fines de lucro, a Open Road le pareció bien el cambio, pues, como siempre les ocurría, ya habían llegado al tope de deducciones por donaciones (grants) benéficas permitido por la ley. Gracias a ese cambio, pasaron de las 4-6 semanas para hacer **donaciones (grants) recuperables** con cargo a su DAF a las 48 horas que se requerían para desembolsar los préstamos. Su opción por defecto son ahora los préstamos, a menos que a la junta de la entidad beneficiaria no le convenza mucho depender de un **préstamo**, o se trate de su primer instrumento reembolsable del tipo que sea y se sientan más a gusto con una **subvención**.

## Donaciones (grants) convertibles

Una última herramienta que puede ser poderosa para la inversión **alineada con la misión (misión aligned investing)** es la **asistencia técnica (AT)**. Se trata de fondos que se reservan para la instrucción, el desarrollo de capacidades y las necesidades específicas de consultoría de una empresa. Los financiadores del desarrollo suelen utilizarlos como complemento del *equity* o de la **deuda**. Gracias a estas **donaciones (grants)**, los fundadores pueden acceder a los conocimientos técnicos necesarios para su crecimiento sin tener que financiarse con deuda o *equity*.

### Compara tus opciones

Consulta la Tabla 18.1.

**Tabla 18.1**
Comparación entre opciones innovadoras de financiación mediante donaciones (grants)

| | Garantías | Subvención tradicional | Subvención recuperable | Préstamo condonable | Subvención convertible |
|---|---|---|---|---|---|
| Descripción | Garantía proporcionada por un tercero | Capital del que no se espera un reembolso financiero | Subvención que se convierte en deuda | Deuda que se convierte en donación | Subvención que se convierte en equity |
| Forma jurídica | Entidad con fines de lucro, sin fines de lucro, cooperativa, empresa social | Entidad sin fines de lucroa | Entidad sin fines de lucrob | Entidad con fines de lucro, entidad sin fines de lucro, cooperativa, empresa social | Empresa social |
| Modelo de ingresos | Cualquiera | | | | Puede que aún no se haya determinado |
| Etapa de la empresa | Cualquiera | | | | Etapa de concepto |
| Proyecciones de crecimiento empresarial | Cualquiera | | | | Startup de alto crecimiento o pionera en su categoría |
| Integración | Para obtener una garantía de un financiador orientado a la misión, será necesaria una integración profunda de la misión | Se requiere una integración profunda de la misión | | | |

| | Garantías | Subvención tradicional | Subvención recuperable | Préstamo condonable | Subvención convertible |
|---|---|---|---|---|---|
| Historial | Es posible que se requiera un historial de impacto significativo para obtener una garantía en condiciones favorables de un financiador orientado a la misión | Historial de impacto probablemente necesario | | El historial de impacto será importante si los hitos de impacto se utilizan para la condonación o el descuento en el tipo de interés. | No se requiere historial, pero sí un compromiso de medir el impacto. |
| Destinar la financiación a | Activos, capital de trabajo | Prueba de concepto, capital de crecimiento, capital de trabajo, activos | | | Prueba de concepto |
| Activos como colateral | La garantía sirve de colateral para otra operación | No se necesitan | | Depende del financiador, pero no suelen ser de gran valor | Ninguno |
| Forma de reembolso prevista | Si se requiere pago, flujos de caja internos | Ninguna | Ninguna o flujo de caja interno | Ninguna, flujo de caja interno o financiación futura | Ninguna, o desinversión por medio de tercero a través de venta, IPO, fusión o venta en secundario. |
| Propiedad | Sin efecto sobre la propiedad | | | | Disposición a diluir la propiedad de la empresa en el futuro |
| Financiación en el futuro | Puede ayudar a crear un historial de crédito para la futura financiación mediante deuda | Sin impacto significativo en la financiación futura | Puede ayudar a crear un historial de crédito para la futura financiación mediante deuda | Admite financiación mediante equity en el futuro | |

| | Garantías | Subvención tradicional | Subvención recuperable | Préstamo condonable | Subvención convertible |
|---|---|---|---|---|---|
| Implicación del financiador | Si está orientado a la misión, el financiador se centrará tanto en el impacto como en la rentabilidad, con cláusulas relativas a ambos conceptos. De lo contrario, sólo se enfocará en el riesgo de retorno negativo | Se centrará en los informes de impacto y de gastos financieros | Es probable que se centre en el impacto y que se incluyan cláusulas para integrar la misión en el contrato (como convertibilidad o coste de capital vinculados al logro del impacto) | Centrado en el impacto y el retorno económico. Probable implicación continua con posibilidad de puestos en el consejo, derechos de voto y derechos de información, si se convierte | |
| Financiadores más probables | Institución de financiación del desarrollo, fundación, family office, financiador sin fines de lucro | Universidad, fundación, Administración pública | Fundación, family office, institución de financiación del desarrollo, Administración, financiador sin fines de lucro | Universidad, fundación | |

[a] Puede tener fines de lucro, pero consulta las notas sobre cuestiones fiscales en las guías complementarias en línea.

[b] Véase más arriba.

PARTE IV

# ¿Y SI... QUIERES VINCULAR LA FINANCIACIÓN AL IMPACTO?

En la última parte, hemos explorado toda una serie de opciones creativas para reutilizar la financiación filantrópica como capital catalizador de la inversión. En esta parte, estudiaremos cómo las instituciones filantrópicas y los inversores en sintonía con la misión pueden influir en los resultados de impacto social o medioambiental, al vincular el coste y la distribución del capital directamente a unos **hitos de impacto**. En otras palabras, al permitir que los resultados en materia de impacto social o medioambiental influyan directamente en *cuándo se concede el capital y cuánto es su coste*. A veces esta **financiación de impacto** se basa en donaciones y donaciones (grants), pero no tiene por qué ser así.

En el capítulo 19, veremos cómo la Michael & Susan Dell Foundation ha diseñado contratos con **reducciones del tipo de interés**, que vinculan el impacto social de los prestatarios al coste de su **deuda**. En el capítulo 20, conoceremos de la mano de Clínicas del Azúcar los **incentivos de impacto social** (SIINC), una estructura que utiliza pagos por resultados para animar a las empresas sociales a lograr un mayor impacto. En el capítulo 21, utilizaré la historia de mi propia experiencia con los **bonos de impacto**, otra estructura de pagos por resultados, para presentarte el concepto y estudiar algunas de las oportunidades y retos del modelo.

Como observarás en todos estos «viajes», el elemento esencial para vincular el impacto a la financiación es que esta esté vinculada a un marco de **teoría de cambio**. La **teoría del cambio** explica la razón principal para perseguir determinados resultados sociales y medioambientales, y el plan para lograr alcanzarlos. Enuncia y articula los cambios que prevé que se den en personas, cuestiones y sistemas para lograr el impacto deseado. Explicita las conexiones lógicas que vinculan las actividades (lo que vas a hacer), con los efectos y productos —outputs (los resultados directos de esas actividades a corto plazo)— con los resultados —outcomes— e impactos (los cambios a largo plazo que se producen, directa o indirectamente, como consecuencia de tus actividades).

Una **teoría del cambio** puede desarrollarse a nivel de empresa, de inversión o de cartera. Tanto si eres emprendedor como si eres inversor, la teoría del cambio se construye en primer lugar marcándose unos objetivos a largo plazo y, a continuación, mediante ingeniería inversa, identificando las actividades y resultados intermedios necesarios para alcanzar esos objetivos. Hay que tener en cuenta el contexto en el que se va a trabajar, así como analizar detenidamente los presupuestos y datos fácticos en que se basa tu teoría, pues si no disponemos de hipótesis sólidas, métricas pertinentes o datos fiables, es poco probable que se logre el impacto deseado por las simples condiciones de la **financiación de impacto** (*impact-linked finance*)[1].

Lógicamente, lo difícil será fijar los **hitos** adecuados y alcanzar realmente esos objetivos. Si eres una empresa consolidada quizá puedas hacerte una buena idea del **nivel de impacto** al que puedes aspirar observando tus productos y tus usuarios finales. Si eres una startup, aún estarás diseñando lo que vas a lanzar al mercado y necesitarás flexibilidad para adaptar tu **modelo de negocio** y tus productos mientras levantas la empresa. Todos los fundadores, independientemente de la etapa en que se encuentren, deben ser capaces de redirigir su estrategia en un momento dado. Por lo tanto, los **hitos** incluidos en los acuerdos deben permitir esa flexibilidad, o, alternativamente, tendrás que acordar previamente cómo puedes renegociar los hitos, llegado el caso.

En los tres próximos capítulos, examinaremos diversas opciones posibles para vincular tu financiación a hitos de impacto. Tendremos la oportunidad de aprender de los pioneros de este innovador espacio. Incluir **hitos de impacto** en los acuerdos de financiación puede resultar muy complejo: espero que estos capítulos te ayuden a reflexionar sobre tus opciones, así como sobre las distintas oportunidades y retos que se presentan.

---

[1]  Todavía no he encontrado ningún formato estándar para elaborar una teoría del cambio. Un buen punto de partida es *Impact Investing Handbook*, de Steve Goedke, Patrick Briand y Karim Harji.

19

# Michael & Susan Dell Foundation: un recorrido por el descuento en la tasa de interés

En el capítulo 16, vimos cómo gracias un **préstamo condonable** Mapula Trust convertía la totalidad de su **préstamo** a IkamvaYouth en una **donación**, sin embargo, no es una estrategia viable para la mayoría de los financiadores. En el siguiente capítulo, acompañaremos a Rahil Rangwala, de la **Michael & Susan Dell Foundation**, mientras prepara un contrato con el objetivo de incentivar a los operadores escolares de la India a obtener mejores resultados educativos, y lo logra vinculando el coste del préstamo a los resultados. En otras palabras, el contrato que diseña permite a los operadores escolares disfrutar de **descuentos sobre el tipo de interés** si alcanzan unas metas de impacto previamente definidas. Se trata de un ejemplo de *impact-linked finance*: vincular incentivos financieros a la consecución de objetivos de impacto social o medioambiental.

### ■ *Influir en la educación de la India*

La Michael & Susan Dell Foundation (MSDF) es una fundación filantrópica presente en todo el mundo y dedicada a impulsar cambios en el sistema educativo. Uno de los mercados principales en los que se centra es la India, donde un sistema escolar público infradotado y uno privado excesivamente caro han propiciado la formación de una red intermedia de escuelas privadas de bajo coste que pretenden cubrir el déficit educativo de los niños de clase media-baja. En la India hay unas 300.000 escuelas privadas más asequibles que atienden a más de 92 millones de niños[1]. El crecimiento de este sector educativo ha dado lugar, a su vez, a un floreciente ecosistema de prestamistas, proveedores de servicios educativos y empresas de infraestructuras ávidas de proyectos de construcción. A pesar de tanta inversión, las escuelas privadas de bajo coste, como sus homólogas públicas, tienen dificultades para alcanzar buenos resultados: en torno al 75% de ellos rinden por debajo del nivel mínimo escolar[2].

---

[1]  Faces of Budget Private School in India. (2018). Center for Civil Society. Disponible en: https://ccs.in/sites/default/files/attachments/faces-of-bps-in-india-report2018.pdf.

[2]  Rangwala, R. A New Impact Investing Model for Education. 17 de enero del 2018. Disponible en: https://ssir.org/articles/entry/a_new_impact_investing_model_for_education#.

La MSDF lleva 15 años trabajando para mejorar la calidad de la enseñanza primaria y secundaria, tanto pública como privada, de la India. A tal fin se ha asociado con diversas organizaciones y se ha propuesto mejorar los procesos de enseñanza y desarrollar evaluaciones estandarizadas que midan de forma eficaz los resultados del aprendizaje de los alumnos. Poco a poco la fundación ha ido centrando su atención en las escuelas privadas de bajo coste, pues un número creciente de familias pobres matriculan a sus hijos en estos centros con la esperanza de darles una educación mejor que la que pueda ofrecerles el sistema público.

Uno de los ámbitos en los que la fundación pensaba poder influir es en el de los recursos financieros que tienen las escuelas privadas asequibles para impartir una educación de calidad. Las leyes indias estipulan que ninguna escuela puede ser gestionada por una entidad privada con fines de lucro[3], por lo que los gestores escolares no pueden acceder a **financiación mediante** *equity*. Se ven así abocados a recurrir al **endeudamiento** para satisfacer cualquier necesidad de capital que los ingresos de las matrículas no lleguen a cubrir. Como consecuencia, según crecía el número de escuelas privadas de bajo coste, crecía también una red de prestamistas no bancarios que satisfacían sus necesidades.

La Indian School Finance Company (ISFC) es una de esas instituciones financieras no bancarias al servicio de escuelas privadas de bajo coste. Concede préstamos a gestores escolares para que mejoren las infraestructuras de los colegios y adquieran recursos que eleven la calidad de la educación. Esta financiera, fundada en el 2008 por Steve Hardgrave, empezó a conceder préstamos tras pasar por un programa de incubación de Gray Matters Capital, una empresa de *venture capital* de impacto. En el 2015, la propia ISFC necesitaba una aportación de *equity* para ampliar su producto estrella: un préstamo de tres a seis años concebido para que las escuelas privadas modernicen sus infraestructuras y puedan aceptar a más alumnos.

Rahil Rangwala, director de los programas de la MSDF en la India, y su equipo evaluaron a ISFC para estudiar si realizaban una inversión en *equity*. Pero, como ocurriera con otras operaciones del mismo sector

---

[3] Chattopadhay, T. & Roy, M. Low-Fee Private Schools in India: The Emerging Fault Lines. 18 de mayo del 2017. Universidad de Columbia.

educativo que habían estudiado, consideraron que ISFC no concedía suficiente importancia a los resultados de aprendizaje de sus instituciones prestatarias. La fundación prefirió no seguir adelante con la inversión. Sin embargo, el ejemplo no dejó indiferente a Rahil. Sabía que la fundación tenía que encontrar alguna forma de incentivar a financiadores y gestores escolares para que dieran prioridad los resultados del aprendizaje, así que, para salir del atolladero, recurrió a su experiencia profesional en otros sectores de las finanzas.

## ■ *Interesantes descuentos de interés*

Antes de incorporarse a la MSDF, en 2011, Rahil había trabajado para *hedge funds*, pequeños prestamistas e instituciones microfinancieras. Desde siempre en las finanzas los prestamistas han vinculado las **tasas de interés** a los resultados financieros de los prestatarios, así que se preguntó por qué no podía un prestamista hacer lo mismo pero con los resultados de impacto. Muchas instituciones financieras no bancarias del tipo de ISFC necesitaban **endeudarse** para ampliar sus operaciones, y Rahil quería probar si era posible ayudar a esas organizaciones a satisfacer sus necesidades de financiación fomentando a la vez la obtención de mejores resultados educativos. En resumen, decidió vincular directamente a los resultados del aprendizaje el interés al que la fundación otorgaría el préstamo. Mientras le iba dando vueltas a su idea, observó que tanto los directores de las escuelas como los prestamistas necesitaban incentivos para mejorar los resultados de aprendizaje. Así pues, Rahil y su equipo empezaron a diseñar un producto de préstamo cuyo interés se fuera ajustando según se alcanzaran determinados resultados de aprendizaje. De esa manera, si el rendimiento de los alumnos mejoraba, los prestamistas y gestores escolares se beneficiarían de un menor coste de capital.

Vender internamente a la fundación la idea de una **deuda vinculada al impacto** fue bastante fácil, aunque algunos colegas expresaron su preocupación por la posibilidad de que los directores de los centros se vieran incentivados a burlar el sistema y excluir a los alumnos con peores resultados, o que intentaran amañar las pruebas de evaluación. Para evitar estos trucos el equipo ideó un sistema de clasificación —Oro, Plata y Bronce— que categorizaba el rendimiento base del que partían los centros. Las líneas generales de un producto de financiación vinculado al impacto quedaban así claras, solo restaba hacer una oferta de préstamo.

La MSDF acordó prestar a ISFC dos millones de dólares en forma de **préstamo no convertible** a tres años, con un **tipo de interés variable** vinculado a los logros de los resultados de aprendizaje de las organizaciones en su cartera. Desde ese momento las escuelas podrían solicitar **préstamos** a ISFC y participar voluntariamente en el programa de evaluación. Los centros participantes que alcanzaran determinados objetivos de aprendizaje obtendrían como recompensa un descuento en el pago de los intereses (equivalente aproximadamente al 10% del total del préstamo). Los objetivos de aprendizaje se fijarían de antemano y se basarían en una evaluación realizada por un organismo independiente y sufragada por la MSDF. Al cabo de dos años se realizaría una segunda evaluación para medir el éxito, momento en el que podría realizarse el descuento. Cuando las escuelas lograsen alcanzar sus objetivos de mejora del aprendizaje, la MSDF absorbería el coste de ese descuento, mediante un ajuste de los pagos de intereses que debía hacer ISFC.

### La importancia de sacar buenas notas

En la práctica, la situación sería la siguiente: supongamos que una escuela, Sri Vidya Bharathi, tiene alumnos hasta el 10º curso y quiere ampliar la enseñanza a los cursos 11º y 12º. Para obtener la aprobación estatal, tendría que construir cuatro aulas más y un laboratorio de ciencias. Sri Vidya Bharathi no podría financiar esas ampliaciones sólo con el dinero de las matrículas de los alumnos; necesitaría un préstamo para cubrir los costes. ISFC ofrece a la escuela un **préstamo** de 29.000 dólares a cinco años, explicando que puede reducir el tipo de interés, siempre que la escuela alcance ciertos objetivos de aprendizaje. Un evaluador independiente examinaría a una muestra de alumnos de Sri Vidya Bharathi de 3º, 5º y 7º curso, en las materias de inglés y matemáticas, sin coste alguno para la escuela. Si en dos años los resultados obtenidos en las pruebas mejoraban entre 5 y 10 puntos, la escuela podría obtener hasta un 10% de **descuento en el tipo de interés**. La MSDF compensaría entonces a ISFC por cada dólar que hubiera dejado de recibir de las escuelas por esta rebaja, haciendo un ajuste en los pagos de intereses que la institución debía a la fundación.

ISFC se mostró receptiva a la idea, pero dudaba acerca de cómo vendería el producto sin confundir a sus prestatarios o al mercado. Continuaron sus negociaciones con la MSDF, y entonces se dieron cuenta de que, con una buena estrategia de marketing, el producto podría ser un buen gancho para su equipo de ventas. Y es que los directores de escuela que acudían a ISFC para pedir un préstamo querían, invariablemente, un tipo de interés más bajo. Con el nuevo producto, ISFC podía darles una respuesta rápida sobre cómo conseguir la reducción.

Para la MSDF el siguiente paso consistía en resolver las implicaciones legales del nuevo producto. La legislación india es excepcionalmente estricta respecto de los inversores y donantes extranjeros. Como la MSDF es una institución estadounidense que aporta tanto capital de inversión como filantrópico, tuvo que poner especial cuidado para que su estructura de **préstamos** se ajustara a la normativa local. Uno de los requisitos: la fundación tenía que dejar claro que el **principal** debía reembolsarse íntegramente, para que el préstamo no se confundiera con una **donación**. También tenía que acreditar el producto ante el Banco de la Reserva de la India (RBI). Por último, debía asegurarse de que IFSC y sus escuelas prestatarias recibieran asesoramiento claro sobre cómo registrar el préstamo en sus libros de contabilidad.

Hubo que salvar algunos obstáculos a la hora de recibir la autorización del RBI, pues era la primera vez que abogados y organismos reguladores evaluaban un producto de préstamo vinculado al impacto social. Para que los abogados y auditores se familiarizaran con la estructura, Rahil y su equipo se basaron en otros ejemplos de **préstamos de interés variable**. Al final, como hemos visto, IFSC trató el dinero que dejaba de recibir de la escuela como un descuento en los intereses. En cuanto al ajuste del tipo aplicable a su vez a IFSC, en lugar de hacer variable *cada* pago de intereses, la MSDF hizo que el descuento se fuera acumulando. De esa manera el pago final de IFSC, que incluía el principal del préstamo, quedaba ajustado según el importe total de los descuentos realizados.

Una vez concedida la preceptiva autorización, la MSDF aprobó un préstamo de 2 millones de dólares a tres años a ISFC, ofreciéndole un tipo de interés del 12,5%. A su vez ISFC concedió préstamos a 96 escuelas según una serie de condiciones de vinculación al impacto. La fundación calculó que incluso si todas las escuelas participantes alcanzaban sus objetivos de aprendizaje y reembolsaban con éxito su deuda, su préstamo a ISFC habría generado un 8,3% de interés. Con estos números, dice Rahil, «nuestros 2 millones de dólares pueden llegar a muchas más escuelas y estudiantes que si donáramos esos dólares filantrópicos de una sola vez, al modo clásico».

Efectivamente, finalizado el plazo del préstamo, la MSDF había generado un rendimiento positivo, incluso tras pagar los incentivos. Para la fundación, que suele contabilizar internamente el impacto de su financiación calculando el «coste por niño», en este caso los costes habían salido negativos. Rahil recuerda que la contabilización de costes negativos resultaba un tanto extraña para una organización que suele donar su dinero o hacer importantes concesiones en sus condiciones de inversión.

### ■ *Ajustes en el modelo*

Finalizado su primer acuerdo de **deuda vinculada al impacto** con ISFC, la MSDF ha repetido la experiencia con Varthana, otro prestamista de escuelas privadas de bajo coste, pero introduciendo algunos ajustes en el diseño del producto. En primer lugar, las recompensas del producto son ahora mucho más sencillas. El sistema de calificación de Oro, Plata y Bronce resultaba demasiado complicado de explicar para el equipo de ventas de ISFC y confundía a los directores de los colegios. También resultó que esa protección contra posibles fraudes resultaba innecesaria: ISFC no vio ningún indicio de que las escuelas intentaran falsear o maquillar sus cifras de rendimiento.

En segundo lugar, a petición de los directores, la MSDF acortó el plazo de su evaluación de las escuelas, que pasó de dos años a uno.

Por último, en el contrato de préstamo con Varthana añadieron servicios de apoyo a los profesores para ayudarles a mejorar el aprendizaje de los alumnos. Muchos profesores, tras conocer el nivel base del que partían sus alumnos, que serviría de referencia, se mostraban muy dispuestos a solucionar los problemas y mejorar el aprendizaje en sus aulas, pero carecían de los instrumentos necesarios para hacerlo. Añadir estos servicios de apoyo incrementaba el coste de la intervención, pero, no obstante, se incluyeron, pues se ajustaba a la misión de la fundación.

En conjunto, Rahil y su equipo habían logrado diseñar una herramienta de **inversión de impacto** con unos resultados sociales deseados claramente definidos, incentivados, medidos y pagados por el propio instrumento, y a la vez con unos gastos generales mínimos. Rahil afirma que, con la experiencia de estas dos operaciones, es probable que en el futuro la Fundación vuelva a utilizar los acuerdos de **deuda vinculada al impacto**.

■ *¿Te conviene un descuento en el tipo de interés?*

– Emprendedor

Para las empresas sociales y sin fines de lucro, vincular el tipo de interés a los objetivos de impacto es una opción que te permite integrar el impacto en el contrato y crear un incentivo financiero para lograr tu misión social o medioambiental. Si quieres firmar un contrato de este tipo, tendrás que tener una idea clara de las métricas que serían apropiadas para tu empresa y tu contexto. También necesitarás un financiador en sintonía con tu misión que esté dispuesto a pagar por lograr un impacto social o medioambiental determinados. Las fundaciones o los *family office* con flexibilidad para decidir a qué dedican el capital serían probablemente tus mejores interlocutores. En el capítulo 22 analizaremos este tema con más detalle.

– Financiador

Si eres un financiador en sintonía con la misión, vincular el impacto al **coste de capital** del **préstamo** que concedes puede ser una forma concreta de incentivar el logro de un impacto social o medioambiental de tus prestatarios. A largo plazo, la consecución de resultados sociales y medioambientales puede acabar beneficiando económicamente al prestatario. Pero, como prestamista en un acuerdo de **descuento en el tipo de interés**, debes estar dispuesto a renunciar a parte de tu rendimiento financiero, y estar en condiciones de ceder esa parte, si el prestatario alcanza los objetivos. Por tanto, debes estar en sintonía con la misión y tener flexibilidad con los requisitos de rentabilidad cara a tus propios grupos de interés.

Rahil cree que estos contratos pueden replicarse más allá del sector educativo, siguiendo estos tres criterios:
- **Métricas de impacto** claramente definidas, sencillas, objetivas y medibles.
- Costes de **medición de impacto** que no superen el importe de la recompensa abonada.
- Un socio sobre el terreno con una «red de último tramo» capaz de llevar el producto al beneficiario final, y que comparta los objetivos del inversor.

Como observa Rahil, hay que ser consciente del coste de la medición, para que no supere el importe de la recompensa. Consiguientemente, habrá que sopesar la diferencia entre **efectos** a corto plazo, que son fáciles de ver, y **resultados**, que pueden ser más satisfactorios, pero más caros y complejos de seguir. Trabajar con empresas que ya cuenten con un programa consolidado de medición y gestión del impacto, y elegir métricas que se adecúen a ese programa, puede reducir esos costes.

La cuantía de la recompensa también es importante. No puede ser tan grande que anime a los prestatarios a engañar al sistema, pero tampoco tan pequeña que no sirva para incentivar el cambio.

Es muy importante que los prestatarios compartan los valores plasmados en los resultados que se incentivan. Alentar a los prestatarios a comportarse de forma no acorde con la misión —financiera o social— de su organización sería un derroche de energía que, probablemente, enervaría a ambas partes. O, dicho en positivo, la mejor manera de usar esta técnica es incentivar objetivos que ya forman parte de la misión de la empresa. No se trata de sobornar a las empresas para que se vuelvan sociales o de castigarlas por no llegar a los resultados deseados.

Por último, otra forma de aumentar el impacto de este tipo de contratos es aglomerar a otros financiadores que sintonicen con la misión. Es lo que hizo la MSDF con Triodos, un banco ético, en la época en que la primera concedía préstamos a Varthana: como dijimos, los intereses de esos préstamos se utilizaban para incentivar a determinadas escuelas, pero ocurre que esas mismas escuelas recibían, por su parte, préstamos de Triodos. Aunque ello suponía una reducción de la rentabilidad financiera para la MSDF, también daba una mayor cobertura a su programa sin que la fundación tuviera que conceder más préstamos.

20

# Clínicas del Azúcar: nuestro recorrido por los Incentivos de Impacto Social

En nuestro próximo viaje, nos dirigimos a México para acompañar a Javier Lozano y Miguel Garza en su recorrido de financiación mediante **Incentivos de Impacto Social (SIINC)** para su **empresa social** Clínicas del Azúcar. Al igual que el contrato de **deuda vinculada al impacto** de la Fundación Dell del capítulo anterior, los **SIINC** constituyen un tipo de **financiación de impacto**, aunque un poco más complejo, pues coordina a múltiples grupos de interés para incentivar el impacto social o medioambiental.

### ■ *Una ventanilla única*

Javier Lozano creó una empresa de servicios de salud de bajo coste, Clínicas del Azúcar, tras ver cómo su madre luchaba durante años para controlar su diabetes. En México, la diabetes es una de las principales causas de muerte. La madre de Javier, a pesar de tener todas las ventajas de un seguro privado y amplios recursos financieros, se enfrentaba a una batalla continua contra la enfermedad. Javier sabía que si su madre lo estaba pasando mal, muchos otros mexicanos pobres o de zonas rurales debían de estar pasándolo mucho peor. Había trabajado en varios proyectos de educación y nutrición en las comunidades aborígenes de México, siendo testigo directo de sus muchas dificultades para acceder a los servicios básicos. Casi el 80% de los mexicanos que viven por debajo del umbral de la pobreza no pueden permitirse un tratamiento sanitario privado. Javier podía imaginarse bien lo difícil que resultaría a sus paisanos más desfavorecidos tratar la diabetes sin acceso a una atención especializada[1].

En el 2010, Javier se asoció con Fernanda Zorrilla con la idea de abordar este problema en México, para lo que fundaron una **empresa social**. Había descubierto este tipo de empresas mientras cursaba un MBA en la Sloan School of Business del MIT. Para facilitar un tratamiento especializado, se les ocurrió la idea de crear una «ventanilla única», y así fue como lanzaron «Clínicas del Azúcar». Su objetivo era proporcionar una atención integral de excelente calidad a todos los mexicanos, independientemente de su extracto social, para lo que pondrían en marcha

---

[1] Este caso ha sido adaptado a partir del Caso Incentivos SIINC de Roots of Impact para Clínicas, y de otro caso de Clínicas preparado por O'Mara Taylor y complementado con entrevistas a Roots of Impact y al equipo de Clínicas.

una cadena de clínicas donde los pacientes pudieran acudir, recibir los cuidados oportunos y pagar un precio asequible.

Con tesón y voluntad Javier y Fernanda trabajaron durante seis años en «Clínicas», logrando abrir nueve centros en todo México. Para 2016 Clínicas se había convertido en el mayor proveedor de atención de salud para diabéticos del país, dentro del sector privado, atendiendo a más de 50.000 pacientes. Su innovador modelo de negocio se basaba en una estructura flexible de pago por suscripción y en tecnologías de aprendizaje automático que mejoran la eficiencia del tratamiento concreto. Podían enorgullecerse de ofrecer servicios un 40% más baratos que otras opciones de atención privada. Sin embargo, los fundadores no estaban satisfechos con la proporción de pacientes de rentas bajas a los que estaban llegando. Además, al equipo le preocupaba que, por sus ambiciosos planes de abrir 200 clínicas más para 2021, Clínicas encontrara también difícil servir preferentemente a las comunidades más vulnerables.

Como director financiero de Clínicas, Miguel Garza se sentía impotente ante la disyuntiva que se le presentaba cuando trataba de conseguir capital de crecimiento para expandir la empresa: lograr un profundo impacto social o ser sostenibles en términos financieros. La misión social de Clínicas fue una de las razones por las que, en el 2014, se había incorporado a la empresa, pero a los financiadores con los que hablaba parecía interesarles más bien el éxito del negocio. Lo cierto es que no tenía mucha fe en que Clínicas pudiera hallar un equilibrio entre su objetivo de llegar a los pacientes más necesitados y su política de expansión.

## ■ SIINCronicemos incentivos

Al otro lado del charco, en Europa, Roots of Impact y la Agencia Suiza para el Desarrollo y la Cooperación (COSUDE) estudiaban formas de resolver más o menos la misma paradoja, pero a la hora de captar *venture capital* social. Bjoern Struewer, emprendedor de Roots of Impact, y Peter Beez, de COSUDE, querían asegurarse de que la financiación de empresas sociales de alto impacto no viera comprometida sus misiones porque se diera prioridad a la rentabilidad financiera de los inversores. Juntos trabajaron en el diseño de un producto financiero que garantizara la sintonía con los objetivos de impacto. Lo que se les ocurrió fue un instrumento que llamaron **«Incentivos de Impacto Social»**, o **SIINC**.

Fig. 20.1 Ilustración del modelo SIINC

El objetivo de estos SIINC es proporcionar a las empresas sociales el capital de impacto que necesitan, a la vez que se las incentiva financieramente para que se mantengan «en la misión». Para diseñar un SIINC hacen falta dos entidades de financiación: un inversor, que aporte el capital de explotación inicial o de crecimiento que necesita la empresa social, y un «pagador por resultados», público o filantrópico, que acepte aportar capital mediante donación para la empresa social, si esta alcanza determinados hitos de impacto. Esos pagos vinculados al impacto son una nueva fuente de ingresos de la empresa y además le ayudan a atraer inversores, dado que sus flujo negocios no siempre es atractivo comercialmente (a pesar del gran impacto que tienen)[2]. (Fig. 20.1).

Bjoern y Peter estaban ansiosos por ver si sus **SIINC** funcionarían, de modo que se pusieron en contacto con el Banco Interamericano de Desarrollo (BID), New Ventures y Ashoka para que fueran sus socios piloto en las primeras transacciones. Solo querían una empresa social dispuesta a probar su idea.

## ■ ¿Nos vemos en el FLII?

Bjoern conocía a Javier y su trabajo con Clínicas desde que este trabajara de becario en Ashoka. En el 2016 contactó con él y sus gestores

---

[2]    Sitio web de Roots of Impact.

para reunirse y ponerse un poco al día. Quedaron en verse con ocasión del Foro Latinoamericano de **Inversión de Impacto** (FLII), congreso que se celebra anualmente en México. Miguel también tenía sumo interés en hablar con Bjoern sobre lo mucho que les cuesta captar fondos. Por su parte, Bjoern se trajo a la entrevista a Peter y a su directora de programas, Rory Tews, y los cuatro hablaron sobre el plan estratégico y las aspiraciones de crecimiento de Clínicas. Bjoern, Peter y Rory se preguntaban hasta qué punto las ambiciones de crecimiento de Clínicas cuadraban con su misión social. Miguel les expuso sus dificultades, y ellos aprovecharon la oportunidad para presentarle el concepto de **SIINC**. Para Miguel y Javier no había duda: estaban más que dispuestos a hacer de Clínicas un caso piloto del nuevo instrumento. Comprobarían si verdaderamente servía para llegar a más personas necesitadas y ayudaba a otras empresas sociales a evitar la disyuntiva entre impacto y rentabilidad financiera. Para Roots of Impact y COSUDE, Clínicas parecía un experimento ideal, dado su modelo de negocio probado, fácilmente escalable y financieramente sólido, y su enorme potencial de impacto, por sus posibilidades de llegar a más pacientes necesitados.

Una vez que todos los interesados estaban en sintonía, el siguiente paso esencial para hacer realidad los primeros **SIINC** fue acordar las métricas en las que basar los pagos vinculados al impacto. Javier y Miguel querían asegurarse de que los objetivos de impacto coincidieran con las aspiraciones a corto plazo de la empresa y favorecieran su misión de atender a más clientes vulnerables. Los financiadores consideraban irrenunciable que los objetivos impulsaran a Clínicas del Azúcar a crear un impacto adicional. Se necesitaron varios meses de negociación, pero finalmente las partes acordaron dos métricas para los objetivos:

1. Proporción de pacientes de bajos ingresos atendidos respecto del total de pacientes atendidos.
2. Nivel de mejora de la glucemia a medio plazo —un indicador crucial del control de la diabetes— en su segmento de pacientes con pocos ingresos.

El acuerdo estableció un índice de referencia como base de partida para cada métrica de impacto y definió unos objetivos de rendimiento relativos, que serían los que desencadenarían los pagos vinculados al impacto. Es importante señalar que los objetivos no eran hitos de «todo o nada» que Clínicas tuviera que alcanzar para beneficiarse de los pagos por impacto; Clínicas cobraría según fuera avanzando, aunque con ciertos hitos temporales. Así, si Clínicas alcanzaba los objetivos antes de lo previsto, cobraba antes, y si no alcanzaba un hito, perdía la financiación de impacto, pero sólo para ese objetivo.

Para que el acuerdo de **SIINC** entrara en vigor, Clínicas debía cerrar primero su ronda de financiación de *equity*. Solo entonces intervendría el pagador de SIINC, junto con el inversor de *equity*, para dar a Clínicas un impulso extra de financiación si alcanzaba sus objetivos de impacto y sus objetivos de crecimiento empresarial. A finales del 2016, Clínicas concluyó con éxito una ronda de financiación de 1,5 millones de dólares.

### ■ Un éxito rotundo

Los SIINC de Clínicas fueron un éxito rotundo. La empresa superó con creces sus objetivos de resultados sociales a lo largo de los dos años y medio acordados, así que recibió antes de lo previsto el tope de 275.000 dólares vinculados al impacto. En total, tanto el *equity* como los **pagos ligados al impacto** han permitido a Clínicas ampliar sus servicios a más de 100.000 pacientes y aumentar el porcentaje de pacientes de bajos ingresos del 32% al 37%. También consiguió recaudar otros 6 millones de dólares de financiación de la Corporación Financiera Internacional (CFI), el Banco Interamericano de Desarrollo y otros inversores[3], lo que ayudará a la empresa a abrir 100 clínicas más en los próximos años[4].

Un resultado interesante de las primeras conversaciones de Clínicas sobre el modelo **SIINC** es que el simple hecho de discutir sobre el tema bastó para impulsar los resultados de impacto de la empresa. Ya solo la tarea de identificar objetivos de impacto de interés y cómo alcanzarlos ayudó al equipo a movilizar energías y recursos para atender mejor a sus pacientes más vulnerables. Por tanto, su rendimiento de impacto empezó a mejorar incluso antes de la firma del acuerdo, hasta el punto de que Javier tuvo que actualizar el índice de referencia de pacientes con bajos ingresos antes de firmar el contrato final.

---

[3]  IFC. (2019). Estudio de caso: Un método minorista para el cuidado de la diabetes. [en línea] www.ifc.org. Disponible en: https://www.ifc.org/wps/wcm/connect/industry_ext_content/ifc_external_corporate_site/health/publications/ a-retail-approach-to-diabetes-care [consultado el 27 de mayo del 2020].

[4]  Ibíd.

Por desgracia, el equipo de Clínicas también ha observado el efecto contrario, una vez terminados los **SIINC**. El equipo sigue midiendo los KPI de impacto, pero la medición por sí sola no basta, pues no resulta tan atractiva como el hecho de recibir una recompensa. Si tuvieran que volver a firmar el contrato, tanto Javier como Miguel preferirían hitos de impacto menos ambiciosos, o pagos de menos cuantía durante un periodo de tiempo más prolongado, pues tener objetivos sobre los que luego hay que rendir cuentas es ya de por sí suficientemente motivador.

No obstante, Javier y Miguel coinciden en que los **SIINC** han dado un giro positivo a la empresa. Gracias a esta experiencia, el equipo ha adquirido valiosos conocimientos sobre cómo captar y fidelizar a clientes con pocos ingresos. La empresa también dispone ahora de datos fiables sobre el impacto de sus servicios en los pacientes diabéticos más vulnerables de México, lo que les ha dado la confianza necesaria para expandirse a más comunidades de bajos ingresos.

Roots of Impact también ha aprendido mucho de sus primeros acuerdos de **SIINC**. La organización ha desarrollado el concepto de modo que los pagos vinculados al impacto puedan incorporarse a cualquier instrumento financiero, desde *equity* a **garantías**, pasando por **deuda**, siempre que se den tres elementos esenciales:

1. Un conjunto claramente definido de objetivos de impacto y/o indicadores clave de rendimiento (KPI) con los que medir el rendimiento de impacto de las organizaciones.
2. Estipulaciones sobre cómo y cuándo deben recopilarse los datos para evaluar los indicadores de rendimiento.
3. Estipulaciones sobre cómo se correlacionan los resultados con los pagos vinculados al impacto, incluida la cuantía y frecuencia de estos, si se pueden realizar ajustes del objetivo de impacto y, caso de ser necesario, cómo hacerlo.

«La **financiación de impacto** puede ser muy útil para corregir las deficiencias de los mercados desatendidos», afirma Bjoern. No es extraño que se utilice cada vez más en acuerdos de financiación combinada, en que financiadores públicos o filantrópicos y agencias de desarrollo ofrecen incentivos para movilizar la inversión privada y salvar las dificultades de viabilidad comercial, al tiempo que se garantiza el impacto.

La **financiación de impacto** no tiene por qué centrarse en empresas comercialmente menos atractivas para un inversor tradicional, sino que, según Bjoern, «puede utilizarse para incentivar y dar instrumentos a empresas orientadas al mercado con objeto de que aceleren e intensifiquen su impacto positivo mediante el logro de resultados adicionales, como atender a clientes con bajos ingresos, o a mujeres, o centrarse en zonas más rurales».

## ■ ¿Te convienen los SIINC?

### – Fundadores

Para poder optar a la **financiación de impacto**, debes tener una sólida **tesis de impacto** incorporada a tu estrategia y un conjunto de datos que puedan ilustrar tu **historial de impacto**. Para ello debes recopilar datos de impacto relativos a tu rendimiento y verificables de forma independiente. También tienes que ser capaz de mostrar cómo pueden utilizarse esos datos a la hora de tomar decisiones estratégicas.

Se necesitan también pruebas de las deficiencias del mercado. Tendrás que demostrar que intensificar el impacto o dirigirte a zonas que requieran mayor impacto conllevará un mayor riesgo y una menor rentabilidad, aunque sea sólo a corto plazo. Por tanto, tendrás que demostrar que el hacer tu producto más asequible o de mejor calidad, o atender a grupos con pocos ingresos, o llegar a zonas más remotas, requerirá una compensación financiera a corto plazo para la empresa.

Por último, tendrás que demostrar una gran escalabilidad, así como potencial a medio plazo para ser viable comercialmente o para optar a una contratación pública (prestación de servicios a las Administraciones mediante contrato). Además de mostrar que debes paliar una deficiencia del mercado a corto plazo, tendrás que ser capaz de probar que, una vez finalizado el acuerdo de financiación, vas a seguir siendo sostenible como organización y continuarás creando impacto. Estos acuerdos están pensados para incentivar un impacto adicional, no para crear flujos permanentes de subsidios a favor de organizaciones que, en términos comerciales, no funcionan.

### – Financiadores

Los financiadores **alineados con tu misión**, independientemente de sus limitaciones financieras, pueden participar en la **financiación de impacto**. Para aquellos financiadores cuyos inversores busquen rentabilidad de mercado, una asociación con otro financiador público o privado dispuesto a pagar por un impacto adicional puede proporcionarles los mimbres necesarios para preparar un contrato. Tanto para financiadores públicos como privados, la financiación de impacto puede ser una forma eficaz de «escalar lo que funciona», gracias a las sinergias producidas por la **financiación combinada (blended finance)**, la **inversión de impacto** y la **financiación basada en resultados**[*] (que se analiza en el capítulo siguiente).

Los financiadores interesados en desarrollar la **financiación de impacto** deben plantearse las siguientes preguntas:

¿Cuál es el nivel adecuado de incentivos para producir los resultados deseados?

¿Cómo evitar las distorsiones del mercado?

¿Cómo crear la máxima transparencia respecto de tu impacto?

En respuesta a estas preguntas y para cumplir su promesa, Roots of Impact ha creado en colaboración con el Boston Consulting Group los Principios de diseño para la **financiación de impacto**. Estos principios se han formulado para promover un uso más eficaz de esta nueva práctica, y facilitan una mayor implicación de profesionales, expertos, universidades y otros grupos de interés.

Como muchas de estas operaciones requieren un traje a medida, la financiación de impacto sigue adoleciendo de complejidad y elevados costes de transacción, así que habrá que aprovechar bien la tecnología para adaptar los contratos a cada caso.

---

[*] Como se explicó anteriormente, *results-based financing* y *outcomes based financing* se traducen de la misma manera al castellano: «financiación basada en resultados». Para diferenciarlos, en este libro el segundo se traduce como «financiación basada en resultados de impacto», dado que no deja de ser una especificación del primero para el ámbito del impacto social y medioambiental. De ahí el título del capítulo siguiente. (N. del T.)

21

# Mi recorrido personal por la financiación basada en resultados de impacto

En este capítulo, voy a recorrer contigo mi propio periplo por la **financiación basada en resultados de impacto**. Comienza en Inglaterra y termina en Sudáfrica, donde vivo actualmente. Este viaje relata mi experiencia en la creación de un **bono de impacto social**. Fue una experiencia de aprendizaje increíble y demostró el verdadero potencial de impacto que tiene la financiación creativa. Antes de empezar, no obstante, diré que los **bonos de impacto social** (*Social Impact Bonds*, BIS) y los **bonos de impacto de desarrollo** (*Development Impact Bonds,* **DIB**) nunca son la estructura más fácil, y pocas veces la más útil, para la mayoría de los fundadores y financiadores[1]. Resultan difíciles de implementar para un emprendedor, pues los **bonos de impacto** requieren múltiples grupos de interés y la preparación del contrato es compleja. Sin embargo, representan una importante innovación en el mundo de la **inversión de impacto** y resultan muy pertinentes para el enfoque amplio que adopto en este libro, con el que pretendo que el *venture capital* funcione mejor para un mayor número de grupos de interés.

### ■ *Introducción a los bonos de impacto social*

Antes de seguir adelante, retrocedamos un segundo y hablemos de qué es un **bono de impacto**.

Lo primero que hay que señalar es que no se trata de un bono. Cuando Toby Eccles acuñó el término en el 2010, se refería a un bono en el sentido de una *promesa*, no a un instrumento de deuda que cotice en los mercados financieros. Un **bono de impacto** es un tipo de **contrato basado en resultados** que funciona como un acuerdo de *equity*, pero, en lugar de vincular los rendimientos de los inversores a los resultados financieros de una empresa u organización, se vinculan a los logros de impacto. Esto hace que los cálculos de los rendimientos sean más complejos, y a la vez requiere, para tener éxito, una serie de diversos grupos de interés.

En esencia, funciona así: una **empresa social** o una entidad sin fines de lucro necesitan capital para poner en marcha un nuevo programa o línea de negocio, o para ampliar sus actuales operaciones, y así

---

[1] Un BIS es un acuerdo en el que el Estado asume el papel de pagador por resultados, y un DIB es un acuerdo en el que son los financiadores privados los que desempeñan tal papel. En este capítulo nos referiremos a ellos, en conjunto, con la expresión genérica «bonos de impacto».

servir mejor a sus misiones de impacto. Las Administraciones o los donantes interesados en esas misiones pueden estar dispuestos a financiar esas empresas o entidades sin fines de lucro, pero no van a poner sin más el capital por adelantado, primero quieren ver que puedan lograr el impacto que dicen que lograrán. Otros financiadores o inversores pueden estar dispuestos a arriesgar recursos a corto plazo para dar a las empresas y organizaciones sin fines de lucro una oportunidad de demostrar su valía, pero no van a asumir ese riesgo sin la posibilidad de obtener alguna rentabilidad: si se logran esos resultados de impacto, desean recuperar su dinero con cierto retorno económico.

Los **bonos de impacto** pueden tardar muchísimo tiempo en estructurarse y cerrarse, dado que hay múltiples grupos de interés implicados, todos con objetivos ligeramente diferentes. Un proceso típico de estructuración de bonos de impacto sería, en la práctica, el siguiente:

1. Una Administración pública, fundación u otro financiador contrata un servicio con una organización sin fines de lucro, empresa social u otro proveedor de servicios, teniendo en mente un determinado objetivo social o medioambiental. A este actor se le conoce como **pagador por resultados**, porque es el responsable último de pagar la iniciativa. Tradicionalmente los bonos de impacto social (BIS) se refieren a contratos en los que los financiadores públicos (esto es, la Administración) son los que pagan por resultados, mientras que en los bonos de impacto de desarrollo (DIB) los que pagan son los financiadores privados. En adelante, utilizaré la denominación «bonos de impacto» para referirme a ambos tipos de contratos, y a aquellos en los que existe una combinación de pagadores por resultados públicos y privados.

2. Se contrata a una organización **intermediaria** que obtendrá de inversores privados el capital de trabajo necesario para alcanzar esos objetivos.

3. El capital se canaliza hacia el **proveedor de servicios**, que ejecuta el programa o realiza la intervención que, según se espera, logrará el impacto que desea el pagador por resultados.

4. El **intermediario** realiza un seguimiento de los datos e hitos relativos a los resultados sociales y medioambientales pretendidos. También ayuda al proveedor de servicios a realizar ajustes sobre la marcha a su programa o intervención, en caso de que sea necesario.

5. En relación con determinados hitos, un **tercero evaluador independiente** comprueba si se están alcanzando los resultados acordados. Si los logros sociales son satisfactorios, se paga a los inversores privados que apoyaron la iniciativa. Los rendimientos para los inversores (y proveedores de servicios) se suelen fundar en un baremo previsto en los **bonos de impacto**, según el cual a mayor éxito de la intervención, mayor rendimiento.

### ■ *De los pináculos de ensueño de Oxford al sol infinito*

Mi relación con los bonos de **impacto** comenzó en noviembre del 2012, en la Universidad de Oxford. Trabajaba entonces con mi colega, el Dr. Alex Nicholls, en un simposio sobre **bonos de impacto sociales** coorganizado por la universidad y el gabinete de Presidencia del Reino Unido. Por aquel entonces, los **bonos de impacto social** contaban oficialmente sólo dos años de vida. Se habían lanzado siete en todo el mundo: cinco en el Reino Unido, uno en Estados Unidos y uno en Australia. Y cada uno de ellos con grupos de interés, áreas temáticas, estructuras y objetivos muy diversos. Nuestro objetivo para el simposio era reunir al mayor número posible de personas con experiencia en el mundo de los **bonos de impacto** social y establecer un consenso en torno a las mejores prácticas, las tendencias y la dirección futura del instrumento. Acabamos reuniendo en una sala de conferencias a 38 personas de cinco países diferentes.

En el momento de escribir estas líneas, en todo el mundo se han lanzado ya 138 **bonos de impacto** por valor de 440 millones de dólares. Pero estoy adelantando acontecimientos. Volvamos a Oxford.

La conversación en el simposio fue animada e interesante y consensuamos algunos puntos sobre las mejores prácticas en materia de bonos de impacto social. Tras la reunión, redacté un breve documento para recoger las reflexiones y lo aprendido sobre el estado del mercado.

Unos meses más tarde, François Bonicci y Tamsin Jones, de la Escuela de Negocios de la Universidad de Ciudad del Cabo (UCT), se pusieron en contacto conmigo. Estaban trabajando en inversión de impacto y políticas públicas para la Fundación Rockefeller mientras estudiaban en el Bertha Centre for Social Innovation and Entrepreneurship, de la UCT. Deseaban invitarme a Ciudad del Cabo para que colaborara con ellos en el proyecto y presentara parte de mi trabajo sobre inversión de impacto a diversos grupos de interés. La oportunidad de hablar sobre lo que hago y olvidar por un tiempo la llovizna del Reino Unido sonaba muy atractiva, así que no me lo pensé dos veces y, en abril del 2013, estaba tomando un avión para Sudáfrica.

Mis presentaciones para François, Tamsin y sus colegas se centraron en las conclusiones del simposio sobre bonos de impacto y otros trabajos sobre política de financiación social en los que había participado en mi país. Para mi satisfacción, observé que tanto los grupos de interés públicos como los privados deseaban probar el concepto de bonos de impacto en Sudáfrica.

## ■ Estudio de las distintas posibilidades

Saltemos a marzo del 2014. Llevaba viviendo en Ciudad del Cabo desde junio del año anterior, había conseguido financiación de la Comunidad flamenca para hacer un estudio sobre el alcance de los **bonos de impacto** y había contratado a mi primer miembro del equipo a tiempo completo, Susan de Witt, de la recién creada «Iniciativa de Finanzas Innovadoras» del Bertha Center. Sue y yo nos preparábamos para presentar un informe sobre posibles políticas a la unidad de políticas públicas del gobierno provincial de Cabo Occidental. El documento hablaba sobre las oportunidades de utilizar **bonos de impacto** en Sudáfrica, y un área en la que la Administración pública de Cabo Occidental estaba particularmente interesada era el desarrollo infantil temprano (DIT).

El gobierno de Cabo Occidental (donde se encuentra Ciudad del Cabo) se enfrentaba en aquel momento a la cuestión de cómo educar en DIT a todos los niños de la provincia. Para ello era necesario coordinar dos departamentos: el Departamento de Salud (DoH por sus siglas en inglés) y el Departamento de Desarrollo Social (DSD). También sería costoso. El gobierno estaba interesado en los bonos de impacto sociales como una forma de salvar su déficit presupuestario en esta materia y, al mismo tiempo, prestar los servicios educativos y sociales que los niños más jóvenes de la provincia necesitaban y merecían. En aquel momento, sin embargo, los bonos de impacto social no se habían probado en ningún mercado emergente.

Sue y yo vimos tres ventajas clave de los **bonos de impacto** para Sudáfrica. En primer lugar, podrían aportar nuevos recursos —principalmente del sector privado— para financiar servicios públicos. En segundo lugar, podrían mejorar la rentabilidad y la prestación de servicios, centrándose en los resultados. En tercer lugar, la introducción de mecanismos «similares a los del mercado» podría impulsar la innovación en los servicios públicos y permitir al sector privado participar de los riesgos y de los retornos.

Varios actores clave del gobierno de Cabo Occidental vieron también el potencial. Pero los **bonos de impacto**, como he señalado, son complejos y estructurarlos de forma adecuada suele llevar mucho tiempo. Para tener éxito, había que conjugar varios elementos esenciales:

- En primer lugar, un apoyo político importante y el acuerdo entre los distintos grupos de interés sobre qué constituía un resultado satisfactorio;
- En segundo lugar, proveedores de servicios competentes, con pruebas fiables que confirmaran la eficacia de sus programas e intervenciones;
- Por último, datos contrastados para determinar el precio adecuado de los resultados sociales, de modo que los inversores y pagadores pudieran estar seguros de que su dinero estaba bien empleado.

## Una pieza de Lego

Un mes después de nuestra presentación al gobierno de Cabo Occidental, Sue y yo conseguimos una donación de la Fundación Lego para contratar a la consultora británica Social Finance y diseñar un bono centrado en el desarrollo infantil temprano para la provincia. Social Finance había diseñado el **bono de impacto social** «Peterborough», pionero mundial en su categoría, nacido para mitigar la reincidencia delictiva en el Reino Unido. El equipo realizó recomendaciones que nos ayudarían a despertar el entusiasmo de grupos de interés nacionales, provinciales y privados y a diseñar un **fondo de bonos de impacto** que nos permitiría abordar múltiples aspectos del DIT.

En octubre del 2014, con el firme apoyo de la Presidencia, Sue y yo conseguimos una **donación** de la organización filantrópica Innovation Edge, dedicada al desarrollo del niño en la primera infancia, y seguimos trabajando en el diseño de nuestro fondo de bonos de impacto, que bautizamos como Impact Bond Innovation Fund (IBIF). Convocamos a un grupo de 14 personas, entre las que se encontraban funcionarios de la Administración estatal y provincial, inversores, profesionales del DIT, investigadores del mundo académico y especialistas en seguimiento y evaluación. Queríamos que formaran parte del Consejo Asesor del IBIF y determinaran:

- Quiénes iban a ser los beneficiarios del fondo
- Qué resultados debía perseguir
- Qué clase de actuaciones podrían producir esos resultados
- El valor económico que podía asignarse a esos resultados
- Cómo iba a funcionar el fondo de innovación

Estas preguntas constituyeron la base de los *tres años* de trabajo de diseño que siguieron. En la reunión del Consejo Asesor del IBIF advertí que, probablemente, nos llevaría entre seis y doce meses realizar un primer análisis del panorama en que se movería el bono de impacto. Uno de los nuevos miembros del consejo levantó la mano y preguntó: «¿Por qué va a llevar tanto tiempo? Seguro que podría hacerse más rápido». Poco sospechábamos Sue y yo que nuestra previsión inicial se iba a quedar muy corta.

¿Recuerdas que mencioné que nunca se había implantado un **bono de impacto social** en un mercado emergente, mucho menos en Sudáfrica? Sencillamente, no existía un marco de referencia local, y los modelos que se habían aplicado en el Reino Unido, Estados Unidos, Australia y otros países sólo eran aplicables en esos contextos, tan diferentes del nuestro. Estábamos creando el concepto desde cero, y eso traía consigo una serie de complejos asuntos que no podíamos prever de antemano. Por ejemplo:

- Diseñar un marco para la política de «contratación basada en resultados» a *todos los* niveles de la Administración, local, provincial y estatal;
- Estudiar las necesidades de los grupos de interés para ese contrato en concreto, basándonos en los puntos mencionados. (No te dejes engañar por la brevedad y sencillez de su enunciado. La respuesta a esas preguntas era cualquier cosa menos breve o sencilla);
- Resolver problemas relacionados con la falta de datos disponibles sobre el desarrollo infantil temprano para determinar de manera fiable las bases de referencia de las que se parte y el coste real de los resultados.

Además, había que resolver las disputas entre los grupos de interés. El IBIF se creó para financiar dos bonos diferentes: uno con el DoH y otro con el DSD. Pero un desacuerdo de última hora con el proveedor de servicios seleccionado para el bono del DoH a mediados del 2017 hizo descarrilar todo el proyecto. Deshacer esa parte de la iniciativa del

**bono de impacto** para DIT produjo retrasos significativos en el bono DSD, cuyo contrato no se firmaría hasta un año después, a mediados del 2018.

### ◼ *Costoso y complejo*

El **bono de impacto** para el Departamento de Desarrollo Social de Cabo Occidental pretendía mejorar las capacidades cognitivas, lingüísticas y motoras de 3.000 niños. Los niños recibirían visitas periódicas a domicilio de la Western Cape Foundation for Community Work (FCW), proveedor de servicios del contrato, durante un periodo de tres años, y sus progresos se medirían con la herramienta Early Learning Outcomes Measurement (ELOM). Entre los pagadores por resultados figuraban el Departamento de Desarrollo Social de Cabo Occidental y un donante privado, la fundación corporativa ApexHi. Entre los inversores privados que aportaron el capital inicial necesario para poner en marcha la intervención de FCW figuraban LGT Venture Philanthropy, la Standard Bank Tutuwa Community Foundation y Futuregrowth. Mothers2mothers, una ONG internacional que presta servicios de salud a madres y niños de toda África, hizo de intermediario técnico, aportando al fondo capacidad presupuestaria, de planificación, de seguimiento y de valoración, mientras que Volta Capital, una consultora, se unió al proyecto en calidad de intermediario financiero.

Transcurridos apenas dos años de la primera iniciativa sudafricana de bonos de impacto, se empezaron a preparar otros muchos contratos basados en resultados e instrumentos de financiación innovadores, con el respaldo de la Administración.

Cuando pienso en el proceso, veo con claridad el valor del trabajo que hicimos Sue y yo con varios organismos públicos, ayudándoles a elaborar políticas sobre cómo estructurar esos contratos de pago por éxito. Pero la complejidad, el coste y la asombrosa cantidad de tiempo necesarios para preparar los contratos no han mejorado al ritmo que esperábamos, ni en Sudáfrica ni en el resto del mundo. Fuera del Reino Unido y, en menor medida, de Estados Unidos, donde ha surgido un ecosistema de fondos de resultados respaldados por el gobierno, los **bonos de impacto** siguen siendo transacciones muy específicas que requieren un traje hecho a medida y una inversión importante en estructuración de los contratos, educación de los grupos de interés y promoción de las políticas.

Se sigue trabajando para disminuir los costes y reducir la complejidad de los bonos de impacto y otros contratos basados en resultados, promovidos por Social Finance y el Global Steering Group, que dirige Sir Ronald Cohen. También se está aprovechando la tecnología para racionalizar y automatizar múltiples aspectos. Dicho esto, como vimos con Clínicas del Azúcar (capítulo 20) y la Fundación Dell (capítulo 19), la financiación de impacto y basada en resultados de impacto no tiene por qué ser tan compleja. Los incentivos de impacto pueden lograrse de forma más eficiente y rápida mediante modelos de financiación más sencillos y con la intervención de menos grupos de interés.

### ¿Es un bono de impacto adecuado para mí?

– Emprendedor

Si ya se ha creado la infraestructura del **bono de impacto** y estás evaluando si participar o no, tendrás que evaluar si dispones de pruebas suficientes que vinculen tu intervención con los resultados identificados por los **financiadores por resultados**. Estas pruebas serán analizadas por los **inversores de bonos de impacto** para elaborar un modelo financiero, por lo que deberán ser verificables y estar vinculadas a los costes del programa. También tendrás que decidir si dispones de la capacidad interna necesaria no sólo para prestar los servicios, sino también para, simultáneamente, **medir el impacto** y, con esos datos, introducir ajustes en el modelo. Por último, deberás estar abierto a la posibilidad de asociarte con el **inversor** o el **intermediario** encargado de tu gestión y, en su caso, con otros proveedores de servicios.

Si eres un emprendedor que está evaluando la creación de un **bono de impacto** sin tener en ese momento un **financiador por resultados** dispuesto a pagarlo y la **infraestructura necesaria para preparar contratos**, probablemente no estés empleando bien tu tiempo y tus recursos. Te sugiero que busques otras opciones dentro de las múltiples posibilidades de la financiación innovadora.

– Financiador

Como se ha visto a lo largo del libro, los financiadores en sintonía con la misión tienen múltiples vías para financiar de forma innovadora a fundadores con un impacto social positivo. Si eres un financiador público o privado potente con recursos que no necesitan rentabilidad financiera, participar en un **fondo de pago por resultados** puede ser una opción interesante para ti. Además, el hecho de facilitar financiación altruista para el desarrollo de la infraestructura del sector, como proveedores de tecnología, promotores de políticas y otros intermediarios, puede servir de elemento **catalizador**.

Si sintonizas con la misión pero tienes exigencias de rentabilidad financiera, buscar **bonos de impacto** y **fondos de bonos de impacto** podría ofrecerte interesantes oportunidades de inversión y permitirte financiar entidades sin fines de lucro especialmente innovadoras y eficaces.

Al evaluar estas oportunidades, conviene que comprendas bien si el **modelo de bonos de impacto** es verdaderamente el mecanismo adecuado para abordar los resultados que pretendes. El marco de evaluación que figura al final de este libro puede serte útil para juzgar si es así, además de los recursos disponibles en el complemento en línea de este libro.

# 22
# VINCULAR LA FINANCIACIÓN AL IMPACTO

Después de leer los capítulos 19-21, es posible que te preguntes: *¿por qué? ¿Por qué querer vincular el coste de capital y su distribución a la consecución de unos objetivos sociales o medioambientales? ¿No complica más las cosas?* No te equivocas. Puede complicar mucho las cosas (a veces innecesariamente). Pero, siendo realistas, los incentivos lo son todo y si eres una **empresa social, una entidad sin fines de lucro** o un financiador orientado a la misión, debes examinar atentamente los incentivos de cada contrato que firmes. Hemos discutido esta idea a lo largo del libro, empezando por el caso de que los incentivos no estén en sintonía con el *equity*.

Quiero recordar que no siempre tienes que lanzarte a los bonos de impacto para añadir incentivos de impacto, existen formas mucho más sencillas de integrar hitos de impacto en el contrato de financiación.

Repasemos esas opciones una por una para entender mejor cómo podríamos incluirlas en los contratos. Sólo una advertencia: en un momento dado este capítulo puede volverse muy técnico, quizá por ahora te baste con hojearlo; más tarde podrás volver sobre él y utilizarlo como referencia; por ejemplo, cuando estés preparando un contrato de financiación. Encontrarás más recursos sobre la vinculación del impacto con la financiación en el complemento en línea (Tabla 22.1).

**Tabla 22.1**
Opciones de financiación de impacto por categoría

| Categoría | Conceptos relacionados | Opciones de vinculación al impacto |
|---|---|---|
| Coste de capital | *Intereses, dividendos/ participación en los beneficios, reembolso, rescate* | Descuento en el tipo de interés, reducción del margen, pagos por resultados |
| Desembolso de fondos | *Calendario de desembolsos* | Desembolsos por tramos según cumplimiento de hitos de impacto |
| Propiedad | *Vesting, propiedad en manos de los trabajadores* | Vesting vinculado al impacto, recuperación de equity |
| Convertibilidad | *Convertibilidad* | Convertibilidad vinculada a hito(s) de impacto |

## ▪ *Coste de capital*

En el capítulo 19 conocimos a la **MSDF**, un inversor centrado en el impacto que puede ser flexible y recibir rendimientos reducidos. Por ejemplo, utilizaron un **descuento en el tipo de interés** para incentivar un impacto más profundo. Este tipo de descuento anima a emprendedores y empresas a dar preferencia al impacto a corto plazo o a centrarse en reducir los costes para sus clientes y usuarios finales. Como proveedor de deuda que da prioridad al impacto, la **MSDF** estaba dispuesta a reducir la rentabilidad financiera de su inversión, si eso servía para impulsar la calidad de la educación a corto plazo.

Un ejemplo similar de **descuento en el tipo de interés** es el préstamo de impacto de seis años que concedió UBS-OF a la cadena Jacaranda Maternity Clinic, en Kenia. La fundación utiliza tres tipos de **efectos** logrados para ajustar el **tipo de interés**:

- Nivel de atención clínica: se mide por el tiempo que se tarda en realizar una cesárea de urgencia tras identificar la necesidad del procedimiento.
- Población atendida: se calcula como la proporción de pacientes afiliada a un seguro sanitario público.
- Encuesta de satisfacción de los clientes.

UBS-OF eligió estos **efectos** al sintonizar sus propios **objetivos de impacto** como fundación con los de la empresa, poniendo cuidado en no restringir la sostenibilidad del negocio. Como realizó la operación ella misma, en lugar de trabajar en conjunción con un **financiador por resultados** externo, redujo el tiempo y esfuerzo necesarios para cerrar este tipo de transacciones, si lo comparamos con los **bonos de impacto** en los que ha participado. Además ha podido ser flexible en el trato con Jacaranda, pues es el prestamista y el **pagador por resultados**, por lo que está motivada para garantizar el éxito financiero de la empresa, así como para la consecución de los **hitos** de impacto.

La reducción de márgenes es una opción similar para los inversores en *equity*. En este caso, un inversor en *equity* aceptaría reducir su rentabilidad si la empresa alcanzara determinados hitos.

Siendo realistas, la consecución de muchos resultados sociales o medioambientales requiere hacer *algunas renuncias*, si es que se desea producir un impacto profundo. Sin embargo, hay algunos resultados que ya están *alineados con el rendimiento financiero* y que, por tanto, no requieren hacer tal renuncia. Por ejemplo, si un prestamista de microcréditos diseñara una especie de «tarjeta de puntuación» de riesgos en la que se viera que actividades específicas —como la concesión de préstamos a mujeres o la realización de cursos de alfabetización financiera— conducen a una menor tasa de **morosidad**, podría demostrar que los efectos logrados (por ejemplo, un mayor porcentaje de préstamos a mujeres o el número de cursos de alfabetización financiera realizados), están en consonancia con una reducción del riesgo y un incremento del rendimiento financiero. Los financiadores que no dispongan de flexibilidad en cuanto a la rentabilidad sólo podrán aceptar un **descuento en el tipo de interés** en aquellos casos en que los hitos estén *en la línea de* los resultados financieros a corto plazo o de la reducción directa del riesgo[1].

Los inversores financieros que deseen rendimientos pero diseñen hitos de gran impacto con posible *renuncia* incluida, requerirán un **pagador por resultados** externo dispuesto a pagar por la renuncia (la delta en este caso) si desean que la empresa en cuestión pueda generar el impacto previsto. En los **Incentivos de Impacto Social (SIINC)** (Capítulo 20) y los **Bonos de Impacto** (Capítulo 21) tenemos ejemplos de pagadores por resultados que se implican con inversores en diversos tipos de contratos.

En el caso de **Clínicas del Azúcar** (capítulo 20), centrarse en los clientes más pobres obligó a la empresa a elegir entre crear un impacto profundo o atender a los clientes más rentables. Así pues, estos hitos sociales exigían *una renuncia para lograr un impacto más profundo*. Aunque los **bonos de impacto** (capítulo 21) puedan parecer similares, existen diferencias importantes: los **SIINC** pagan primas a las empresas como complemento de los ingresos, mientras que los **Bonos de Impacto** se utilizan generalmente para intervenciones sin fines de lucro y sufragan todo el coste de la intervención, incluido el rendimiento para los inversores.

## ■ *Desembolso de fondos*

Los financiadores pueden decidir **dividir en tramos** una inversión o una subvención en función del cumplimiento de determinados **hitos** financieros, sociales o medioambientales, lo que implica escalonar el desembolso de efectivo. De esta manera reducen su riesgo financiero y social/medioambiental y se aseguran de que la empresa esté cumpliendo sus previsiones antes de darle más financiación. Para un financiador centrado en el impacto, escalonar la financiación combinando

---

[1] En el caso del *equity*, podría utilizarse una reducción del margen en lugar de un descuento en el tipo de interés, aunque en la práctica esto todavía no lo he visto hacer.

hitos financieros con hitos de impacto es como decir a los fundadores que se preocupen del impacto de la empresa igual que lo hacen de los resultados financieros.

A continuación puede ver el lector un ejemplo de los hitos de impacto que debían alcanzarse antes de que el Global Innovation Fund (GIF) concediera el segundo tramo de una inversión:

1. Durante los 6 meses inmediatamente anteriores al segundo tramo habrá que haberse abastecido a partir de 7 o más públicos objetivo (debiendo proceder de públicos objetivo el 20% del abastecimiento total);

2. El volumen de ventas a públicos no objetivo no deberá superar el 20% del total de ventas durante los 6 meses inmediatamente anteriores al segundo tramo;

3. Un mínimo de 4.000 beneficiarios objetivo habrán debido incorporarse a la plataforma propiedad de la empresa.

Esos hitos de impacto corrían paralelos a una serie de hitos financieros, como los niveles de ingresos y beneficios que debían alcanzarse. Cuando Ginny, del mencionado GIF, reflexiona sobre el uso que hacen de la **división en tramos** de impacto, señala que se trata de una poderosa herramienta para ellos como financiadores. Naturalmente, será de suma importancia acertar con los hitos que se señalan. El GIF incluye a un economista en todos sus equipos de negociación. Este estudia a fondo la empresa y ayuda a idear hitos adecuados y realistas que aúnen los intereses del emprendedor con los de los financiadores. Siempre que incluyen hitos en un contrato, estos pasan a ser un tema clave en la negociación previa que realizan con los fundadores.

## ▪ *Propiedad*

En una inversión en *equity*, un financiador puede exigir al emprendedor que acepte un calendario de *vesting*[2] de sus acciones, de modo que si este abandona la empresa, las acciones que aquel aún no haya adquirido definitivamente se utilicen para contratar a un nuevo gestor. Tradicionalmente, los calendarios de *vesting* se basan en el transcurso de un cierto periodo de tiempo o en el cumplimiento de determinados

---

[2]   Para más información sobre la adquisición de derechos (*vesting*) y los calendarios de adquisición de derechos, consulte el documento complementario en línea.

hitos financieros. También existe la opción de basar estos calendarios en **hitos de impacto**, como se hace en la **división en tramos**.

Otra opción respecto de la propiedad es crear un incentivo para que, mediante el logro de hitos de impacto, los fundadores recuperen la propiedad que el financiador había adquirido. A esto se lo denomina «recuperación de *equity*». Si se da ese caso, el contrato detallaría el porcentaje de propiedad que los fundadores podrían recuperar y los hitos concretos que deben lograr para ello.

Si esos **hitos de impacto** estuvieran *en la línea del* rendimiento financiero, esa opción podría tener sentido tanto para los inversores de impacto como para los de financiación. Naturalmente, dependería del modelo, pero incentivar a los fundadores a lograr un impacto adicional en consonancia con el rendimiento también debería hacer crecer a la empresa y aumentar su valor. Aunque el financiador estaría sacrificando la propiedad, también estaría haciendo que sus acciones se revalorizaran.

Si los hitos supusiesen una *renuncia*, requerirían un inversor orientado al impacto dispuesto a reducir su rentabilidad a cambio de lograr un mayor impacto social, o un financiador público o filantrópico que compensase al inversor por cualquier concesión que hiciera, como la de perder ingresos. Las transacciones en las que financiadores públicos o filantrópicos colaboran con inversores para catalizar un impacto (adicional) se denominan «financiación combinada (*blended finance*)».

### ■ *Convertibilidad*

Para los tipos de financiación que tienen una cláusula de **convertibilidad**, puedes elegir que esa conversión se active por hitos financieros o por **hitos de impacto**. Podría tratarse de una **subvención recuperable** vinculada a **hitos de impacto**, como la cantidad de mujeres en plantilla como un porcentajede la plantilla total de trabajadores , o la cantidad de clientes clasificados como **base de la pirámide (BdP)**. En ese caso, los financiadores pueden exigir que se alcancen tales hitos para que la aportación dineraria siga teniendo carácter de **subvención**; si no se cumplen, se activaría la conversión y pasaría a ser reembolsable. Este método se puede aplicar con resultados de impacto relativos en lugar de **hitos de impacto absolutos** (todo o nada), de modo que los emprendedores sigan estando incentivados por cada «unidad» más de impacto lograda. En algunos casos, pueden acordarse hitos de impacto escalonados.

Los **hitos de impacto** abundan en los **préstamos condonables**. Los **financiadores** pueden establecer hitos cuyo cumplimiento reduzca el **principal** adeudado en el **préstamo**, llegando a veces a cancelarlo por completo.

En cambio, es poco probable encontrarlos en **salidas estructuradas** o **donaciones (grants) convertibles**, pues podrían añadir una complejidad considerable al proceso. Los **financiadores** que deseen conseguir impacto en esos contratos tenderán más bien a introducir **cláusulas de incumplimiento relacionadas con la misión** (véase el capítulo 27).

A continuación figuran los distintos tipos de acuerdos convertibles que hemos analizado a lo largo del libro (Tabla 22.2).

**Tabla 22.2**
Instrumentos convertibles por tipo

| Instrumentos convertibles | | | |
|---|---|---|---|
| | Se convierte en | | |
| Origen | Deuda | *Equity* | Donación (grants) |
| Deuda | | Deuda convertible; Financiación convertible basada en ingresos (RBF convertible) | Préstamo condonable |
| *Equity* | Acciones rescatables | | Recuperación de *equity* |
| Subvención | Subvención recuperable | Subvención convertible | |

Vincular la financiación al impacto no tiene porqué funcionar para cualquier emprendedor o financiador, pero, como dije al principio de este capítulo, en cualquier contrato que firmes merece la pena que examines bien los incentivos, pues serán de suma importancia como guías que te informan de cómo crece tu empresa o se usa tu capital.

# PARTE V

# ¿Y SI... QUIERES REDISEÑAR TODO EL PROCESO DE FINANCIACIÓN?

En la Parte II, exploramos cómo rediseñar el **capital-riesgo** para que se adapte mejor a las necesidades de los fundadores que no aspiran a ser **unicornios**. Pero, ¿qué pasa si las estructuras de inversión no son el único problema que hace que el **capital-riesgo** adecuado sea inaccesible para la mayoría de los fundadores, en particular los que no se ajustan a los criterios tradicionales de un «emprendedor tecnológico»?

Dentro del pequeño porcentaje de fundadores que aspiran a convertirse en **unicornios**, se dan notables diferencias en cuanto a qué tipo de emprendedor tiene éxito captando fondos de *venture capital*. En Estados Unidos, que es el mayor mercado de *venture capital* del mundo, los equipos de gestión liderados por mujeres fundadoras obtuvieron durante el año 2020 menos del 3% de la financiación total de VC[1]; por su parte, las empresas fundadas por estadounidenses de raza negra recibieron menos del 1%[2].

Y esa brecha no mejora en el resto del mundo. En Europa las empresas fundadas solo por mujeres obtuvieron un 1,1 % del capital total invertido en startups de capital-riesgo[3]. En un estudio del 2017, Village Capital reveló que solo el 10 % de la financiación de *venture capital* obtenida en África Oriental se destinó a fundadoras residentes en África Oriental: el 90 % restante fue a parar a fundadoras expatriadas[4].

Una razón importante de esta desigualdad tiene que ver con quién toma las decisiones de inversión. En EE.UU., sólo el 12,4% de los que toman las decisiones de inversión en las empresas de VC son mujeres[5], y el 81% de las empresas de VC no tienen inversores negros[6]. De acuerdo con un estudio reciente, los hombres tienen un 60% más de probabilidades de conseguir financiación que las mujeres presentando

[1] Datos tomados de Pitchbook.com 2021.

[2] Citado en Nornam, J. (2020), *A VC's Guide to Investing in Black Founders*, y consultable en: https://hbr.org/2020/06/a-vcs-guide-to-investing-in-black-founder.

[3] Datos tomados de Pitchbook.com 2021.

[4] Baird, R., Fram, V., Tashima, R. & Matranga, H.S. *Capital Evolving: Alternative Investment Strategies to Drive Inclusive Innovation*. John D. and Catherine T. MacArthur Foundation. Disponible en: https://adobecapital.org/wp-content/uploads/2019/01/Capital-Evolving-Village-Capital-1.pdf.

[5] Heller, J. (2020) *The Hazards of Raising Venture Capital While Black*. Disponible en: https://www.barrons.com/articles/the-hazards-of-raising-venture-capital-while-black-51593103012.

[6] Ibíd.

el mismo negocio[7]. Estas disparidades de género y raciales tanto en el *venture capital* como en la inversión institucional han estado presentes durante décadas, y persistirán a menos que el sistema cambie radicalmente.

**Tabla 1**
Rediseñar el proceso de financiación

| Búsqueda de oportunidades de inversión | *Due diligence* | Desinversión |
|---|---|---|
| En el capítulo 23, exploraremos el mundo de la crowdfunding a través de la experiencia de Code for All | En el capítulo 24, acompañaremos a **Ross Baird** en su viaje hacia una toma de decisiones más democrática durante el proceso de *due diligence* | En el capítulo 25, analizaremos la propiedad en manos de los trabajadores como una oportunidad de desinversión para cualquier inversor. Acompañaremos a **Cal Solar** y **Project Equity** en su viaje |

En esta parte, analizaremos distintas maneras como fundadores y financiadores pueden allanar para todos las condiciones de accesibilidad a la financiación: en otras palabras, facilitar a todos el acceso al capital y dar la oportunidad de obtenerlo en condiciones equitativas. Adoptaremos para ello un enfoque orientado a la misión en los campos de **búsqueda de oportunidades de inversión**, *due diligence* y **salida** (Tabla 1).

---

[7]   Wood Brooks, A., Huang, L., Wood Kearney, S. & Murray, F.E. (2014) *«Investors prefer entrepreneurial ventures pitched by attractive men»*. (Los inversores prefieren las iniciativas empresariales presentadas por hombres atractivos). PNAS. Disponible en: http://www.pnas.org/content/111/12/4427.

**23**

# CODE FOR ALL: NUESTRO RECORRIDO POR EL CROWDFUNDING

En este capítulo se analiza el papel que pueden desempeñar las personas en la financiación de empresas en fase temprana a través de la **financiación participativa**. El **crowdfunding** (o financiación participativa) permite a tu comunidad de seguidores, a los usuarios finales y a cualquier persona interesada participar en tu viaje de recaudación de fondos y en la evolución de tu empresa. Puede adoptar muchas formas, pero las más comunes son: **crowdfunding basado en donaciones**, **crowdfunding basado en recompensas** y **crowdfunding de deuda** y de *equity*. En este capítulo también veremos cómo encajan en el panorama de la **financiación participativa** los presupuestos públicos y las «ofertas públicas directas». Todas ellas son opciones que permiten implicar a tu comunidad de simpatizantes y usuarios finales en tu viaje de captación de fondos.

### ■ *¡Llamando a todos los programadores!, ¡llamando a todos los programadores!*

A pesar de lo esencial que resulta la tecnología para nuestra vida cotidiana, hay una escasez mundial de cualificaciones técnicas, sobre todo de desarrolladores de software. Y la escasez es tan grande que se calcula que en el 2030 podría haber un déficit mundial de más de 85 millones de trabajadores tecnológicos. Mientras tanto, uno de cada siete jóvenes del mundo no encuentra trabajo. El desempleo juvenil es un problema masivo en muchas partes del mundo. Incluso en muchas partes de Europa, una región rica, el nivel de desempleo juvenil varía entre el 25 y el 40%[1].

João Magalhães, Domingos Guimarães y Rui Ferrão comprobaron de primera mano la incidencia de este problema en Portugal, su país natal. Les sorprendió constatar la cantidad de puestos de desarrolladores de software que quedaban sin cubrir por falta de cualificación, lo que coexistía perfectamente con una elevada tasa de desempleo. Pero en esa falta de cualificación ellos vieron una oportunidad de negocio: podrían remediar una carencia evidente y, a la vez, generar impacto social. Se les ocurrió montar un campamento para aprender progra-

---

[1] Tasa de desempleo juvenil en los países de la UE, junio del 2020. 26 de agosto del 2020. Publicado por H. Pletcher y disponible en: https://www.statista.com/statistics/266228/youth-unemployment-rate-in-eu-countries/.

mación, siguiendo el modelo de curso intensivo que tanto éxito estaba cosechando en Estados Unidos, y lo llamaron «Code for All».

En el 2015, el equipo necesitaba financiación para desarrollar y poner en marcha su primer taller intensivo. Decidieron recurrir a lo que muy bien podría describirse como la madre de todo crowdfunding: las donaciones (grants) de capital público del **presupuesto participativo** de la ciudad de Lisboa. Un presupuesto participativo es un fondo común de **donaciones (grants)** de capital público que los ciudadanos deciden en qué emplear y a quién asignar. Portugal es líder mundial en presupuestos participativos municipales, pues empezó a hacerlos a principios de la década del 2000. Una serie de estructuras y procesos van guiando a los solicitantes a través de las fases de propuesta, deliberación y toma de decisiones. El equipo de Code for All presentó su solicitud de 150.000 euros al comité de presupuestos participativos de Lisboa y obtuvo uno de los números más altos de votos registrados, con lo que consiguió el dinero.

### ■ Acudan al Taller intensivo, por favor

João, Domingos y Rui promocionaron su primer taller intensivo entre sus amigos, por redes sociales y a través de la publicidad gratuita que ofrecía *Start-up Lisboa*. Recibieron 600 solicitudes de personas desempleadas, para sólo 15 plazas. Los solicitantes no necesitaban tener experiencia en programación o desarrollo de software, sino que la evaluación del equipo se centró en la motivación de las personas y en sus ganas de superar el programa.

El primer taller intensivo de Code for All fue todo un éxito. Sin embargo, cuando intentaron colocar a los graduados en puestos de trabajo, se toparon con mucho escepticismo. Pocos creían que fuera posible enseñar desarrollo de software en sólo 14 semanas a personas sin ninguna experiencia previa. João, Domingos y Rui tuvieron que llamar a sus amigos y conocidos de empresas tecnológicas y startups para convencerles de que ofrecieran prácticas a los graduados y así pudieran iniciarse en este campo.

Durante su primer año, Code for All formó con éxito a 102 personas y empezó a enseñar programación a niños de escuelas públicas y privadas. Los fundadores querían acelerar el crecimiento, pero necesitaban más capital, y al equipo le resultaba cada vez más difícil obtener financiación. Pese a que contaban con un historial de éxito probado y un flujo de caja positivo, los financiadores no se decidían a poner el dinero. Pocos sabían lo que era una startup de impacto y, como la misión de Code for All se basaba en el desempleo, los inversores tradicionales de private equity y de capital de riesgo supusieron que la organización era más tipo **entidad sin fines de lucro**, de modo que no era atractiva para ellos. La única fuente de financiación externa que estos emprendedores conocían era el **préstamo bancario**. Pero la idea errónea de que Code for All era una **entidad sin fines de lucro** hizo que ni siquiera los bancos les prestaran el dinero que necesitaban para expandirse.

Así las cosas, decidieron acudir a la **financiación participativa**. Estas eran sus opciones:

*Crowdfunding basado en donaciones*: particulares que hacen donaciones para un proyecto social o medioambiental.

*Crowdfunding basado en recompensas*: particulares que donan fondos a un proyecto o empresa con la expectativa de recibir a cambio una recompensa no económica, como bienes o servicios, en un momento posterior.

*Crowdfunding de equity*: particulares que invierten en una empresa a cambio de participación en la misma.

*Crowdfunding de deuda*: particulares que prestan dinero a una empresa durante un periodo determinado.

Las necesidades específicas de Code for All les ayudaron a evaluar las distintas opciones.

El equipo decidió no usar el **crowdfunding basado en donaciones**, pues sabían que durante los años siguientes necesitarían captar una cantidad significativa de capital, y conseguir donantes ahora no ayudaría más tarde a convencer a los inversores de su viabilidad financiera. El **crowdfunding basado en recompensas** parecía más adecuado para empresas que diseñan un producto físico o digital que pueden vender previamente: un programa de formación no encajaba en ese perfil. El equipo tampoco quería diluir su propiedad en una fase temprana vendiendo acciones de la empresa en un **crowdfunding de** *equity*[2]. Eso les dejó con la opción del **crowdfunding de**

---

[2] En Portugal el marco jurídico para la **financiación participativa** se creó en 2015, pero el regulador del mercado de valores no lo aplicó hasta mucho más tarde. A

**deuda**, también conocida como **préstamo P2P (entre particulares)**, **crowdfunding basado en préstamos** o *crowdlending*. Este tipo de financiación les permitiría solicitar crédito a inversores particulares a través de una plataforma de **crowdfunding**. El equipo pensó que sería una forma rápida de lanzar una ronda de financiación, captar el dinero que necesitaban y crear conciencia de marca en el mercado, así como historial financiero cara a futuros inversores.

### ■ *Muchos pocos hacen un mucho*

João, Domingos y Rui decidieron utilizar Raize, la plataforma **P2P** más popular de Portugal. Les sorprendió la rapidez del proceso. Solo tardaron dos semanas desde que se registraron en Raize hasta que se publicó la operación en la plataforma, en junio del 2016. Como se trataba de su primera ronda, ofrecieron un **tipo de interés** anual del 9,21% para un préstamo a 18 meses. La empresa recaudó los 25.000 euros que necesitaba en menos de 24 horas, en una campaña en la que participaron 138 inversores.

Code for All se aficionó al crowdfunding. También lo hicieron sus inversores, un grupo que no paraba de crecer. En marzo del 2017, Code for All lanzó otra exitosa campaña de 75.000 euros a 18 meses, esta vez a un **interés** del 7,82%. Esta recaudación atrajo a 380 inversores. La empresa pagó sin problemas los dos **préstamos** y lanzó otras dos campañas de éxito: 200.000 euros para un préstamo a cuatro años al 4,25%, que encontró el respaldo de 3.769 inversores, en diciembre del 2018, y 400.000 euros en las mismas condiciones, que respaldaron 5.784 particulares, en julio del 2019.

La financiación era necesaria, pero Code for All también se benefició de un importante efecto secundario inesperado al optar por usar **crowdfunding** para su crecimiento en fase temprana: su historial en Raize constituyó un punto a favor en las negociaciones de la empresa para obtener otras inversiones. «Los inversores se alegraron de ver que éramos muy disciplinados con el efectivo y que podíamos devolver nuestros préstamos», afirma Bernardo Afonso, *business angel* que resultó ser esencial en el recorrido de Code for All.

---

pesar de que la regulación jurídica era incierta, algunas plataformas de crowdfunding ya operaban en Portugal desde hacía mucho tiempo (por ejemplo, Raize, para préstamos P2P, y Seedrs, para **crowdfunding de** *equity*).

En el 2018, Code for All aprovechó su precoz historial de **crowdfunding** para levantar una ronda de **acciones rescatables**, gracias a lo cual obtuvo financiación de una empresa de inversión socialmente responsable denominada «Fundo Bem Comum». En julio del 2019 el inversor logró una **salida**, pues Code for All rescató sus acciones. Un mes más tarde, Explorer Investments, uno de los mayores fondos de *equity* de Portugal, invertía 1,5 millones de euros en *equity* de Code for All.

### ■ *Más allá de Portugal*

El éxito empresarial de Code for All viene reforzado por su palpable impacto social. La empresa tiene una tasa de colocación del 90%; más de 80 empresas han contratado a los que han salido de su taller intensivo. La tasa de admisión en los talleres es de sólo el 7%, como ocurre en las mejores universidades, y los candidatos se eligen mediante técnicas de ciencia de datos que ayudan a identificar a los programadores y desarrolladores más prometedores. Code for All cuenta ahora con una red de antiguos alumnos de más de 1.000 estudiantes, se ha expandido a siete sedes repartidas entre Portugal, Países Bajos y Cabo Verde, y tiene más planes de expansión para el futuro. Además enseña programación a escolares a través de su propio programa, «Ubbu». Los profesores de las escuelas no necesitan tener conocimientos previos de informática para utilizar el software.

Bernardo, que invirtió por primera vez en la empresa en 2016 y más tarde se incorporó como director financiero (en enero del 2019), considera que acudir al **crowdfunding** fue realmente la mejor decisión que podían haber tomado para financiarse. Aunque el *venture capital* podría haber sido útil para los inversores durante sus etapas iniciales de crecimiento, ya en las primeras conversaciones quedó claro que no encajaban en ese perfil. Si hubiera estado en juego dinero de un capitalista de riesgo, la misión social podría haberse visto comprometida por presiones para crecer a toda costa.

Gracias a que pidieron prestado a una amplia colectividad, los fundadores evitaron la **dilución** de la propiedad, dando además a conocer el programa de la empresa en el ámbito europeo.

¿El consejo de Bernardo para otros fundadores?: «Ningún inversor debería obligarte a seguir un modelo específico de crecimiento. Debes encontrar inversores que encajen en tu modelo de crecimiento, en tu misión y en tu filosofía empresarial».

## ◼ *¿Te conviene el crowdfunding?*

– Fundadores

La **financiación participativa** es algo más que dinero. Tanto si recurres a gente anónima para captar fondos mediante **donaciones** o **recompensas** como si lo haces mediante **deuda** o *equity* —o incluso a través de presupuestos participativos—, la financiación colectiva consiste en crear una comunidad en torno a tu actividad empresarial.

Una de las campañas de **crowdfunding** más famosas fue la de la empresa de helados Ben and Jerry's, que en 1984 recaudó 750.000 dólares con una estructura denominada **oferta pública directa (OPD)**. Las **OPD** fueron el punto de partida de la financiación participativa moderna, al dar a los fundadores de empresas la opción de recaudar fondos directamente de inversores de cualquier tipo (pudientes o no) sin tener que lidiar con todos los intermediarios de una **IPO** clásica: bancos de inversión, agentes de bolsa y agentes de colocación. Todo lo que tenía que hacer el emprendedor era registrarse en los organismos reguladores de su país para recibir la pertinente autorización. Las **OPD** siguen siendo una buena opción para fundadores interesados en interactuar directamente con posibles inversores.

Como emprendedor, puedes utilizar plataformas tecnológicas de **crowdfunding** para articular tu captación de fondos por medio de muy distintos instrumentos, según tus necesidades de capital. Las campañas basadas en **donaciones** y **recompensas** pueden ser sencillas de organizar y no precisan inversiones de los financiadores en tu empresa. Cuando te adentras en el ámbito del **crowdfunding basado en títulos-valores** (es decir, **deuda** y *equity*), puedes articular tu campaña en torno a muchas de las opciones que hemos ido analizando en este libro. Desde el punto de vista de la **deuda**, estas son: «**minibonos**», **préstamos**, **financiación basada en ingresos (RBF)** y **notas convertibles**[3]. Desde el punto de vista del *equity*, las opciones son: **acciones ordinarias**, **acciones preferentes**, **acciones rescatables** y acuerdos SAFE.

Fuera de estas categorías, el **crowdfunding** puede utilizarse para la adquisición o promoción de viviendas, para invertir en ganadería o para facilitar el arrendamiento de equipos. También puede utilizarse en el

---

[3] Howard, E. & Mbengue, M. (2020). *ACfA Label Framework*. African Crowdfunding Association.

factoring de facturas y en el de cuentas por cobrar. Como vimos con Code for All, el crowdfunding puede ser un proceso más eficiente y accesible que otros si deseas capital de trabajo y capital de crecimiento en fase temprana. También puede facilitarte el acceso a redes de contactos, apoyo no financiero o mentoría por parte de los inversores. Desde el punto de vista de la marca y el marketing, puede ayudarte a ganar tracción, probar tu producto o servicio y obtener validación de mercado, además de darte publicidad en redes sociales y otros medios de comunicación.

Hay que tener en cuenta algunos posibles inconvenientes. Los fundadores con pocos contactos —a menudo personas de ingresos desproporcionadamente bajos y de sectores marginados de la población— y una presencia limitada en las redes sociales y en Internet pueden encontrar dificultades para conseguir capital mediante crowdfunding. Lo mismo ocurre con las empresas que venden sus productos a empresas (B2B): puede que te resulte más difícil contar tu historia en una campaña de crowdfunding si no vendes directamente a clientes (B2C).

También puede acabar siendo bastante costoso levantar capital, pues algunas plataformas exigen realizar importantes campañas de marketing antes de iniciar una captación de fondos. En un entorno con poca seguridad jurídica, eso puede acarrear riesgos tanto para los intermediarios de crowdfunding como para los fundadores.

Por último, no debe olvidarse que se trata de un ámbito en el que uno queda muy expuesto a la opinión pública, de manera que si, por ejemplo, la empresa se retrasa en sus pagos, aunque sea por poco tiempo, puede ocurrir que inversores descontentos utilicen las redes sociales para expresar sus quejas, lo vea todo el mundo y la imagen de la marca quede empañada, con lo que el tiro nos habría salido por la culata. También, aun cuando los pagos se realicen puntualmente, a los fundadores puede resultarles engorroso gestionar a un gran grupo de inversores sin las herramientas y procesos de gobernanza adecuados[4].

– Financiadores

Como financiador individual, es fácil implicarse en causas que te interesen, o en las que ves oportunidades económicas, o ambas cosas. No

---

[4]   http://africancrowd.org/faq-for-project-sponsors/.

obstante, una cuestión importante para el **crowdfunding** es el **riesgo de inversión** en el caso de inversores no acreditados. Puede que algunos países no tengan una normativa clara que limite los importes de inversión según los ingresos, los activos netos u otras consideraciones, pese a ello, una buena plataforma de crowdfunding de *equity* o de deuda ha de contar con medidas para mitigar el riesgo de sobreinversión. Por ejemplo, declaraciones juradas, límites a la inversión si no se puede demostrar que se es inversor acreditado o exigir una prueba de acreditación para inversiones que superen determinado importe.

Si estás interesado en invertir en los propios intermediarios del **crowdfunding**, o en evaluarlos como instrumento para desembolsar capital, tendrás que evaluar la fiabilidad de los criterios de selección de la plataforma: ¿aceptan a cualquier emisor, o existe algún proceso de supervisión que analice cuestiones financieras y de impacto? Algunas plataformas hacen un trabajo muy minucioso en ese sentido, lo que puede reducir el riesgo para los inversores.

También es importante comprender la situación normativa de las distintas plataformas, y las implicaciones que ello tiene sobre los aspectos financieros y la escala de su oferta de servicios. Algunos países pueden considerar a los intermediarios de **crowdfunding** como algo parecido a **agentes de bolsa**, mientras que otros pueden verlos más como **asesores financieros**. A escala mundial, se han producido importantes movimientos por parte de las Administraciones públicas para regular con eficacia la financiación participativa, y los mercados más maduros, como Estados Unidos y Reino Unido, están experimentando la consolidación del sector gracias a distintas fusiones y adquisiciones.

La mayoría de las industrias de **crowdfunding** de los mercados emergentes están aún en pañales y encuentran obstáculos principalmente porque la ley no les presta la atención que merecen. No obstante, hay asociaciones y grupos sectoriales que trabajan para liberar todo el potencial del crowdfunding como herramienta que viene a colmar las lagunas de financiación de las empresas. La African Crowdfunding Association (ACfA), por ejemplo, considera que la financiación participativa es una nueva forma de intermediación que tiende un puente entre la **microfinanciación** y el *venture capital/private equity*, porque sus plataformas suelen tener costes de transacción más bajos que los fondos tradicionales, sobre todo para las pequeñas inversiones. Una mayor claridad sobre la normativa aplicable y una mayor conciencia de las posibilidades del **crowdfunding** pueden mejorar la viabilidad o el atractivo de hacer muchas inversiones pequeñas. El instrumento puede servir especialmente a **inversores de impacto** que busquen una solución a la falta de financiación de esos pequeños negocios de mercados emergentes que se sitúan en el «*missing middle*».

En última instancia, formalizar el **crowdfunding** como estrategia de captación de fondos mejora el ritmo de transferencia de las pequeñas empresas desde el mercado privado al público, robusteciendo así la estructuración de los mercados de capitales (por ejemplo, la proporción de pymes presentes en la bolsa de un país). El **crowdfunding** constituye también un nuevo canal por el que las comunidades de emigrantes pueden invertir en proyectos productivos y empresas prometedoras de su país de origen.

24

# VILLAGE CAPITAL: UN RECORRIDO POR EL CAPITAL DIRIGIDO POR PEQUEÑAS COLECTIVIDADES

Nuestro siguiente viaje sigue a Ross Baird, emprendedor de Village Capital, una firma de inversión y aceleradora de **empresas sociales** que, en la última década, ha logrado que la financiación de empresas en fase temprana sea más accesible y equitativa. Al igual que los financiadores que conocimos en la parte II, una de las herramientas adoptadas por Ross ha sido la **salida estructurada**. Pero la verdadera innovación que él y la cofundadora de Village Capital, Victoria Fram, han aportado al mercado es cómo aprovechar la sabiduría, experiencia y conocimientos de los fundadores durante la fase de *due diligence* de los acuerdos, gracias a una **toma de decisiones entre pares (peers)**.

Ross Baird empezó a pensar en cómo resolver el acceso a la financiación de empresas en fase temprana cuando trabajaba en el sector de la **microfinanciación**, en la India, donde apoyaba a las escuelas privadas de bajo coste del país. Había visto el impacto que tenía el acceso al capital en la mejora de la escolarización de los niños y quería hacer algo parecido pero para empresas y emprendedores de otros sectores de gran impacto. Ross se sintió especialmente inspirado por la metodología de los «**bancos de pueblo (village banks)**» en microfinanciación, un **método de inversión entre iguales** con raíces en culturas ancestrales, y en el cual los servicios financieros se administran a nivel local en lugar de centralizarse en un banco formal.

«El modelo de banco de pueblo original se basaba en la confianza —explica Ross—. Mujeres de pequeñas aldeas, que se conocen entre sí y conocen cuáles son las verdaderas necesidades y desafíos de las pequeñas comunidades, manejan miles de millones de dólares de capital, y son esas mujeres las que deciden a quién se le concede un microcrédito»[1].

### ■ *Capital pequeño, cambio significativo*

Su encuentro con Bob Patillo, director de Gray Ghost Ventures, en 2009, marcó un antes y un después en la vida profesional de Ross. Bob también le estaba dando una vuelta al *venture capital* y a cómo hacerlo

---

[1] Paxton, J. (1998). *Sustainable Banking with the Poor: Case Studies in Microfinance.* Banco Mundial.

más justo y accesible a los emprendedores. Le preocupaba especialmente la dinámica de poder entre los inversores y los emprendedores: los que tenían el dinero para resolver problemas sociales frente a los que sabían qué había que hacer con él. Juntos, Ross y Bob lanzaron una nueva estrategia de inversión dentro de Gray Ghost, a la que llamaron First Light Ventures. First Light se centraría en desembolsar rápidamente pequeñas cantidades de capital a empresas prometedoras pero todavía en fase temprana. También empezaron a incubar una nueva idea que cambiaría por completo la forma de tomar decisiones de *venture capital*. Su inspiración no fue otra que el **modelo de banco de pueblo**.

La idea era la siguiente: se seleccionaría a un grupo de empresas de impacto en fase temprana para participar en un programa acelerador y se les proporcionaría **un marco de preparación para la inversión (***investment readiness frame***work)** que les ayudara a evaluarse mutuamente. A continuación, a medida que avanzara el programa, se reevaluarían periódicamente entre sí y se clasificarían según el marco de referencia que les habían dado y la posición que ocupaban entre sus homólogas. Al final del programa, las dos empresas mejor situadas en el ranking recibirían ofertas de inversión de First Light. Ross y Bob tenían la teoría de que los emprendedores juzgarían sabiamente quién estaba en la mejor situación para recibir la inversión. También esperaban que la diversidad de puntos de vista mejoraría la precisión de la evaluación y limitaría la influencia de los prejuicios en la toma de decisiones.

En septiembre del 2009, Ross y Bob pusieron a prueba esta idea de **selección por pares (***peer selection***)** en la cartera de First Light, para lo que contaron con la colaboración de la incubadora india DASRA. Un proyecto piloto en Bombay se amplió a otros tres, replicándose luego en San Francisco y Nueva Orleans. «Al principio nos presionaron para que empezáramos en la Bahía, como Y-Combinator, sin embargo, el impacto que se genera es mayor si se logra levantar una empresa de éxito en Nueva Orleans o en Bombay que si se hace en Nueva York o en San Francisco», afirma Ross.

### ■ *Ha nacido una empresa*

Cuando el modelo empezó a despuntar, Ross pensó en aprovechar su idea y crear su propia empresa de inversión. El momento decisivo llegó en Nueva Orleans, donde Ross había pasado una temporada tras los estragos ocasionados por el huracán Katrina, en el 2005. Durante ese tiempo, había sido testigo de cómo la catástrofe había dado lugar a un renacimiento empresarial empeñado en reconstruir la ciudad. Sin embargo, Nueva Orleans todavía no había llegado al punto de ebullición propicio para el *venture capital*. Ross quería cambiar esa situación. En noviembre del 2009, se asoció con una incubadora local, Idea Village, para dirigir un programa de selección por pares exclusivo para Nueva Orleans. Finalmente invirtieron en LKickboard, una empresa local de tecnología educativa, y en Jack and Jake's, un mercado de alimentación local.

Ross recuerda el murmullo de emoción en la sala durante la primera noche del programa. Para él, fue en ese momento cuando comenzó a gestarse una empresa que apoyaría a los emprendedores a través de un empoderamiento colectivo y palpable, superando el modelo de financiación tradicional: realmente fue ahí donde nació Village Capital.

Ross unió fuerzas con Victoria Fram, una inversora con experiencia tanto en Estados Unidos como en mercados emergentes, y formaron un equipo que escindiría Village Capital de First Light. Desde entonces, Village Capital ha organizado más de 90 programas de selección por pares, con 1.100 emprendedores en liza. En un estudio realizado sobre su método, los encuestados han informado de que su capacidad para levantar recursos ha triplicado la de la startup media. La propia Village Capital ha invertido en 110 de las empresas participantes, de las cuales el 80% sigue funcionando. También ha realizado salidas en 16 empresas, con resultados positivos.

El **proceso de selección por pares** también ha tenido inesperados efectos positivos en la diversidad de la cartera de Village Capital, si se la compara con la de firmas homólogas de *venture capital* más tradicionales: el 44% está constituido por empresas dirigidas por mujeres y un 34% de las empresas estadounidenses tiene fundadores de color. Además, desde el punto de vista geográfico, más del 80% de la cartera tiene su sede fuera de California, Nueva York y Massachusetts (tres estados que, en conjunto, representan aproximadamente la mitad de toda la actividad mundial de *venture capital*).

Ross reconoce que la **selección por pares** plantea algunos desafíos, entre los cuales cabe destacar la naturaleza peculiar de esta metodología. Por ejemplo, a los inversores no debe importarles delegar buena parte de su *due diligence* en otros emprendedores, algo difícil de vender en el arriesgado mundo de la inversión en fase temprana. En efecto, muchos inversores no creen que los emprendedores cuenten con la formación y experiencia necesarias para reconocer empresas prometedoras y preparadas para recibir inversión, o que sepan cómo determinar con exactitud el valor de una empresa.

Además, la **selección por pares** es un proceso que consume muchos recursos. Diseñar programas requiere mucho tiempo y dinero, y quizá no sea factible para inversores a los que las startups ya bombardean con miles de presentaciones. Village Capital sigue trabajando para reducir el costeunitario del modelo de selección por pares, sin sacrificar por ello la calidad en la toma de decisiones.

### ■ *El viaje continúa*

Si bien la **selección por pares** fue disruptiva para el *venture capital* tradicional, no ocurría lo mismo con las herramientas de financiación de Village Capital. «Nuestro programa y nuestro proceso de toma de decisiones eran muy democráticos, pero las herramientas de financiación que utilizábamos no lo eran —reconoce—. El *venture capital* es un tipo de financiación muy específico para un tipo de negocio muy concreto, y deja fuera a la mayoría de las organizaciones». A Ross le pareció que él y su equipo de Village Capital debían abordar ese problema.

Desde entonces, Village Capital ha empezado a incorporar a sus carteras acuerdos de **salida estructurada** más flexibles y favorables a los fundadores. Como socio de la Fundación Kauffman, Ross también puso en marcha una nueva organización, el *Capital Access Lab* (Laboratorio de Acceso al Capital), para apoyar a innovadores financieros que trabajen en estructuras de inversión nuevas y creativas. La primera convocatoria de propuestas del Laboratorio recibió más de 100 solicitudes de gestores de fondos y otros proveedores de capital. Ross se dio cuenta de que el sector de la **financiación alternativa** era mucho más amplio de lo que él y sus colegas del Laboratorio habían creído en un principio. La Fundación Kaufmann acabó financiando cinco empresas, en asociación con la Fundación Rockefeller.

Al echar la vista atrás y contemplar el camino recorrido, Ross afirma que sólo ha sido el principio de un largo proceso para lograr que el mundo de la inversión en startups sea más democrático e inclusivo. «Cuando utilizamos la palabra "innovación", solemos pensar en el "qué", en qué... gran herramienta o producto o servicio cambiará el mundo —afirma—. No pensamos tanto en el "cómo"... en cómo decidimos a quién se le ofrece una oportunidad, cómo la financiamos, cómo la estructuramos para que tenga éxito».

Y añade: «El viaje de Village Capital ha demostrado que, para construir un mundo mejor, necesitamos menos "qués" y más "cómos"».

### ◾ *¿Te conviene una toma de decisiones dirigida por una colectividad pequeña?*

– Fundadores

Muy a menudo, los inversores tienen todo el poder y el capital. La verdadera innovación del modelo de **selección por pares** de Village Capital es que devuelve a los fundadores el poder en el proceso de toma de decisiones. El modelo de Village Capital debe animar a los fundadores a seguir vías de inversión que propicien la transparencia de forma que ellos mismos vean cómo se toma la decisión, y que favorezcan la diversidad entre los responsables de la toma de decisiones.

– Financiadores

Quienes deseen obtener resultados yendo más allá de referencias ya conocidas deben dedicar un tiempo a pensar *cómo* realizan las inversiones y en *qué* invierten. El modelo de Village Capital ha superado con creces a otras empresas de inversión de impacto en cuanto a métricas de diversidad e inclusión —y rentabilidad financiera—, pues ha cambiado la composición de los equipos que deciden quién obtiene el capital de inversión. Independientemente de que un financiador esté o no interesado específicamente en la **selección por pares**, integrar en sus inversiones unas estructuras y toma de decisiones más participativas puede reducir la parcialidad y hacer que el emprendimiento sea más meritocrático[2].

---

[2]  Baird, R., Fram, V., Tashima, R., & Matranga, H. S. *Capital Evolving: Alternative Investment Strategies to Drive Inclusive Innovation*. Fundación John D. y Catherine T. MacArthur. Disponible en: https://adobecapital.org/wp-content/uploads/2019/01/Capital-Evolving-Village-Capital-1.pdf.

Ross reflexiona sobre lo aprendido y proporciona consejos concretos a los financiadores interesados en aplicar la **toma de decisiones entre iguales**. Proporcionar un marco detallado y concreto para la evaluación, en forma de matriz, facilita el hecho de valorar una empresa y el debate sobre la *due diligence*. A la vez, en la **selección por pares** esa matriz servirá para evaluar en qué medida se está **preparado para la inversión**, pues, por un lado, los fundadores pueden articular los hitos específicos que han ido logrando en las diferentes etapas de la empresa —por ejemplo, probar su hipótesis de búsqueda de clientes o validar su mercado—, y, por otro, sus pares podrán dar evaluaciones muy concretas y matizadas sobre el rendimiento de una empresa o sobre su potencial.

La multiplicidad de puntos de vista puede ayudar a mejorar la precisión de la evaluación y limitar la influencia de los prejuicios individuales en la toma de decisiones. Un aspecto clave del proceso de **selección por pares** es que los rankings se realizan según una media de múltiples puntuaciones: combinan no sólo la revisión única que un par hace de otro, sino hasta 11 puntuaciones distintas para cada empresa. En el proceso de selección, la interacción dinámica que se produce y la posibilidad de que varios pares se centren en distintos aspectos de una misma empresa permiten formarse un juicio muy completo de cómo es esta en fase temprana.

Por último, además de la ventaja de que los pares dirijan el proceso, si se incorporan emprendedores a los **comités de inversiones** o a los **consejos asesores** contaremos con una opinión experta que añadirá valor al proceso de *due diligence*. ¿Te acuerdas de Morgan Simon (a quien conocimos en el capítulo 6)? Es precisamente lo que ha hecho con su Fondo Olamina, el cual concede préstamos a instituciones financieras que atienden a comunidades negras, indígenas o de bajos ingresos. Como parte de su proceso de selección y votación de inversiones, creó un Consejo Asesor Comunitario formado por personas de las propias comunidades rurales, indígenas y sureñas a las que va dirigido el fondo. El Consejo hace recomendaciones sobre inversiones concretas y posibles estrategias al comité de inversiones del fondo, en el que también trabajan dos de los miembros del Consejo Asesor, con poder de veto.

Los emprendedores aportan una valiosa experiencia del mercado, con un profundo conocimiento de los factores que intervienen en él, de la competencia y de la diferenciación dentro de un sector determinado.

Entre los *business angels*[3] y los capitalistas de riesgo hay multitud de antiguos emprendedores, pero la investigación de Village Capital pone de manifiesto que su capacidad para evaluar las posibilidades de inversión de sus pares está presente mucho antes de que empiecen a invertir[4].

[3] https://beeckcenter.medium.com/deciding-together-flipping-the-power-dynamics-in-impact-investingb4c3d086f818.

[4] Baird, R., Fram, V., Tashima, R., & Matranga, ibídem.

# 25

# El viaje de Cal Solar para convertirse en una cooperativa de los trabajadores

Nuestro próximo viaje nos lleva al mundo de la **propiedad en manos de los trabajadores**, donde nos unimos a Cal Solar en su camino para convertirse en una **cooperativa de los trabajadores**.

## ■ *Tomar las riendas*

En 2008, Lars Ortegren se encontró al frente de una empresa de energía solar de California. En 2002 Lars se había incorporado a California Solar Electric, o Cal Solar, como su segundo empleado. Ahora, en medio de las dificultades de la crisis financiera mundial, el propietario de Cal Solar había traspasado la empresa y sus tres empleados a Lars, convirtiéndolo en el gestor y propietario de la empresa.

En su nuevo puesto, Lars pudo ver de cerca hasta qué punto el éxito de la empresa dependía de que los empleados realizaran bien su trabajo. «Cuando hablamos de sistemas de energía renovable, instalamos sistemas que suelen tener una garantía de 25 años en sus componentes y que implican hacer muchos agujeros en los tejados —explica—. Dados los riesgos, la idea de que todos asumiéramos por igual esa responsabilidad parecía muy razonable».

Así, Lars empezó a pensar en un modelo de **propiedad compartida** para Cal Solar que vinculara directamente los riesgos y las responsabilidades a todos los miembros de la organización. Además, dado que el mercado de la energía solar doméstica era bastante incipiente y no estaba probado en aquel momento, en opinión de Lars el hecho de compartir la propiedad también supondría un mayor incentivo para que los trabajadores pensaran en el crecimiento y el éxito de la empresa a largo plazo. Como en cualquier startup, el riesgo de fracaso era bastante alto: si la empresa tenía éxito en un entorno económico tan difícil, los empleados que lo habían hecho posible merecían, a juicio de Lars, una recompensa.

Su corazonada sobre los beneficios de las estructuras de la **propiedad compartida** estaba bien fundada. Por ejemplo, el estudio anual de 2014 del Democracy at Work Institute sobre **cooperativas de trabajadores** reveló que en varios sectores estas cooperativas eran un 2-4% más productivas que las empresas análogas que no eran propiedad de los trabajadores. Si nos atenemos a los resultados de un informe de la Cass Business School de Londres, el aumento de la productividad fue mucho mayor: las **empresas propiedad de sus empleados** declararon ser entre un 9 % y un 19 % más productivas que las estructuradas de forma tradicional.

A pesar de lo dicho, lamentablemente la propiedad compartida está infrautilizada en el emprendimiento y en las empresas impulsadas por una misión. También brilla por su ausencia en las conversaciones sobre desarrollo económico.

### ■ Sondeando las distintas opciones

En el 2009, Lars empezó a investigar las opciones para convertir Cal Solar en un modelo de propiedad en manos de una **base amplia de trabajadores**. Cal Solar podía elegir entre varios modelos diferentes, todos los cuales requerían una gran dedicación de tiempo y de recursos; dependía de Lars y de su equipo decidir cómo proceder.

Los **Planes de Propiedad de Acciones para los Empleados** (ESOP, por sus siglas en inglés) son el modelo de **propiedad en manos de una base amplia de trabajadores** más común en EE.UU. Funcionan como un **plan de prestaciones para empleados 401(k)**, que permite a una empresa transferir total o parcialmente la propiedad a sus empleados. En un **ESOP** no se exige participación en los beneficios ni gobernanza democrática (en la que los empleados tienen derecho a tomar decisiones estratégicas). Sin embargo, los **ESOP** de más éxito suscitan una actitud muy participativa y, a menudo, han ideado formas de implicar a los empleados en las decisiones estratégicas.

Los **ESOP** tienen unos costes iniciales elevados y unos costes recurrentes también más altos de lo normal, si bien es cierto que la estructura va acompañada de una serie de ventajas fiscales que, con el tiempo, compensan el coste. Para que financieramente salga rentable una empresa debe contar con al menos 40 empleados. Si Cal Solar, que en aquel momento sólo tenía 6 empleados, hubiera querido implantar un **ESOP**, habría tenido una factura inicial relativamente alta y, posteriormente, enormes costes de adaptación a la normativa.

También existía la opción de una **transición a cooperativa de los trabajadores**, que es similar a una **adquisición de la empresa por la dirección (management buy out)**, pero, en lugar de que sólo unos pocos directivos clave la adquieran, se ofrece a la mayoría o a todos los trabajadores una participación igualitaria en la propiedad, y la oportunidad de participar en los beneficios. Para ello, Cal Solar tendría que convertir formalmente la entidad empresarial en una **estructura de propiedad de los trabajadores** y, a continuación, vender sus activos a esa nueva entidad. Cada trabajador «compraría» entonces la cooperativa y, como nuevo propietario, recibiría una única participación ordinaria con derecho a voto. A continuación la empresa nombraría un **consejo de administración** elegido democráticamente, en el que los **trabajadores propietarios** ocuparían la mayor parte de los puestos. Los beneficios de la empresa se repartirían entre los trabajadores propietarios según su condición de trabajadores a tiempo completo o parcial, lo que se conoce como «dividendo de patrocinio». Para pequeñas empresas como Cal Solar una de las ventajas del modelo cooperativo es que los costes administrativos y de transacción son inferiores a los de un ESOP.

Una tercera opción, también adecuada para una empresa más pequeña, es el **fideicomiso propiedad de los empleados** (Employee Ownership Trust, EOT, por sus siglas en inglés) o **fideicomiso perpetuo de los empleados**. Los **EOT** se concibieron para preservar la empresa a largo plazo en beneficio de los empleados. Estos no pagan por los ventajas de ser propietarios y reciben una parte de los beneficios anuales de la empresa. No obstante, son más comunes en Europa que en Estados Unidos.

Lars consideró las distintas opciones con que contaban. «La idea de la **propiedad cooperativa** siempre me pareció muy atractiva», afirma sobre la decisión de escoger la segunda opción. Se puso en contacto con Democracy at Work Network (DAWN) —un grupo de asesores certificados que ofrecen asistencia técnica a las **cooperativas de trabajadores**— a fin de que examinaran las finanzas de Cal Solar y les explicaran a grandes rasgos los pasos que habría que seguir para transformarse en una **cooperativa**.

El asesor de DAWN le comunicó que la transición de Cal Solar a una **cooperativa propiedad de los trabajadores** era ciertamente factible. La primera fase del proceso de conversión en **cooperativa** exige estar bien preparado desde el punto de vista financiero, y también estar preparados para dedicar mucho tiempo a facilitar y colaborar con el trabajo jurídico y de gobernanza. Los honorarios ascenderían por lo menos a 30.000 dólares. Era más de lo que Cal Solar podía permitirse en aquel momento.

Aunque Cal Solar no estaba en condiciones económicas de proceder a la transición a una **cooperativa**, Lars consideró que la consulta con DAWN había sido provechosa e informativa. La empresa podía hacer muchas cosas para ir avanzando hacia ese objetivo, como determinar cuáles eran sus reservas de efectivo y su capacidad de gestión, así como establecer los **procesos participativos del trabajador-propieta-**

rio por los que se regirían. Además, sólo con iniciar debates internos sobre la posibilidad de convertirse en cooperativa, Cal Solar había empezado a suscitar el interés y la aceptación entre sus empleados, lo que resultaría fundamental para llevar la transición a buen puerto.

### ■ *Cinco más cuatro*

Cal Solar tardó cinco años en alcanzar el siguiente punto de inflexión en su camino para convertirse en una **cooperativa de los trabajadores**. Una vez alcanzado un nivel más «cómodo» desde el punto de vista financiero, Lars buscó asesoramiento sobre cómo empezar a trabajar para desarrollar los estatutos, procedimientos y protocolos necesarios para la toma de decisiones. Para ello recurrió al equipo de Project Equity.

**Project Equity**, con sede en California, es una organización sin fines de lucro que apoya a las empresas en transición hacia la **propiedad en manos de los trabajadores**. Fue cofundada en 2014 por Alison Lingane, cuya trayectoria profesional se había centrado en empresas con misión que crean impacto humano a cierta escala, y Hilary Abell, que tenía experiencia en la creación de **cooperativas de los trabajadores**. Ambas creían firmemente en los beneficios sociales y financieros de los modelos de empresa en manos de los trabajadores y trataron de fomentar la generalización de este tipo de propiedad ayudando a organizaciones consolidadas, como Cal Solar, en su transición a este modelo.

Project Equity estaba deseando cumplir su misión cuando, en 2015, Lars se puso en contacto con ellos. Tras observar durante un tiempo cómo trabajaban, el equipo de Lingane y Hilary comprobó que Cal Solar se encontraba en una fase de gran crecimiento, pero con dificultades para gestionarlo eficazmente y para planificar la transición a una **propiedad en manos de los trabajadores**, debido fundamentalmente a la escasez de tiempo. Además, como empresa solar, era muy sensible a la volatilidad económica y a las anomalías medioambientales. «Somos muy susceptibles a los microcambios en cuestiones globales, estatales y locales, [lo que incluye] cualquier cambio a escala nacional, o si tenemos un año de clima malo, o si la autoridad local en materia de construcción decide cambiar la normativa», explica Lars. Cal Solar tendría que superar ese «umbral de sensibilidad» antes de poder seguir adelante con sus planes de transición a una empresa propiedad de los empleados.

Para el 2019, con la ayuda de un director financiero externo recomendado por Project Equity, Cal Solar estaba lista para volver a comprometerse con ellos y avanzar con los planes de convertirse en una **cooperativa**. Durante esos años, la empresa había aumentado el número de empleados a 33, y año tras año lograba aumentar sus ingresos como mínimo un 10%. Lars atribuye gran parte de ese crecimiento a una filosofía empresarial seria y a la dedicación de los trabajadores, animados por la posibilidad de adquirir la empresa en propiedad.

Project Equity trazó un plan actualizado para una transición a cooperativa de los trabajadores, que Cal Solar retomó en el 2019. En primer lugar, comenzaron a formar al nuevo personal sobre el proceso de transición. A continuación, crearon un comité de transición de cinco personas para que dirigiera la planificación de todo, lo que incluía concretar los términos del acuerdo de compraventa, finalizar los nuevos estatutos, diseñar una matriz de toma de decisiones y desarrollar nuevos enfoques operativos y de gestión adaptados a la nueva estructura. En cinco meses, Cal Solar creó una nueva **cooperativa** de los trabajadores con las estructuras de gobierno necesarias y ejecutó la operación de venta que convirtió oficialmente a Cal Solar en una empresa propiedad de los trabajadores. Todos los miembros del equipo de Cal Solar pudieron participar en la adquisición de la empresa, lo que les convirtió en **trabajadores-propietarios**.

### ■ *Propiedad y resiliencia*

*¿Qué cambió en Cal Solar cuando se consolidó como cooperativa?* En primer lugar, la empresa está ahora gobernada por un consejo de administración formado por **trabajadores propietarios**. Cal Solar nombra a este consejo por medio de un proceso electoral con sus **trabajadores-propietarios** («democracia representativa»), quienes ocupan la mayor parte de los puestos, de acuerdo con las normas directrices para cooperativas.

En segundo lugar, la toma de decisiones estratégicas en la empresa también tuvo que cambiar, para hacerse más participativa que cuando Lars era el principal propietario. Las **cooperativas** no tienen por qué seguir un método uniforme en las tomas de decisiones y, en el caso de Cal Solar, la única decisión que requiere unanimidad en el voto es la incorporación de un nuevo **trabajador propietario**. Para ello, los **trabajadores-propietarios** de Cal Solar implantaron un proceso por el que se evalúa al nuevo candidato durante todo un año. La idea es poner un listón suficientemente alto, que garantice que el candidato está realmente comprometido con la filosofía y el crecimiento de Cal Solar. A principios del 2020, que era el final de su primer año como **cooperativa**, Cal Solar se sometió a su primera votación para aprobar a los nuevos trabajadores propietarios.

En tercer lugar, la empresa tuvo que introducir una estructura de gestión que fomentara esa actitud más participativa dentro de la empresa. Hasta ahora lo ha conseguido, incluso manteniendo una estructura jerárquica descendente más tradicional (que por otra parte tienen la mayoría de las **cooperativas**).

En su primer año, las ventajas del nuevo modelo de propiedad de Cal Solar se hicieron evidentes. En concreto, Lars afirma que la empresa vio «recompensada al instante» la flexibilidad y resiliencia de la empresa en medio de un clima empresarial profundamente perturbado por la pandemia del COVID-19, la inestabilidad económica y las manifestaciones sociales y políticas masivas en EE.UU. Lo atribuye a la mejora de las decisiones estratégicas realizadas por trabajadores que piensan como propietarios de empresa y no como empleados. «Nos toca vivir en un ambiente tremendamente adaptable y debemos cambiar con mucha frecuencia —explica—. El hecho de que nuestros empleados participen en la perspectiva más amplia de la empresa nos ha convertido en un negocio más adaptable».

Por ejemplo, cuando California impuso cierres en todo el estado en respuesta a la pandemia de COVID-19, Cal Solar se enfrentó a ciertas dificultades financieras: disponía de escaso **horizonte de caja**, estaba a la espera del pago de algunos grandes pedidos y no sabía cuándo se reanudarían las entregas o los servicios públicos que necesitaba. La situación no era ni mucho menos exclusiva de Cal Solar y, como muchas otras empresas, concedió un permiso laboral temporal a todos sus empleados. Pero, a diferencia de muchas otras empresas, los empleados de Cal Solar —no sólo sus directivos— siguieron ideando estrategias para mantener partes de la empresa en funcionamiento. El equipo de ventas encontró la forma de asociarse con un fabricante de baterías, de manera que a partir de entonces Cal Solar estaría capacitada para instalar unidades de almacenamiento de energía. Al convertirse en administrador de un programa que ofrecía descuentos en este tipo de almacenamiento, la empresa pudo generar el valor de todo un año de ventas en unas tres semanas. A su vez, las previsiones financieras de la empresa para 2020 cayeron sólo un 2%, a pesar del prolongado periodo de interrupción de la actividad.

En Cal Solar prevén que las ventajas del modelo **cooperativo** evolucionen y se amplíen con el tiempo. Según Lars, uno de los efectos que la empresa espera ver es una mayor satisfacción de sus empleados. Además, probablemente la nueva mentalidad de la empresa contribuya a fidelizar a los clientes, pues éstos se sentirán más seguros al saber que el que trabaja en su casa está directamente interesado en el éxito de su trabajo y del producto que entrega. Y, como broche final, esta forma de propiedad permite a Cal Solar estar auténticamente comprometida con su misión de fomentar una sociedad más responsable y sostenible gracias a la energía limpia.

«Si tienes una empresa que realmente se preocupa por sus empleados, y estos ponen gran empeño en lo que hacen —afirma Lars—, entonces salta a la vista que la **propiedad en manos de los trabajadores** es un modelo que alargará la vida de ese negocio».

La **propiedad compartida** es un modelo para todos los que se preocupan por que las empresas locales se mantengan a lo largo de generaciones; como dice Lingane, de Project Equity: «ese es el verdadero macroimpacto a nivel económico».

### ■ *¿Te conviene la propiedad en manos de los trabajadores?*

– Fundadores

La **propiedad en manos de los trabajadores** es un potente faro que pone de relieve los valores y el compromiso de una empresa con sus trabajadores y comunidades. Puede funcionar en empresas de cualquier sector, con escasas excepciones; por ejemplo, en los bufetes de Estados Unidos, sólo sus abogados pueden ser los propietarios del despacho.

Puedes optar por un modelo de **propiedad en manos de los trabajadores** en cualquier momento de la vida de tu empresa, ya sea desde el inicio (cuando se constituye la empresa), ya en una fase de crecimiento, como hizo Cal Solar, o ya cuando la propiedad cambia de forma natural, como cuando un emprendedor o propietario decide jubilarse o vender la empresa. Una transición hacia la **propiedad en manos de los trabajadores** implica, fundamentalmente:

1. *Entidad empresarial.* Crear una entidad que sea propiedad de los trabajadores (mediante una transición suave desde la empresa existente, o la constitución de una nueva entidad, como un fideicomiso o una cooperativa propiedad de los trabajadores).

2. *Transacción de venta.* El propietario o propietarios actuales venden la empresa existente (o sus acciones o activos) a la entidad propiedad de los empleados, formalizando un contrato de compraventa. La operación de venta suele estar financiada por un grupo de prestamistas (véase el cuadro siguiente). En el modelo de cooperativa de los trabajadores, cada trabajador propietario «compra» la cooperativa y recibe una única participación ordinaria con derecho a voto. En otros modelos, la **propiedad en manos de los trabajadores** se trata como una prestación laboral, es decir, es «gratuita» para el trabajador.

3. *Cambio en las funciones y filosofía empresarial.* Poder pasar de unas funciones a otras, y potenciar una mentalidad favorable a la propiedad son algunos de los ejemplos de los numerosos beneficios que ofrece la propiedad en manos de los trabajadores. En una cooperativa de trabajo asociado, los trabajadores propietarios eligen democráticamente un consejo de administración compuesto en su mayoría por trabajadores propietarios, sobre la base de «un trabajador, un voto». A menudo, la asistencia técnica de promotores de cooperativas especializados en tal labor ayuda a facilitar esa transición.

4. *Participación en los beneficios.* Aunque no vaya incluida de por sí en todos los modelos de propiedad en manos de los trabajadores, la participación en beneficios representa un importante apoyo a la hora de desarrollar una cultura de la propiedad y es muy recomendable incluirla. La **cooperativa propiedad de los trabajadores** sí integra en su modelo la **participación en los beneficios** (se denomina «**dividendo de patrocinio**»). Todos los **trabajadores propietarios** obtienen beneficios, basados principalmente en las horas trabajadas. Por ejemplo, un **trabajador-propietario** que trabajara tres cuartos de su jornada laboral ganaría tres cuartos de la participación en beneficios de un cooperativista a tiempo completo.

Como la operación financiera que crea la **propiedad en manos de los trabajadores** puede producirse independientemente del cambio en la gestión, las empresas pueden realizar primero la venta financiera y, en un momento posterior, efectuar la transición de la gestión. Un enfoque por fases minimizará el riesgo, al introducirse menos cambios de golpe.

El momento oportuno es un elemento clave en la transición a la **propiedad en manos de los trabajadores**, sobre todo en lo que respecta al propietario original y su relación con la empresa. Project Equity señala que las empresas deben preguntarse, en general: 1) ¿Es este un buen momento para que el propietario se marche? 2) ¿Existe un «segundo de a bordo» competente y está preparado para entrar en escena?

Project Equity suele tratar con dos tipos de propietarios de empresas que se plantean la conversión: los que quieren dejar su puesto para jubilarse o dedicarse a otras actividades, y los que no dejan el negocio, sino que tienen otras razones, de gestión, económicas, éticas o prácticas, para que la propiedad pase a manos de los trabajadores.

Los propietarios que dejan la empresa deben centrarse en la preparación para la jubilación. En un mundo ideal, estos propietarios dispondrían de un **horizonte de caja** de cinco años para planificarlo todo, pues deben abordar toda una serie de cuestiones jurídicas, financieras y humanas que no son sencillas, como, por ejemplo:

- ¿Cuánto dinero necesito para jubilarme? ¿Qué **valoración** deberá tener la empresa para proporcionarme esa jubilación? ¿Cuánto le falta a la empresa para llegar a ese punto?
- ¿Quién asumirá todas las funciones que yo desempeñaba (sabiendo que, en toda una vida de gestión, el propietario suele haber acumulado gran cantidad de responsabilidades)? ¿Esa persona o personas están presentes, o necesito contratarlas? ¿De qué manera habrá que prepararlas?
- ¿Tengo préstamos personales pendientes que deban transferirse a la empresa? ¿Otras obligaciones financieras?

En el caso de propietarios de empresa que no se jubilan, el momento oportuno de salida será cuando al menos un pequeño equipo de empleados esté preparado para supervisar el proceso y tomar decisiones, o cuando la empresa disponga de los recursos necesarios para llevar a cabo el proceso, o cuando se den las dos circunstancias.

— Financiadores

Las cooperativas de trabajadores pueden obtener financiación externa, pero no pueden ceder el control (acciones con derecho a voto).

Sólo los **trabajadores-propietarios** tienen derecho a voto (una acción con derecho a voto por propietario), por eso las cooperativas o bien recurren a deuda o bien a *equity* preferente sin derecho a voto.

Tanto financiadores públicos como privados pueden contemplar este tipo de financiación de transiciones como una manera de forjar empresas más resilientes y crear puestos de trabajo duraderos. Por su parte, las organizaciones de apoyo a la **propiedad de los trabajadores**, como Project Equity y DAWN, pueden formar a diversas entidades —proveedores de servicios a pequeñas empresas, organizaciones sin fines de lucro, despachos de abogados, instituciones financieras— para que trabajen con pymes o corporaciones más grandes y evalúen la viabilidad y condiciones de una transformación a un **modelo de propiedad de los trabajadores**, y del eventual endeudamiento.

Fuera del marco legal de los **ESOP** (especialmente en las **cooperativas de los trabajadores**)[1], no es infrecuente que escasee el capital disponible para un accionariado de base amplia de trabajadores. En parte ello se debe a que los prestamistas se basan en **garantías personales**, difíciles de obtener cuando una empresa cuenta con 20, 30, 100 o más accionistas en igualdad de condiciones. Este déficit de capital puede paliarse siguiendo una estrategia dual. En primer lugar, aumentar la cartera de cooperativas en fase de transición. En segundo lugar, y con el deseo de que el horizonte temporal sea más sostenible a largo plazo, aumentar el capital disponible para financiar tales operaciones, bien incrementando los fondos destinados a las transiciones, bien abriendo líneas de crédito con instituciones que hasta el momento no prestaran en ese ámbito.

En 2019, Project Equity se asoció con Shared Capital Co-op para lanzar una iniciativa conjunta, *Accelerate Employee Ownership*. Shared Capital Co-operative es una institución financiera de desarrollo comunitario (CDFI) de ámbito nacional, especializada en la financiación de **cooperativas** y de entidades cuya propiedad se encuentra en manos de los trabajadores. La iniciativa contó con un capital semilla de 5 millones de dólares del Fondo de Empleos de Calidad, que sirvieron para facilitar operaciones en que propietarios de pequeñas empresas vendían

---

[1] Otro motivo de la amplia adopción de los ESOP como instrumento de propiedad es que los grandes bancos suelen tener departamentos especializados en préstamos para ESOP, lo que crea un mercado de capital más amplio para financiar la transición hacia este tipo de empresas.

estas a su base de empleados. Shared Capital Co-operative tiene la flexibilidad de conceder tanto préstamos como financiación de *equity*, en función de las necesidades de la empresa.

Mediante la aportación de capital adicional al sector y la colaboración con otros financiadores, Project Equity y Shared Capital pretenden impulsar perfiles alternativos de riesgo y mostrar a las instituciones cómo conceder préstamos sin solicitar una **garantía personal** (un elemento distintivo de la operación financiera de transición de las **cooperativas**) y cómo enfocar la *due diligence* en el caso de empresas cuya **propiedad esté en manos de los trabajadores**. Este enfoque puede tener un efecto dominó que fomente y amplíe el movimiento de la propiedad compartida: primero animando a instituciones CDFI especializadas a conceder préstamos para lograr este tipo de propiedad, luego a instituciones CDFI en sintonía con la misión, y finalmente a bancos de ámbito local. En último término, el sueño es que todos los grandes bancos concedan préstamos para estas operaciones, cuando su volumen haya aumentado hasta hacerlas habituales y se hayan eliminado los obstáculos normativos en todos los países (Tabla 25.1).

**Tabla 25.1**
Fuentes de capital en las empresas propiedad de sus empleados

| Fuente de capital | Cuestiones a tener en cuenta |
|---|---|
| DEUDA | |
| Instituciones (bancos, CDFI) | Los requisitos de colateral y aval personal pueden constituir obstáculos. Las instituciones que conceden préstamos de tesorería a pequeñas empresas o las que tienen experiencia en la propiedad en manos de los trabajadores son probablemente las más adecuadas. Posición prioritaria sobre todos los activos, excepto una posición secundaria sobre las existencias; calendario de amortización fijo |
| Proveedores | Acreedor privilegiado sobre las existencias del negocio |
| Propietario vendedor | Reembolso subordinado, a menudo no garantizado, supeditado al reembolso de la deuda principal |
| Particulares (clientes, pequeñas colectividades, amigos, familia, empleados) | Reembolso subordinado, a menudo no garantizado, supeditado al reembolso de la deuda principal |

| Fuente de capital | Cuestiones a tener en cuenta |
|---|---|
| *EQUITY* | |
| Compra interna realizada por el trabajador-propietario (en una cooperativa de los trabajadores) | Acciones con derecho a voto, representa normalmente un pequeño porcentaje de la fuente de financiación |
| Inversores acreditados (Colocación privada) | En una cooperativa de los trabajadores, la inversión en *equity* se realiza a través de acciones preferentes sin derecho a voto, y su tasa de rentabilidad objetivo está sujeta a los resultados de la cooperativa |
| Contribuciones o donaciones | No se exige reembolso |

# 26
# REDISEÑAR EL PROCESO ENTERO DE FINANCIACIÓN

Como hemos comentado al principio de esta sección, la desigualdad en el sistema mundial de financiación en fase temprana es patente. Seguro que tienes tu propia experiencia al respecto. El acceso desigual al capital perpetúa la desigualdad mundial. Aunque todas las estrategias y estructuras que analizamos en este libro pueden contribuir a que el capital sea más inclusivo, esta sección es quizá la más profunda a la hora de pensar en cómo tratar la desigualdad sistémica. Cada capítulo aborda una fase diferente del proceso de financiación en fase temprana y sugiere distintas maneras en que los financiadores y fundadores pueden rediseñar sus procesos de financiación para fomentar la diversidad, la inclusión y la responsabilidad común de las decisiones, así como la propiedad en común de los activos y beneficios (Tabla 26.1).

## – Fundadores

Si eres un emprendedor que desea rediseñar su propio proceso de financiación, existen multitud de opciones para salir de la rutina tradicional. Como hemos comentado aquí, algunas son recurrir al **crowdfunding**, crear una estructura de participación en los beneficios con tus empleados o hacer una transición a la **propiedad en manos de los trabajadores**. Como emprendedor, debes decidir cómo integrar tu misión en el proceso de financiación y en los planes de propiedad a largo plazo de tu empresa.

Una filosofía que está ganando adeptos es la idea de la propiedad responsable. En la introducción de este libro presentamos a **Max**, de **Creative Action Network (CAN)**, cuyo inversor principal es una empresa denominada **Purpose Ventures**. Purpose financia a empresas caracterizadas por tener **propiedad responsable (steward ownership)**. La **propiedad responsable** hace referencia a una serie de estructuras jurídicas que vertebran legalmente a la empresa en torno a dos principios básicos: la autogestión y los beneficios al servicio del propósito. Dichas estructuras garantizan que el control sobre la empresa (los derechos de voto) lo tengan personas de dentro de la organización o muy vinculadas a su misión. En las formas societarias de **propiedad responsable** el control del voto no es un producto más que se pueda comprar y vender. Además, los beneficios económicos se entienden como una herramienta para la consecución del propósito de la empresa.

**Tabla 26.1**
Resumen del capítulo

| Búsqueda de oportunidades de inversión | *Due diligence* | Desinversión |
|---|---|---|
| Para **João, Domingos y Rui** (capítulo 23), la comunidad inversora portuguesa no comprendía el potencial de **Code for All** como empresa social, así que recurrieron a la sociedad portuguesa en general para conseguir la financiación que necesitaban. Al final, el **crowdfunding** les brindó la oportunidad de reunir capital, crear conciencia de marca y empezar a construir un historial de inversiones | **Ross** (capítulo 24) se inspiró en el modelo de banco de pueblo de la India para el proceso de toma de decisiones comunitario de **Village Capital**. Vio una gran oportunidad para abordar no solo el QUÉ (los tipos de estructuras utilizadas en la inversión), sino el CÓMO (la forma en que se toman las decisiones sobre quién puede acceder al capital) | Para **Lars** (capítulo 25), la transición de **Cal Solar** a una **organización propiedad de los empleados** tenía sentido desde una perspectiva empresarial y de sostenibilidad. Para **Alison y Hilary** (capítulo 24), la transición hacia una **propiedad en manos de los trabajadores como opción de salida** para los propietarios e inversores ha sido un objetivo clave de **Project Equity** |

Tras reembolsar a los proveedores de capital y compartir el retorno económico con los grupos de interés, la mayor parte de los beneficios se reinvierte en la empresa. Las formas de propiedad responsable incluyen un *asset-lock*, por el que se impide que los beneficios de una venta se privaticen. Esta estructura otorga el poder de decisión a grupos de interés activos y cercanos a la empresa, para que no se hagan con él inversores o accionistas ajenos a su misión[1]. La **cláusula de «no salida»** de Equal Exchange en su oferta de acciones preferentes constituye un muy buen ejemplo de **propiedad responsable** en acción. Hablaremos de ello con más detalle en el próximo capítulo.

## – Financiadores

Aunque todo el modelo de Village Capital se basa en permitir a los fundadores participar en la *due diligence* de la operación, si eres un financiador interesado en introducir estructuras y procesos de decisión que reduzcan la parcialidad y hagan del emprendimiento algo más meritocrático cuentas con opciones muy distintas para lograr tu objetivo.

---

[1]    https://www.impactterms.org/.

Una de las más sencillas es salir de tu zona de confort. Es el caso de Antonia Opiah, que fundó Un-ruly en el 2013 tras pasar años trabajando para las principales agencias de publicidad digital de Nueva York. Vio un enorme vacío en la industria del «cabello afro» y sus propias frustraciones le sirvieron de acicate para crear una empresa que atendiera realmente a las mujeres negras. Un-ruly se lanzó como un blog de belleza dedicado al pelo negro y, más tarde, Yeluchi by Un-Ruly se convirtió en un mercado para facilitar servicios profesionales de peluquería a domicilio para mujeres de color.

Antonia siempre había querido dirigir su propio negocio, incluso dejó escrito ese objetivo en su diario cuando era jovencita. Por fin un día el negocio arrancó, pero todavía dudaba en reunir capital, por dos razones. La primera era que le desilusionaba la obsesión general de captar capital frente a la sencilla idea de levantar una empresa que generara ingresos. En segundo lugar, en las pocas conversaciones que había mantenido con financiadores, nunca dejaba de sorprenderle su aparente incapacidad para entender la cuestión del cabello afro que quería abordar.

«Los financiadores deben salir en general de su zona de confort, porque las oportunidades están por todas partes —dice—. El cabello afro recibe ahora algo más de atención que en el pasado, pero, para mí, el potencial siempre ha estado ahí... Los consumidores de este segmento gastan nueve veces más que otros tipos de consumidores. Y actualmente están desatendidos. Para mí, eso es igual a oportunidad. Lo sé, es una locura, porque se ha tardado mucho en reconocer esa oportunidad. Me parece que se debe simplemente a que muchos —inversores, financiadores— no están familiarizados con el tema y se quedan con lo que conocen, el arquetipo de emprendedor de éxito: un tipo blanco con capucha que recuerda un poco a Mark Zuckerberg».

Al final, Antonia y su hermana y cofundadora, Abigail, acabaron obteniendo capital de Tyler Tringas, de Earnest Capital, mediante un acuerdo de reparto de beneficios (un tipo de **acciones rescatables**). Antonia y Abigail se habían puesto en contacto con él porque tenía una filosofía de inversión pro emprendedor, que no se centraba en el crecimiento a toda costa. Durante sus primeras reuniones quedaron impresionadas por lo mucho que había investigado sobre el mercado del cabello afro. Aunque no era un sector con el que estuviera familiarizado, fue capaz de mirar más allá de su propia experiencia, comprendió la oportunidad de inversión y desarrolló una estructura de financiación que se ajustaba a sus necesidades, tanto en términos de riesgo como de rentabilidad.

Además de salir de tu zona de confort para encontrar y comprender las oportunidades de financiación, puedes asegurarte de que los responsables de la toma de decisiones que te rodean tengan diversas visiones del mundo y experiencias vitales. Puede tratarse de tu **equipo de inversiones**, tu **comité de inversiones**, tu **consejo de administración** o tus socios de financiación.

Otros financiadores que hemos conocido en este libro, como Project Equity (capítulo 25) y Candide Group (capítulo 6), han utilizado sus operaciones para ayudar a las empresas a realizar la transición hacia estructuras más centradas en sus grupos de interés. Muchos de estos financiadores suscriben los principios de la **propiedad responsable**. Utilizan sus inversiones para ayudar a las empresas a crear el marco jurídico necesario para proteger su misión, dedicar parte de los beneficios a reinvertir y realizar desembolsos orientados a sus empleados.

Como fundadores y financiadores, podemos replantearnos quién participa en la **búsqueda de oportunidades de inversión**, la financiación, la *due diligence* y la propiedad. El problema es que si no abordamos la desigualdad en la toma de decisiones y la distribución de riqueza, por muy bien que estructuremos la financiación es probable que estemos contribuyendo a perpetuar la desigualdad en los sistemas.

# 27

# Integrar la misión en los contratos

En este nuestro último capítulo, antes de empezar a ensamblar todas las piezas me gustaría profundizar en algunos de los puntos que tratamos en el capítulo anterior sobre la misión, y hablar de algunas ideas para integrar la misión social en los contratos de financiación.

Si eres emprendedor, a medida que avanzas en el proceso de financiación, es probable que te encuentres con algunos financiadores que entienden y apoyan plenamente tu misión. También puedes encontrarte con financiadores interesados en tu empresa, pero que consideran que tu misión es secundaria o incluso un obstáculo para tu crecimiento. En cualquier caso, resulta conveniente que dediques tiempo a pensar cómo puedes incluir tu misión declarada en los contratos de financiación, pues así reducirás el riesgo de que los financiadores te presionen para que te alejes de la misión.

**Si eres financiador**: algunas de las estructuras de financiación tratadas a lo largo del libro pueden servirte para ampliar el círculo de **fundadores** con los que trabajas y mirar más allá de las entidades sin fines de lucro. Puedes empezar perfectamente a financiar a empresas con fines de lucro, sin dejar por ello de cumplir tu propia misión social y medioambiental. Para muchos financiadores acostumbrados a la seguridad que proporciona que las entidades sin fines de lucro adapten sus contratos a la misión, este cambio puede provocar tensiones. Acordar mutuamente una misión en el propio contrato de financiación puede ser una buena forma de adaptarlo a las prioridades de impacto que compartís.

La conclusión es que acordar una misión en el contrato de financiación puede alinear los incentivos de todas las partes implicadas. Si todos estáis de acuerdo en los objetivos financieros, sociales y medioambientales que pretendéis alcanzar, la relación con tu emprendedor/financiador debería empezar con buen pie. Veamos algunas formas de integrar la misión y el impacto en tu financiación (Tabla 27.1).

**Tabla 27.1**
Opciones de integración de la misión, por categoría

| Categoría | Conceptos relacionados | Opciones de integración de la misión |
|---|---|---|
| Tipo de financiación | *Título valor* | Tipo de estructura de financiación |
| Utilización de los fondos | *Utilización de los ingresos* | Uso acotado de los ingresos |
| Propiedad | *Vesting, propiedad en manos de los trabajadores* | Propiedad responsable |

| Categoría | Conceptos relacionados | Opciones de integración de la misión |
|---|---|---|
| Disposiciones en caso de incumplimiento | *Cláusulas, supuestos de incumplimiento* | Incumplimiento por desvío de misión, opciones de venta (put), facilitación de desinversiones |
| Derechos | *Derechos de información, derechos de voto* | Votación del cambio de misión, Informes sobre el impacto |

### ■ Tipo de financiación

Una posibilidad que tienen **fundadores** y **financiadores** para integrar su misión en la financiación es elegir estructuras financieras que complementen su misión. Por ejemplo, Candide Group (capítulo 6), Adobe Capital (capítulo 9) y Village Capital (capítulo 24) han sido pioneros en diferentes tipos de **salidas estructuradas** que han propiciado opciones de financiación más inclusivas y adecuadas para que los fundadores puedan alcanzar sus objetivos de impacto a largo plazo.

Como **financiador**, la mera voluntad de explorar diferentes tipos de opciones de financiación puede tener un impacto destacable. Desde la perspectiva de un emprendedor, conocer tus opciones te permite hablar abiertamente con posibles financiadores sobre el tipo de capital que más te conviene. Estas conversaciones pueden ser de suma importancia para el futuro de tu organización y tu capacidad para cumplir tu misión social.

### ■ Utilización de los fondos

Los contratos de **subvención** tradicionales suelen contener requisitos muy específicos sobre el uso que puede hacerse de los fondos. Los tipos de contratos que hemos ido analizando rara vez contienen requisitos detallados sobre el **uso de los fondos**, pues los haría muy constrictivos para los fundadores y no resultarían adecuados para organizaciones que requieran flexibilidad y libertad en el uso de su capital. Para la mayoría de los fundadores, la mejor opción es que las donaciones (grants) no tengan restricciones. No obstante, si estás aportando capital **alineado con una misión** específica, hay ocasiones en que te puedes plantear incluir esa finalidad en el contrato y **acotar** el uso que pueda hacerse de tus recursos.

Un ejemplo sería el de una fundación que concediera una **subvención convertible** a una empresa social, como hizo UBS-OF con Trackosaurus (en el capítulo 17), para el desarrollo de un producto específico. UBS-OF concedía a Trackosaurus esta donación para desarrollar una herramienta de evaluación del desarrollo infantil temprano (DIT). En el contrato, el uso de los fondos se limita a la descripción del proyecto y a los objetivos redactados por Luke para la financiación. Si un día Luke decidiera que, en realidad, con ese capital quería construir una plataforma de juegos para aumentar los resultados de ciencias en secundaria en lugar de una herramienta de evaluación para el DIT, tendría que presentar una solicitud de modificación a UBS-OF, que perfectamente podría serle denegada.

En un acuerdo de préstamo podría incluirse una cláusula similar sobre **utilización de los ingresos**, si, por ejemplo, el financiador estuviera interesado en que una empresa desarrollara «una versión en español del producto y una serie de funciones móviles que lo hicieran más accesible a las personas con pocos ingresos»[1].

### ■ *Propiedad*

En esta sección, hemos analizado diferentes formas de **propiedad distribuida**, así como la idea de **propiedad responsable**, en la que los administradores deben transferir los derechos de voto a sus sucesores al dejar su cargo, comprometiéndose además a proteger el propósito y la misión de la empresa a lo largo del tiempo[2].

En Estados Unidos, el modelo de propiedad en manos de los trabajadores más habitual es el **Plan de Propiedad de Acciones para los Empleados (ESOP)**. Es corriente que las empresas instrumenten una estructura de **propiedad** parcial **en manos de los trabajadores**, y es posible que además lo sea a perpetuidad; si bien es cierto que, en muchos casos, una propiedad parcial inicial por medio de un **ESOP** puede sentar las bases para una eventual transición a propiedad 100% de los trabajadores. Las empresas fuera de Estados Unidos pueden hacer posible que la **propiedad** esté parcialmente **en manos de los**

---

[1] Impact Terms Project (Proyecto de Condiciones de Impacto).

[2] Impact Terms Project & Purpose Capital (Proyecto de Condiciones de Impacto y Capital con Propósito) https://purpose-economy.org/content/uploads/purpose-booklet_en.pdf.

trabajadores gracias un **fondo común de opciones para empleados**. Se trata de una posibilidad habitual entre los inversores en *equity* en fase temprana.

Puedes ir un paso más allá y crear un **fideicomiso propiedad de los empleados** (Employee Ownership Trust, **EOT**) o un **fideicomiso de prestaciones para empleados** (Employee Benefit Trust, **EBT**)[3]. Se trata de fideicomisos constituidos para mantener un conjunto de activos destinados a dar prestaciones a los empleados de una empresa o grupo de empresas y, en ocasiones, también a antiguos empleados y personas dependientes de ellos. La idea rectora de los EOT y EBT es preservar la empresa a largo plazo en beneficio de los empleados. Estos no tienen que pagar por las ventajas que les confiere ser propietarios y reciben una parte de los beneficios anuales de la empresa. Los **EOT** tienen unos costes de constitución inferiores a los de los ESOP[4]. Esta forma de **propiedad en manos de los trabajadores** es más común en Europa, y muchos en el Reino Unido está familiarizados con la sociedad The John Lewis Partnership, que está estructurada como un **EOT**.

Otras opciones jurídicas que sirven para integrar la misión en las estructuras de propiedad son: La **acción de oro**, que divide los derechos de voto y económicos entre distintas clases de grupos de interés. En este modelo, el 1% de los derechos de voto se clasifica como «acción de oro», que incluye el derecho a vetar un intento de venta de la empresa o de realizar cambios en la estructura. Otro modelo de este tipo es la **Fundación Única** (*Single foundation*) en la que la empresa es propiedad mayoritaria de una institución autónoma sin fines de lucro, que a menudo cuenta con dos órganos de gobierno: uno corporativo y otro de beneficencia. Y una tercera opción sería la **Fundación Fiduciaria** (*Trust foundation*), que separa los derechos de voto y los derechos de dividendo mediante su asignación a entidades jurídicas distintas: una fundación donante y otra gestionada por administradores (de este modo se desvinculan las aportaciones de beneficencia de los beneficios económicos)[5].

---

[3]   También se denomina a veces «fideicomiso perpetuo de los empleados, perpetual employee trust».

[4]   https://project-equity.org/learn-about-employee-ownership-options/.

[5]   Impact Terms Project.

## ■ Disposiciones en caso de incumplimiento

Si eres un financiador centrado en el impacto, quizá te preocupe la dirección que adopte en el futuro la empresa financiada y quieras disponer de cierta protección frente a un posible **desvío de la misión**, especialmente si tu financiación se sitúa por debajo del tipo de mercado. Puede ser interesante entonces incluir la posibilidad de recuperar tu aportación si la empresa deja de crear el impacto que se había acordado al principio.

Si te interesa poder incorporar una misión social o medioambiental para los casos de **incumplimiento**, debes indicarlo claramente en el contrato. Una posibilidad es mencionar expresamente en alguna parte del mismo la **misión declarada** de la empresa, el propósito social o medioambiental de la inversión, o la **utilización de los ingresos** de la inversión[6]. Esta mención podría utilizarse posteriormente para hacerla valer como algo **estipulado** en el contrato o señalar un **supuesto de incumplimiento**. Véase como ejemplo la siguiente estipulación sobre «finalidad social»: «La finalidad social de la compra de la Nota (en adelante la "inversión") es mejorar el acceso a una asistencia sanitaria de calidad a personas o colectivos de rentas bajas o desatendidos por otros motivos en Estados Unidos, mediante la promoción de programas en línea para la prevención y tratamiento de enfermedades de pacientes adscritos a centros de salud cualificados a nivel federal (FQHC) y otras organizaciones de la red de seguridad social que presten atención médica a personas necesitadas»[7].

Otra posibilidad es incluir un texto que delimite claramente las acciones relacionadas con la misión que podrían constituir un **incumplimiento**. En sus inversiones, el Fondo Mundial para la Innovación (GIF, por sus siglas en inglés) suele incluir supuestos de incumplimiento relacionados con la misión social. Por ejemplo, «que la actividad de la empresa deje de beneficiar principalmente a las personas que ganan menos de 5 dólares al día» o «que la empresa deje de suministrar agua potable a segmentos de población desfavorecidos» en una zona geográfica determinada. Además lo han ampliado para incluir infracciones **medioambientales, sociales y de gobernanza (ASG)** y otras infraccio-

---

[6] Para ver ejemplos de redacción de estas cláusulas, consulta el complemento en línea de este libro.

[7] https://www.impactterms.org/.

nes relacionadas con el cumplimiento normativo que puedan afectar a la reputación del GIF como entidad benéfica financiada por el Estado.

A continuación, tendrás que explicar qué ocurre si se produce un **incumplimiento**. Si la financiación es un préstamo o un acuerdo de **salida estructurada de un acuerdo de deuda**, el **financiador** puede exigir al **emprendedor** que devuelva el **importe total pendiente**. Si se trata de una **subvención**, el **financiador** podría exigir el reembolso de los fondos correspondientes. Si se trata de *equity*, lo más habitual será que el financiador disponga de una **opción de venta** que le permita solicitar a la empresa o a un tercero que adquiera su participación en un plazo determinado. La **valoración** de dicha propiedad puede ser el **valor justo de mercado** acordado entre las partes o determinado por un tercero experto independiente; en el caso de un acuerdo de **acciones rescatables**, el importe adeudado sería el **precio total de rescate**.

En un certero análisis de los **incumplimientos de misión**, Ginny Reyes, directora general adjunta del departamento jurídico del GIF, los considera «una eficaz amenaza» que anima a los fundadores a volver a la mesa de negociaciones. Conceden al GIF la capacidad de presionar para que se renegocien o se introduzcan cambios que garanticen que la empresa mantenga el impacto o la misión social previstos.

### ◼ *Derechos*

Proteger la misión de una empresa no concierne sólo al financiador. Los fundadores también deben considerar cómo afectará su experiencia concreta de financiación a su capacidad para crear impacto social o medioambiental. Además de elegir a financiadores que compartan tu misión social u optar por una estructura de financiación que proteja tu misión, en tu contrato de inversión puedes incluir el derecho de oponerte a que la empresa introduzca cambios que vayan contra la propia misión social o medioambiental. Por ejemplo, incluir una cláusula que prohíba introducir cambios en la misión sin el voto de un determinado porcentaje de acciones del emprendedor[8].

Otra área en la que hay que integrar la misión es la de los **derechos de información**. Los financiadores pueden poner requisitos específicos sobre cómo debe informárseles de las **métricas de impacto**, y si se

---

[8]    https://www.impactterms.org/.

requiere una **auditoría de impacto** independiente. Al igual que una auditoría financiera, una **auditoría de impacto** recurre a un tercero para que verifique los resultados declarados por una empresa en función de las **métricas de impacto** acordadas.

Es aconsejable que los financiadores encuentren un equilibrio entre su deseo de disponer de más datos y el coste y la complejidad que supone para los fundadores el recopilarlos. Lo ideal es que todos los **datos de impacto** que se comuniquen estén en relación directa con los **datos de impacto** que la empresa necesita para gestionar su organización con eficacia.

## ◼ *Conclusión*

Seas emprendedor o financiador, dispones de múltiples posibilidades para integrar tu misión en la estructura de tus contratos de financiación. Tanto si incluyes alguna de estas disposiciones como si no lo haces, merece la pena que te detengas a considerar cómo tus acuerdos de financiación reflejan quién eres como empresa, y los objetivos que pretendes alcanzar.

PARTE VI

# ¿Y SI... QUIERES PLANIFICAR TU VIAJE?

Bien, estamos llegando al final del libro. Ahora vamos a tratar de hacer una síntesis que te ayude a evaluar las diferentes opciones que hemos ido estudiando. Esta última parte está escrita enteramente desde la perspectiva de un emprendedor y se basa en las preguntas que planteamos en la primera parte.

En el capítulo 28, nos centraremos en las tres primeras partes de la lista de autoevaluación: *quién eres como organización, cuál es tu misión* y *cuáles son tus necesidades de financiación*. En el capítulo 29, nos centraremos en las preguntas que debes hacerte para saber con qué tipo de financiador quieres trabajar. Y, por último, en el capítulo 30, examinaremos el amplio espectro de las distintas posibilidades de financiación.

Esta parte no pretende ser una guía exhaustiva sobre cómo **prepararse para la inversión**. Hay muchos recursos disponibles para eso, y encontrarás toda una serie de recomendaciones en la guía en línea que acompaña a este libro. Estos capítulos se centran más bien en la información que necesitas y en las preguntas que debes hacerte para elegir los instrumentos de financiación que más te convienen.

# 28

# ¿QUIÉN ERES Y QUÉ NECESITAS?

Bien, empecemos centrándonos en quién eres como organización y cuáles son tus metas. Tus metas y lo que quieres construir deben ser la base para decidir qué tipo de financiación buscas. Debes aprovechar este capítulo para reflexionar sobre quién eres como emprendedor y como empresa, y cómo eso influye en tus decisiones de financiación (Tabla 28.1).

**Tabla 28.1**
(continuación)

| | Preguntas | Conceptos relacionados |
|---|---|---|
| ¿Hasta qué punto nos mueve nuestra misión? | ¿Hasta qué punto está integrada nuestra misión en la empresa? | Misión, propósito, teoría del cambio |
| | ¿Tenemos un historial de impacto? | Medición de impacto |
| ¿Cuáles son nuestras necesidades de financiación? | ¿Cuánta financiación necesitamos? | Ritmo de consumo, gastos de capital, gastos de explotación |
| | ¿En qué necesitamos emplearla? ¿Durante cuánto tiempo? | Prueba de concepto, capital de trabajo, capital de crecimiento, activos, investigación y desarrollo, horizonte temporal, plazo |
| | ¿Disponemos de activos para usar como colateral? | Colateral |
| | ¿Cómo queremos devolverla? | Internamente (con ingresos), externamente (préstamos o financiación futura) o a través de una desinversión (venta de la empresa, venta en secundario, IPO). |
| | ¿Cuáles son nuestras expectativas de propiedad sobre la empresa a corto/medio plazo? ¿A largo plazo? | Dilución, propiedad distribuida, propiedad en manos de los trabajadores |
| | ¿Qué tipo de financiación vamos a necesitar en el futuro? | Venta de acciones a financiadores de equity, obtención de préstamos, generación de flujo de caja interno |
| | ¿En qué medida queremos que se impliquen nuestros financiadores? | Mentoría, puestos en el Consejo de Administración, derechos de observador en el Consejo, derechos de información, derechos de voto |

## ■ ¿Quiénes somos?

### – ¿Qué forma jurídica tiene nuestra empresa?

Cuando se inicia un negocio, una de las decisiones más importantes es la forma jurídica que se adoptará. Esta decisión está íntimamente ligada al futuro de tu empresa, y tendrá consecuencias en la toma de decisiones y flujos de comunicación diarios, la administración y la realidad financiera de tu organización.

Una vez que has desarrollado tu **modelo de negocio** o tu **plan de negocio** llega el momento perfecto para seleccionar la forma jurídica adecuada. Tradicionalmente, un plan de negocio articula el nombre y ubicación de tu empresa, tu misión y visión, un análisis de mercado y la descripción de tus productos y servicios, así como tu plan financiero. Una vez que hayas desarrollado este plan, tendrás que plantearte (y, a ser posible, plantearle a un asesor de confianza) las preguntas de este capítulo, que te ayudarán a decidir cuál es la estructura jurídica que mejor se adapta a tu realidad empresarial.

En la Tabla siguiente, he ampliado las categorías iniciales de las estructuras jurídicas del principio del libro y he añadido las características de «propiedad» y «distribución de beneficios», así como algunas limitaciones respecto a la financiación a las que se puede optar.

Dado que cada territorio tiene una normativa diferente, te sugiero que consultes el material elaborado en tu propio país o región sobre el tipo concreto de forma jurídica que resulta más adecuado para tu entidad (Tabla 28.2).

**Tabla 28.2**
Comparación de los tipos de formas jurídicas

| Tipo | Ejemplos | Propiedad | Distribución de beneficios | Financiación a la que puede optar |
|---|---|---|---|---|
| Empresa típicaa del mercado | *MyTurn, GetVantage* | Combinación de accionistas internos y externos | A los accionistas | Todo tipo de inversiones de equity y deuda. No es probable que este perfil reciba donaciones (grants), salvo en circunstancias muy concretas |

| Tipo | Ejemplos | Propiedad | Distribución de beneficios | Financiación a la que puede optar |
|---|---|---|---|---|
| Empresa que destina un porcentaje a una entidad benéfica | *Warby Parker* | Combinación de accionistas internos y externos | A los accionistas y un porcentaje fijo a entidades benéficas | Todo tipo de inversión de equity y deuda. Los financiadores deben estar en sintonía con el compromiso de distribuir porcentajes, beneficios o productos. No es probable que este perfil reciba donaciones (grants) |
| Cooperativa/ Propiedad distribuida | *Cal Solar, Equal Exchange* | Proporción importante de propiedad de empleados o clientes | A los accionistas | Todo tipo de endeudamiento. El equity sólo es pertinente si tiene desinversión estructurada, pues cualquier inversión que requiera la venta de la empresa no resulta adecuada |
| Empresa social que distribuye beneficios | *Maya Mountain Cacao, Clínicas del Azúcar, Viwala, SOKO, Powered by People, Provive, Code for All* | Combinación de accionistas internos y externos | A los accionistas | Todo tipo de inversión de equity y de deuda. Los financiadores deben estar en sintonía con tu misión, o el contrato debe tener protección contra el desvío de la misión. Pueden acceder a donaciones (grants) de forma limitada |
| Empresa híbrida | *Trackosaurus/ Early Bird* | Entidad sin fines de lucro: no es propiedad de los accionistas | Entidad sin fines de lucro: ninguna | Todo tipo de endeudamiento y donaciones (grants). Sin posibilidad de acceder a financiación de equity |
| | | Entidad con fines de lucro: combinación de accionistas internos y externos | Entidad con fines de lucro: a los accionistas | Todos los tipos de endeudamiento y equity. Donaciones (grants) de forma limitada |

| Tipo | Ejemplos | Propiedad | Distribución de beneficios | Financiación a la que puede optar |
|---|---|---|---|---|
| Empresa social rentable con superávit reinvertido | *Muchas empresas de propiedad responsable* | Combinación de accionistas internos y externos | Sin distribución de beneficios excedentes | Endeudamiento. No resulta adecuada para equity, aunque dependiendo de la forma jurídica concreta, una opción podrían ser las acciones rescatables |
| Entidad sin fines de lucro que combina ingresos comerciales y donaciones (grants) | *Riders for Health, Studio Museum de Harlem, Upaya* | No hay propiedad de accionistas | Ninguna | Todo tipo de endeudamiento y donaciones (grants). No es apta para equity |
| Entidad sin fines de lucro que depende exclusivamente de donaciones (grants) | *IkamvaYouth* | No hay propiedad de accionistas | Ninguna | Todo tipo de donaciones (grants) y endeudamiento. No es apta para equity |

[a] Financing for Social Impact: The Key Role of Tailored Financing and Hybrid Finance. (Financiación para el impacto social: El papel clave de la financiación a medida y la financiación híbrida). (2017). Disponible en: https://evpa.eu.com/knowledge-centre/publications/financing-for-social-impact

## ◼ *¿Cómo ganamos dinero y quiénes son nuestros clientes?*

Si el **modelo de ingresos** de tu empresa es **estacional**, puede que no te sea posible obtener financiación de un banco, por ejemplo una **deuda garantizada**, que te exige comprometerte a un modelo de reembolso fijo. Te convendrá tener flexibilidad en los reembolsos para que se ajusten a tu **flujo de caja**.

Si eres una **empresa social** cuyos clientes cuentan **con pocos recursos**, te vendrá bien pensar cómo **vincular el impacto a tu financiación** y, así, poder hacer llegar tus productos a más **clientes con escasos recursos** que tal vez no puedan soportar márgenes elevados.

Si tus clientes están muy motivados para comprar tu producto, puedes plantearte la posibilidad de hacerles intervenir en tus planes de financiación, incluso mediante **crowdfunding** o **financiación de la cadena de suministro**.

En el caso de las entidades sin fines de lucro, lo prudente es vincular la **financiación externa** a tu fuente de ingresos más fiable. Puede tratarse de un **historial de captación de fondos** ininterrumpido, como un grupo determinado de donantes o un evento concreto. O podrían ser ingresos procedentes de activos o de **canales de ingresos** continuados desde hace tiempo. O puede tratarse de un contrato de financiación futura.

### ■ *¿En qué etapa de la empresa nos encontramos?*

Las etapas de crecimiento de una empresa se designan de múltiples maneras. Volvamos a la tipología que comentamos en la primera sección.

**Etapa de concepto**: Generalmente se tiene una idea, pero no necesariamente un producto mínimo viable (MVP) o una **prueba de concepto**.

**Fase temprana**: Puede que tengas aquí un **MVP** o una **prueba de concepto**, e incluso que hayas empezado a proteger legalmente tu propiedad intelectual, pero aún tienes pocos clientes activos, si es que tienes alguno.

Tanto en la **etapa de concepto** como en la **fase temprana**, eres una empresa de alto riesgo, por lo que la fuente de financiación en la que pienses debe estar muy dispuesta a asumir riesgos. En el caso de las **empresas sociales** y las organizaciones sin fines de lucro, las **donaciones (grants)** suelen destinarse a **investigación y desarrollo (I+D)** y al desarrollo inicial de productos o servicios. Aunque una **subvención** clásica sin obligación de reembolso puede ser tu opción preferida, todavía deberás sopesar la cantidad de eventuales restricciones y lo que estas puedan suponer para tu capacidad de variar de estrategia, o de cambiarla por completo. Cuando hables con tus donantes, será bueno que tengas frescas tus opciones de **integración de la misión** y **vinculación del impacto a la financiación**, así podrás negociar un contrato que te funcione a corto y largo plazo. Por ejemplo, es posible que un financiador esté más dispuesto a darte libertad en el uso de los fondos que te proporciona si ve que, cumplidos ciertos hitos financieros y una vez que seas rentable, la subvención se convierte en préstamo.

La financiación mediante *equity* se conceptúa como **capital-riesgo**. Como hemos comentado a lo largo de este libro, tienes que ser consciente de las implicaciones de obtener *equity* en las fases tempranas de tu empresa, pues necesitarás prometer y perseguir un **crecimien-**

to exponencial. Aunque la **financiación basada en ingresos** (RBF) no estará a tu disposición en la **etapa de concepto**, es posible que encuentres financiadores dispuestos a negociar un contrato que incluya **acciones rescatables**, lo que te daría la oportunidad de recuperar a medio plazo la propiedad de la empresa.

**Fase de crecimiento**: Has definido tu oferta de productos o servicios y tienes una base de clientes activos. Estás construyendo tu infraestructura interna para crecer.

En esta fase, dispones de un mayor número de opciones de financiación, dependiendo de tu perfil de riesgo y de tu historial. Según el tipo de **colateral** de que dispongas y tu historial de crédito es probable que puedas elegir entre varios tipos de **deuda**. La valoración de estas opciones se hará en función de las cuestiones que se susciten en cuanto al uso del capital. Para la mayoría de los **financiadores de desinversiones estructuradas**, éste es su punto fuerte. Si has captado *equity* con anterioridad, podrás acceder a *venture debt* (deuda de riesgo).

Como entidad sin fines de lucro, debes tener un **modelo de ingresos** diversificado y te convendrá encontrar un equilibrio entre la aceptación de **donaciones (grants)** y otros tipos de **financiación subvencionada** por un lado y, por otro, crear un **historial de crédito** o disponer de un buen **colateral** para acceder a **capital comercial** más barato que pueda adaptarse a tus necesidades.

**En expansión**: Tienes una base de clientes grande y en crecimiento, has consolidado tu infraestructura interna y estás en proceso de ampliar tus operaciones y, posiblemente, añadir nuevos productos o servicios.

En la **fase de expansión**, deberías disponer de muchas posibilidades de financiación y, para sopesarlas, deberás tener en cuenta tus necesidades de financiación y el coste. Probablemente las **acciones reembolsables** no sean adecuadas en esta fase, pero los contratos del tipo RBF y **RBF convertible** sí que te permitirían obtener capital.

**Consolidadas**: Tienes una base estable de clientes activos y un buen historial de negocio. Si estás en esta fase, también debes tener acceso a múltiples opciones de **endeudamiento**. Tu capacidad de financiarte mediante una **desinversión estructurada** dependerá de tu tasa de crecimiento.

Como **empresa social**, descubrirás que la disponibilidad de **capital basado en subvención** disminuye a medida que creces, salvo que puedas justificar perfectamente unas deficiencias del mercado que exijan una **subvención** continuada. Si ese es tu caso, lo mejor que puedes hacer es idear un plan de opciones de **financiación de impacto** que pueda integrar tus **hitos sociales, medioambientales y financieros** de alguna manera que funcione para tu negocio.

### ■ *¿Qué previsiones de crecimiento empresarial tenemos?*

Para poder combinar mejor todas las variables anteriores, utilizaremos los perfiles de crecimiento que introdujimos por primera vez en el capítulo 5.

**Startup de alto crecimiento**: tiene un **modelo de negocio disruptivo**, grandes mercados a los que dirigirse, proyecciones de gran crecimiento y capacidad para llevar procesos a escala rápidamente; además es bastante arriesgada. Puede que tenga **proyecciones de curva en J y crecimiento exponencial**, pero igualmente puede que no los tenga.

Las proyecciones de alto crecimiento suelen requerir importantes cantidades de capital. Puedes valorar opciones con cálculos de **elevado nivel de riesgo/alto rendimiento**, como el *equity* y las **desinversiones estructuradas**. En función del tipo de colateral de que dispongas y de la fase en que se encuentre tu empresa, también puedes aspirar a determinados tipos de deuda, como el *venture debt*, la **financiación mezzanine** y la **financiación sobre pedidos** o el **factoring**.

Como empresa **social,** es importante que pongas gran cuidado en la estructura de financiación que elijas y en sus condiciones de contratación en relación con tu **misión** e impacto, pues puedes atraer a financiadores que no piensen que tu **misión social o medioambiental** sea tan importante para tu estrategia, lo que puede llevarte a **desviarte de la misión**, así como a conflictos con los financiadores.

**Pionera en su categoría**: tiene **productos y servicios disruptivos**, nuevos mercados probablemente grandes, crecimiento variable y potencial para crecer. Con un crecimiento variable y potencial de expansión, es una candidata ideal a las **desinversiones estructuradas**. Aunque es posible que tus mercados no estén bien definidos, el potencial de reembolsar a los inversores un **interés ajustado al riesgo** también puede abrirte oportunidades para acceder a **deuda mezzanine** y *venture debt*.

Como empresa **social,** si tus clientes tienen **escasos recursos** o los mercados están muy poco desarrollados, lo mejor será pensar cómo utilizar **préstamos condonables, donaciones (grants) recuperables** o **financiación de impacto** para reducir tu riesgo en fases tempranas, en las que aún no se dispone de datos de mercado.

**Empresa nicho**: tiene un producto o servicio innovador, nichos de mercado y segmentos de clientes, y prevé un crecimiento entre estable y elevado.

Si tienes segmentos de clientes nicho, puedes plantearte cómo hacer que tus clientes formen parte de tu estrategia de financiación mediante **crowdfunding basado en recompensas** o en **deuda, factoring de facturas** y **financiación de la cadena de suministro**. Si tu previsión es de crecimiento elevado, también puedes aspirar a **desinversiones estructuradas**, que te permitirán acceder a **capital-riesgo** sin previsiones de **crecimiento exponencial**.

Si eres una **empresa social**, puede que te interese evaluar la utilidad de **préstamos condonables** para crear un **historial de crédito**, o de activos para pasar a una situación de mayor **endeudamiento comercial**.

**Empresa dinámica**: este tipo pertenece a un sector industrial y segmento de mercado ya consolidados, ofrece productos ya probados en el mercado, tiene un modelo de negocio de eficacia probada y una proyección de crecimiento constante.

Puesto que no dispones de opciones de alto nivel de riesgo con alta rentabilidad, tendrás que prestar mucha atención al calibrar tu tipo de financiación y ajustarla según un **colateral** o **flujos de ingresos** adecuados. Si aún no has creado un cierto **historial de crédito** u obtenido **colateral** suficiente para acceder a **financiación bancaria garantizada**, te puede convenir buscar ofertas especializadas, como el **factoring de facturas**, la **financiación de la cadena de suministro** o la **deuda mezzanine no garantizada**. También puedes buscar **garantías** para aumentar tu acceso a capital de **deuda** adecuado, o reducir tu coste, o ambas cosas a la vez.

Si eres una **empresa social** o sin fines de lucro, puede que los **préstamos condonables** o las **donaciones (grants) recuperables** te proporcionen una financiación flexible a un coste bajo de capital que te permita servir eficazmente a tu mercado objetivo.

**Empresa de subsistencia**: se trata de una empresa familiar, muy localizada, que progresa aprovechando las oportunidades locales y prevé un crecimiento futuro limitado.

Al no tener proyecciones de crecimiento elevadas, puedes olvidarte de las opciones de financiación de alto riesgo y alta rentabilidad, pero si tu historial de crédito es valioso, lo normal es que tengas acceso a opciones de financiación mediante **endeudamiento**. También puedes valorar si la **propiedad en manos de los trabajadores** beneficiaría a tu empresa desde el punto de vista fiscal y de ingresos.

Si eres una **empresa social** u organización sin fines de lucro, acceder a capital local alineado con la misión y centrado en las zonas geográficas en que prestas tus servicios puede permitirte reducir tu **coste de capital**.

### ■ *¿Hasta qué punto nos guía la misión?*

– **¿Cuál es nuestra misión y hasta qué punto está integrada en nuestra empresa?**

Como se ha explicado a lo largo de este libro, comprender tu misión o tu teoría del cambio tiene una importancia esencial para entender qué tipo de financiadores y estructuras de financiación le irían mejor a tu organización.

Si eres una empresa con una **integración profunda de la misión**, lo más probable es que esta figure explícitamente en tus **escrituras de constitución**, ya que es uno de los motivos principales por los que se fundó la empresa, además de qué tipo de productos y servicios ofrece y a quién se los ofrece. También puedes decidir **incluir tu misión** en tus contratos de financiación. Es probable que te veas como **empresa social** si tienes una estructura con fines de lucro. Si tu nivel de **integración de la misión** es elevado, cumples los requisitos para acudir a **financiadores centrados en el impacto**.

También puede que seas una empresa **con una misión**, pero que no te veas como **empresa social**. Tu misión guiará tu funcionamiento como empresa y te impedirá comportarte de forma poco ética. O puede que seas consciente del efecto social o medioambiental de tus productos o servicios. Aunque todo esto puede considerarse un nivel bajo de **integración de la misión** en comparación con el de una **empresa social** o una sin fines de lucro, dirigir una **empresa con conciencia social** es un objetivo excelente. Es menos probable que puedas aspirar a **capital centrado en el impacto**, pero también lo es que se te perciba como intrínsecamente arriesgada, algo con lo que siempre tienen que lidiar las **empresas sociales** en nuestro mercado de financiación actual.

### ■ *¿Tenemos un historial de impacto?*

Si estás interesado en acudir a **financiadores centrados en el impacto**, tendrás que ser capaz de aportar pruebas de que tus usuarios finales **carecen de recursos**. Puedes probarlo por el estatus socioeconómico, como el porcentaje de clientes que se encuentran en la **base de la pirámide** (BdP) o la **clase media emergente**, o puede referirse al sexo menos favorecido en un determinado ámbito u otras clasificaciones que muestren con datos lo desatendidos que están esos grupos en el mercado.

También necesitarás pruebas de que el producto o servicio que ofreces tiene un impacto significativo. Deben ser datos acordes con tu **teoría del cambio**. Si estás creando un impacto medioambiental positivo, necesitarás pruebas científicas. Si estás creando un impacto social positivo, necesitarás **datos verificables** de los usuarios finales y otros grupos de interés sobre la eficacia de tu producto o servicio.

Si aún no dispones de un historial de **impacto verificable**, bien porque todavía seas una startup, bien porque no hayas ido recopilando datos de impacto, tendrás que diseñar un plan realista para ir haciéndolo. Deberás poder recurrir a **variables proxy**, o a la **investigación**, o a las dos cosas, para demostrar la escala, profundidad e importancia del potencial de impacto de tu empresa. Para más información sobre la medición de impacto, consulta el material correspondiente en el complemento en línea de este libro.

### ■ *¿Cuáles son nuestras necesidades de financiación?*

#### – ¿Cuánta financiación necesitamos?

Como ya explicamos en el capítulo 5, tendrás que calcular tu **tasa de consumo de efectivo (burn rate)** actual y el previsto.

**Tasa de consumo** = *ingresos de efectivo mensuales (flujo de caja) - egresos de efectivo mensuales (gastos).*

Tendrás que asegurarte de incluir todos los costes que se produzcan mientras persigues tus objetivos de crecimiento. A menudo, los fundadores subestiman el coste real del crecimiento que proyectan. Si tus ingresos son positivos, tendrás que calcular el efectivo adicional que necesitarás además de los **beneficios no distribuidos** para poder financiar tus planes de crecimiento. Siempre debes considerar la **generación de flujo de caja interno** como tu primera fuente de financiación y sólo buscar **financiación externa** cuando sea realmente necesario.

Si tu necesidad está relacionada con el **capital de trabajo**, tendrás que presupuestarlo mensual, semanal o incluso diariamente para identificar cualquier déficit de **liquidez** basado en el calendario de cobros y pagos, teniendo en cuenta los instrumentos financieros existentes, como **sobregiros** y **líneas de crédito**. Muchas empresas fracasan porque sus entradas y salidas de efectivo no coinciden en el tiempo.

### ■ *¿En qué queremos gastar nuestros fondos?*

En qué piensas gastar tu dinero es importante a la hora de decidir qué tipo de financiación necesitas. He aquí las principales categorías de gasto:

**Prueba de concepto**: se trata de dinero en efectivo empleado para someter a ensayo tu **prueba de concepto** o producir tu **MVP** inicial. Puede referirse a tu primer producto o puede ser para la expansión a un nuevo mercado o de un producto. La financiación de la **prueba de concepto** es arriesgada de por sí, así que los financiadores deben ser muy tolerantes al riesgo. Si eres una empresa en **etapa de concepto**, es probable que necesites *equity* o equivalente a *equity* (como acciones **rescatables**) o **capital de subvención**. Si eres una empresa en **fase temprana** o **de crecimiento** que está desarrollando productos o servicios adicionales para nuevos mercados, puedes utilizar **financiación interna** o buscar otra financiación tolerante al riesgo. Deberá tratarse de capital a medio o largo plazo, pues la capacidad de reembolso rápido será probablemente baja.

**Capital de crecimiento**: es el dinero que se gasta en contratar personal, invertir en el desarrollo de nuevos productos, poner en marcha sistemas o comercializar cualquier cosa que ayude a desarrollar tu negocio cara al futuro. El **capital de crecimiento** suele ser capital a medio y largo plazo, pues se invierte en el crecimiento de la empresa y es necesario que pase un cierto tiempo para que produzca un **rendimiento de la inversión**. Si este capital responde a una necesidad a corto plazo, su reembolso deberá vincularse a los ingresos o al flujo de caja, así estarás seguro de que te lo puedes permitir.

**Capital de trabajo**: es el efectivo que se gasta en comprar insumos, existencias o material necesario para tu producto o servicio. La financiación del **capital de trabajo** suele ser más a corto plazo, pues sueles poder gestionar tus existencias a corto plazo. Si es posible, debes asegurarte de financiar tu **capital de trabajo** con modelos a corto plazo, como **financiación basada en ingresos, factoring de facturas** o **financiación de la cadena de suministro**. Vender propiedad de tu empresa para financiar tus necesidades de **capital de trabajo** significa que estás vendiendo una participación permanente en tu empresa para una necesidad de financiación a muy corto plazo. Si estás considerando la posibilidad de acudir a un **contrato de desinversión estructurada** para obtener capital de trabajo, tendrás que comparar el coste de esa financiación con otras opciones a corto plazo.

**Activos**: es el dinero que se invierte en **activos físicos o intangibles**, como edificios, equipos y marcas. El capital utilizado para comprar activos dependerá del tipo de activos adquiridos y de su importancia; si se trata de **activos** más pequeños y que producen ingresos de forma inmediata, pueden tener un plazo de amortización más corto en comparación con activos más grandes o **activos** que tardan más tiempo en generar ingresos. Si esos activos pueden servir de **garantía**, existe entonces la posibilidad de acceder a **deuda garantizada** para financiarlos.

### ■ *¿Disponemos de activos que podamos utilizar como colateral?*

Tendrás que hacer balance de los activos con que cuentas en el presente para ver si alguno de ellos podría servir de **colateral** y si no te importaría ofrecerlos como **aval** para garantizar la financiación. Disponer de algún tipo de **colateral** puede reducir el **coste de capital**, pero es importante recordar que, si incumples tu obligación, esos activos podrán retenerse para su enajenación. Si dispones de activos valiosos, como edificios, maquinaria u otros activos físicos propiedad de la empresa, y además de un **historial de crédito**, puedes optar a un **préstamo garantizado** de un banco u otro tipo de entidad financiera. A estos prestamistas les interesará tener **prioridad** sobre cualquier otro acreedor o inversor en tu **tabla de capitalización**, pero podrán ofrecerte tipos relativamente baratos en comparación con otras opciones analizadas en este libro.

También puedes utilizar **garantías** como aval. Puede tratarse de una **garantía personal** o de un tercero, y puede ser **con** o **sin fondos**. Mientras que las **garantías personales** pueden ser necesarias para algunos tipos de **desinversiones estructuradas**, una **garantía con fondos** como la que tenía Riders for Health o una **garantía sin fondos** de una entidad grande y respetada pueden ayudarte a optar por una deuda garantizada de una entidad financiera.

Si tienes **pedidos** o **facturas**, puedes utilizarlos para acceder a la **financiación sobre pedidos** o al **factoring de facturas**, tal y como comentamos en el caso de SOKO y Powered by People.

Por último, puedes utilizar flujos de ingresos recurrentes y la reputación de tus actuales financiadores como una especie de garantía para optar a la RBF.

El valor de estos activos es importante, independientemente de que se trate de un edificio o de la reputación de un **avalista**. Según el valor que los financiadores otorguen a tu **aval**, considerarán que tu perfil es de mayor o menor riesgo.

### ◼ ¿Cómo queremos devolverlo?

Respecto a cómo queremos reembolsar lo prestado a los financiadores, existen tres estrategias distintas. La primera es la **salida por medio de tercero**. La segunda consiste en reembolsar con **flujos de caja internos**. La tercera es reembolsar utilizando **financiación futura**. Técnicamente existe una cuarta opción, que consiste en no devolver el dinero, pero a menos que se trate de una donación a fondo perdido, eso significa que estarás en una situación de **incumplimiento** contractual, así que no parece una gran idea.

Una **salida por medio de tercero** es una **futura venta de la empresa, una fusión, una salida a bolsa** o una **venta en secundario**. Si es lo que esperas hacer, significa que estás en una curva de **crecimiento exponencial** o que te diriges verdaderamente a vender la empresa (o hacia una **fusión** con otra empresa). Una **venta en secundario** significa que un futuro inversor estará dispuesto a comprar a los financiadores actuales. Habrá que convencerles de que se trata de una estrategia viable para que la acepten como su modo de obtener rentabilidad. Los fundadores que piensen que ésta es la estrategia que más conviene a sus financiadores pueden plantearse distintas opciones de *equity*, como **notas convertibles, SAFE** o **rondas de *equity*** (participaciones con precio fijado).

Los **flujos de caja internos** implican que utilizarás los ingresos, el flujo de caja o algún otro cálculo de aumento de la liquidez para devolver la financiación. Ejemplos de ello son la **RBF** y la mayoría de los tipos de **deuda**. Si tus ingresos son **estacionales** o **cíclicos**, tendrás que asegurarte de que esas fluctuaciones permitan un reembolso acorde con tus opciones de financiación.

Reembolsar utilizando **financiación futura** significa que estás planeando acceder a nuevos tipos de financiación para reembolsar a tus anteriores financiadores. Cuando se trata de una **empresa en fase de concepto** o en **fase temprana**, sin **colaterales** ni **historial de crédito**, las opciones de financiación suelen ser bastante caras, pero, con el tiempo, es de esperar que aumentes tu historial de pagos o incluso acumules posibles activos que respalden tu solvencia crediticia. Es decir, tu plan puede consistir en optar a una financiación a más largo plazo y más barata, o **refinanciar tu deuda**. Así, podrías prever ir sustituyendo gradualmente el capital caro por formas de capital más baratas. Por ejemplo, amortizar acciones rescatables mediante **endeudamiento**, que podrías ir cancelando con el tiempo gracias a tus flujos de caja internos. La mayoría de los negocios mantienen algún tipo de deuda en sus libros a lo largo de su vida. La deuda garantizada a largo plazo puede ser una forma barata de financiar el crecimiento, la expansión y las fluctuaciones del capital de trabajo. Si ese es tu plan, tendrás que ir viendo cómo aumentar tu capacidad de endeudamiento y demostrar a los financiadores que eres capaz de hacerlo.

### ■ *¿Cuáles son nuestras expectativas en relación con la propiedad?*

Desde el punto de vista de la propiedad, debes evaluar tu situación actual y tus planes de futuro. Si eres una entidad con fines de lucro, ¿deseas seguir siendo el emprendedor de la empresa en el futuro? ¿Quieres pasar a un modelo en que la propiedad esté más distribuida entre tus trabajadores? El tipo de fuentes de capital que aceptes puede favorecer tus planes de propiedad en el futuro, o entorpecerlos.

Las opciones de financiación **basadas en deuda** y **donaciones (grants)** no te obligan a renunciar a la propiedad de la empresa, pero la financiación de *equity* sí, aunque la financiación con **acciones rescatables** te dé la oportunidad de recomprarlo y mantener el control de la empresa. Permitir que financiadores externos tengan esas acciones implica renunciar al control y a la propiedad de tu negocio, por lo que debes ponderar hasta qué punto estás dispuesto a renunciar a esa propiedad a corto, medio y largo plazo.

– **¿Qué tipo de financiación necesitaremos en el futuro?**

*Equity*: ¿piensas que te convendrá vender acciones de la empresa en el futuro? Si es así, habrás de tenerlo en cuenta a la hora de obtener financiación. Por ejemplo, muchos financiadores de *equity* no entienden los **acuerdos de desinversión estructurada** y quizá no quieran que parte de los ingresos o de los flujos de caja de la empresa vayan a parar a un financiador anterior. Por tanto, si estás pensando en un **acuerdo de desinversión estructurada**, tendrás que estudiar bien la oportunidad del momento y las implicaciones del contrato. Si tienes previsto captar *equity* más adelante, tu propiedad también se verá **diluida** en futuras rondas. Quizá te interese entonces obtener la mayor proporción posible de capital no dilutivo en fases tempranas de tu empresa. Por capital **no dilutivo** se entiende cualquier tipo de capital que no requiera vender propiedad de la empresa (por ejemplo, **acciones rescatables**, pues con ellas puedes recuperar la propiedad), por lo que cualquier tipo de **capital de subvención** o **de deuda** sirve a estos efectos.

**Deuda**: ¿esperas mejorar tu **historial de crédito** para poder acceder a capital de deuda?

Si quieres crear un **historial de crédito** para obtener deuda, debes centrarte en desarrollar un historial de reembolso de compromisos financieros y de obtención de ingresos y **colaterales**. El **crowdfunding**, la **RBF**, el **factoring de facturas**, los **préstamos condonables** o las **donaciones (grants) recuperables** son formas de crearte un historial de crédito mediante deuda flexible. Una **garantía** puede serte útil para reducir el **coste de capital** mientras vas formando un historial de crédito, o también puede servirte como sustituto del **colateral**. Tanto si tienes fines de lucro como si no lo tienes, demostrar a los posibles acreedores que puedes devolver la deuda en el momento que corresponde favorecerá tu acceso a tal financiación, y reducirá su coste.

**Generación de flujo de caja interno**: ¿esperas generar suficiente flujo de caja interno como para no depender de financiación externa en el futuro? Si tu objetivo es financiarte internamente, tendrás que elegir fuentes de capital que no impliquen acudir a financiación externa para generar rendimientos. En pocas palabras, el *equity* no será una buena opción.

— **¿Hasta qué punto queremos que se impliquen nuestros financiadores?**

Una de las principales razones por las que los fundadores se arriman a financiadores de *equity* es que éstos suelen dar mucho más que financiación: al estar interesados en el crecimiento de la empresa, desean aportar su experiencia y sus redes de contactos junto con su dinero en efectivo. De ese modo estimulan el rápido crecimiento de los negocios[1]. Los financiadores de **desinversiones estructuradas**, en particular la **RBF convertible** y las **acciones rescatables**, están igualmente orientados al crecimiento.

Si quieres que un financiador participe en la creación de tu empresa, tendrás que estar dispuesto a ofrecerle incentivos adecuados, como, por ejemplo, algún tipo de **retorno económico** si el negocio va bien. Será un factor a tener muy en cuenta cuando sopesas las diferentes opciones de financiación.

Deberás conocer muy bien la capacidad y el orden de prioridades de tus posibles financiadores para averiguar qué tipo de incentivos y condiciones les pueden convencer más. También deberás poner con diligencia los medios oportunos para saber qué tipo de financiador puede ofrecerte la implicación y el valor añadido que necesitas como empresa. El capítulo siguiente te ayudará a evaluar a los posibles financiadores (Tabla 28.3).

---

[1] Como ya hemos advertido, la cuestión puede resultar problemática si el emprendedor y el financiador no están de acuerdo en el tipo de crecimiento que se pretende. Ambos deben tener muy claro el tipo de empresa que desean levantar y cómo obtendrán sus rendimientos.

**Tabla 28.3**

Actitud del financiador, por tipo de capital

| Categoría | Capital de subvención | Deuda | Equity |
|---|---|---|---|
| Centrado en: | Centrado en el potencial beneficio social o en la potencial pérdida social | Foco en proteger la pérdida financiera | Foco en el retorno financiero |
| Nivel de implicación: | Menos implicación | Menos implicación | Implicación profunda y continua |
| Estrategias para mitigar riesgos: | Informes de impacto | Información financiera sobre lo pactado y estipulado | Puestos en el Consejo, Derechos de voto |

**29**

# ¿QUÉ TIPO DE FINANCIADOR TE CONVIENE?

Bien, ahora que ya conoces un poco mejor las necesidades de tu empresa, hablemos del tipo de financiador con el que te gustaría trabajar. Para decidir si un financiador es adecuado para ti, tendrás que hacer tu propia *due diligence*. Estas son algunas de las preguntas que deberás hacerte, tanto si estás decidiendo a qué financiadores dirigirte como si consideras la posibilidad de asociarte con uno en concreto (Tabla 29.1).

**Tabla 29.1**

Evaluación de la financiación

| Preguntas | Conceptos relacionados |
|---|---|
| ¿Te ajustas a su tesis de inversión? | Tesis de inversión, adecuación al mercado market fit |
| ¿Está en sintonía con tu misión? | Misión, teoría del cambio, consonancia con la misión |
| ¿A quién más han financiado y qué dicen esos fundadores? | Referencias |
| ¿Qué tipo de recursos pueden proporcionar? | Colateral fiable, deuda, canales de distribución, *equity*, apoyo a la captación de fondos, gestión financiera, conocimiento del país/ presencia geográfica, donaciones (grants) o donaciones, apoyo a la gobernanza, apoyo al capital humano, estrategia de impacto, Conocimiento del sector industrial/resultados/Experiencia en áreas concretas, poder adquisitivo, peso social, apoyo estratégico, experiencia tecnológica, visibilidad |
| ¿Con qué nivel de riesgo se sienten cómodos? | Riesgo financiero de bajo a alto, riesgo de falta de impacto de bajo a alto, *business angel*, Fase temprana, Crecimiento |
| ¿Qué rentabilidad exigen? ¿Para cuándo la exigen? | TIR, CoC, múltiplo de la inversión, principal, rentabilidad ajustada al riesgo, plazo/ horizonte temporal, duración del fondo |
| ¿Quiénes son sus grupos de interés? ¿Cómo se aprueba la financiación? | Estructura partícipe/socio gestor (LP/ GP), fondos de duración limitada, fondos asesorados por donantes, fundaciones, *family office*, Administración pública o gobierno, comité de inversiones, junta directiva de organizaciones sin fines de lucro |

■ *¿Encajas en su tesis de financiación?*

La **tesis de inversión** de un financiador establece los tipos de empresas en los que invierte. Su tesis debe concretar los sectores que financian, las zonas geográficas, la fase en que se encuentran las empresas, el tipo o tipos de instrumentos utilizados y el volumen de financiación. Por lo tanto, tendrás que evaluar detenidamente la tesis de financiación de un posible financiador para ver si encajas con él en cuanto al sector, área geográfica, etapa de la empresa e importe de la inversión.

Si un financiador no utiliza actualmente el tipo de instrumento que consideras mejor para tu empresa, pero encajas en el resto de los criterios, seguramente merezca la pena hablar con ellos. Si quieres utilizar algún modelo de financiación innovador que hayas visto en el libro, ten en cuenta que a lo mejor ni siquiera han oído hablar de él.

### ¿Está alineado con tu misión?

Independientemente de que seas una empresa del mercado convencional, una cooperativa, una empresa social con distribución de beneficios o una organización sin fines de lucro, debes comprender tu **misión** subyacente y el tipo de empresa que estás creando. Por lo tanto, antes de comprometerte con un financiador, debes interrogarte sobre la **misión** que tiene. ¿Cuál es su orden de prioridades? ¿En qué medida están en la línea de tu propia **misión**?

Además de la organización, también tienes que evaluar a las personas con las que vas a trabajar. ¿Comprenden tu negocio? ¿Te entusiasma la idea de trabajar con ellos durante meses o años?

Si eres una **empresa social** o una organización sin fines de lucro con una **tesis de impacto** bien arraigada, necesitarás entender la **teoría del cambio** del financiador y juzgar si es congruente con la tuya. Si te enmarcas más bien en el mercado convencional, te conviene pararte a pensar cuál es el objetivo último del financiador, más allá de la rentabilidad financiera. Puedes evaluarlo consultando su **misión declarada**, pero la mejor manera de calibrar la afinidad que tiene con tu **misión** es hablar con otros a los que haya financiado, o con otros que hayan cofinanciado con él. Sus acciones pasadas revelarán qué tipo de financiador es.

No es que sólo puedas tratar con financiadores que sintonicen con tu misión, pero recuerda que, cuanto más control e implicación tenga un financiador, más oportunidades tendrá de comprometer tu misión, por muchas disposiciones contractuales que haya destinadas a protegerla. Además, en tiempos difíciles, en que te veas forzado a volver a la mesa de negociaciones, es más probable que alguien ajeno a tu misión no piense en otra cosa que en su propia rentabilidad financiera a corto plazo.

En la investigación que realicé para este libro, hablé con más de 150 fundadores y financiadores de todo el espectro de la financiación innovadora. Un concepto que surgió en casi todas las entrevistas fue el de *confianza*. Fundadores y financiadores deben poder confiar entre sí, de lo contrario, por muy bien preparado que esté el contrato o por muy innovador que sea, tiene todas las papeletas para fracasar. Es necesaria la sintonía con la misión para generar confianza.

### ■ *¿A quién más han financiado y qué dicen esos fundadores?*

Hay que observar a otras entidades a las que hayan financiado anteriormente. Sus otras empresas en cartera ¿son similares a la tuya? ¿Qué dicen los otros fundadores de su experiencia de trabajo con este financiador? Como cuando contratas a un nuevo empleado, comprobar las referencias de un financiador es un paso clave para asegurarte de estar decidiendo bien.

### ■ *¿Qué tipo de recursos pueden proporcionar?*

En tu autoevaluación, debes determinar qué tipo de respaldo necesita tu empresa en el momento actual. Para ello, debes asegurarte de que tus financiadores tienen capacidad para darte los recursos que necesitas. Aquí tienes la lista de recursos del capítulo 5 emparejada con los tipos de financiación que hemos ido tratando a lo largo del libro (Tabla 29.2).

**Tabla 29.2**
Tipos de recursos con opciones de financiación

| Tipo | Descripción | Puede utilizarse para |
|------|-------------|----------------------|
| Colateral fiable | Activos valiosos, cuyo valor viene determinado por mercados públicos y privados | Garantías |
| Capital de deuda | Capital que se puede prestar | Deuda garantizada, financiación basada en ingresos, RBF convertible, venture debt, deuda mezzanine |

| Tipo | Descripción | Puede utilizarse para |
|---|---|---|
| Canales de distribución | Capacidad para distribuir productos o servicios a través de canales propios o compartidos | Factoring, financiación de la cadena de suministro, generación de ingresos |
| Capital de equity | Capital que puede utilizarse para adquirir propiedad de una empresa | Rondas de equity, notas convertibles, SAFE/KISS, acciones rescatables |
| Apoyo a la captación de fondos | Apoyo, asesoramiento y contactos para futuras financiaciones | Todas las formas de captar fondos |
| Gestión financieraa | Ayudar a desarrollar la capacidad de gestión financiera y los sistemas financieros y contables | Apoyo de carácter no financiero |
| Presencia geográfica/ Conocimiento de la zona geográfica | Conocimiento de la zona geográfica objetivo o presencia en la misma | Apoyo de carácter no financiero |
| Capital de subvención | Capital del que no se espera rentabilidad financiera | Préstamos condonables, donaciones (grants) recuperables, donaciones (grants) convertibles, garantías |
| Apoyo a la gobernanzab | Apoyo al desarrollo del consejo de administración, refuerzo de los sistemas de buen gobierno | Apoyo de carácter no financiero |
| Apoyo al capital humanoc | Ponerte en contacto con personas competentes para que las contrates, ayudar a reforzar la gestión existente | Apoyo de carácter no financiero |
| Estrategia de impacto | Apoyar el desarrollo de la teoría del cambio y las estrategias de medición y gestión de impacto | Apoyo de carácter no financiero |
| Conocimientos del sector/ resultados/Experiencia en áreas concretas | Experiencia de trabajo en las áreas de resultados identificadas | Apoyo de carácter no financiero |
| Poder adquisitivo | Capacidad para comprometerse a comprar productos/servicios | Factoring, financiación de la cadena de suministro, generación de ingresos |
| Peso social | Influencia como entidad o persona sobre otras personas/comunidades, o confianza que les inspiras. | Apoyo de carácter no financiero, crowdfunding |

| Tipo | Descripción | Puede utilizarse para |
|---|---|---|
| Apoyo estratégico | Desarrollo del modelo de negocio, planificación empresarial | Apoyo de carácter no financiero |
| Experiencia tecnológica | Capacidad para utilizar y desarrollar tecnología útil para el objeto empresarial | Apoyo de carácter no financiero |
| Visibilidad | Capacidad para difundir información a un gran número de personas interesadas. | Crowdfunding, apoyo de carácter no financiero |

ᵃ Informe sobre el apoyo de carácter no financiero de la EVPA: https://evpa.eu.com/knowledge-centre/publications/adding-valuethrough-non-financial-support-a-practical-guide

ᵇ Ibíd.

ᶜ Ibíd.

Muchos de estos recursos consistirán en el apoyo de cartera que puedan proporcionar. Algunos de los recursos serán para la empresa, otros serán más a nivel personal, de modo que debes pensar bien con qué persona de la organización vas a tratar. Sobre todo si va a formar parte de tu Consejo de Administración.

### ¿Con qué nivel de riesgo se sienten cómodos?

Tendrás que saber qué nivel de riesgo les parece bien a los financiadores. Un análisis exhaustivo de los riesgos de la financiación en fase temprana podría llenar libros enteros, y lo ha hecho[1], así que aquí nos limitaremos a repasar algunas cuestiones clave que te ayuden a empezar a evaluar la tolerancia al riesgo de un financiador.

**Riesgo empresarial**: si tu empresa obtiene una puntuación alta en el abanico de riesgos del capítulo anterior, tienes un alto riesgo de fracaso. A algunos financiadores esa posibilidad no les importa: tienen una alta tolerancia al riesgo empresarial. Pueden mitigar su riesgo adoptando un enfoque de VC y construir una cartera diversificada, de manera que con que sólo una o dos empresas lo hagan muy bien, baste para compensar el fracaso del resto. O pueden buscar ellos mismos capital tolerante al riesgo (como Prime Impact Fund, del capítulo 15)

---

[1] Encontrarás sugerencias de recursos adicionales en el complemento en línea de este libro.

que les permita asumir un riesgo importante. También pueden adoptar una actitud de «apostar por el jinete, no por el caballo», según la cual encuentran emprendedores en los que creen e invierten en ellos, aunque el modelo de negocio aún requiera mucho trabajo. Estos financiadores, muy tolerantes al riesgo empresarial, creen que los buenos emprendedores pueden llevar el timón con maestría y conducir a sus empresas al éxito.

Los financiadores que tienen una tolerancia al riesgo empresarial media o baja pueden exigir **colaterales**, **garantías** o **avales** para financiar empresas de alto riesgo, mientras que otros no estarán dispuestos a comprometerse con empresas de alto riesgo independientemente de las seguridades que ofrezcan[2].

**Riesgo de mercado**: siempre existe el riesgo de que la empresa, por muy bien planteada que esté, fracase, debido a riesgos de mercado que la superan. Los motivos son innumerables, desde una pandemia mundial a convulsiones políticas, pasando por devaluaciones monetarias, la aparición de un competidor gigante o el cambio climático. Los financiadores con baja tolerancia al riesgo de mercado pueden optar por mitigar su riesgo invirtiendo en empresas de mercados consolidados y países con bajos niveles de riesgo político, o mediante la diversificación de sus inversiones, pero no hay forma de mitigar completamente el riesgo de mercado[3].

**Riesgo de falta de escalabilidad**: el riesgo de falta de escalabilidad es el riesgo de que una empresa no alcance la escala necesaria para lograr la rentabilidad financiera o de impacto prevista. En términos de inversión, la escala es la capacidad de una empresa para ir operando con mayores márgenes de beneficio a medida que crece. En los financiadores orientados a impacto, este concepto se amplía para incorporar el impacto

---

[2] Esta sección se ha adaptado a partir de una serie de casos recopilados en el 2017 por Cynthia Schweer Rayner y la autora para el Bertha Centre for Social Innovation and Entrepreneurship. Los casos se basaron originalmente en los presentados en «Impact Assets Issue Brief #2», *Risk Return and Impact: Understanding Diversification and Performance Within an Impact Investing Portfolio*, de Jed Emerson.

[3] Una teoría interesante sobre la inversión de impacto es que proporciona un nivel adicional de diversificación, al centrarse en empresas que sirven a segmentos de población desatendidos, con menos probabilidades de tomar decisiones de compra basadas en los movimientos del mercado. Es decir, estas empresas están menos correlacionadas con las fluctuaciones del mercado. Aún no hay datos suficientes para demostrar esta hipótesis.

social: Las empresas sociales escalables deben ser capaces de lograr un mayor impacto por unidad de inversión a medida que crecen. Los financiadores pueden mitigar este riesgo calibrando el importe que invierten, así como mediante el modelo de inversión que eligen.

**Riesgo de liquidez**: el riesgo de **liquidez** es el riesgo de que un financiador no pueda retirar su capital cuando lo necesite. Si un financiador tiene una alta tolerancia al riesgo de **liquidez**, estará dispuesto a esperar más tiempo para empezar a obtener **rendimientos de su inversión**. El capital que queda inmovilizado en una inversión durante un largo periodo de tiempo suele ser más caro que el que puede retirarse en cualquier momento o tiene un periodo de amortización corto: a esto se lo denomina **prima de liquidez**. Los inversores de *private equity* y *venture capital* suelen suponer que su capital va a estar inmovilizado durante largos periodos de tiempo; ésta es una de las razones por las que el capital de *equity* sale tan caro (es decir, exige retornos tan elevados).

**Riesgo de desinversión**: mientras que el riesgo de liquidez está más relacionado con la retirada del capital invertido, el riesgo de **desinversión** es la posibilidad de que no se consiga **salir** con éxito de una inversión para recuperar la rentabilidad. Los financiadores con una alta tolerancia al riesgo de desinversión suelen utilizar instrumentos de *equity* tradicionales, mientras que los financiadores con una tolerancia media pueden recurrir, para mitigar el riesgo, a instrumentos como la **desinversión estructurada**. Los que tengan una tolerancia baja se inclinarán por instrumentos de **deuda** con una vía clara de reembolso.

**Riesgo de los costes de la transacción**: si intentas utilizar un nuevo tipo de estructura de financiación, los costes de estructuración de la operación pueden resultar considerables. En caso de que el financiador se haya comprometido a aumentar las opciones de financiación que te ofrece, podría tener también una alta tolerancia al riesgo de los costes de la transacción. Si no es así, quizá tampoco esté dispuesto a tomar en consideración modelos o estructuras que no se ajusten a sus esquemas actuales.

**Riesgo fiscal**: si en un país no existe una jurisprudencia o una normativa fiscal clara sobre el uso de un tipo específico de estructura de inversión, existe un riesgo fiscal asociado a financiar mediante tal estructura. Si un financiador tiene una elevada tolerancia al riesgo fiscal, puede estar dispuesto a asumirlo para sentar un precedente. También puede suceder lo contrario, que considere que probar algo nuevo es demasiado arriesgado desde el punto de vista fiscal.

**Riesgo de impacto**: es el riesgo de que una inversión no logre el impacto social o medioambiental previsto. Se incluye aquí el riesgo de que un proyecto o intervención con buenos resultados ocasione impactos negativos en otras áreas, con lo que el beneficio neto para la sociedad o el medio ambiente se verá reducido o anulado. Los financiadores que tengan una alta tolerancia al riesgo de impacto estarán dispuestos a invertir en empresas con gran potencial de impacto, aunque la probabilidad de fracaso sea alta. Aquellos cuya tolerancia sea baja exigirán un sólido historial de impacto y datos verificables, a fin de mitigar su riesgo de impacto.

Durante el 2020, la conciencia de los riesgos del cambio climático, la injusticia racial y la desigualdad social y de género pasaron al primer plano político y económico. En parte se debió a la pandemia mundial, pero en gran parte eran temas que durante mucho tiempo habían permanecido bajo la superficie. En el panorama financiero posterior al 2020, todas estas cuestiones están empezando a influir en cómo ven los financiadores el riesgo. Ahora, cuando evalúan a un equipo empresarial, los **inversores de impacto** buscan más que nunca la diversidad, la equidad y la inclusión, y el impacto medioambiental empieza a ser relevante incluso en los análisis de riesgo de los financiadores más tradicionales.

### ■ *¿Qué tipo de rentabilidad exigen, y para cuándo?*

Muchos financiadores buscarán una **rentabilidad financiera ajustada al riesgo**. Es decir, diseñarán la posible rentabilidad financiera en base a su evaluación del riesgo y querrán que este quede compensado. Cuando dicen que buscan una **rentabilidad a tipo de mercado**, quieren decir que buscan una rentabilidad similar a la de otras inversiones con un perfil de riesgo comparable.

Los financiadores pueden calcular su rentabilidad financiera prevista utilizando los distintos conceptos que hemos comentado a lo largo del libro, como la **tasa interna de rentabilidad (TIR)**, el **retorno de efectivo sobre inversión (CoC)**, el **múltiplo de la inversión** y el **tipo de interés**. Todos los factores de riesgo que hemos comentado anteriormente se tendrán en cuenta a la hora de determinar el tipo de rendimiento que buscan.

Como se explica en la Parte IV del libro, algunos financiadores en sintonía con la misión podrían estar dispuestos a sacrificar parte de la rentabilidad financiera a cambio de determinados resultados sociales o medioambientales. Otros financiadores en sintonía con la misión podrán centrarse en el impacto de una organización, relegando a un segundo plano cualquier rentabilidad financiera.

En cualquiera de las estructuras analizadas a lo largo del libro, resulta de esencial importancia comprender las expectativas del financiador en cuanto a la rentabilidad financiera, el impacto o ambos conceptos.

También hay que entender bien los plazos de ese rendimiento. Si un financiador tiene un **fondo de duración limitada**, necesitará que haya rendimientos dentro de su ciclo de inversión, de 10 o 12 años. Pongamos que ha invertido en ti en el tercer año de ese fondo. En ese caso necesitará ver su retorno antes del final de la **vida del fondo**, es decir, en los 7-9 años siguientes. Aunque tenga un **fondo evergreen** o no haya **financiadores externos**, también deberás entender sus expectativas internas en cuanto a los plazos de reembolso.

### ■ *¿Quiénes son sus grupos de interés?*

Para entender las oportunidades y limitaciones de los financiadores a la hora de desembolsar fondos, hay que ver qué tipo de grupos de interés tienen y cómo se aprueba la financiación que aportan.

Muchos financiadores tienen grupos de interés externos, como **partícipes (Limited Partners, LPs)** o **donantes externos**. Si este es el caso, debes entender que el financiador se guía por una serie de criterios de éxito, acordados previamente con esos otros financiadores. Si se trata de **partícipes**, el financiador en cuestión tendrá tipos específicos de empresas en los que puede invertir, requisitos de rentabilidad, niveles de riesgo que puede asumir y un calendario para obtener los beneficios. Por ejemplo, un fondo de *venture capital* puede captar capital de los **partícipes** diciendo que va a invertir en *equity* de startups de tecnología sanitaria en fase temprana en Asia, con un objetivo de rentabilidad superior al 20%, y que su fondo tendrá una duración de 12 años, lo que significa que prometen devolver el capital a los **partícipes** (más los rendimientos) en 12 años. Dado que estos invirtieron su capital basándose en tal descripción, será muy difícil que, para devolverles la inversión, el fondo cambie el tipo de empresa, la rentabilidad objetivo, el nivel de riesgo o el plazo.

Los financiadores que deban responder ante grupos de interés externos (como los fondos de *venture capital* o de deuda ante los **partíci**-

pes) serán menos flexibles a la hora de estructurar su financiación, así como en el tipo de recursos que pueden aportar. No es que no puedan ser innovadores, pero debemos ser conscientes de que la captación de fondos que hagan en el futuro depende de que cumplan ahora los criterios de éxito de sus **grupos de interés externos**.

Los financiadores orientados a un determinado impacto que hayan prometido este impacto a **donantes externos** deben conocer bien la **integración de la misión** y el **historial de impacto** de las empresas en que invierten. En el capítulo 15 veíamos cómo Upaya obtuvo **donaciones (grants) recuperables** para crear empleo en la India mediante la colaboración con emprendedores locales. Aunque esas **donaciones (grants) recuperables** dejaban a la empresa cierta libertad en cuanto a cómo utilizarlas (podía ser concediendo **préstamos**, **invirtiendo en** *equity*, con **RBF** o dando otro tipo de apoyo), Upaya debe emplear el capital para generar el impacto que prometió a los donantes (en este caso la creación de puestos de trabajo para personas en la base de la pirámide de la India).

Financiadores como los *family office* y las fundaciones con dotación patrimonial (endownment) pueden no tener financiadores externos, pero seguirán teniendo grupos de interés internos ante los que responder. Cualquier financiación que concedan deberá cumplir sus criterios internos de éxito. Los financiadores que no respondan ante grupos de interés externos podrán ser más flexibles a la hora de estructurar sus acuerdos, así como en los tipos de recursos que pueden proporcionar.

Otra cosa que no debemos perder de vista es cómo se aprueba su financiación (o cómo se asignan los recursos). Los financiadores pueden tener un **comité de inversiones**, un **consejo de administración** o un **comité de alta dirección** que decida qué operaciones se aprueban. La duración del proceso será distinta en cada caso y, en función del tipo de operación, podrá requerir reunir un buen número de documentos para la *due diligence*.

Por último, la **duración del fondo** es importante. Si recordamos el capítulo 2, GBF no pudo adaptar su financiación para SOKO porque el **ciclo de vida del fondo** estaba terminando. Comprender en qué momento de su ciclo de vida se encuentra el fondo de un financiador puede tener su importancia.

# 30

## ¿QUÉ TIPO DE FINANCIACIÓN TE CONVIENE?

Ahora que ya sabes un poco más sobre tu situación como empresa y el tipo de capital y de financiador que te conviene, lo siguiente que tienes que plantearte es cuál es la financiación que mejor se adapta a tu realidad concreta. Como has visto en los 29 capítulos anteriores, las organizaciones necesitan distintos tipos de financiación según cómo se definan a sí mismas y cuáles sean sus necesidades de financiación. El tipo de financiación que puedes atraer dependerá de aspectos como tu perfil de riesgo, el colateral, el potencial de generación de efectivo, tus actitudes hacia la propiedad/dilución y tus perspectivas de desinversión. Estas necesidades son variadas y pueden ser bastante singulares, por lo que, aunque puedo decirte algunas características de las empresas para las que funciona mejor cada estructura, no puedo decirte qué tipo de contrato es el mejor para ti.

> Pienso que, puestos a retener algo, los emprendedores deben comprender que no existe un tipo de capital bueno y otro malo, sino que puedes necesitar todos los tipos a lo largo de tu proceso de crecimiento. Los elementos clave se reducen a entender cómo encaja cada tipo en tu flujo de caja, en tu visión del negocio y en el tamaño que quieres alcanzar.
>
> Janice St. Onge, Flexible Capital Fund, L3C.

Es importante recordar que, como emprendedor, cambiarás con el tiempo, y tu empresa también lo hará. Por lo tanto, en diferentes etapas de la vida y del crecimiento de la empresa, necesitarás seguir reevaluando en qué situación te encuentras. Con esto en mente, veamos a continuación el contenido que hemos ido tratando en el libro, resumido en forma de tabla.

## ■ ¿Cuáles son mis opciones?

Para un resumen completo de tus opciones, consulta los apartados 30.1, 30.2 y 30.3. En la guía complementaria de este libro encontrarás versiones interactivas de estas tablas.

**Tabla 30.1**

Resumen de las opciones según preguntas clave

| ¿Tengo... | Si la respuesta es afirmativa, piensa en: |
|---|---|
| Misión/Impacto | |
| ...la misión integrada en nuestro documentos constitutivos? | Donación, subvención recuperable, préstamo condonable, Subvención convertible, financiación de impacto |
| ...un historial social/medioambiental verificable? | |
| Colateral | |
| ...activos físicos y un historial de crédito? | Deuda garantizada |
| ...una garantía? | |
| ...facturas/pedidos/historial de pedidos satisfechos? | Factoring, financiación sobre pedidos, financiación de la cadena de suministro |
| ...ingresos regulares? | Financiación basada en ingresos (RBF) |
| ...financiación de venture capital? | Venture debt (deuda de riesgo) |
| Rentabilidad prevista para el inversor mediante | |
| ...plan para vender nuestra empresa, fusionarnos con otra empresa o realizar una salida a bolsa? | Equity (nota convertible, SAFE, ronda de equity) |
| ...plan de reembolso (o amortización) a partir de flujos de caja internos o créditos externos? | Deuda mezzanine, desinversiones estructuradas (RBF convertible, acciones rescatables) |

**Tabla 30.2**

Cuadro recapitulativo de las opciones de financiación

| | Equity (participaciones con precio fijado, SAFE, deuda convertible) | Deuda garantizada | Deuda mezzanine | Venture debt | Factoring (factoring de facturas, financiación de envíos, financiación sobre pedidos) | Financiación de la cadena de suministro | Financiación basada en ingresos (RBF) | RBF convertible | Acciones rescatables | Garantías | Subvención tradicional | Subvención recuperable | Préstamo condonable | Subvención convertible |
|---|---|---|---|---|---|---|---|---|---|---|---|---|---|---|
| **Descripción:** | Adquisición de la propiedad o del derecho futuro de propiedad de una empresa | Préstamo garantizado con colateral | Un préstamo que se devuelve con un interés fijo y tiene retorno económico en forma de incentivos como warrants | Préstamo realizado a empresas respaldadas por capital-riesgo de rápido crecimiento | Opción de financiación a corto plazo que te permite pedir préstamos presentando tus facturas/documentos de envío/pedidos de compra | Utiliza los pagos anticipados de tus clientes para ayudar a financiar el capital de trabajo | Préstamo que se reembolsa como porcentaje de los ingresos futuros o de flujos de caja | Préstamo que se reembolsa como porcentaje de los ingresos futuros o de los flujos de caja con opción de conversión en equity | Compra de acciones que pueden recomprarse a un múltiplo preacordado o a un precio mutuamente acordado | Aval proporcionado por un tercero | Capital del que no se espera reembolso financiero | Subvención que se convierte en deuda | Deuda que se convierte en donación | Subvención que se convierte en equity |
| **Tu perfil:** | | | | | | | | | | | | | | |
| **Forma jurídica** | Entidad con fines de lucro, Empresa social | Entidad sin fines de lucro, Entidad con fines de lucro, Cooperativa, Empresa social | Entidad con fines de lucro, Empresa social | Préstamo realizado a empresas con fines de lucro, | Entidad sin fines de lucro, con fines de lucro, cooperativa, empresa social | | Entidad sin fines de lucro, con fines de lucro, cooperativa, empresa social | Entidad con fines de lucro, cooperativa, empresa social | Entidad con fines de lucro, cooperativa, empresa social | Entidad con fines de lucro, sin fines de lucro, cooperativa, empresa social | Entidad sin fines de lucro[1] | Entidad sin fines de lucro[1] | Entidad con fines de lucro, sin fines de lucro, cooperativa, empresa social | Empresa social |
| **Modelo de ingresos** | Es posible que aún no se haya determinado | Ingresos regulares o ligeramente estacionales | Puede presentar cierta estacionalidad | Probablemente estacional o muy variable | | | Puede ser estacional y variable, debe tener ingresos y márgenes elevados | Puede tener cierta estacionalidad o variabilidad, debe tener ingresos y márgenes elevados | Startup pre-ingresos o con ingresos | Cualquiera | | | | Puede que todavía no esté determinando |
| **Etapa de la empresa** | Etapa de concepto, fase temprana, Crecimiento | En crecimiento, en expansión o consolidada | Fase temprana, de crecimiento o en expansión | Fase temprana, de crecimiento | Fase temprana, de crecimiento, en expansión o consolidada | Fase temprana, de crecimiento, en expansión o consolidada | Fase temprana, de crecimiento o en expansión | Fase temprana, de crecimiento o en expansión | Etapa de concepto o fase temprana | Cualquiera | | | Etapa de concepto | |

| | Equity (participaciones con precio fijado, SAFE, deuda convertible) | Deuda garantizada | Deuda mezzanine | Venture debt | Factoring (factoring de facturas, financiación de envíos, financiación sobre pedidos) | Financiación de la cadena de suministro | Financiación basada en ingresos (RBF) | RBF convertible | Acciones rescatables | Garantías | Subvención tradicional | Subvención recuperable | Préstamo condonable | Subvención convertible |
|---|---|---|---|---|---|---|---|---|---|---|---|---|---|---|
| Proyecciones de crecimiento empresarial | Aspiraciones de unicornio o startup de alto crecimiento. Algunas pioneras en su categoría | Startup de alto crecimiento, pionera en su categoría, empresa nicho, empresa dinámica, empresa de subsistencia | Startup de alto crecimiento, pionera en su categoría, empresa nicho | Startup de alto crecimiento, pionera en su categoría | Startup de alto crecimiento, pionera en su categoría, empresa dinámica, empresa de subsistencia | Pionera en su categoría, pionera nicho, empresa de subsistencia | Pionera en su categoría, empresa nicho, empresa dinámica, empresa de subsistencia | Pionera en su categoría, empresa nicho, empresa dinámica. | Startup de alto crecimiento, pionera en su categoría, empresa nicho | Cualquiera | | | Startup de alto crecimiento o pionera en su categoría | |
| **Tu misión:** | | | | | | | | | | | | | | |
| Integración | Si tienes una integración profunda de la misión, querrías buscar financiadores de impacto como socios | No especialmente importante | Si tienes una integración profunda de la misión, puede que te interese buscar financiadores que estén orientados a la misión. | | No especialmente importante | Si tú y tu comprador/cliente tenéis una integración profunda de la misión, es posible que también vuestros objetivos de financiación estén en consonancia | No especialmente importante | Si tu grado de integración es medio o elevado, debes buscar un financiador orientado a la misión en sintonía con tu misión. | | Para obtener una garantía de un financiador orientado a la misión, será necesaria una integración profunda de la misión | Se requiere una integración profunda de la misión | | | |
| Historial de impacto | Puede que aún no tengas un historial de impacto, pero puedes elaborar un plan integral de MGI | A menos que haya hitos sociales o medioambientales en tu acuerdo de deuda no es importante para ti | Los inversores de impacto pueden buscar un historial de impacto en las empresas en fase más avanzada. | | No es especialmente importante | A menos que se trate de un comprador alineado con tu misión, probablemente no sea importante | | Los financiadores en sintonía con tu misión probablemente exigirán un historial de impacto | | Es posible que se requiera un historial de impacto significativo para obtener una garantía en condiciones favorables de un financiador orientado a la misión | Historial de impacto probablemente necesario | | El historial de impacto será importante si los hitos de impacto se utilizan para la condonación o el descuento en el tipo de interés | No se requiere historial, pero sí el compromiso de medir el impacto |
| **Tus necesidades de financiación:** | | | | | | | | | | | | | | |
| Destinar la financiación a | Prueba de concepto o Crecimiento a largo plazo | Capital de trabajo, activos, capital de crecimiento a medio plazo | Capital de crecimiento, capital de trabajo a medio plazo | Capital de crecimiento, capital de crecimiento a medio plazo | Capital de trabajo a corto plazo | | Capital de trabajo o capital de crecimiento a corto plazo | Capital de trabajo o capital de crecimiento a medio plazo | Prueba de concepto o capital de crecimiento a medio y largo plazo | Activos, capital de trabajo | Prueba de concepto, capital de crecimiento, capital de trabajo, activos | | | Prueba de concepto |

| | Equity (participaciones con precio fijado, SAFE, deuda convertible) | Deuda garantizada | Deuda mezzanine | Venture debt | Factoring (factoring de facturas, financiación de envíos, financiación sobre pedidos) | Financiación de la cadena de suministro | Financiación basada en ingresos (RBF) | RBF convertible | Acciones rescatables | Garantías | Subvención tradicional | Subvención recuperable | Préstamo condonable | Subvención convertible |
|---|---|---|---|---|---|---|---|---|---|---|---|---|---|---|
| *Activos como colateral* | No se necesitan | Activos físicos e historial de crédito | Alguna combinación de activos físicos y tipos alternativos de colateral. Algunos financiadores pueden estar dispuestos a prescindir de garantías | Financiación de venture capital y posiblemente contar con alguna forma de colateral | Facturas, documentos de envío u hojas de pedido | Mercaderías del cliente | Histórico de ingresos y puede requerirse una garantía personal | Puede requerirse una garantía personal | Ninguno | La garantía sirve de colateral para otra operación | No se necesitan | | Depende del financiador, pero generalmente de poco valor | Ninguno |
| *Forma de reembolso prevista* | Desinversión por medio de tercero a través de venta, IPO, fusión o venta en secundario | Flujos de caja internos o empréstitos externos | Flujos de caja internos para los intereses y el incentivo en efectivo, si se incluyen warrants entonces también una desinversión por medio de tercero | | Pago del cliente | No procede | Generación de flujo de caja interno | Flujo de caja interno o financiación futura | | Si se requiere pago, flujos de caja internos | Ninguna | Ninguna o flujo de caja interno | Ninguna, flujo de caja interno o financiación futura | Ninguna, o desinversión por medio de tercero a través de venta, IPO, fusión o venta en secundario |
| *Propiedad* | Disposición a diluir el control de la empresa con el tiempo | Sin efectos sobre la propiedad | Si el reembolso es interés + incentivo en efectivo, no es necesario estar dispuestos a diluir la propiedad. Los warrants requerirán la disposición a diluir la propiedad. | Disposición a diluir el control de la empresa con el tiempo, debido a la financiación de VC | Sin efectos sobre la propiedad | | Sin efectos sobre la propiedad | Sin efecto sobre la propiedad, a menos que se active la convertibilidad | Disposición a renunciar a la propiedad a corto plazo, pero posibilidad de seguir siendo propietario de la empresa a largo plazo o de que esta pase a manos de los trabajadores | Sin efecto sobre la propiedad | | | | Disposición a diluir la propiedad de la empresa en el futuro |

| | Equity (participaciones con precio fijado, SAFE, deuda convertible) | Deuda garantizada | Deuda mezzanine | Venture debt | Factoring (factoring de facturas, financiación de envíos, financiación sobre pedidos) | Financiación de la cadena de suministro | Financiación basada en ingresos (RBF) | RBF convertible | Acciones rescatables | Garantías | Subvención tradicional | Subvención recuperable | Préstamo condonable | Subvención convertible |
|---|---|---|---|---|---|---|---|---|---|---|---|---|---|---|
| Financiación en el futuro | Combinación de equity y deuda | Puede utilizarse junto con cualquier tipo de futura financiación | Puede funcionar en el futuro tanto con financiación de equity como mediante deuda | | Puede servir para ir creando un historial crediticio para la futura financiación mediante deuda | Sin efectos en la financiación futura | Puede captarse equity en el futuro, pero generalmente está pensada para empresas que prevén financiarse en el futuro mediante endeudamiento y generación de flujo de caja interno | Puede captarse equity en el futuro, pero generalmente está pensada para empresas que prevén financiarse en el futuro mediante endeudamiento y generación de flujo de caja interno | Puede captarse equity en el futuro, pero generalmente está pensada para empresas que prevén financiarse en el futuro mediante endeudamiento y generación de flujo de caja interno | Puede ayudar a crear un historial de crédito para la futura financiación mediante deuda | Sin impacto significativo en la financiación futura | Puede ayudar a crear un historial de crédito para la futura financiación mediante deuda | | Admite financiación mediante equity en el futuro |
| Implicación del financiador | Foco en el potencial retorno financiero. Implicación constante e intensa, que incluye puestos en el Consejo, importantes derechos de voto y derechos de información | Foco en proteger la pérdida de la inversión. Poca implicación continua, basada en lo estipulado en el acuerdo de deuda | | Centrado tanto en el potencial de ganancia económica como en el riesgo de retorno negativo. Tendrá una implicación constante. Los pactos servirán de protección frente al riesgo bajista, y los derechos de voto e información pueden que se implique como medio de que lugar un en el retorno económico | Se centra solo en la operación u operaciones específicas que se financian | Es quien debe iniciar la operación | Por lo general, foco en proteger la inversión, aunque puede estar interesado en el crecimiento, lo que podría dar lugar a un reembolso más rápido. Poca implicación continua, basada en lo estipulado en el acuerdo de deuda | Se centra tanto en el retorno económico como en proteger la pérdida de la inversión. Tendrá una participación continua. Los pactos servirán frente al riesgo bajista, y los derechos de voto y de información podrían utilizarse como implicación en el retorno económico | Implicación intensa mientras haya acciones en circulación, incluye puestos en el consejo, derechos de voto y derechos de información | Si está orientada a la misión, el financiador se centrará tanto en el impacto como en protegerse frente al riesgo bajista, con cláusulas relativas a ambos conceptos. De lo contrario, sólo se centrará en el riesgo bajista | Se centrará en los informes de impacto y de gastos financieros | Es probable que se centre en el impacto y que se incluyan cláusulas para integrar la misión en el contrato (como convertibilidad o coste de capital vinculados al logro del impacto) | | Centrado en el impacto y el retorno económico. Probable implicación continua con posibilidad de puestos en el consejo, derechos de voto y derechos de información, si se convierte |
| Financiadores más probables | Fondo de VC, fondo de private equity, business angel, incubadora, aceleradora, institución de financiación del desarrollo, family office | Banco, institución de financiación del desarrollo, fondo de deuda, institución financiera no bancaria | Fondo de deuda, fondo mezzanine, banco, institución financiera no bancaria | Fondo mezzanine, institución financiera no bancaria | Fondo mezzanine, institución financiera no bancaria | Cliente | Institución financiera no bancaria, fondo especializado, institución de deuda, fondo de mezzanine | Fondo mezzanine, fondo de deuda, fondo de VC, fondo especializado, institución financiera no bancaria, family office | Business angel, incubadora, aceleradora, family office, fondo especializado, fondo de VC | Institución de financiación del desarrollo, fundación, family office, financiador sin fines de lucro | Universidad, Fundación, Administración pública | Fundación, family office, institución de financiación del desarrollo, Administración, financiador sin fines de lucro | | Universidad, Fundación |

**Tabla 30.3**

Resumen de la vinculación del impacto y la integración de la misión

|  |  | Conceptos relacionados | Diversas posibilidades de vinculación al impacto | Motivaciones del financiador | Motivaciones del emprendedor |
|---|---|---|---|---|---|
| Vincular el impacto a | Coste de capital | Intereses, participación en los beneficios/ dividendos, reembolso, rescate | Descuento en el tipo de interés, reducción del margen, pagos por resultados | Puede animar a las empresas a alcanzar hitos sociales y medioambientales | Puede vincular incentivos económicos a hitos sociales y medioambientales |
|  | Distribución | Calendario de desembolsos | Desembolsos por tramos, según el cumplimiento de hitos de impacto | Puede reducir el riesgo de impacto vinculando la consecución de este a la distribución de fondos por tramos. | Puede ofrecer la posibilidad de demostrar un historial de impacto para acceder a mayor cantidad de capital |
|  | Convertibilidad | Convertibilidad | Convertibilidad vinculada a hito(s) de impacto | Puede vincular el tipo de valor a hitos de impacto | Puede establecer objetivos o requisitos claros para la conversión de un valor |
|  | Propiedad | Vesting, propiedad en manos del empleado | Vesting vinculado al impacto, recuperación de equity | Puede incentivar a los fundadores ofreciendo más propiedad si cumplen hitos de impacto | Posibilidad de recuperar o acelerar el calendario de vesting en función del logro de impacto |

|  |  | Conceptos relacionados | Diversas posibilidades de vinculación al impacto | Motivaciones del financiador | Motivaciones del emprendedor |
|---|---|---|---|---|---|
| Integrar la consonancia con la misión mediante | Tipo de financiación | Título valor | Tipo de estructura de financiación | Crear opciones de financiación más inclusivas y más adecuadas para los fundadores que alcancen sus objetivos de impacto a largo plazo | Entender cuáles son tus opciones para poder mantener una conversación franca con posibles financiadores sobre el tipo de capital adecuado para ti puede ser de suma importancia para el futuro de tu organización y para tu capacidad para cumplir tu misión social |
|  |  | Conceptos relacionados | Diversas posibilidades de vinculación al impacto | Motivaciones del financiador | Motivaciones del emprendedor |
|  | Utilización de los fondos | Utilización de los ingresos | Uso acotado de los ingresos | Puede utilizarse para garantizar que el capital se utiliza para el fin especificado o para apoyar la misión social o medioambiental. | Puede crear expectativas claras sobre el uso del capital |
|  | Propiedad | Vesting, propiedad en manos de los trabajadores, propiedad en manos de grupos de interés | Propiedad responsable, ESOP, EOT, cooperativa de los trabajadores, acción de oro, fundación única, fundación fiduciaria (trust foundation) | Proteger la misión de una empresa a lo largo del tiempo e incentivar impacto adicional | Proteger la misión de una empresa a lo largo del tiempo |

|  |  | Conceptos relacionados | Diversas posibilidades de vinculación al impacto | Motivaciones del financiador | Motivaciones del emprendedor |
|---|---|---|---|---|---|
|  | Disposiciones en caso de incumplimiento | Cláusulas, supuestos de incumplimiento | Incumplimiento por desvío de la misión, opciones de venta, facilitación de desinversiones | Pueden dar al financiador la oportunidad de renegociar el acuerdo y/o exigir a la empresa que prepare una desinversión para el financiador si se producen cambios significativos en la misión de la empresa | Pueden utilizarse para proteger legalmente la misión de la empresa cuando financiadores que no están en sintonía con tu misión forman parte de la financiación, pero los fundadores deben tener cuidado de que las restricciones no sean excesivamente onerosas desde un punto de vista estratégico |
|  | Derechos | Derechos de información, derechos de voto | Votación del cambio de misión, elaboración de informes de impacto | Puede determinar el tipo de información que la empresa debe facilitar relativa a su misión | Puede incluir la capacidad de oponerse a cambios en la misión de la empresa sin el voto de los fundadores |

## ■ *Conclusión*

Muchas gracias por haberme acompañado en este viaje a través del variopinto mundo de la financiación innovadora para empresas con propósito. Espero que hayas podido adquirir los conocimientos y las ideas que necesitas para proseguir tu propio viaje de financiación. Ser emprendedor no es un trabajo fácil; requiere creatividad, ingenio, empeño y mucha perseverancia. Admiro todo lo que estás creando y el trabajo que te llevará seguir levantando día a día tu empresa. Tampoco la tarea del financiador que se dedica a crear el tipo adecuado de opciones de financiación es un camino de rosas; con todo, estoy convencida de que, si te comprometes a recorrer este camino en serio y a encontrar la manera de que tu financiación se adapte mejor a las necesidades del emprendedor, tendrás la satisfacción de haber colaborado a crear un impacto profundo, lleno de verdadero sentido.

Me encanta haber colaborado contigo en tu empeño por cambiar el mundo y deseo que sigamos trabajando juntos en el futuro. Espero que nos veamos muy pronto.

# 31
# GLOSARIO

| | |
|---|---|
| Acciones rescatables (*redeemable equity*) | Acciones que pueden ser recompradas por los fundadores a un múltiplo preacordado o a un precio mutuamente acordado. |
| Acciones | Para adquirir *equity* de una empresa, los inversores tienen que comprar acciones. Por lo general, se trata de acciones preferentes, ya que tienen una serie de condiciones que les dan un trato preferente respecto de las acciones ordinarias propiedad de los fundadores. |
| Aceleradora | Programas de duración limitada que trabajan con grupos o «clases» de empresas para proporcionarles mentoría y formación, haciendo especial hincapié en conectar a las empresas en fase temprana con la inversión[1]. |
| Acotar | Separar determinados activos o financiación. Los financiadores o fundadores pueden acotar capital para usos específicos. |
| Activos | Recursos físicos o intangibles, como edificios, equipos y marcas, que se espera que generen valor. |
| Acto de presentación/ feria para inversores | Acto en el que un emprendedor presenta su idea a posibles inversores. |
| Acuerdo complementario | Acuerdo que no forma parte del convenio principal. |
| Acuerdo de control de cuenta de depósito | Acuerdo por el que un deudor, un prestamista y el banco en que se mantiene la cuenta de depósito convienen en que este siga las instrucciones de aquel en cuanto a la disposición de los fondos de la cuenta, sin necesidad de una posterior confirmación del deudor. |
| Acuerdo Simplificado sobre Acciones Futuras (SAFE) | Un acuerdo entre un emprendedor y un financiador que estipula que este invertirá en la empresa de aquel, pero deja que las condiciones principales de la inversión las defina la siguiente ronda de financiadores de *equity*. |
| Adquisición de la empresa por la dirección | Operación por la que el propio equipo directivo de una sociedad adquiere sus activos y procesos de producción. |
| Amigos, familia y «locos» (las 3 F) | Por lo general, las primeras personas que un emprendedor busca para que inviertan en su *startup*. |
| «Apostar por el jinete» | La inversión en fase temprana suele basarse en la mentalidad de «apostar por el jinete, no por el caballo». Los inversores listos buscan emprendedores en los que creen e invierten en ellos, aunque el modelo de negocio requiera aún mucho desbroce. Los buenos emprendedores saben dar un golpe de timón en el momento oportuno para llevar las empresas al éxito. |
| Apoyo a la captación de fondos | Respaldo, asesoramiento y contactos para futuras financiaciones. |

---

[1] https://www.galidata.org/accelerators/.

| | |
|---|---|
| Apoyo a la gobernanza | Apoyo al desarrollo de un consejo de administración y fortalecimiento de los sistemas de buen gobierno. |
| Apoyo estratégico | Planificación empresarial y desarrollo de modelos de negocio. |
| Asesor financiero | Profesional financiero que hace recomendaciones de inversión en valores, como acciones, bonos o fondos cotizados, o realiza análisis de valores para sus clientes y recibe por ello una remuneración. |
| Asistencia técnica | Partidas de dinero que se reservan para la capacitación, el desarrollo de diversas aptitudes y las necesidades específicas de consultoría de una empresa. |
| *Asset-light* (ligera de activos) | Empresa que posee relativamente pocos activos de capital en comparación con el valor de sus procesos de producción. |
| *Asset-lock* (bloqueo de activos) | Cláusula que impide la venta de una empresa (o parte de ella) a determinados compradores. |
| Auditoría de impacto | Al igual que ocurre en las auditorías financieras, en una auditoría de impacto un tercero comprueba si los resultados declarados por una empresa se adecúan a las métricas de impacto que se habían acordado. |
| Autoliquidación | La deuda se considera un instrumento autoliquidable, es decir, el prestamista no precisa de un evento de desinversión para recuperar el capital con sus intereses. El contrato estipula que el prestatario irá reembolsando estos a lo largo del tiempo y, antes de una fecha determinada, el capital prestado, lo que manifiesta que tiene un plan para cuando haya reembolsado la integridad del préstamo. |
| Avalista | Persona que promete pagar la deuda de un prestatario en caso de que éste incumpla su obligación de pago. Los avalistas pueden pignorar sus propios bienes como colateral de los préstamos. |
| Banco comercial | Institución financiera que acepta depósitos, ofrece servicios de cuenta corriente, concede préstamos comerciales, personales e hipotecarios a personas y pequeñas empresas. |
| Base de la pirámide (BdP) | Este concepto se refiere a aquellas personas situadas en la parte inferior de la pirámide económica de ingresos, es decir, las que ganan menos de 2-5 dólares al día (según el contexto). |
| Beneficios antes de impuestos, amortizaciones y depreciaciones (EBITDA) | Medida de los resultados financieros globales de una empresa y de la rentabilidad de explotación actual.<br><br>EBITDA = Beneficio Neto + Intereses + Impuestos + Depreciación + Amortización |
| Beneficios no distribuidos | Son los beneficios que una empresa decide conservar en lugar de distribuirlos como dividendos a los accionistas. En el balance se encuentran en la sección de fondos propios. |
| Blindaje de misión | Proteger contractualmente la misión en los documentos fundacionales o acuerdos de financiación. |

| | |
|---|---|
| Bono de impacto social | Un tipo de contrato basado en resultados que funciona como un acuerdo de *equity*, salvo que, en lugar de vincular los rendimientos de los inversores a los resultados financieros de una empresa u organización, los vincula a los logros de impacto. |
| Bonos de Impacto para el Desarrollo (BID) | Un contrato basado en resultados en el que inversores privados aportan prefinanciación para programas sociales, y la Administración les devuelve su capital más un rendimiento, si y sólo si los programas obtienen resultados sociales[2]. |
| *Business angel* | También llamado «inversor ángel». Son personas o redes con recursos que invierten en startups muy incipientes (normalmente a cambio de *equity*) y proporcionan apoyo suplementario (a menudo en forma de experiencia). |
| Cambio de control/ venta de empresa | El cambio en la propiedad de más del cincuenta por ciento (50%) del capital con derecho a voto de una empresa en el contexto de una o más transacciones relacionadas entre sí; la venta de todos o prácticamente todos los activos de una empresa; cualquier fusión; una concentración de empresas, o la adquisición de una empresa por otra sociedad, entidad o persona. |
| Canales de distribución | Cómo distribuyen las empresas sus productos o servicios a través de diversos canales, propios o compartidos. |
| Canales de ingresos | Las distintas formas por las que una empresa genera ingresos. Puede referirse a diferentes productos o servicios, diferentes partes del modelo de negocio o diferentes segmentos de clientes. |
| Cancelación | Cuando se considera que un activo o una inversión carecen de valor, su valor se reduce (o se lleva a cero) en el balance. |
| Capital catalizador | Capital-riesgo para inversiones, con el objetivo de generar impacto e inversiones adicionales que, de otro modo, no se producirían. |
| Capital de crecimiento | Es el dinero que se emplea en contratar personal, invertir en el desarrollo de nuevos productos, poner en marcha nuevos sistemas o publicitar cualquier cosa que ayude a desarrollar el negocio cara al futuro. |
| Capital de deuda | Capital que puede prestarse o pedirse en préstamo. |
| Capital de *equity* | Capital que puede utilizarse para adquirir propiedad de la empresa. |
| Capital de subvención | Capital del que no se espera una rentabilidad financiera. |
| Capital flexible | El capital es muy flexible y, salvo que se especifique lo contrario, puede utilizarse para cualquier cosa que desee el emprendedor. |

---

[2] https://www.cgdev.org/topics/development-impact-bonds.

| | |
|---|---|
| **Capital no dilutivo** | Capital que no requiere que vendas propiedad de tu empresa. Por ejemplo, las acciones rescatables (pues con ellas puedes recuperar tu propiedad), una subvención o el capital procedente de deuda. |
| **Capital paciente** | Otro nombre para el capital a largo plazo. Con este tipo de capital, el inversor está dispuesto a realizar una inversión financiera en una empresa sin esperar obtener beneficios rápidos. |
| **Capital-riesgo** | Fondos asignados a inversiones de alto riesgo y alta rentabilidad. |
| **Cartera de proyectos** | Acceso a operaciones, proyectos o emprendedores de alta calidad. La suelen utilizar los inversores para describir sus oportunidades de negocio. Por ejemplo, «gracias a nuestro trabajo con departamentos científicos de las universidades tenemos en cartera una serie de emprendedores increíbles». |
| **Cebra** | Empresas que combinan el ánimo de lucro con el propósito; las hay de diversos tipos, tantos como sus fundadores y como los problemas que tratan de resolver. Colaborativas pero enérgicas, ambiciosas pero sin deseos de desinvertir a la primera de cambio. Construyen empresas con soluciones impactantes al tiempo que cuidan de sus trabajadores, comunidades y entornos. |
| **Certificación** *Benefit Corporation* (B Corp) | Certificación que mide todo el rendimiento social y medioambiental de una empresa. La Evaluación de Impacto B evalúa el impacto que tienen los procesos de producción y el modelo de negocio de una empresa en sus trabajadores, la comunidad, el medio ambiente y los clientes. |
| **Ciclicidad (de los ingresos)** | Variaciones de los ingresos debidas a los ciclos económicos, a su vez causados por factores externos. |
| **Ciclo de vida del fondo** | Se refiere a la evolución temporal de un fondo de inversión cerrado. Por lo general, los fondos de inversión cerrados tienen un ciclo de vida de 10 a 12 años: una vez que han reunido su capital, lo invierten en empresas durante los primeros 2 a 3 años, gestionan esas empresas entre unos 4 y 5 años y, luego, procuran desinvertir en esas empresas en los últimos 3 años del fondo, para poder devolver el capital a sus inversores. |
| **Clase de activos** | Agrupación de instrumentos financieros que se comportan de forma similar en el mercado. |
| **Clase media emergente** | Esta expresión se refiere a la creciente población de clase media en los mercados emergentes. |

| Cláusula de «no desinversión» | Tipo de cláusula de «blindaje de misión» que pretende disuadir de una adquisición externa. En pocas palabras, no habría retorno económico para los inversores si alguna empresa potente de la competencia quisiera comprar el negocio, aunque el cheque tuviera varios ceros. En el caso de Equal Exchange, por ejemplo, significa que si Starbucks o Nestlé quisieran adquirirla, por sus estatutos sociales Equal Exchange reembolsaría a los inversores sólo aquel capital que habían invertido, donando a otra organización de Comercio Justo los beneficios netos obtenidos en la venta. |
|---|---|
| Cláusula de convertibilidad | Estipulaciones que regulan la conversión de un tipo de valor en otro. En los tipos de financiación que tienen una cláusula de convertibilidad, puedes elegir que esa conversión se active por el logro de determinados hitos financieros o de impacto. |

A continuación figuran los distintos tipos de instrumentos convertibles que hemos analizado a lo largo del libro (Tabla 31.1).

**Tabla 31.1**
Instrumentos convertibles

| Denominación: | Conversión: | Realizado para: | Por: | Motivación del financiador | Motivación del emprendedor |
|---|---|---|---|---|---|
| Deuda convertible | De deuda a equity | Entidades con fines de lucro | Capitalistas de riesgo, inversores de impacto, personas físicas | Invertir capital en una empresa en fase muy temprana sin tener que valorarla | Acceder a capital-riesgo sin necesidad de comprometerse a realizar una valoración |
| RBF convertible | De deuda a equity | Entidades con fines de lucro | Compañías fintech, fondos especializados, inversores de impacto | Generar liquidez mediante una desinversión estructurada y crear una cartera más inclusiva | Acceder al capital-riesgo sin necesidad de comprometerse a realizar una valoración o a tener un crecimiento exponencial |
| Acciones rescatables | De equity a deuda | Entidades con fines de lucro | Fondos especializados, inversores de impacto | Generar liquidez mediante una desinversión estructurada y crear una cartera más inclusiva | Acceder al capital-riesgo, pero conservar un camino despejado hacia la propiedad continuada de la empresa |

| Denominación: | Conversión: | Realizado para: | Por: | Motivación del financiador | Motivación del emprendedor |
|---|---|---|---|---|---|
| Donaciones (grants) recuperables | De subvención a deuda | Entidades con o sin fines de lucro | Entidades sin fines de lucro: fundaciones, fondos asesorados por donantes | Recuperar capital para reciclarlo para otros beneficiarios | Acceder en su momento a financiación puente, financiación de pruebas de concepto de riesgo bajo, capital flexible para conceder nuevos préstamos o crear un historial de crédito |
| Préstamos condonables | De deuda a donación | Entidades con o sin fines de lucro | Entidades con o sin fines de lucro: fundaciones, inversores de impacto, personas físicas, administraciones | Utilizar hitos sociales para recompensar a una organización o utilizar hitos financieros para reciclar capital | Acceder a financiación mediante deuda que sujete los incentivos a la consecución de hitos sociales, o flexibilidad en caso de rendimiento financiero insuficiente |
| Recuperación de equity | De equity a subvención | Entidades con fines de lucro | Inversores de impacto, fundaciones, DAF, personas físicas | Incentivar a los financiadores para que generen un impacto social o medioambiental adicional | La oportunidad de recuperar la propiedad mediante la consecución de objetivos sociales y/o medioambientales |

**Capital de trabajo**  Es el efectivo que se gasta en comprar insumos, existencias o materiales necesarios para producir tu producto o prestar tu servicio. Se calcula resaltando el pasivo circulante al activo circulante.

**Cláusula de endeudamiento permitido**  Protección cautelar por la que el prestamista estipula que la empresa necesitará su permiso o aprobación por escrito para asumir nuevas obligaciones de deuda.

**Colateral fiable**  Activos con un valor de cierto peso.

**Colateral**  Los prestamistas suelen exigir a las empresas (o personas físicas) que pignoren algo de valor como **garantía** de un préstamo. Si una empresa incumple el préstamo, es decir, deja de pagar, el prestamista puede tomar posesión del activo pignorado y venderlo para recuperar parte de su capital.

| | |
|---|---|
| Colocaciones privadas | Venta de acciones directamente a los inversores en lugar de ofrecerse en un mercado bursátil. |
| Comercio Justo | Acuerdo pensado para ayudar a los productores de los países emergentes a establecer relaciones comerciales sostenibles y equitativas. Quienes se suman al movimiento de Comercio Justo pagan precios más altos a los exportadores, y observan unas normas sociales y medioambientales más exigentes (Fairtrade.net). |
| Comité de alta dirección | Comité formado por la administración superior de una organización. |
| Comité de inversiones | Es la autoridad máxima responsable de desarrollar los objetivos de inversión de una empresa grande, así como sus políticas corporativas en materia de inversión. Este comité aprueba o rechaza las inversiones que someten a su consideración los empleados del fondo. |
| Concurso de acreedores | Procedimiento legal que permite a personas o empresas seguir operando sin atender al pago de sus deudas, ofreciendo así a los acreedores una oportunidad de reembolso. |
| Consejo de administración | Grupo de personas elegidas en representación de los accionistas que suele reunirse periódicamente para decidir las políticas de gestión y supervisión de la empresa. En entidades sin fines de lucro el órgano equivalente a estos efectos es la **Junta directiva** y, en el caso concreto de las fundaciones, el **Patronato**. |
| Contabilidad creativa | La práctica de tener mucha inventiva en los informes financieros. Puede emplearse para reducir tus pagos a financiadores de RBF convertible que dependen de los dividendos del flujo de caja libre. |
| Cooperativa de los trabajadores | Empresa propiedad de sus empleados y autogestionada. También puede denominarse **empresa propiedad de los trabajadores**. |
| Cooperativa | Empresas participadas total o parcialmente por los trabajadores. También se denominan **cooperativas propiedad de los trabajadores**. |
| Coste de capital | Rentabilidad que esperan los financiadores por aportar capital a la empresa. |
| Crecimiento con recursos propios (*bootstrapping*) | Proceso por el cual un emprendedor asume la responsabilidad financiera de hacer crecer su empresa utilizando ahorros personales e ingresos de explotación, con una financiación externa mínima o nula. |
| Crecimiento exponencial | Dicho del crecimiento de una cantidad: de ritmo tal que aumenta proporcionalmente al valor de esa cantidad. (Cf. Diccionario de la Real Academia de la Lengua). En el caso de las *startups*, solemos denominarlo **curva en J** o proyección en «**palo de hockey**», pues el gráfico de los ingresos futuros tiene forma de J o de palo de hockey: primero es horizontal y, bruscamente, se pone vertical. |

| | |
|---|---|
| Crédito empresarial | Préstamo en efectivo destinado específicamente a fines empresariales y que requiere algún tipo de colateral. |
| Criterios en materia ambiental, social y de gobernanza (ASG) | Se refiere a los tres factores centrales para medir la sostenibilidad y el impacto social de una inversión en una empresa o negocio. |
| Crowdfunding (financiación participativa) | Método para recaudar fondos que consiste en reunir pequeñas aportaciones de capital procedentes de una comunidad de personas que te apoya, de usuarios finales o de cualquier particular anónimo, y cuyo fin es financiar un nuevo proyecto emprendedor o el desarrollo de un negocio ya existente. |
| Crowdfunding basado en donaciones | Particulares que donan dinero para un determinado proyecto social o medioambiental. |
| Crowdfunding basado en recompensas | Particulares que donan fondos a un proyecto o empresa esperando recibir a cambio, en un momento posterior, una recompensa no económica, como bienes o servicios. |
| Crowdfunding de deuda | Particulares que prestan dinero a una empresa por un determinado periodo de tiempo. Puede denominarse también **financiación P2P** (*peer-to-peer*, **entre particulares**) o **crowdfunding de préstamos**. |
| Crowdfunding de *equity* | Particulares que invierten en una empresa a cambio de participar en su capital social. |
| Cuasi-equity | Financiación que es una combinación de *equity* y deuda. |
| Datos verificables | Datos que pueden verificarse de forma independiente. Por ejemplo, los ingresos en una clínica, que pueden verificarse con los datos del GPS del teléfono móvil. |
| *Demand Dividend* (dividendo a demanda) | Tipo de acuerdo de RBF (*revenue based financing*) convertible que utiliza la participación en los beneficios para devolver a los inversores su inversión inicial de capital-riesgo. |
| Derechos de información | Cláusula de un contrato de financiación que obliga a una empresa a facilitar a los inversores información sobre la entidad y sus estados financieros. |
| Derechos de participación | Los derechos de participación o el derecho de preferencia establecen cómo pueden participar los financiadores en futuras rondas de financiación. |
| Descuento dinámico | Similar al pronto pago, permite a los pequeños proveedores asegurarse el pago anticipado de los compradores ofreciéndoles un descuento en sus pedidos. |
| Descuento en el tipo de interés | Reducción del coste de un préstamo en función de la consecución de hitos de impacto. |
| Descuento en la emisión original (OID) | La diferencia entre el valor nominal del bono y el precio al que se vendió originalmente a un inversor. |

| | |
|---|---|
| Desinversión o salida | Salir de una inversión. Para los inversores en *equity*, la desinversión suele consistir en cotizar en una bolsa de valores pública, cotización denominada **Oferta Pública Inicial** (IPO, por sus siglas en inglés), en la compra de la empresa por un competidor más grande o por un inversor financiero (**venta de la empresa**). En muy raras ocasiones, los primeros inversores en *equity* son adquiridos por financiadores de VC en una fase posterior (**venta en secundario**). Para un prestamista, un caso de salida sería el reembolso del préstamo. |
| Desinversiones estructuradas | Un acuerdo de capital-riesgo en el que un emprendedor y un financiador acuerdan contractualmente un plan conforme al cual este abandonará total (o parcialmente) la inversión. A diferencia de los financiadores de *equity*, cuyo acuerdo abierto depende del crecimiento exponencial y de un futuro comprador desconocido, o de salir a bolsa, los financiadores de desinversión estructurada cuentan ya con un plan concreto y realizable sobre cómo van a recibir su rendimiento (en dividendos, participación en beneficios, mediante reembolsos o combinando varias formas de devolución). |
| Desvío de la misión | Alejarse de su misión social y/o medioambiental. |
| Deuda garantizada | Deuda que se garantiza con **activos** u otras formas de colateral. Un préstamo a largo plazo que se utiliza para comprar equipos, edificios y otros activos generadores de ingresos se denomina **préstamo a mediano o largo plazo**. Un préstamo a más corto plazo que se utiliza para los gastos cotidianos se denomina **crédito de explotación**. |
| Deuda mezzanine | Préstamo que se devuelve con un interés fijo y además tiene un retorno de efectivo en forma de incentivos, como *warrants* (en *cash*). |
| Deuda no garantizada | Préstamo que no está respaldado por ningún colateral y que, en consecuencia, presenta un mayor nivel de riesgo. |
| Deuda senior | La deuda senior o garantizada es la que está garantizada por activos u otras formas de colateral, por lo que tiene prioridad sobre la deuda no garantizada o subordinada. |
| Deuda subordinada | La deuda subordinada no está garantizada y tiene menos probabilidades de reembolso si la empresa entra en concurso de acreedores, pues la deuda de rango superior tiene preferencia. |
| Deuda vinculada al impacto | Un tipo de financiación de impacto en el que el contrato de deuda tiene cláusulas contractuales que vinculan el coste o la distribución de la financiación a la consecución de hitos de impacto. |

| | |
|---|---|
| Dilución | Disminución del porcentaje de propiedad que tienen los accionistas actuales debida a la emisión de nuevas acciones: los accionistas poseerán un porcentaje menor —o diluido— de la empresa una vez que se hayan emitido las nuevas acciones. La dilución también puede producirse cuando los titulares de opciones sobre acciones, como los empleados de una empresa, ejercen tales opciones. El capital que no diluye la propiedad de los fundadores se denomina **capital no dilutivo**. |
| Dividendo de patrocinio | Distribución de los beneficios de la empresa entre sus trabajadores-propietarios según trabajen en ella a tiempo completo o a tiempo parcial. |
| Dividendo | Pagos realizados a accionistas con cargo a los beneficios de una empresa. |
| División en tramos | Conceder de manera escalonada cantidades específicas de capital. |
| *Dry powder* | Capital que un fondo de inversión puede invertir, o recursos disponibles para invertir. |
| Efectos (*outputs*) | Cantidad y calidad mensurables de los productos y servicios por los que se distingue una empresa o en que se concretan sus actividades. |
| Emprendedor social Empresa a consumidor (B2C) | Emprendedor que dirige una empresa social. Empresas que venden sus productos o servicios directamente a los clientes. |
| Empresa a empresa (B2B) | Empresas que venden sus productos a otras empresas. |
| Empresa de subsistencia | Empresa familiar, muy localizada, que se nutre de las oportunidades locales y prevé un crecimiento futuro limitado. |
| Empresa dinámica | Empresa de una industria o un sector consolidados que dispone de productos ya probados y de un modelo de negocio contrastado, y que proyecta un crecimiento constante. |
| Empresa híbrida | Una empresa que tiene dos estructuras jurídicas diferentes, siendo a la vez entidad con fines de lucro y sin fines de lucro. |
| Empresa nicho | Una empresa que cuenta con un producto o servicio innovador, un nicho de mercado y diversos segmentos de clientes, y con una proyección de crecimiento de constante a elevado. |
| Empresa respaldada por capital-riesgo | Empresa que ha recibido fondos propios de *venture capital*. |
| Empresa social | Una categoría relativamente nueva de empresa, originada por la confluencia de la empresa tradicional (mercado) con la filantropía (misión). Las empresas sociales utilizan los métodos y disciplina propios de la empresa ordinaria, y se esfuerzan por lograr el «bien común», esto es, una misión social, medioambiental o de justicia humana, mediante la generación de ingresos. |

| | |
|---|---|
| Entidad con fines de lucro | Organización cuyo objetivo principal es obtener valor en forma de dinero (beneficio económico) para sus propietarios. |
| Entidad sin fines de lucro | Tipo de empresa que fomenta valores y depende, total o parcialmente, de donaciones benéficas y del voluntariado, centrándose en el valor creado (impacto) para la sociedad al lograr la misión. Subsiste gracias a la recaudación de fondos y a los ingresos obtenidos de los bienes y servicios que presta. |
| Escritura de constitución | Conjunto de documentos formales que se presentan ante un organismo público para iniciar legalmente la existencia de una sociedad. Suelen contener información importante sobre la sociedad, como su nombre, dirección, su número de acciones y su esquema de gobierno, entre otras cosas. |
| Estacionalidad (de los ingresos) | Variaciones en los ingresos que se producen en un periodo más o menos homogéneo del año, frecuentemente imputables a factores externos. |
| Estrategia de impacto | Plan que articula el impacto de una inversión en el futuro, normalmente mediante una teoría del cambio y metodologías de medición y gestión del impacto. |
| Estructura de capital | La estructura de capital de una empresa, también conocida como **pila o cascada de capital**, se compone de varios tipos de financiación utilizados para los procesos de producción de la empresa. Incluye la financiación externa, proporcionada por financiadores de deuda y de capital, y la financiación interna de *equity*, que se obtiene en forma de beneficios netos o beneficios no distribuidos. |
| Evento de liquidez | Adquisición, fusión, IPO u otro suceso que permita a los fundadores e inversores liquidar sus acciones en una sociedad. Un concurso de acreedores también se considera un evento de liquidez a efectos contractuales, aunque generalmente no es lo que se tiene en mente cuando se habla de desinversiones. |
| Experiencia tecnológica | Capacidad para utilizar y crear la tecnología que se necesite en cada momento. |
| Factoring | Préstamo que utiliza facturas o encargos como colateral. |
| Factoring de facturas | Es una opción de financiación a corto plazo que te permite obtener crédito presentando tus facturas, y financiar así tu capital de trabajo. |
| Factura | Documento que registra una transacción entre un comprador y un vendedor. |
| Facturación electrónica | Una forma de facturar por medios electrónicos. |
| *Family office* | Empresas privadas de asesoramiento en gestión de patrimonios que prestan servicios a particulares con grandes patrimonios. |
| Fecha de vencimiento | Es la fecha en que está previsto que se reembolse el importe total adeudado, o se amorticen las acciones, o ambas cosas a la vez. |

| | |
|---|---|
| Fideicomiso propiedad de los empleados (EOT) | También conocido como fideicomiso perpetuo de empleados o fideicomiso de prestaciones para empleados (EBT). Los EOT están pensados para preservar la empresa a largo plazo en beneficio de los empleados. Estos no pagan por los privilegios que les corresponden por ser propietarios, y reciben una parte de los beneficios anuales de la empresa. |
| Financiación alternativa | Financiación obtenida al margen de los préstamos bancarios tradicionales o de inversores de *venture capital*. |
| Financiación basada en ingresos (RBF en inglés) | Préstamo que se reembolsa mediante un porcentaje de los ingresos o flujos de caja futuros. También puede denominarse «acuerdo de participación en ingresos». Del inglés Revenue Based Finance |
| Financiación basada en resultados | Concepto genérico que hace referencia a cualquier programa o intervención que ofrezca recompensas a personas o instituciones una vez que consigan determinados resultados previamente acordados, y tras verificarse su obtención[3]. |
| Financiación basada en resultados de impacto | Contrato de financiación en el que el financiador sólo paga una vez que el proveedor de servicios ha alcanzado unos resultados sociales y/o medioambientales acordados previamente. |
| Financiación combinada | Operaciones en las que financiadores públicos o filantrópicos colaboran con inversores privados para catalizar la generación de (más) impacto. |
| Financiación comercial | Diversas opciones mediante las cuales las organizaciones (prestatarios) pueden utilizar pedidos o facturas del cliente como colateral para disponer de capital de trabajo. |
| Financiación convertible basada en ingresos(RBF convertible) | Préstamo que se reembolsa como porcentaje de los ingresos o flujos de caja futuros, con opción de convertirlo en *equity*. |
| Financiación de envíos | Una opción de financiación a corto plazo que te permite pedir prestado contra tus facturas de envíos y financiar así tu capital de trabajo. |
| Financiación de impacto | Se refiere al hecho de vincular las recompensas financieras para organizaciones orientadas al mercado a la consecución de determinados resultados sociales o medioambientales positivos. |

---

[3]   https://www.worldbank.org/en/programs/reach.

| | |
|---|---|
| Financiación de la cadena de suministro | También conocida como factoring inverso. Gracias a los pagos anticipados de los clientes de una empresa se le ayuda a financiar sus necesidades de capital de trabajo. Puede ser en forma de **pronto pago**, por el que los proveedores pagan voluntariamente a las empresas antes de tiempo, o de **descuento dinámico**, modalidad en la que se ofrece a los proveedores un descuento en función de la antelación con la que pagan. Algunos proveedores han establecido programas de financiación de la cadena de suministro en los que la propia persona o entidad abastecida puede participar. Si mantienes buenas relaciones con clientes habituales de peso, también puedes iniciar conversaciones con ellos al margen de los programas formales. |
| Financiación de *venture capital* | Financiación de pequeñas empresas y startups. |
| Financiación mezzanine | Combina elementos de deuda y *equity* para crear una financiación que tiene más flexibilidad que la deuda o el *equity* puros. Los financiadores mezzanine están dispuestos a tomar en consideración distintas formas de evaluación del riesgo, como la presencia de un financiador de *venture capital* (en la **venture debt**). También están dispuestos a prestar dinero en ausencia de garantía. Dado que asumen un riesgo adicional al financiar empresas en fase temprana o al estar **subordinados** a otros financiadores, buscan mayores rendimientos que los financiadores de deuda garantizada. Estos rendimientos proceden de un tipo de interés fijo y de algún tipo de retorno de efectivo en forma de incentivo (*kicker*). |
| Financiación puente | Financiación temporal que ayuda a una empresa a cubrir sus costes iniciales. |
| Financiación sobre pedidos | Una forma de que las empresas utilicen los pedidos de los clientes como colateral para garantizar un préstamo. |
| Financiador | Persona o institución que proporciona a una organización fondos u otros recursos necesarios para apoyar sus procesos de producción, crecimiento u otros aspectos empresariales. |
| Flujo de caja libre | Flujo de caja de una empresa visto desde la perspectiva del efectivo disponible que puede distribuirse a sus accionistas o tenedores de valores sin comprometer por ello sus operaciones o procesos de producción. |
| Fondo asesorado por donantes (DAF) | Se trata de un vehículo filantrópico privilegiado fiscalmente, similar a una fundación privada. Un donante puede crear un DAF con una aportación inicial fiscalmente deducible y recomendar en un momento posterior que done fondos a otras entidades sin fines de lucro. De esta manera se permite que los donantes separen el momento fiscal de la decisión efectiva de donar, y así realicen sus aportaciones dinerarias a lo largo del tiempo pero reclamen la deducción fiscal en el año o años que más les convengan. |

| | |
|---|---|
| Fondo de bonos de impacto | Múltiples acuerdos basados en resultados que se reúnen bajo la estructura común de un fondo. |
| Fondo de duración limitada | Fondo en el que los gestores deben devolver el capital a sus partícipes en una fecha concreta. |
| Fondo de *private equity* | Financiación a medio y largo plazo que se da a una empresa a cambio de una participación en el capital de empresas con potencial de alto crecimiento. |
| Fondo de *venture capital* | Subgrupo de *private equity* que invierte específicamente en startups y ofrece asesoramiento y otros recursos no financieros. |
| Fondo *evergreen* | Fondo que no tiene una duración limitada, sino que existe por un plazo indefinido. En sus contratos de financiación, los inversores de estos fondos deben incluir cláusulas que especifiquen cómo retirarán su capital del fondo. Por lo general se realizará combinando diversos eventos de liquidez, por ejemplo, una distribución de dividendos generados y la venta de sus participaciones en el fondo a otros financiadores. |
| Fondos de deuda y mezzanine | Fondos de capital que invierten en empresas por medio de instrumentos de deuda y mezzanine. |
| Fundación | Entidad jurídica independiente creada exclusivamente con fines benéficos, que a menudo se nutre de los recursos de una sola persona, familia o empresa. |
| Emprendedor | Persona a la que se le ocurre una idea y la transforma en una organización. En este libro, también puede significar cualquiera que trabaje para una organización que capte fondos. |
| Garantía de pago | Garantía de que un comprador pagará un precio de compra especificado en una fecha determinada. |
| Garantía personal | Acuerdo por escrito realizado por una persona según el cual, en caso de impago, reembolsará el importe debido con sus propios bienes personales. |
| Garantía/Aval | Es muy parecido a confiar en un amigo o pariente para que suscriba contigo el contrato de alquiler de un piso. Si eres una persona joven sin ningún historial de pago de alquileres, es posible que el propietario del piso no esté dispuesto a alquilártelo, pues no sabe si podrás pagarlo. Pero cuando alguien con historial de crédito da un paso al frente y promete que pagará el alquiler por ti si tú no puedes, la sensación de riesgo del propietario se reduce: presentar un avalista al futuro acreedor viene a tener el mismo efecto, y puede ayudarte a acceder a capital de deuda u obtener un préstamo a un tipo de interés mucho más bajo. La pega es que necesitas un avalista con una reputación suficientemente sólida, o que tenga cierta cantidad de dinero en efectivo que esté dispuesto a no gastar y a aportar en tu lugar llegado el caso. |

| | |
|---|---|
| Grupo/red de inversores | Grupo de personas que se reúnen para hacer un fondo colectivo e invertir, o para compartir ideas de inversión o realizar una *due diligence* conjunta. |
| Grupos de interés externos | Cuando nos referimos a los grupos de interés externos de los financiadores estamos hablando de los partícipes del fondo u otro tipo de financiadores que aportan capital a un fondo o fundación. Estos grupos de interés tendrán criterios particulares sobre cómo quieren que se utilice su capital. |
| Grupos de interés internos | Cuando hablamos de los grupos de interés internos de los financiadores nos estamos refiriendo a su dirección, consejo de administración o comité de inversiones. |
| Hackathon | Acto en el que un grupo numeroso de personas se reúne con el objetivo de lograr un desarrollo colaborativo de software o de hacer un *brainstorming* para crear startups o desarrollar ideas sobre startups. |
| | Hay dos formas de constituir garantías: «con fondos», lo que significa que el avalista deposita una parte o la totalidad del importe en una cuenta a la que tiene acceso el prestamista (como hizo Skoll en nombre de Riders for Health); o «sin fondos», que en realidad es más bien una promesa de que el préstamo está garantizado. |
| Historial de captación de fondos | Un historial de captación de fondos que tenga continuidad y coherencia, como un conjunto específico de donantes o un evento determinado. |
| Historial de impacto | Los resultados históricos de una empresa en relación con sus objetivos de impacto declarados. |
| Hito | Un hito es una meta u objetivo predefinido. Puede ser financiero («x» dólares de ventas), social (número de mujeres empleadas) o medioambiental («x» megavatios de energía solar instalados). |
| Hitos sociales | Hitos o resultados que indican cómo progresa el impacto. |
| Hoja de condiciones | Acuerdo/documento no vinculante que establece las condiciones básicas por las que se regirá una inversión. Sirve de plantilla para elaborar documentos más detallados y jurídicamente vinculantes. |
| Horizonte de caja /plazo de supervivencia | Tiempo que una empresa puede mantenerse antes de quedarse sin dinero. Depende de la liquidez de que disponga y de su ritmo de consumo. |
| Impacto social | Efecto sobre las personas, las distintas comunidades o el planeta que se produce como resultado de una acción u omisión, una actividad, un proyecto, un programa o una política determinadas. |
| Impago/incumplimiento/ incurrir en mora/ morosidad | Se produce cuando un prestatario no puede devolver un préstamo o incumple lo acordado en un contrato de préstamo. |

| | |
|---|---|
| Importe total pendiente | En un préstamo, importe pendiente de reembolso al financiador. |
| Incentivo (*kicker*) | Un pago adicional. La **financiación mezzanine** suele tener algún tipo de incentivo, además de un tipo de interés fijo, que proporciona un **retorno de efectivo** a los inversores. Puede ser en forma de **incentivos en efectivo** (ingresos o participaciones en los beneficios) o de *warrants*. |
| Incentivo de Impacto Social (SIINC) | Un tipo de financiación de impacto en el que un proveedor de servicios, un inversor y un pagador por resultados se unen para generar impacto mediante un acuerdo de financiación que incentiva al primero a lograr unos determinados resultados sociales. |
| Incubadora | Institución que ayuda a las empresas a definir y crear sus productos iniciales, identificar segmentos prometedores de clientes y obtener recursos. |
| Infraestructura de contratación | Los acuerdos jurídicos necesarios para preparar y ejecutar contratos. |
| Ingresos de concesión de licencias | Ingresos procedentes de conceder licencias sobre productos, servicios o marcas. |
| Innovación disruptiva | Innovación que crea un nuevo mercado y una nueva red de valor y, en su caso, altera un mercado y una red de valor existentes. Una empresa que tenga un **modelo de negocio disruptivo** está aprovechando la innovación disruptiva. Este concepto fue acuñado por el profesor universitario Clayton Christiansen. |
| Institución financiera de desarrollo | Bancos de desarrollo, y sus sucursales, especializados en apoyar el desarrollo del sector privado en países emergentes. |
| Institución financiera no bancaria | Instituciones que prestan algunos servicios bancarios específicos, pero que no disponen de una autorización completa para realizar actividades bancarias (por ejemplo, cooperativas de crédito, instituciones financieras de desarrollo comunitario, fintechs, etc.). |
| Institución microfinanciera | Instituciones formales cuya actividad principal es la prestación de servicios financieros y productos de seguros a personas con bajos ingresos, a microempresas y a pequeñas empresas. |
| Integración de la misión | Grado de arraigo de la misión social y/o medioambiental en tu empresa. Si se trata de una empresa con una integración profunda de la misión, es probable que esta se mencione explícitamente en las escrituras sociales, puesto que explica por qué se funda la empresa, el tipo de productos y servicios que ofrece y a quién se los ofrece. |
| Intereses | Casi todas las formas de deuda devengan intereses y obligan al prestatario a realizar algún tipo de pago de intereses. Por lo general, estos pagos se exigen a intervalos regulares (es decir, mensualmente) y se calculan como un porcentaje del **principal** (la cantidad original prestada), y también pueden estar vinculados a tipos de interés nacionales. |

| | |
|---|---|
| Intermediario | Entidad que ayuda a organizar y estructurar transacciones. |
| Inversión de seguimiento | Se da cuando, a la inversión inicial, los financiadores añaden una inversión adicional en la siguiente ronda de captación de fondos. Por ejemplo, un inversor que invirtió 50.000 dólares en una ronda inicial puede decidir invertir 200.000 dólares en la de serie A. Esos 200.000 dólares serían una inversión de seguimiento. |
| Inversión relacionada con la misión (MRI) | La MRI no es un concepto legal, sino que describe una inversión en la que la conformidad con la misión se ha integrado en el proceso de toma de decisiones de inversión. Con frecuencia «inversión de impacto» y MRI se utilizan indistintamente. Las MRI son un elemento esencial de la estrategia general de inversión y del patrimonio fundacional y deben cumplir los requisitos de prudencia estatales y federales aplicables en general a las actividades de inversión de una fundación. |
| Inversiones de impacto | Inversiones realizadas con la intención de obtener un impacto social y medioambiental positivo y medible, además de rentabilidad financiera[4]. Véase también **financiadores centrados en el impacto, financiadores en sintonía con la misión**. |
| Inversiones relacionadas con programas (PRI) | Expresión omniabarcante en la que el legislador incluye cualquier tipo de compromiso financiero no relacionado con una donación que se realice para promover la misión de una fundación. No es ni una donación ni una inversión. Se trata de una tercera opción jurídicamente distinta que sólo aparece en el código fiscal estadounidense. |
| Inversor de bonos de impacto | Un financiador que proporciona el capital inicial para que el proveedor de servicios logre determinados resultados sociales o medioambientales. El retorno que obtienen los inversores depende de lo eficaz que sea el proveedor de servicios en la consecución del impacto social o medioambiental. |
| Investigación y desarrollo (I+D) | Inversiones para crear nuevos productos y servicios. |
| *Keep it Simple Security* (KISS) | Un acuerdo que es un híbrido entre una nota convertible y un SAFE. Devenga intereses a un tipo establecido y fija una fecha de vencimiento tras la cual el inversor puede convertir la inversión subyacente, más los intereses devengados, en acciones preferentes de nueva emisión de la empresa. |
| Liderar la ronda | Ser el inversor principal en una operación. Este inversor suele encargarse de la *due diligence* y de redactar la hoja de condiciones y los documentos legales. También puede aportar la mayor cantidad de capital en comparación con otros inversores. |

---

[4]   https://thegiin.org/impact-investing/.

| | |
|---|---|
| Límite de valoración | La valoración máxima a la que se convertirán los SAFE en la siguiente ronda. Este «tope de valoración» limita la dilución para los inversores del SAFE, pues pone un tope al precio por acción que pagarán cuando conviertan su inversión. |
| Línea de crédito | Un tipo de préstamo permanente que permite a las organizaciones disponer de un importe de dinero a medida que lo necesitan, devolverlo y continuar disponiendo de efectivo sin tener que tramitar un nuevo préstamo. |
| Liquidez | Cuando una inversión es líquida, puede convertirse fácilmente en efectivo. Por lo tanto, liquidez significa poder convertir tu inversión en efectivo. |
| Marco de preparación para la inversión | Un marco diseñado para que las empresas de impacto en fase temprana evalúen su preparación para la inversión. |
| Margen bruto | Diferencia entre los ingresos y el coste de las mercancías vendidas, es decir, los costes directos.<br><br>Margen bruto = (Ingresos totales - Coste de los bienes vendidos)/ Ingresos totales. |
| Medición y gestión de impacto (MGI) | Proceso de identificación de los efectos positivos y negativos de las actividades de una empresa sobre las personas y el planeta, y de gestión de esos efectos para alcanzar los objetivos sociales o medioambientales de la empresa y/o del inversor. |
| Mentoría | Los inversores en *equity* van a implicarse a fondo en las empresas que financian, ofreciéndoles, por ejemplo, mentoría y buenos contactos. En una inversión en *equity*, tanto el inversor como la empresa financiada tienen sus incentivos para hacer crecer el negocio. |
| Métricas de impacto | Estándar de medición que se utiliza para evaluar el impacto o el progreso de una empresa. |
| Métricas sociales | El uso de datos para calibrar o medir qué efectos producen las campañas de medios sociales en los ingresos de una empresa. |
| Microcrédito | Préstamo en efectivo concedido por pequeñas organizaciones a prestatarios que carecen de acceso a la banca tradicional. |
| Miniobligación | Forma de deuda que permite a los inversores invertir en una empresa y recibir una rentabilidad fija durante un periodo de tiempo determinado, devolviéndose la inversión inicial al final del plazo establecido. Las miniobligaciones permiten prestar dinero directamente a las empresas[5]. |

---

[5] https://www.syndicateroom.com/alternative-investments/mini-bonds#:~:text=-Mini%2Dbonds%20are%20a%20form,lend%20money%20directly%20to%20businesses.

| | |
|---|---|
| Misión declarada | Resumen formal de los objetivos y valores de una empresa, organización o persona. (Diccionario Oxford). |
| Misión social | Causa que beneficia a la sociedad y que una organización se impone como objetivo. |
| *Missing middle* | En el mundo empresarial, se refiere a una empresa que es demasiado pequeña para los grandes inversores y demasiado grande para los pequeños. |
| Modelo de banco de pueblo | Un método de inversión entre iguales que hunde sus raíces en culturas ancestrales, y con arreglo al cual los servicios financieros se administran a nivel local en lugar de centralizarse en un banco formal. |
| Modelo de ingresos | Modelo de financiación interna que describe los recursos captados, los ofrecidos, a qué clientes se han ofrecido y a qué precio. |
| Modelo de negocio/ plan de negocio | Plasma el nombre y la ubicación de tu empresa, su misión y visión, diversos análisis de mercado, descripciones de los productos y servicios que ofrece y tu plan financiero. |
| Múltiplo de la inversión | Expresa cuánto ha ganado un inversor en comparación con su inversión inicial. Múltiplo de la inversión = Cantidad de dinero devuelta a un inversor/cantidad de dinero invertida. Una inversión que devolviera $100.000 sobre una inversión de $20.000 tendría un múltiplo de la inversión de 5x ($100/20 = 5). |
| Nota convertible/ Acuerdo de deuda convertible | Acuerdo de deuda que posteriormente se convierte en *equity*, normalmente cuando la empresa en la que se invierte lanza una ronda de financiación de *equity*. En un acuerdo de deuda convertible, un inversor se compromete a prestar una determinada cantidad de dinero a una organización. Ese préstamo suele devengar intereses, pero estos no se pagan en efectivo, sino que se van sumando periódicamente al importe del préstamo. Cuando la organización levante fondos en una ronda de capital, el importe pendiente del préstamo se emplea en comprar acciones de la empresa. El coste de estas acciones se calcula tomando como base el precio que pagan los inversores en *equity* y aplicando un descuento. |
| Objetivos de Desarrollo Sostenible (ODS) | Un conjunto de 17 objetivos globales interrelacionados concebidos como un plan para lograr un futuro mejor y más sostenible para todos. Los ODS fueron fijados en 2015 por la Asamblea General de las Naciones Unidas y se pretende alcanzarlos para el año 2030[6]. Cada ODS consta de una lista de metas e indicadores. |
| Obligación de pago variable | Préstamo que se reembolsa en forma de porcentaje de los ingresos o flujos de caja futuros, con opción de conversión en capital. |
| Obligación total | Importe total que debe reembolsarse al financiador. |

---

[6]   https://sgds.un.org/goals

| | |
|---|---|
| Oferta pública directa (OPD) | Tipo de oferta en la que una empresa capta capital ofreciendo o vendiendo sus valores directamente al público interesado, sin la ayuda de un agente de colocación. |
| Oferta Pública Inicial (IPO, por sus siglas inglesas) | Hecho de que una empresa empiece a cotizar en una bolsa de valores pública. También puede hablarse de «salida a bolsa de una empresa». Una IPO implica la venta de acciones de la empresa al público en general, a través de bancos de inversión. |
| Opción de venta | Cláusula contractual que otorga al propietario el derecho a vender. En la financiación en fase temprana, significa que un financiador puede obligar al emprendedor a que le recompre las acciones o a que devuelva la deuda pendiente. |
| Opción unilateral | Opción que puede activar por su cuenta una de las partes, normalmente el financiador. Por ejemplo, una opción para que el financiador convierta deuda en capital social si el emprendedor de la empresa obtiene financiación en una ronda de *equity*. |
| Organismo público | Entidad administrativa creada con el propósito específico de promover el crecimiento económico y el desarrollo a través de diversos mecanismos de apoyo directo o indirecto. |
| Pacto | Estipular en un contrato que se va a hacer o abstenerse de hacer algo. En los acuerdos de financiación en fase temprana, se trata de cláusulas contractuales que especifican acciones concretas que la empresa puede o no puede realizar. La contravención o vulneración de lo estipulado tendrá las consecuencias previstas en el propio documento, suele constituir un incumplimiento de contrato. |
| Pagador por resultados o financiador por resultados | Financiador dispuesto a pagar por resultados sociales y medioambientales. |
| Pago al recibir el servicio (PAYGO) | En los modelos de negocio basados en PAYGO los clientes pagan por los bienes y servicios a medida que los reciben. El ejemplo más común son los sistemas solares domésticos tipo M-KOPA: los clientes pagan la electricidad proveniente de energía solar cada mes, en lugar de pagar por adelantado el sistema solar doméstico. |
| Pagos opcionales | En las desinversiones estructuradas, pagos optativos que pueden realizarse aparte de los programados, con objeto de reducir el número de acciones en circulación, o la obligación total. La decisión de efectuar estos pagos corresponde exclusivamente a la sociedad participada. |
| Pagos programados u obligatorios | Pagos programados durante un periodo de tiempo definido o a petición del inversor. En las desinversiones estructuradas, puede tratarse de pagos trimestrales equivalentes al 3% de los ingresos. |
| Pagos variables | Pagos de cuantía variable que se realizan en función de los resultados obtenidos por una empresa. |

| | |
|---|---|
| Participación en los beneficios | Acuerdo de participación en los beneficios de una empresa. |
| Participación residual | Acciones que no pueden rescatarse salvo por un **cambio de control** (venta de la empresa) o un **evento de liquidación** (es decir, IPO o concurso de acreedores). |
| Partícipes (*LP*) | Inversores en un fondo o empresa que no desempeñan una función en la gestión diaria. La mayoría de los fondos de *venture capital* y *private equity* están estructurados de tal forma que sus inversores son partícipes. En esos casos los fondos de *venture capital* y de *private equity* son los **socios gestores (*GP*)** que gestionan los activos en nombre de los partícipes. |
| Patrimonio fundacional (*endowment*) | Aportación de dinero o bienes a una organización sin fines de lucro, la cual utiliza los ingresos resultantes de la inversión para un fin específico. |
| (Hoja de) pedido de cliente | Documento comercial expedido por el cliente al vendedor de la mercancía. |
| Penalización/descuento por pago anticipado | En la mayoría de los contratos de deuda existe una penalización por pago anticipado, por amortizar la deuda antes de tiempo. La razón es que los prestamistas crean sus propios modelos de financiación basándose en el supuesto de que los prestatarios seguirán pagando intereses hasta la fecha de vencimiento del préstamo. Si los prestatarios lo amortizan anticipadamente, los prestamistas están dejando de percibir esos intereses. En el caso de las desinversiones estructuradas, existen ejemplos (como el de Adobe) de descuento por pago anticipado, en los que el prestatario reembolsa anticipadamente la totalidad de la obligación y negocia así un descuento sobre la misma. |
| Pequeña empresa | Tipo de empresa que no tiene unos ingresos superiores a X millones, un balance general de más de X millones y no más de X empleados. Las cifras varían dependiendo del país. |
| Periodo de carencia | Periodo breve de tiempo durante el cual el prestatario puede retrasarse en el pago del importe debido. |
| Peso social | Influencia que tienes, como entidad o como persona, sobre otras personas/comunidades, o confianza que les inspiras. |
| Pionero en su categoría | Productos y servicios disruptivos, nuevos mercados probablemente grandes, de crecimiento variable y con potencial de expansión. |
| Plan de Propiedad de Acciones para los Empleados (ESOP) | Los ESOP son el modelo de propiedad en manos de una base amplia de trabajadores más frecuente en EE.UU. En la práctica funcionan como un **plan de prestaciones para empleados 401(k)** mediante el cual una empresa transfiere total o parcialmente la propiedad a sus trabajadores. En un ESOP, no se exige participación en los beneficios, ni gobernanza democrática (en la que los empleados tienen derecho a tomar decisiones estratégicas). |

| | |
|---|---|
| Poder adquisitivo | Capacidad de comprometerse a comprar productos/servicios. |
| Precio de reembolso | Precio al que una empresa de inversión recomprará sus acciones al propietario. Generalmente se calcula como un **múltiplo del reembolso**. |
| Prelación de acreedores | Cláusula contractual que establece el orden de pago a los inversores, deudores y acreedores en caso de liquidación de una empresa. Los inversores y los titulares de acciones preferentes suelen tener prioridad sobre los titulares de acciones ordinarias o de deuda. |
| Presentación de proyecto de inversión | Presentación en diapositivas de una empresa para mostrarla a inversores u otros proveedores de capital, que suele incluir datos financieros clave, análisis de la competencia, estudios de mercado y una propuesta de valor. |
| Préstamo bancario | Préstamo en efectivo concedido por bancos formales a prestatarios según la solvencia que aprecian en ellos. |
| Préstamo condonable | Préstamo que se convierte en donación y se utiliza para apoyar a entidades sin fines de lucro y empresas de carácter social. |
| Préstamo de interés variable | Préstamo cuyo interés se modifica en función de las variaciones de los tipos de interés del mercado. |
| Préstamo no convertible | Deuda no convertible en *equity*. |
| Préstamo sin interés | Préstamo que no devenga intereses, por lo que sólo hay que devolver el principal. |
| Presupuesto participativo | Es un fondo común de donaciones (grants) de capital público que los ciudadanos deciden a qué proyectos asignar. |
| Prima de liquidez | El capital que permanece inmovilizado en una inversión durante un largo periodo de tiempo suele ser más caro que el que puede retirarse en cualquier momento o tiene un periodo de amortización corto: esa mayor retribución al financiador es lo que se denomina «prima de liquidez». |
| Proceso de inversión | En el caso de una inversión en *equity* o **mezzanine**, se habla generalmente de «proceso de inversión», mientras que cuando se trata de contraer **deuda** puede hablarse también de «préstamo», «crédito» o «endeudamiento». |

Véase la Tabla 31.2.

**Tabla 31.2**
Descripción del proceso de inversión

| Emprendedor | Acción | Financiador |
|---|---|---|
| Como emprendedor, necesitas encontrar financiadores que estén interesados en invertir en tu empresa. Una vez que te pongas en contacto con ellos, las conversaciones iniciales consistirán en una descripción de tu empresa y de lo que pretendes crear | Búsqueda de oportunidades de inversión | Como financiador, tienes que ser creativo para encontrar las mejores oportunidades de inversión, recurriendo a tu red de contactos, asistiendo a conferencias y presentaciones y explorando las redes sociales para encontrar empresas nuevas e interesantes. También es interesante que dispongas de un formulario de solicitud que los fundadores puedan rellenar para iniciar una conversación |
| Cuando a un financiador le interesa lo que haces, comienza un proceso de due diligence sobre ti y tu empresa. Recopilará datos sobre tu negocio actual, el mercado y los clientes potenciales. El proceso también implica investigar si debe afrontarse alguna cuestión legal o de propiedad intelectual (PI) | Due diligence | La due diligence representa la oportunidad de comprender las oportunidades y los riesgos de invertir en una empresa. Muchos financiadores tienen un periodo de due diligence previo en el que realizan una comprobación inicial antes de dedicar tiempo y recursos a un proceso de due diligence completo |
| Para hacer oficial una inversión, tendrás que firmar acuerdos legales. En el caso de las inversiones en deuda y equity, se empezará por una hoja de condiciones, en la que se establecen las condiciones de la financiación. Esta hoja se utilizará en la preparación de la documentación legal necesaria para finalizar la operación. En el capítulo 10 repasamos uno por uno los diferentes conceptos que deben tratarse en una hoja de condiciones | Preparación de contratos | Para negociar las condiciones de la inversión necesitarás, o bien tener modelos de contrato preparados, o bien trabajar con abogados para redactar los acuerdos legales necesarios. Si la inversión implica una valoración de la empresa, también tendrás que prepararla en este momento |

| Emprendedor | Acción | Financiador |
|---|---|---|
| Plazo de financiación | | |
| Durante el periodo de inversión, el grado de implicación de los financiadores dependerá del tipo de inversión. Los financiadores de deuda suelen participar menos en las operaciones del día a día que los de equity | | |
| Desinversión | | |
| En el caso del financiador de equity, la desinversión marca el momento en que finaliza su inversión en la empresa. Puede ocurrir por la venta de esta, por su fusión o por una salida a bolsa (lo que se denomina una IPO). En el caso de los financiadores de deuda, la «desinversión» se produce cuando se devuelve el préstamo (si bien en realidad el término «desinversión» sólo se utiliza en las inversiones en equity) | | |

Ten en cuenta que algunas de las actividades de las etapas anteriores pueden desarrollarse en un orden ligeramente diferente, y que los límites entre las etapas no siempre son nítidos. Por ejemplo, los inversores suelen empezar a estudiar las condiciones al principio del proceso, es decir, antes de que comience la *due diligence* propiamente dicha.

*¿Cuánto dura un proceso de inversión?* Cuestión difícil de responder, pues depende de varios factores: el tipo de inversión, el tipo de inversor, la zona geográfica y el emprendedor. Algunos *business angels* pueden cerrar operaciones de *equity* en pocos días, mientras que otros tardarán meses en realizar todo el proceso de *due diligence* y preparación del contrato. Como vimos en el capítulo 7, las plataformas tecnológicas de financiación VIWALA y GetVantage pueden concluir inversiones de deuda en menos de una semana, mientras que a un banco una operación similar le puede llevar varios meses. Hecha esta importante advertencia, se exponen a continuación algunas pautas básicas para obtener financiación mediante *equity* o mediante deuda.

Si eres emprendedor y buscas financiación de *equity*, calcula que pasarás entre varias semanas y varios meses manteniendo conversaciones iniciales con los inversores. Querrán conocerte y conocer tu empresa antes de iniciar la *due diligence*, lo que requiere tiempo y recursos, ninguno de los cuales suele sobrar a nadie. En el caso de inversores comerciales de VC que realicen una operación de *equity* con la consiguiente valoración, la *due diligence* puede durar por lo menos un mes, probablemente más. También tendrás que negociar una hoja de condiciones, cosa que puedes hacer durante la propia *due diligence*. Dependiendo del número de condiciones que quieras modificar, el proceso exigirá un intercambio más o menos largo de pareceres. Luego está la documentación legal, que compete al abogado y suele implicar la presentación de documentos ante los organismos reguladores.

Si te vas a endeudar, el factor más importante que deberás de valorar es el tipo de institución al que solicitas el préstamo. Si se trata de una gran institución financiera, el proceso estará muy reglamentado y, a menudo, conlleva gestiones físicas y papeleo. No es raro que te toque esperar mucho tiempo desde que presentas la información solicitada hasta que te comunican si te financian o no. Si trabajas con prestamistas más pequeños o tecnológicos, el proceso será más ágil y transparente, y desde el primer momento deberían poderte dar una idea aproximada de cuánto tardarán.

| | |
|---|---|
| Procesos participativos del trabajador-propietario | También puede hablarse de **democracia representativa**. Se dan cuando los trabajadores-propietarios toman decisiones en colaboración. |
| Producto mínimo viable (MVP) | Una versión del producto con las características mínimas suficientes para que lo puedan utilizar los usuarios iniciales y cuya finalidad principal es conocer lo que opina de él el público objetivo. |
| Pronto pago | Permite a los pequeños proveedores asegurarse el pago anticipado de los compradores mediante la oferta de un descuento en sus pedidos. Es un tipo de **financiación de la cadena de suministro**. |
| Propiedad distribuida | Se refiere a la propiedad democratizada de una empresa, por ejemplo, la resultante de una adquisición por la dirección o por la comunidad interesada, la resultante de su transformación en una cooperativa en manos de los trabajadores, u otros tipos de propiedad. |
| Propiedad en manos de los trabajadores | Modelo de propiedad en el que el empleado posee acciones de la empresa en la que trabaja. También se lo conoce como modelo de accionariado de los trabajadores o de **propiedad compartida**. |
| Propiedad intelectual (PI) | Activos intangibles, que no se limitan a programas informáticos, diseños, procesos o metodologías, sino que pueden incluir secretos comerciales de la empresa (por ejemplo, listados de clientes) o el *know-how* de los empleados. |
| Propiedad responsable | Serie de estructuras jurídicas que modelan legalmente una empresa en torno a dos principios básicos: el autogobierno y la vinculación de los beneficios a un propósito. Dichas estructuras garantizan que el control sobre la empresa (los derechos de voto) lo tengan personas de dentro de la organización o muy vinculadas a su misión. En las formas empresariales caracterizadas por la propiedad responsable el control del voto no es un producto más que se pueda comprar y vender. Además, los beneficios económicos se entienden como una herramienta para la consecución del propósito de la empresa. |

| | |
|---|---|
| Propiedad | En general, durante una ronda de inversión los inversores en *equity* en fase temprana no adquieren más del 50% de la propiedad de una empresa, pues la realidad es que necesitan invertir en muchas empresas y no tienen suficiente tiempo o experiencia para gestionarlas todas. Pese a esta situación de hecho, tras varias rondas de inversión, un emprendedor puede encontrarse con que posee menos del 50% de su empresa, lo que significa que ya no la controla. |
| Propietarios de activos | Personas o instituciones propietarias de activos. Por lo general, se trata de empresas de seguros, fondos de pensiones, bancos, fundaciones, *endowments* (patrimonios fundacionales), *family offices* e inversores particulares. |
| Prorratear | Asignar o distribuir proporcionalmente. |
| Protección frente al riesgo bajista | Estrategia de gestión del riesgo que intenta reducir la cantidad de capital que se pierde en una inversión. |
| Proveedor de servicios | Organización que procura obtener los resultados sociales o medioambientales que se especifican en un contrato de resultados. |
| Prueba de concepto | Proceso para validar en un primer momento la viabilidad de una idea, producto o servicio. |
| *Public Benefit Corporation*[*] (Corporación de beneficio público) | Un tipo específico de empresa en el que uno de los fines recogidos en Estatutos sea el del beneficio público, aparte del objetivo tradicional de una mercantil de maximizar los beneficios para los accionistas. |

Notas que la caracterizan:

1. Debe tener un propósito que, apuntando más allá de maximizar el valor de las acciones, incluya explícitamente el beneficio público, general y específico.
2. Debe ponderar/equilibrar los efectos que tienen sus decisiones no sólo sobre sus accionistas, sino también sobre sus grupos de interés.
3. Están obligadas a hacer públicamente disponible, excepto en Delaware, un informe anual de beneficios[*] que evalúe su rendi-

---

[*] Tiene figuras equivalentes en varios países hispanohablantes. P. ej., Sociedad de Beneficio e Interés Común (España). Empresa B (Chile), Sociedad de Beneficio e Interés Colectivo (Colombia, Argentina y México), Empresa de beneficio e interés colectivo (Perú). (N. del T.)

[*] Otros nombres que recibe son «Informe Anual de Buenas Prácticas» o «Balance Social». (N. del T.)

miento social y medioambiental global según normas estandarizadas, elaboradas y aprobadas por terceros. No es necesario que el informe esté certificado o auditado por un tercero, sino que se utiliza la norma estandarizada como herramienta de evaluación.

| | |
|---|---|
| Recuperación de *equity* | Cláusula mediante la cual los financiadores devuelven la propiedad a los fundadores cuando se consiguen determinados hitos de impacto. |
| Reembolso al inversor | Si consigues capital de financiadores externos para cubrir las necesidades de gasto y crecimiento de tu empresa, existen tres formas de reembolsarles el dinero. La primera es realizar una desinversión por medio de tercero. En términos sencillos significa que esperas reembolsar a tus financiadores en algún momento del futuro, bien vendiendo tu empresa, bien saliendo a bolsa. La segunda estrategia es el reembolso mediante flujos de caja internos. En ese caso, piensas devolver la financiación gracias al efectivo que genere tu empresa mientras esté vigente el acuerdo de financiación. La tercera estrategia consiste en utilizar financiación futura para reembolsar el dinero prestado. Para esta estrategia puedes incluso utilizar financiación obtenida en las primeras fases de tu empresa, o a corto plazo, y así crearte un historial de crédito que te permitirá acceder a una financiación mejor y menos costosa y reembolsar con ella lo que debías a tus financiadores iniciales. |
| Refinanciar la deuda | Prorrogar la fecha de vencimiento de un préstamo. |
| Rendimiento de cartera | Para un inversor, cada inversión tendrá un rendimiento financiero determinado. El importe global que resulta de sumar los retornos parciales de toda su cartera dará su rendimiento de cartera. |
| Rendimiento de la inversión | Mide la ganancia o pérdida generada por una inversión en relación con su coste inicial. |
| Rendimiento esperado de cartera (VC) | La inversión en *equity* en fase temprana es muy arriesgada. La mayoría de las pequeñas empresas fracasan, y eso ocurre en todos los países del mundo. Por tanto, el inversor en *equity* tiene que apostar por muchas empresas (creando una cartera), y estas deben tener una proyección de crecimiento exponencial, solo así podrá obtener el tipo de rentabilidad que merece su arriesgada inversión. Los cálculos suelen ser los siguientes: |

Si un inversor en fase temprana invierte en 10 empresas, necesita que 1 o 2 de ellas arrasen (es decir, que multipliquen por 10 el dinero invertido, o 10x, como se suele expresar en inglés). Esto se debe a que espera que 4 o más se queden a medio camino y no generen mucho rendimiento, y que de 3 a 4 fracasen. De este modo, una superestrella (o dos, si tiene suerte) proporcionará la mayor parte de la rentabilidad del fondo y cubrirá las pérdidas de las empresas que fracasen.

| | |
|---|---|
| Rentabilidad (a tipo) de mercado | Rentabilidad similar a la de otras inversiones con un perfil de riesgo comparable. |
| Rentabilidad financiera ajustada al riesgo | El rendimiento esperado al considerar las expectativas de rentabilidad tras evaluar el riesgo de la inversión. |
| Responsabilidad sobre el uso de los fondos | En Estados Unidos, exigencia contable y fiscal según la cual en las donaciones realizadas a una organización con fines de lucro debe realizarse un seguimiento del uso del capital, para garantizar que se destina a fines sociales. |
| Resultados (*outcomes*) | Metas y objetivos que una empresa se propone alcanzar como consecuencia directa de sus productos y efectos (*outputs*). |
| Retorno de efectivo | Incremento potencial del valor de una inversión, medido en términos monetarios o porcentuales. |
| Retorno de efectivo sobre inversión (CoC) | Coeficiente de rendimiento que calcula el efectivo total ganado respecto del efectivo total invertido. |
| Riesgo cambiario | También denominado riesgo de tipo de cambio. Es el riesgo que existe cuando las transacciones financieras se denominan en una moneda diferente a la moneda base de la organización. |
| Riesgo de desinversión | Posibilidad de que no logres una desinversión satisfactoria que asegure tu retorno. |
| Riesgo de falta de escalabilidad | El riesgo de falta de escalabilidad es el riesgo de que una empresa no alcance la escala necesaria para lograr la rentabilidad financiera o de impacto prevista. |
| Riesgo de falta de impacto | Riesgo de que una inversión no logre el impacto social o medioambiental previsto. |
| Riesgo de inversión | La incertidumbre o probabilidad de sufrir pérdidas en lugar del rendimiento esperado de una inversión. |
| Riesgo de liquidez | El riesgo de liquidez es el riesgo de que un financiador no pueda retirar su capital cuando lo necesite. |
| Riesgo de los costes de la transacción | Si se intenta recurrir a un nuevo tipo de estructura de financiación, existe el riesgo de que los costes de realizar la operación sean considerables. |
| Riesgo de mercado | Por muy perspicaces que sean quienes sacan adelante la empresa, siempre existe el riesgo de que fracase por riesgos del mercado que la superan. Las posibilidades son infinitas: desde una pandemia mundial a convulsiones políticas, pasando por devaluaciones monetarias, el surgimiento de un competidor imbatible o el cambio climático. |
| Riesgo de no devolución | El riesgo de que un prestatario no pueda devolver un préstamo de acuerdo con las condiciones del contrato. |
| Riesgo empresarial | El riesgo empresarial es el conjunto de riesgos que afectan a toda la organización. Comprende varios subtipos, como el riesgo de liquidez y el riesgo financiero. |

| | |
|---|---|
| Riesgo fiscal | Si en un país no existe una jurisprudencia consolidada o una normativa fiscal clara sobre el uso de un tipo específico de estructura de inversión, entonces la financiación a través de esa estructura conlleva un riesgo fiscal. |
| Riesgo percibido | Riesgos supuestos a falta de datos concretos. |
| Riesgo real | Los riesgos reales, como el riesgo cambiario, el riesgo político y el riesgo en fase inicial, son riesgos que podemos incorporar a nuestros modelos financieros y utilizar para fijar, de acuerdo con ellos, el precio del capital. |
| Riesgo/Rentabilidad | Ratio que sugiere que un mayor riesgo conlleva una mayor rentabilidad. |
| Ritmo de consumo | La cantidad neta de efectivo que gastas para hacer crecer tu empresa. Generalmente se calcula por meses. Ritmo de consumo = *Entradas de efectivo mensuales (flujo de caja) - salidas de efectivo mensuales (gastos).* |
| Ronda a la baja | La que tiene lugar cuando una empresa inicia una ronda de financiación a una valoración inferior a la de su última ronda. |
| Ronda de *equity* | Comprar un número determinado de acciones de una empresa a un precio determinado por acción. |
| Segmentos de población desatendidos | Colectivos que tienen un acceso limitado a bienes y servicios o sufren alguna forma importante de exclusión social en razón de sus características peculiares. |
| Servicio de descubierto | Un descubierto es un servicio de crédito a corto plazo que presta un banco gracias al cual el titular de una cuenta puede gastar hasta un importe determinado aunque el saldo de su cuenta sea igual o inferior a cero. El prestamista cobra una comisión por descubierto que depende de la cantidad prestada, y el dinero debe devolverse en el plazo o plazos estipulados. |
| Sociedad de valores y bolsa | Entidad financiera que negocia valores o ejecuta órdenes por cuenta de sus clientes. |
| Sociedades de interés comunitario (CIC) | Es una forma especial de sociedad anónima sin fines de lucro en el Reino Unido, que existe principalmente para beneficiar a una colectividad o con vistas a perseguir un fin social, más que para obtener beneficios para los accionistas[7]. |

---

[7] https://www.informdirect.co.uk/company-formation/community-interest-company-cic-advantagesdisadvantanges/#:~:text=A%20community%20interest%20company%20(or,make%20a%20profit%20for%20shareholders.

| | |
|---|---|
| Sociedades de responsabilidad limitada (L3C) | Una L3C es una variación de una sociedad de responsabilidad limitada (LLC en inglés, la cual es una entidad privada cuyos propietarios participan activamente en su gestión pero no responden personalmente por las deudas y obligaciones de la misma). Por contra, una L3C es un híbrido de una SRL y de un modelo de negocio sin fines de lucro, es decir, aquel modelo que opera en beneficio de la sociedad en general, sin accionistas y sin fines de lucro[8]. |
| Solvencia crediticia | Además del colateral, los prestamistas suelen exigir pruebas de que la empresa cuenta con un **historial de crédito**. Este pueden constituirlo estados financieros auditados, pedidos pendientes de mercaderías o un historial de otros préstamos. |
| Startup (ya) con ingresos | Empresa que actualmente tiene ventas o ingresos, también denominados ingresos positivos. |
| Startup de alto crecimiento | Empresas con un modelo de negocio disruptivo, grandes mercados a los que dirigirse, previsiones de gran crecimiento y capacidad para escalar sus resultados rápidamente. Estas empresas son bastante arriesgadas y, en el mundo de las startups, se las suele denominar «**gacelas**». |
| Startup pre-ingresos | Empresa que aún no tiene ventas o ingresos. |
| Startup | Iniciativa empresarial arriesgada e innovadora que se encuentra en sus etapas iniciales de puesta en marcha o desarrollo. |
| Subsidio | Cantidad de dinero proporcionada a una organización para ayudar a reducir el coste de producción; la Administración suele o conceder directamente los fondos o reducir la presión fiscal. También puede darse en forma de subsidio cruzado: la empresa vende un bien o servicio a un precio más alto a un grupo de clientes para, así, poder venderlo a un precio más bajo a otro grupo de clientes (generalmente en función de las necesidades de ese segundo grupo). |
| Subvención convertible | Capital concedido para hacer posible que una empresa desarrolle un producto o servicio antes de atraer capital de inversión. Si la empresa obtiene financiación vía *equity* en el futuro, la aportación dineraria se convierte en participación en el capital social. |
| Donaciones (grants) recuperables | Las donaciones (grants) recuperables son donaciones (grants) que se reembolsan al financiador si el beneficiario logra determinados resultados financieros previamente acordados. |
| Tabla de capitalización | Tabla que muestra la propiedad de una empresa y la cantidad que han invertido los inversores de capital. |

---

[8]  https://nonprofithub.org/starting-a-nonprofit/jargon-free-guide-l3c/.

| | |
|---|---|
| Tasa de descuento | Descuento que se aplica al resultado de un determinado cálculo. En este libro se refiere al descuento aplicado a una transacción futura, es decir, cuánto menos pagarían por acción los inversores SAFE en comparación con los inversores de serie A. Si la tasa de descuento es del 40%, los inversores SAFE pagarían un 60% del precio por acción que pagan los inversores de la serie A. |
| Tasa interna de rentabilidad (TIR) | Métrica utilizada en el análisis financiero para estimar la rentabilidad de posibles inversiones. La TIR puede entenderse como el rendimiento de la inversión si ésta fuera un préstamo tradicional que se pagara anualmente. |
| Tasa mínima de retorno | Un financiador buscará una rentabilidad financiera mínima, que suele denominarse «tasa mínima de retorno». Otro nombre que recibe es **rentabilidad objetivo**. |
| Teoría del cambio | Esquema que describe la razón fundamental para perseguir determinados resultados sociales y medioambientales, y el plan para lograrlos. Explicita las conexiones lógicas que vinculan las actividades (lo que harás), los efectos —*outputs*— (resultados directos a corto plazo), y los resultados —*outcomes*— e impactos (los cambios a largo plazo derivados, directa o indirectamente, de tus actividades). |
| Tercero evaluador | Organización que evalúa si el proveedor de servicios ha logrado los resultados previstos. |
| Tesis de impacto | Propuesta sucinta y bien fundamentada que expone cómo una determinada estrategia de inversión se propone lograr el impacto social o medioambiental previsto. |
| Tesis de inversión | Expone los tipos de empresas en las que invierte un financiador. La tesis debe identificar los sectores en los que invierte, las zonas geográficas, la fase en que se encuentran las empresas, los tipos de instrumento(s) empleado(s) y el volumen de la financiación. |
| Tipo de interés variable | Tipo de interés de un préstamo determinado que no es fijo, sino que viene determinado/se ve influido por un índice de referencia subyacente, en continuo cambio. |
| Toma de decisiones entre iguales | Permitir que las decisiones las tome un grupo de participantes. Así ocurre, por ejemplo, en el **modelo de banco de pueblo**, o en el **método de inversión entre iguales** de Village Capital. |
| Tracción de mercado | Pruebas fiables de que un producto o servicio mantiene una demanda estable entre los consumidores del mercado. |
| Transición a cooperativa de los trabajadores | La transición a una cooperativa de los trabajadores o cooperativa de trabajo asociado es similar a la adquisición de la empresa por sus directivos, pero, en lugar de que sean sólo unos pocos directivos con funciones clave los que la adquieran, se ofrece a la mayoría o a todos los trabajadores una participación igualitaria en la propiedad y la posibilidad de participar en los beneficios. A estos propietarios se los denomina entonces **trabajadores-propietarios**. |

| | |
|---|---|
| Umbral de rentabilidad (*break-even*) | Punto en el que los ingresos generados por la empresa son iguales a sus costes. |
| Unicornio | Término utilizado en el sector del *venture capital* para describir a una startup privada con un valor superior a mil millones de dólares. |
| Utilización de los ingresos | En qué piensas gastar el capital. |
| Valor justo de mercado | Valor de un activo o de una empresa según lo determinen evaluadores externos o internos. |
| Valoración | Valorar una pequeña empresa o una startup puede ser verdaderamente difícil, debido a factores tales como el número de variables implicadas, la incertidumbre y la falta de información. Recopilar datos para valorar una empresa, que forma parte de la *due diligence*, puede llevar mucho tiempo y costar no poco dinero. Por esa razón, en valoraciones de fase temprana muchos inversores toman atajos, bien haciendo suposiciones muy arriesgadas, bien postergando la valoración mediante las notas convertibles. Hay dos formas diferentes de hablar de la valoración de una empresa: **preinversión** o **postinversión**. Por ejemplo, si inviertes 200.000 dólares en una empresa y crees que vale 800.000 dólares antes de tu inversión, la empresa tiene una valoración preinversión de \$800.000 y una valoración postinversión de \$1.000.000. |
| Variable asociada al retorno | Puede ser una sola métrica financiera bien definida, como los ingresos brutos, los beneficios no distribuidos o los ingresos netos, o bien una fórmula personalizada, como los «Beneficios del emprendedor». |
| Variables proxy e investigación econométrica (en relación con la medición de impacto) | Las variables proxy son valores sustitutos muy co- relacionados con el valor a inferir, que se utilizan para medir indirectamente un resultado pretendido cuando las medidas directas de ese resultado son inobservables o no están disponibles. |
| Venta de empresa | Ocurre cuando toda la empresa (denominada también «target») se vende a otro comprador. Este puede ser una gran empresa del mismo sector que la empresa objetivo, interesada en adquirirla para aumentar su cuota de mercado. También puede tratarse de un comprador financiero, como una gestora de *venture capital* interesada en invertir en la empresa para revenderla más adelante. |
| Venta en secundario | Se da cuando el inversor vende sus acciones en la empresa a otro comprador financiero, como una empresa de *venture capital*. Por lo general, una venta en secundario se enmarca dentro de una operación más grande de captación de capital realizada por la empresa en la que los nuevos inversores prefieren adquirir las acciones de los antiguos, simplificando así la estructura de propiedad de la empresa. |

| | |
|---|---|
| *Venture debt* (deuda de riesgo) | Préstamos realizados a empresas respaldadas por capital-riesgo de rápido crecimiento. |
| *Vesting* | Otorgamiento de la propiedad de las acciones. |
| Visibilidad | Capacidad de difundir información a un gran número de personas que puedan estar verdaderamente interesadas en ella. |
| *Warrants* | Contratos que permiten a un financiador comprar acciones en el futuro. Suelen ir unidos a acuerdos de deuda mezzanine, a fin de que los financiadores de deuda participen en el crecimiento futuro de la empresa, es decir, tengan retorno de efectivo. |

# ÍNDICE ANALÍTICO